Maximilian Eßer

Die Beendigung ehelicher Güterstände mit Auslandsbezug
in Deutschland und Frankreich

D1730825

# Schriftenreihe der Deutschen Notarrechtlichen Vereinigung

Herausgegeben von der
Deutschen Notarrechtlichen Vereinigung e.V. (NotRV)

## Band 45

Carl Heymanns Verlag 2016

# Die Beendigung ehelicher Güterstände mit Auslandsbezug in Deutschland und Frankreich

Eine rechtsvergleichende Betrachtung des deutschen und französischen Rechts unter besonderer Berücksichtigung der Kommissionsvorschläge zur EhegüterVO und PartgüterVO sowie der Regelungen zur Wahl-Zugewinngemeinschaft

Von

Dr. iur. Maximilian Eßer

Carl Heymanns Verlag 2016

Bibliografische Information der Deutschen Nationalbibliothek
Die Deutsche Nationalbibliothek verzeichnet diese Publikation in der
Deutschen Nationalbibliografie; detaillierte bibliografische Daten sind
im Internet über http://dnb.d-nb.de abrufbar.

ISBN 978-3-452-28694-9

D 61

www.wolterskluwer.de
www.carl-heymanns.de

Satz: R. John + W. John GbR, Köln
Druck und Weiterverarbeitung: SDK Systemdruck Köln GmbH & Co KG

Gedruckt auf säurefreiem, alterungsbeständigem und chlorfreiem Papier.

*Für meine Familie*

# Vorwort

Die vorliegende Arbeit wurde im Sommersemester 2014 von der rechtswissenschaftlichen Fakultät der Heinrich-Heine-Universität Düsseldorf als Dissertation angenommen. Sie entstand größtenteils während meiner Tätigkeit als Wissenschaftlicher Mitarbeiter an der Professur für Bürgerliches Recht, Zivilverfahrensrecht und Handelsrecht. Die Rechtsprechung und Literatur aus Deutschland wurden bis Oktober 2015 berücksichtigt. Französische Rechtsprechung und Literatur konnten bis September 2014 berücksichtigt werden.

Mein besonderer Dank gilt meiner verehrten Doktormutter Frau Prof. Dr. *Nicola Preuß* für ihren Zuspruch und ihre stetige Unterstützung, nicht nur während der Promotionszeit, sondern auch schon während meines Studiums. Herrn Prof. Dr. *Dirk Looschelders* danke ich für die zügige Erstellung des Zweitgutachtens.

Herzlich bedanken möchte ich mich zudem bei der Konrad-Adenauer-Stiftung e.V. für die finanzielle und ideelle Förderung während des Studiums und der Promotion. Ebenso gilt mein Dank meinem Vertrauensdozenten der Konrad-Adenauer-Stiftung e.V. Herrn Prof. Dr. *Christian Kersting*, LL.M. (Yale) für den Zuspruch während dieser Zeit.

Gerne bedanke ich mich bei der Deutschen Notarrechtlichen Vereinigung e.V. für die Aufnahme meiner Dissertation in die Schriftenreihe der NotRV.

Weiterhin gilt mein Dank Frau *Caterina Eimermacher*, Frau Dr. *Bianca Walther*, Frau Dr. *Henrike Postberg* und Herrn Dr. *Rupert Postberg* für die kritische und kompetente Durchsicht des Manuskripts.

Ganz besonders danken möchte ich schließlich meinen Eltern Frau *Annegret Maslowski-Eßer* und Herrn Dr. *Winfried Eßer*, meinen Schwiegereltern Frau *Ute Eulenpesch* und Herrn *Rolf Eulenpesch*, meinen Geschwistern *Angela* und *Christian Eßer* sowie Herrn *Marius Kolodziejczyk* und meiner Großmutter Frau *Ursula Maslowski*, die mich während meiner juristischen Ausbildung in jeder Lebenslage unterstützt und mir Rückhalt gegeben haben.

Schließlich danke ich von ganzem Herzen meinem Mann Herrn *Tobias Eulenpesch* für seine unermüdliche Unterstützung, Liebe und Zuneigung.

Düsseldorf, im Oktober 2015                    *Maximilian Eßer*

# Inhaltsübersicht

# Inhalt

# Einleitung

## A. Einführung

Die Internationalisierung der wirtschaftlichen Beziehungen und die Globalisierung der Märkte lassen auch die sozialen Verhältnisse nicht unberührt. So wohnen und arbeiten zunehmend mehr Menschen in anderen Staaten als ihrem Herkunftsland, gehen private Bindungen ein und gründen Familien. Paarbeziehungen mit Auslandsbezug entstehen etwa, wenn die Partner nicht dieselbe Staatsangehörigkeit besitzen oder wenn sie in einem Staat leben, dessen Staatsangehörige sie nicht sind. Ebenso kann es vorkommen, dass die Partner Vermögensgüter in verschiedenen Staaten besitzen. Auslandsberührung liegt auch vor, wenn sich die Partner in einem anderen Staat als ihrem Herkunftsland scheiden lassen oder dort versterben. In der EU leben derzeit ca. 16 Mio. internationale Paare. Von den im Jahre 2007 geschlossenen Ehen in der EU wiesen ca. 307.100 (13%) einen internationalen Bezug auf.[1] Allein in Deutschland wurden 2007 über 50.000 Ehen geschlossen, bei denen zumindest ein Partner nicht die deutsche Staatsangehörigkeit besaß.[2] Im gleichen Jahr waren in der EU über 41.000 neu eingetragene Partnerschaften mit internationalem Hintergrund zu verzeichnen. Demgegenüber standen über 500.000 Beendigungen internationaler Ehen durch Scheidung oder Tod, bei denen das eheliche Vermögen auseinandergesetzt werden musste. Das bei der Auseinandersetzung der internationalen Ehen zu verteilende Vermögen beläuft sich nach Schätzungen der Kommission auf 460 Mio. Euro jährlich.[3]

Die Internationalisierung der sozialen Verhältnisse macht sich nicht nur im europäischen Kontext, sondern auch im deutsch-französischen Verhältnis bemerkbar. Allein im Jahr 2011 wurden in Deutschland 901 binationale Ehen geschlossen, bei denen einer der Ehegatten die deutsche und der andere Ehegatte die französische Staatsangehörigkeit besaß.[4] Im selben Jahr waren in

---

1 So die Folgenabschätzung als Begleitdokument zur Mitteilung der Kommission an das Europäische Parlament, den Rat, den Europäischen Wirtschafts- und Sozialausschuss und den Ausschuss der Regionen zur Klärung der Vermögensverhältnisse bei internationalen Paaren vom 16.3.2011 (nf.: Folgenabschätzung) (SEK[2011] 328 endg.), S. 8.
2 *Statistisches Bundesamt*, Fachserie 1 Reihe 1.1, Bevölkerung und Erwerbstätigkeit, Natürliche Bevölkerungsbewegung, 2010, S. 138.
3 Folgenabschätzung, S. 8.
4 *Statistisches Bundesamt*, Fachserie 1, Reihe 1.1, Bevölkerung und Erwerbstätigkeit, Natürliche Bevölkerungsbewegung, 2011, S. 139.

Frankreich 696 binationale deutsch-französische Eheschließungen zu verzeichnen.[5] In der deutschen Rechtsordnung wird ein Teilbereich der vermögensrechtlichen Beziehungen durch das eheliche Güterrecht geregelt. Doch der Begriff des ehelichen Güterrechts ist nicht allen Rechtsordnungen bekannt und wird zudem nicht einheitlich verwendet. So ist dem *Common Law* die Kategorie des Güterrechts traditionell fremd.[6] Das eheliche Güterrecht i.S.d. BGB kann definiert werden als Inbegriff jener Normen, die die Zuordnung des bei Eheschließung vorhandenen und während der Ehe erworbenen Vermögens der Ehegatten betreffen, sofern es sich nicht um Materien handelt, die kraft Gesetzes den »Wirkungen der Ehe im Allgemeinen« (vgl. insbesondere §§ 1356, 1357, 1362 BGB), dem Familienunterhaltsrecht (vgl. §§ 1360 ff., 1569 ff., 1587 ff. BGB) und dem Erbrecht (vgl. §§ 1931 ff.) zugeordnet werden.[7] Das Ehegüterrecht i.S.d. BGB ist somit das Recht der ehelichen Güterstände.

Hingegen wird der Güterrechtsbegriff in der französischen Rechtsordnung in einem weiteren Sinne verstanden. So wird der Begriff *régimes matrimoniaux* definiert als Gesamtheit aller Regeln hinsichtlich der vermögensrechtlichen Beziehungen der Ehegatten untereinander sowie zu Dritten.[8] Er umfasst damit auch personenbezogene Aspekte der Ehe, soweit sie sich auf das Vermögen der Eheleute auswirken können. Unter *régimes matrimoniaux* sind nicht nur die einzelnen Güterstände zu verstehen, die im Dritten Buch des Code civil geregelt sind, sondern auch die allgemeinen vermögensrechtlichen Beziehungen zwischen den Ehegatten, wie etwa die Vertretungsbefugnis unter Ehegatten, der Schutz der Familienwohnung oder der Beitrag zu den Aufwendungen der Ehe, die unabhängig vom jeweiligen Güterstand gelten und die unter der Bezeichnung *régime primaire* im Ersten Buch des Code civil normiert sind.[9] Aufgrund dieses weiten Güterrechtsbegriffs in Frankreich sind im Verhältnis zur deutschen Rechtsordnung Abgrenzungsschwierigkeiten vorprogrammiert.

Bei grenzüberschreitenden Sachverhalten treten häufig praktische und rechtliche Probleme auf, wenn es zur Auseinandersetzung des Vermögens der Ehegatten kommt. Diese Probleme hängen mit den sich zum Teil erheblich unterscheidenden Bestimmungen sowohl des internationalen Privatrechts als auch des materiellen Rechts zusammen, die für die vermögensrechtliche Auseinan-

---

5 *Beaumel/Bellamy*, Insee Résultats : La situation démographique en 2011 – Mouvement de la population, S. 76.

6 Vielmehr wird im Vereinigten Königreich und Irland bei Beendigung der Ehe ein Ausgleich nach richterlichem Ermessen vorgenommen, vgl. *Clarkson/Cooke*, Fam. Law 2007, 920, 921; *Harding*, JPIL 2011, 203, 204 ff.; *Heenan/Bateman*, IFL 2011, Sept., 211, 212.

7 MüKo-BGB/*Koch*, Vorbem. §§ 1363 ff. Rn. 1; Staudinger/*Thiele*, Einl. §§ 1363 ff. Rn. 1 f.

8 *Terré/Simler*, Les régimes matrimoniaux, Rn. 1; *Cabrillac*, Droit des régimes matrimoniaux, Rn. 1.

9 S.u. 1. Teil A. II. 2. a).

dersetzung nach Auflösung der Ehe maßgebend sind. Oftmals ist es schwierig festzustellen, welches Gericht für die güterrechtlichen Verhältnisse zuständig ist und welches Recht zur Anwendung gelangt. Zudem kann sich die Frage stellen, ob und wie Entscheidungen ausländischer Gerichte im Inland anerkannt und durchgesetzt werden können. Als Folge des fehlenden internationalen Entscheidungseinklangs können »hinkende Rechtsverhältnisse«[10] und das sog. *forum shopping* genannt werden. Es gibt daher ein Bedürfnis nach Rechtssicherheit und Vorhersehbarkeit im internationalen Rechtsverkehr.

In Deutschland richtet sich das Güterkollisionsrecht nach Art. 15 EGBGB, der mit seinem Verweis auf Art. 14 EGBGB primär dem Staatsangehörigkeitsprinzip folgt. In Frankreich hingegen gilt für seit dem 1.9.1992 geschlossene Ehen das Haager Ehegüterrechtsabkommen von 1978[11], nach dem primär das Domizilprinzip maßgebend ist. Auch der europäische Gesetzgeber hat erkannt, dass die wirtschaftlichen Folgen, die im Zusammenhang mit der Auflösung des Ehebandes zu Lebzeiten der Ehegatten oder beim Tod eines der Ehegatten stehen, für die Verwirklichung des europäischen Rechtsraums von Bedeutung sind und eine Harmonisierung des Güterkollisionsrechts praktische Relevanz hat. So legte die Kommission am 17.7.2006 ein Grünbuch zu den Kollisionsnormen im Güterrecht[12] vor. Am 16.3.2011 machte die Kommission schließlich zwei Legislativvorschläge: Zum einen unterbreitete sie einen Vorschlag für eine Verordnung zum Ehegüterrecht[13] (nf.: EhegüterVO-E2011), zum anderen legte sie einen Vorschlag für eine Verordnung zum Güterrecht der eingetragenen Partnerschaften[14] (nf.: PartgüterVO-E2011) vor. Ziel der Verordnungsentwürfe ist die Schaffung gemeinsamer Regelungen über die Zuständigkeit, das anzuwendende Recht und die Anerkennung und Vollstreckung von Entscheidungen im Bereich des Güterrechts von Ehen und eingetragenen Partnerschaften.

---

10  Zum Begriff eingehend *Dorenberg*, Hinkende Rechtsverhältnisse im internationalen Familienrecht, S. 15 ff.; *Gesing*, Der Erbfall mit Auslandsberührung, S. 105 ff.

11  Haager Übereinkommen über das auf das eheliche Güterrecht anzuwendende Recht vom 14.3.1978 (nf.: HGA), frz. und engl. Fassung abgedruckt in RabelsZ 41 (1977), 554–569.

12  Grünbuch zu den Kollisionsnormen im Güterrecht unter besonderer Berücksichtigung der gerichtlichen Zuständigkeit und der gegenseitigen Anerkennung vom 17.7.2006 (KOM[2006] 400 endg.) (nf.: Grünbuch zu den Kollisionsnormen im Güterrecht).

13  Vorschlag für eine Verordnung des Rates über die Zuständigkeit, das anzuwendende Recht, die Anerkennung und die Vollstreckung von Entscheidungen im Bereich des Ehegüterrechts (KOM[2011] 126 endg.) vom 16.3.2011; s. auch BR-Drs. 157/11 vom 18.3.2011.

14  Vorschlag für eine Verordnung des Rates über die Zuständigkeit, das anzuwendende Recht, die Anerkennung und die Vollstreckung von Entscheidungen im Bereich des Güterrechts eingetragener Partnerschaften (KOM[2011] 127 endg.) vom 16.3.2011; s. auch BR-Drs. 158/11 vom 18.3.2011.

Die beiden Kommissionsvorschläge sind im Kontext der fortschreitenden europaweiten Harmonisierung des internationalen Privatrechts, insbesondere des internationalen Familienrechts zu betrachten. Die UnterhVO vom 18.12.2008[15], die in der EU seit dem 18.6.2011 Anwendung findet, erleichtert die europaweite Geltendmachung und Durchsetzung von Unterhaltsansprüchen. Mit Inkrafttreten der Rom III-VO[16] zur Durchführung einer Verstärkten Zusammenarbeit[17] im Bereich des auf die Ehescheidung und Trennung ohne Auflösung des Ehebandes anzuwendenden Rechts ist seit dem 21.6.2012 die Regelung des Art. 17 Abs. 1 EGBGB in ihrer bisherigen Form hinfällig und wurde mit Wirkung zum 29.1.2013 entsprechend angepasst.[18] Schließlich haben das Europäische Parlament und der Rat am 4.7.2012 die ErbVO[19] erlassen, die am 16.8.2012 in Kraft getreten ist und in ihren wesentlichen Teilen auf alle Erbfälle Anwendung findet, die sich seit dem 17.8.2015 ereignen. Sie sieht ein einheitliches Kollisionsrecht für das Erbrecht vor und dient somit der einfacheren Abwicklung grenzüberschreitender Erbfälle. Mit dem EhegüterVO-E2011 und dem PartgüterVO-E2011 zum

---

15 Verordnung (EG) Nr. 4/2009 des Rates vom 18.12.2008 über die Zuständigkeit, das anwendbare Rechtf, die Anerkennung und Vollstreckung von Entscheidungen und die Zusammenarbeit in Unterhaltssachen (ABl. EU 2009, Nr. L 7/1).

16 Verordnung (EU) Nr. 1259/2010 des Rates vom 20.12.2010 zur Durchführung einer Verstärkten Zusammenarbeit im Bereich des auf die Ehescheidung und Trennung ohne Auflösung des Ehebandes anzuwendenden Rechts (ABl. EU 2010, Nr. L 343/10); im Überblick dazu *Gruber*, IPRax 2012, 381 ff.; *Lardeux*, D. 2012, 1835 ff.; *Salord*, AJ Famille 2011, 97 ff.; *Winkler von Mohrenfels*, ZEuP 2013, 699 ff.; *Althammer*, NZFam 2015, 9 ff.; ausführlich *Raupach*, Ehescheidung mit Auslandsbezug in der EU, 1 ff.

17 Von dem Rechtsinstrument der Verstärkten Zusammenarbeit wurde in diesem Rahmen erstmalig Gebrauch gemacht. Folgende 15 Mitgliedstaaten beteiligen sich an ihr: Belgien, Bulgarien, Deutschland, Frankreich, Italien, Lettland, Litauen, Luxemburg, Malta, Österreich, Portugal, Rumänien, Slowenien, Spanien und Ungarn. Ab dem 29.7.2015 ist die Rom III-VO auch in Griechenland anzuwenden, s. *Wagner*, NJW 2014, 1862, 1863; ausführlich zum Rechtsinstrument der Verstärkten Zusammenarbeit *Lignier/Geier*, RabelsZ 79 (2015), 546 ff.

18 Vgl. Art. 1 Nr. 2 und 3 des Gesetzes zur Anpassung der Vorschriften des Internationalen Privatrechts an die Verordnung (EU) Nr. 1259/2010 und zur Änderung anderer Vorschriften des Internationalen Privatrechts vom 23.1.2013 (BGBl. 2013 I, S. 101); dazu *Hau*, FamRZ 2013, 249 ff.

19 Verordnung (EU) Nr. 650/2012 des Europäischen Parlaments und des Rates vom 4.7.2012 über die Zuständigkeit, das anzuwendende Recht, die Anerkennung und Vollstreckung von Entscheidungen und die Annahme und Vollstreckung öffentlicher Urkunden in Erbsachen sowie zur Einführung eines europäischen Nachlasszeugnisses (ABl. EU 2012, Nr. L 201/107); vgl. dazu *Kohler/Pintens*, FamRZ 2012, 1425, 1426 ff.; *Kunz*, GPR 2012, 208 ff., 253 ff.; *Lange*, ZErb 2012, 160 ff.; *Simon/Buschbaum*, NJW 2012, 2393 ff.; *Vollmer*, ZErb 2012, 227 ff.; *Lagarde*, Rev. crit. DIP 2012, 691 ff.; zum vorangegangenen Kommissionsvorschlag zur ErbVO vgl. *Buschbaum/Kohler*, GPR 2010, 106 ff., 162 ff.; *Remde*, RNotZ 2012, 65 ff.

Güterkollisionsrecht widmet sich der europäische Gesetzgeber nun dem nächsten Harmonisierungsprojekt im Bereich des IPR.

Während sich auf europäischer Ebene eine Harmonisierung des Kollisionsrechts langsam abzeichnet, sind im materiellen Güterrecht der Staaten deutliche Unterschiede festzustellen.[20] So ist der gesetzliche Güterstand des BGB die Zugewinngemeinschaft, bei der die Vermögen der Ehegatten während der Ehe zunächst getrennt bleiben und erst am Ende die Zugewinne ausgeglichen werden. In Frankreich hingegen ist der gesetzliche Güterstand die Errungenschaftsgemeinschaft (*communauté réduite aux acquêts*), bei der das während der Ehe erworbene Vermögen von Anfang an beiden Ehegatten gemeinsam gehört. Auf Gemeinschaftsebene sind die Güterstände bislang nicht geregelt und eine Angleichung des materiellen Rechts wurde im Grünbuch der Kommission zunächst ausgeschlossen.[21] Die Harmonisierung des Familienrechts beschäftigte bislang vor allem die Wissenschaft. So entwickelte die *Commission on European Family Law* (CEFL)[22] auf Basis rechtsvergleichender Studien sog. Prinzipen zum europäischen Familienrecht betreffend vermögensrechtliche Beziehungen zwischen Ehegatten (*Principles of European Family Law Regarding Property Relations Between Spouses*), die im August 2013 veröffentlicht wurden und die als Grundlage für eine mögliche Harmonisierung des Ehegüterrechts dienen könnten.[23]

Während sich die EU mit einer Harmonisierung des Familienrechts zurückhält, haben Deutschland und Frankreich bereits einen Schritt in diese Richtung unternommen: Am 4.2.2010 unterzeichneten die französische Justizministerin Michèle Alliot-Marie und die Bundesjustizministerin Sabine Leutheusser-Schnarrenberger ein bilaterales Abkommen zur Einführung des Güterstands der sog. Wahl-Zugewinngemeinschaft (nf.: WZGA).[24] Erklärtes Ziel des WZGA ist die Schaffung eines künftig beiden Rechtsordnungen bekannten Güterstandes, der vor allem Partnern grenzüberschreitender Ehen die Möglichkeit eröffnet,

---

20 Ausführlich zu den Divergenzen im nationalen Ehegüterrecht der Mitgliedstaaten s. *Dengel*, Die europäische Vereinheitlichung des Internat. Ehegüterrechts, S. 21 ff.

21 Vgl. Grünbuch zu den Kollisionsnormen im Güterrecht, S. 4.

22 Bei der CEFL handelt es sich um ein 2001 selbsternanntes unabhängiges Gremium von Rechtswissenschaftlern aus 26 europäischen Staaten, das sich zum Ziel gesetzt hat, durch rechtsvergleichende Arbeiten zur Harmonisierung des Familienrechts in Europa beizutragen; vgl. *Boele-Woelki*, in: Liber Amicorum Pintens (2012), S. 167, 174 ff.; *Martiny*, in: Lipp/Schumann/Veit, Zugewinngemeinschaft, S. 39, 43 ff.; *Glombik*, Perspektiven einer Europäisierung, S. 105 ff.

23 *Boele-Woelki/Ferrand/González Beilfuss/u.a.*, Principles of European Family Law Regarding Property Relations Between Spouses (2013); im Überblick zu den *Principles* vgl. *Kohler/Pintens*, FamRZ 2013, 1437, 1442 sowie *Boele-Woelki/Martiny*, ZEuP 2014, 608 ff.

24 Abkommen zwischen der Bundesrepublik Deutschland und der Französischen Republik über den Güterstand der Wahl-Zugewinngemeinschaft vom 4.2.2010, vgl. dazu den Gesetzesentwurf der Bundesregierung für ein Gesetz zu dem Abkommen vom 21.3.2011, BT-Drs. 17/5126.

ihre vermögensrechtlichen Verhältnisse angemessen zu regeln.[25] Dieser deutsch-französische Wahlgüterstand stehe für ein »neues Modell der europäischen Integration im Zivilrecht« und bereite den Weg für eine weitere Angleichung in Europa, da auch weitere EU-Staaten dem WZGA beitreten können.[26] Nachdem inzwischen die Voraussetzungen für die Ratifikation des Abkommens in beiden Ländern erfüllt wurden[27], ist das WZGA am 1.5.2013 in Kraft getreten.[28]

Auswirkungen auf das internationale Güterrecht sowie das materielle Ehegüterrecht in Frankreich hat schließlich das Gesetz zur Öffnung der Ehe für gleichgeschlechtliche Paare vom 17.5.2013[29], mit dem der französische Gesetzgeber die so genannte »Ehe für alle« (*mariage pour tous*) eingeführt hat.[30]

## B. Untersuchungsgegenstand

Ausgangspunkt der vorliegenden Arbeit ist die Frage, wie das deutsche und das französische Recht mit der Behandlung ehegüterrechtlicher Sachverhalte umgehen, die einen Auslandsbezug aufweisen. Die Arbeit untersucht somit die in Deutschland und Frankreich geltenden Regelungen des Güterkollisionsrechts sowie des materiellen Güterrechts im Hinblick auf ihre Gemeinsamkeiten und Unterschiede. Die aus dem Rechtsvergleich gewonnenen Erkenntnisse werden sodann in Bezug gesetzt zu den aktuellen rechtspolitischen Entwicklungen auf unionsrechtlicher und (bi-)nationaler Ebene. Im Hinblick auf das internationale Güterrecht werden insbesondere der EhegüterVO-E2011 sowie der PartgüterVO-E2011 relevant. Hinsichtlich des materiellen Güterrechts wird auf die inzwischen in Kraft getretenen Regelungen des WZGA zur Einführung des Güterstandes der Wahl-Zugewinngemeinschaft eingegangen. Schließlich soll die rechtsvergleichende Bearbeitung des Themas dazu beitragen, die bereits bestehenden und noch geplanten Regelungen zum Güterkollisionsrecht und materiellen Güterrecht im Hinblick auf ihre Stimmigkeit zueinander aus deutsch-französischer Perspektive zu bewerten und zu würdigen.

---

25 Pressemitteilung des BMJ vom 29.4.2013, abrufbar unter: http://www.bmjv.de/ SharedDocs/Archiv/DE/Pressemitteilungen/2013/20130429_Neues_Modell_fuer_die _europaeische_Integration_im_Zivilrecht.html?nn=1967012 (Abruf: 22.10.2015).
26 So die Pressemitteilung des BMJ, a.a.O.
27 S.u. 2. Teil E. I. 2. c).
28 Bekanntmachung über das Inkrafttreten des deutsch-französischen Abkommens über den Güterstand der Wahlzugewinngemeinschaft vom 22.4.2013 (BGBl. 2013 II, S. 431).
29 Loi n° 2013-404 du 17 mai 2013 ouvrant le mariage aux couples de personnes de même sexe (JO 18 mai 2013).
30 Näher dazu *Ferrand/Francoz-Terminal*, FamRZ 2013, 1448 ff.; umfassend *Lequette/ Mazeaud*, L'ouverture du mariage aux personnes de même sexe (2014).

Da der Begriff des Güterrechts die vermögensrechtlichen Beziehungen zwischen Ehegatten in einem umfassenden Sinne erfasst, ist eine Eingrenzung des Themas notwendig: Die Arbeit konzentriert sich auf den Aspekt der Beendigung ehelicher Güterstände durch Scheidung und den Tod eines Ehegatten. Hingegen werden diejenigen Elemente des Güterrechts, die in Deutschland als »allgemeine Wirkungen der Ehe« bzw. in Frankreich als *»régime primaire«* bezeichnet werden und die die güterrechtlichen Beziehungen während des Bestehens der Ehe bestimmen, nur insoweit erläutert, wie dies zur Abgrenzung erforderlich ist. Ebenso wenig werden Verfügungsbeschränkungen, die infolge eines bestimmten Güterstandes während der Ehe bestehen, von der vorliegenden Arbeit erfasst. Neben dieser Beschränkung auf das Güterrecht im engeren Sinne ist es notwendig, alle weiteren Fragen, die mit der Auflösung des Ehebandes zusammenhängen, bzw. daran anknüpfen, auszulassen. Dazu gehören etwa die Regelungen zum materiellen und internationalen Scheidungs-[31] und Unterhaltsrecht[32]. Zudem beschäftigt sich die vorliegende Arbeit nicht mit dem materiellen und internationalen Erbrecht[33]. Punktuell lässt es sich jedoch nicht vermeiden, auf ausgewählte Aspekte des Erbrechts einzugehen, da die Beendigung des Güterstandes notwendig mit der erbrechtlichen Auseinandersetzung einhergehen kann, wie etwa § 1371 Abs. 1 BGB zeigt.


## C. Methodische Besonderheiten beim Rechtsvergleich

Der Vergleich der deutschen und französischen Rechtsordnung bringt methodische Besonderheiten mit sich, die auf sprachlichen und rechtsgeschichtlichen Unterschieden beruhen.

Zum einen kommt der Rechtsvergleich nicht umhin, sich mit der unterschiedlichen juristischen Terminologie beider Länder auseinanderzusetzen. Die französische Rechtssprache (*»langage juridique«*[34]) ist eine Fachsprache, deren Vokabular sich durch das Vorhandensein mehrerer Bedeutungen auszeichnet (sog. Polysemie).[35] Dies stellt besondere Anforderungen an den Vorgang der Übersetzung. Um den Inhalt und die Funktion eines Rechtsbegriffs im Gesamtsystem zu erfassen, genügt es nicht, ihn wörtlich zu übersetzen oder zur Übersetzung

---

31 Vgl. dazu *Rüberg*, Auf dem Weg zu einem europäischen Scheidungskollisionsrecht, S. 105 ff.
32 Vgl. dazu *Prinz*, Das neue Internationale Unterhaltsrecht, S. 99 ff.
33 Vgl dazu *Walther*, Der Gleichlaufgrundsatz, S. 155 ff.
34 Zum Begriff *Cornu*, Linguistique juridique, Rn. 5.
35 *Schmidt-König*, Die Problematik der Übersetzung juristischer Terminologie, S. 36; *Cornu*, Lingustique juridique, Rn. 17.

einen der eigenen Rechtsordnung gängigen Begriff heranzuziehen.[36] Denn ein vollständig deckungsgleiches Verständnis von Begriffen in unterschiedlichen Sprachen ist nicht möglich.[37] Übersetzen bedeutet vielmehr das Umsetzen von Texten einer Sprache in eine andere.[38] Der Übersetzer muss die nationalen Eigenheiten der jeweiligen Rechtssprache erkennen und sie beim Transfer ausreichend berücksichtigen.[39] Erforderlich ist also eine »zwischen-sprachliche Übertragung«[40], bei der die Grenzen der Übersetzung verdeutlicht werden und der Begriff inhaltlich näher erläutert wird. Beispielsweise wäre es verfehlt, den Begriff »*régimes matrimoniaux*« pauschal mit »Ehegüterstände« zu übersetzen, den Begriff »*régime primaire*« mit den deutschen »allgemeinen Ehewirkungen« oder den französischen *PACS* (*Pacte civil de solidarité*) mit der deutschen eingetragenen Lebenspartnerschaft gleichzusetzen.

Zum anderen muss der Rechtsvergleich die Eigenarten und Wesenszüge der Rechtsordnungen berücksichtigen, die auf den historischen Kontext ihrer Entstehung zurückzuführen sind.[41] So ist die Zivilrechtskodifikation des Code civil von 1804 eine Errungenschaft des Bürgertums nach der französischen Revolution, die Elemente des auf dem römischen Recht basierenden geschriebenen Rechts (*droit écrit*) und des Gewohnheitsrechts germanischen Ursprungs (*droit coutumier*) vereint und vom Ideal bürgerlicher Gleichheit und Freiheit geprägt ist.[42] Die Väter des Code civil stellten den Bürger mit seinen Rechten in den Vordergrund. Zu den bürgerlichen Rechten, die im Ersten Buch (»*Des personnes*«, Art. 7 bis Art. 515-8 CC) geregelt sind, gehört auch die Eheschließung (Titel V, »*Du mariage*«, Art. 144 ff. CC). Hingegen wurde das Ehegüterrecht nicht im systematischen Zusammenhang zur Ehe geregelt, sondern vielmehr im Dritten Buch über den Erwerb von Eigentum (»*Des différentes manières dont on acquiert la propriété*«, Art. 711 bis Art. 2283 CC) als Teil des Vertragsrechts (Titel V, »*Du contrat de mariage et des régimes matrimoniaux*«, Art. 1387 ff. CC). Ein nicht unwesentlicher Teil des französischen Rechts ist zudem nicht explizit gesetzlich geregelt. So spielt die Rechtsprechung der *Cour de cassation*, dem höchsten Gericht der ordentlichen Gerichtsbarkeit in Frankreich, für die Entwicklung des Zivilrechts eine bedeutsame Rolle.

Demgegenüber ist das deutsche Bürgerliche Gesetzbuch von 1900 ein Werk der deutschen Pandektenwissenschaft, deren Ziel es war, das »Gemeine Recht«, d.h. das fortgeltende römische Recht, zu einem in sich geschlossenen Rege-

---

36  Als Grundlage für die Übersetzung von Vorschriften des Code civil in dieser Arbeit diente die Übersetzung in Bergmann/Ferid/Henrich, Frankreich, S. 8 ff.
37  *Albrecht*, in: FS Wilss (1990), S. 71, 72.
38  *Friedrich*, Technik des Übersetzens, S. 11.
39  *Weisflog*, Rechtsvergleichung und juristische Übersetzung, S. 48.
40  *Schregle*, RdA 1989, 255, 258.
41  Zu den Resistenzen und Pfadabhängigkeiten der beiden Rechtsordnungen vgl. *Weller*, JZ 2013, 1021 ff.
42  *Zweigert/Kötz*, Rechtsvergleichung, § 7 I.

lungswerk zu entwickeln. Es richtete sich nicht an Bürger, sondern an Juristen und entstand in einer Zeit relativ stabiler politischer Verhältnisse.[43] Eheschließung und Ehegüterrecht sind gemeinsam im vierten Buch des BGB (»Familienrecht«, § 1297 bis § 1921 BGB) geregelt. Den einzelnen Büchern des BGB ist ein »Allgemeiner Teil« vorangestellt, der bestimmte Rechtsinstitute regelt, die für das gesamte Privatrecht gelten. Diese Besonderheiten sind bei einem Vergleich des deutschen und französischen Zivilrechts zu berücksichtigen.

## D.  Gang der Untersuchung

Die vorliegende Arbeit behandelt die Beendigung ehelicher Güterstände in zweierlei Hinsicht: Im Anschluss an die Einleitung zur Arbeit soll zum einen die Beendigung ehelicher Güterstände im Lichte des internationalen Privatrechts betrachtet werden, indem ein Rechtsvergleich des deutschen mit dem französischen internationalen Güterrecht vorgenommen wird (1. Teil). Zum anderen wird die rechtliche Behandlung der Beendigung ehelicher Güterstände durch das jeweilige Sachrecht der beiden Länder miteinander verglichen (2. Teil).

Im 1. Teil dieser Arbeit, der sich mit einem Rechtsvergleich des deutschen und des französischen internationalen Güterkollisions- und Verfahrensrechts befasst, werden verschiedene thematische Kategorien gebildet, die zunächst jeweils aus Sicht des einen und des anderen Rechtssystems beleuchtet werden. An die länderspezifische Darstellung schließt sich jeweils ein Vergleich der Rechtsordnungen an. Nach der Gegenüberstellung des *status quo* in Deutschland und Frankreich erfolgt die Analyse des EhegüterVO-E2011 sowie des PartgüterVO-E2011.

Der 2. Teil der Arbeit unternimmt einen Rechtsvergleich der materiellen familienrechtlichen Regelungen zur Beendigung ehelicher Güterstände.

Zunächst wird auf die rechtsgeschichtliche Entwicklung des Güterrechts in Deutschland und Frankreich eingegangen (2. Teil, A). Es folgt ein Überblick zu den Ehegüterständen (2. Teil, B) sowie dem Güterstand der eingetragenen Partnerschaft (2. Teil, C) in beiden Ländern. Im Anschluss daran wird die vermögensrechtliche Auseinandersetzung bei Beendigung der Zugewinngemeinschaft sowie der *participation aux acquêts* miteinander verglichen (2. Teil, D). Sodann wird der zukünftig in beiden Ländern geltende Güterstand der Wahl-Zugewinngemeinschaft analysiert und anhand der Erkenntnisse des Rechtsvergleichs bewertet (2. Teil, E).

Abschließend werden die durch die Arbeit gewonnenen Ergebnisse in einer Schlussbetrachtung zusammengefasst und es wird ein Ausblick auf die künftige europäische und nationale Rechtsentwicklung gewährt.

---

43 *Zweigert/Kötz*, Rechtsvergleichung, § 11 II.

# 1. Teil   Internationales Ehegüterrecht im Rechtsvergleich

Aufgabe von Kollisionsnormen ist es, zu bestimmen, welche Rechtsnormen bei Sachverhalten mit Auslandsberührung zur Anwendung gelangen. Dem Kollisionsrecht geht es also nicht um eine Entscheidung in der Sache selbst, sondern es betrifft die Bestimmung des anwendbaren Rechts. Nachfolgend wird untersucht, wie ein ehegüterrechtlicher Sachverhalt, der einen Auslandsbezug aufweist, derzeit nach deutschem und französischem Internationalem Privatrecht beurteilt wird. Die Untersuchung der Beendigung ehelicher Güterstände aus deutschfranzösischer Sicht dient als Basis für die sich daran anschließende Erörterung des künftigen Güterkollisionsrechts auf europäischer Ebene. Dazu werden der EhegüterVO-E2011 sowie der PartgüterVO-2011 analysiert und gewürdigt.

## A.  Rechtsvergleich zum *status quo* in Deutschland und Frankreich

Zum gegenwärtigen Zeitpunkt ist das internationale Güterrecht auf europäischer Ebene noch nicht harmonisiert. Vielmehr folgt das Güterkollisionsrecht in Deutschland und Frankreich jeweils eigenen Maßstäben.

## I.  Rechtsquellen

Den Ausgangspunkt für die Gegenüberstellung des deutschen und französischen Rechts bilden die jeweils einschlägigen Rechtsquellen. Während auf deutscher Seite das EGBGB relevant wird, ist auf französischer Seite das Haager Übereinkommen über das auf Ehegüterstände anzuwendende Recht maßgebend.

## 1.  Deutschland

Die Bestimmung des Güterrechtsstatuts in Deutschland richtet sich fast ausschließlich nach autonomen Kollisionsregeln. Zentrale Norm ist Art. 15 EGBGB.[44]

---

44  In Zusammenhang mit Art. 15 EGBGB steht die Übergangsregelung des Art. 220 Abs. 3 EGBGB. Da das BVerfG im Jahre 1983 die Vorschrift des Art. 15 Abs. 1, Abs. 2 Hs. 1 EGBGB a. F. wegen Verstoßes gegen Art. 3 Abs. 2 GG für verfassungswidrig erklärte (BVerfGE 63, 181, 191), sah sich der Gesetzgeber veranlasst, eine Übergangsregelung zu schaffen, die einerseits dem Bedürfnis nach Gleichberechtigung (Art. 3 Abs. 2 GG), andererseits den Grundsätzen der Rechtssicherheit und des Vertrauensschutzes Rechnung tragen sollte. Die intertemporale Regelung des Art. 220 Abs. 3 EGBGB enthält zeitlich gestaffelte Kollisionsregeln. Ausführlich dazu *S. Lorenz*, Das intertemporale Ehegüterrecht (1991).

Das Haager Ehewirkungsabkommen von 1905[45], ein multilateraler Staatsvertrag, wurde von Deutschland mit Wirkung zum 23.8.1987 gekündigt[46], nachdem es wegen Verstoßes gegen Art. 3 Abs. 2 GG für verfassungswidrig erklärt wurde.[47] Das Haager Ehegüterrechtsübereinkommen von 1978[48] wurde von Deutschland nicht einmal gezeichnet. Allein das deutsch-iranische Niederlassungsübereinkommen von 1929[49], verdrängt in seinem Anwendungsbereich Art. 15 EGBGB. Es gilt jedoch lediglich für ausschließlich iranische Ehegatten in Deutschland bzw. ausschließlich deutsche Ehegatten im Iran, wie sich aus seinem Schlussprotokoll[50] ergibt.[51]

## 2. Frankreich

Die Ermittlung des Güterrechtsstatuts in Frankreich richtet sich nach dem Haager Übereinkommen über das auf Ehegüterstände anzuwendende Recht vom 14.3.1978[52] (nf.: HGA), das am 1.9.1992 in Kraft getreten ist.[53] Das Abkommen erfasst nur die nach seinem Inkrafttreten geschlossenen Ehen (Art. 21 Abs. 1 HGA). Das Güterrechtsstatut von Altehen, d.h. Ehen, die vor dem 1.9.1992 ge-

---

45 Haager Abkommen betreffend den Geltungsbereich der Gesetze in Ansehung der Wirkungen der Ehe auf die Rechte und Pflichten der Ehegatten in ihren persönlichen Beziehungen und auf das Vermögen der Ehegatten vom 17.7.1905 (RGBl. 1912, 453 [475]).
46 BGBl. 1986 II, S. 505.
47 BVerfGE 63, 181, 191 = NJW 1983, 1968; BGH NJW 1987, 583, 584.
48 Haager Übereinkommen über das auf das eheliche Güterrecht anzuwendende Recht vom 14.3.1978, frz. und engl. Fassung abgedruckt in RabelsZ 41 (1977), 554–569.
49 Niederlassungsabkommen zwischen dem Deutschen Reich und dem Kaiserreich Persien vom 17.2.1929, welches am 11.1.1931 in Kraft getreten ist (RGBl 1930 II, S. 1002, 1006; 1931 II, S. 9; BGBl. 1955 II, S. 829).
50 RGBl. 1930 II, 1012.
51 Staudinger/*Mankowski*, Art. 15 EGBGB Rn. 4; MüKo-BGB/*Siehr*, Art. 15 EGBGB Rn. 5.
52 Convention sur la loi applicable aux régimes matrimoniaux du 14 mars 1978 (JO 25 sept. 1992); frz. und engl. Fassung abgedruckt in RabelsZ 41 (1977), 554 ff.; ebenso abrufbar unter: http://www.hcch.net/upload/conventions/txt25fr.pdf (Abruf: 22.10. 2015); dt. Übersetzung abgedruckt in: Bergmann/Ferid/Henrich, Internationale Abkommen und Europäische Rechtsakte, II-39, 2.3; vgl. dazu den erläuternden Bericht zum Haager Ehegüterrechtsübereinkommen (»*Rapport explicatif*«) von *A. E. v. Overbeck* (nf.: v. Overbeck, Rapport explicatif, Rn.), der seither als Auslegungshilfe für die Anwendung des Übereinkommens herangezogen wird.
53 Das Datum des Inkrafttretens ergibt sich aus Art. 29 Abs. 1 HGA: Danach tritt das Abkommen am ersten Tag des dritten Kalendermonats nach der Hinterlegung des dritten Ratifikationsinstruments in Kraft. Nach der Ratifikation des HGA durch die Niederlande als dritten Staat am 25.6.1992, konnte das HGA somit zum 1.9.1992 in Kraft treten.

schlossen wurden, bestimmt sich grundsätzlich[54] nach den Regeln des autonomen Güterkollisionsrechts (*droit commun*), das seit dem 19. Jahrhundert von der Rechtsprechung entwickelt wurde und wesentlich dem Autonomieprinzip (*principe d'autonomie/règle de l'autonomie de la volonté*) folgt.[55]

Das HGA ist ein multilaterales Abkommen, das von der Haager Konferenz für Internationales Privatrecht[56] ausgearbeitet[57] und von Frankreich (1979), Luxemburg (1982) und den Niederlanden (1992) ratifiziert wurde. Gezeichnet, jedoch nicht ratifiziert, haben es Österreich und Portugal.[58] Das Abkommen ist als *loi uniforme* konzipiert, so dass es gem. Art. 2 HGA auch in den Fällen anzuwenden ist, in denen die Ehegatten nicht die Staatsangehörigkeit eines Vertragsstaates haben bzw. ihren gewöhnlichen Aufenthalt in einem Nichtvertragsstaat haben oder das Abkommen das Recht eines Nichtvertragsstaates für anwendbar erklärt.[59] Das Abkommen schafft somit ein universell anwendbares Recht, das als gemeinsames Güterkollisionsrecht nicht nur zwischen den Vertragsstaaten sondern auch in Beziehung zu Nichtvertragsstaaten gilt.[60] Eine Durchbrechung dieses Grundsatzes findet sich in Art. 20 HGA, wonach das Abkommen weitere internationale Übereinkommen mit demselben Regelungsgegenstand unberührt lässt, denen ein Vertragsstaat beigetreten ist: Das Haager Ehewirkungsabkommen von 1905[61], das für Frankreich am 23.8.1912 in Kraft trat, wurde bereits fünf Jahre später mit Wirkung zum 23.8.1917 gekündigt.[62]

---

54  So haben Ehegatten, deren Ehe vor dem 1.9.1992 geschlossen wurde, die Möglichkeit, für die Regelungen des HGA zu optieren (Art. 21 Abs. 1 Alt. 1 HGA).

55  S.u. 1. Teil A. III. 2 a).

56  Die Haager Konferenz für Internationales Privatrecht ist eine intergouvernementale Organisation, deren erste Sitzung 1893 stattfand. Seit Inkrafttreten ihrer Satzung 1955 ist sie eine ständige Einrichtung und besteht heute aus 72 Mitgliedern (71 Staaten sowie der EU). Ihre satzungsmäßige Aufgabe ist es, auf eine zunehmende Vereinheitlichung der Regeln des Internationalen Privatrechts hinzuwirken (vgl. Art. 1 der Satzung, abrufbar unter: http://www.hcch.net/upload/conventions/txt01de.pdf [Abruf: 22.10.2015]). Dazu entwickelt und betreut sie multilaterale Staatsverträge und Übereinkommen. Zu ihren Zielen und Ergebnissen vgl. *Kropholler*, Int. Einheitsrecht, S. 59 ff. sowie *Schack*, RabelsZ 57 (1993), 224 ff.

57  Zu den Vorarbeiten des Abkommens vgl. *Batiffol*, Rev. crit. DIP 1977, 451 ff.; *Beitzke*, RabelsZ 41 (1977), 457 ff.

58  Vgl. *v. Bar*, RabelsZ 57 (1993), 63, 80 f.

59  Zuletzt bestätigt durch Cass. 1re civ., 12 nov. 2009, n° 08-18.343, JurisData n° 2009-050243, »*Bita Saddekni*«, Défrenois 2010, 324.

60  *Döbereiner*, Ehe- und Erbverträge im dt.-frz. Rechtsverkehr, S. 152; *Revillard*, DIP, Rn. 347.

61  Convention de la Haye du 17 juillet 1905 concernant les conflits de lois relatifs aux effets du mariage sur les droits et les devoirs des époux dans leurs rapports personnels et sur les biens des époux.

62  *Revillard*, DIP, Rn. 350.

Das französisch-italienische Abkommen vom 3.6.1930[63], das ausschließlich für italienische Ehegatten in Frankreich und französische Ehegatten in Italien galt, hat Frankreich zwar am 7.1.1935 ratifiziert, jedoch wurde es mit Italiens Kriegserklärung vom 10.6.1940 obsolet. In diesem Zusammenhang ist überdies das französisch-polnische Abkommen vom 5.4.1967[64] zu nennen, das am 1.3.1969 in Kraft trat. Schließlich ist das französisch-jugoslawische Abkommen vom 18.5.1971[65] zu beachten, das am 1.12.1972 in Kraft getreten ist und noch heute zwischen Frankreich, Slowenien, Serbien, Montenegro und Bosnien-Herzegowina gilt.[66]

Wegen ihres schmalen Anwendungsbereichs wird auf die Sonderregelungen dieser Abkommen im Folgenden nicht weiter eingegangen.

## 3. Rechtsvergleich

Während das Güterkollisionsrecht in Deutschland autonomen Regelungen, d.h. einzelstaatlichen Vorschriften unterliegt, ist es in Frankreich seit dem 1.9.1992 in einem multilateralen Übereinkommen geregelt. Für Altehen, die vor dem 1.9.1992 eingegangen wurden, gilt in Frankreich das von der Rechtsprechung entwickelte autonome Güterkollisionsrecht (*droit commun*). Die Einordnung in das EGBGB, welches eine vollständige Kodifikation des deutschen Internationalen Privatrechts darstellt, erlaubt es, die Anknüpfungsregel des Art. 15 EGBGB im direkten Vergleich zu anderen Kollisionsnormen zu betrachten. Die Konzentrierung sämtlicher Kollisionsnormen in einer Gesamtkodifikation wie dem EGBGB dient der Übersichtlichkeit und der klaren Abgrenzung zum Sachrecht.

Demgegenüber ist das nach französischem Recht anzuwendende HGA ein Ausdruck der Bemühungen um eine internationale Rechtsvereinheitlichung im Bereich des Güterkollisionsrechts. Die Vereinheitlichung des Güterkollisionsrechts durch das HGA fördert den internationalen Entscheidungseinklang zwischen den teilnehmenden Staaten. Da aber nur drei Staaten das HGA ratifiziert haben, bleibt dieser Effekt sehr begrenzt.[67]

---

63 Convention franco-italienne du 3 juin 1930 sur l'exécution des jugements en matière civile et commerciale, Bekanntmachung durch Dekret vom 19.1.1935 (JO 20 janv. 1935).

64 Convention franco-polonaise du 5 avr. 1967 relative à la loi applicable, la compétence et l'exequatur dans le droit des personnes et de la famille, Bekanntmachung durch Dekret vom 13.2.1969 (JO 22 févr. 1969).

65 Convention franco-yougoslave du 18 mai 1971 relative à la loi applicable et à la compétence en matière de droit des personnes et de la famille, Bekanntmachung durch Dekret vom 15.5.1973 (JO 24 mai 1973).

66 Vgl. *Revillard*, DIP, Rn. 7 (mit Fn. 14), 353.

67 So auch *Jault-Seseke*, RLDC 2012, n° 99, 43, 46.

## II. Anwendungsbereich des Güterrechtsstatuts

Die Bestimmung des auf einen ehegüterrechtlichen Sachverhalt anwendbaren Rechts richtet sich nach dem Güterrechtsstatut. Der Begriff des Güterrechtsstatuts bedarf einer näheren Konkretisierung und ist von anderen Statuten abzugrenzen.

### 1. Umfang des Güterrechtsstatuts im Hinblick auf die Beendigung des Güterstandes

Fraglich ist, welche Tatbestände das Güterrechtsstatut in Deutschland und Frankreich in Bezug auf die Beendigung des Güterstandes erfasst.

### a) Deutschland

Eine gesetzliche Definition des Ehegüterrechts i.S.d. Art. 15 EGBGB ist nicht ersichtlich. Nach allgemeiner Auffassung gehören dazu jedoch diejenigen Normen des materiellen Rechts, die eine Sonderordnung des Vermögens von Mann und Frau[68] während und aufgrund der Ehe schaffen oder – wie im Fall der Gütertrennung – gerade von einer Sonderordnung absehen, sowie diejenigen Normen, die nach Auflösung der Ehe für eine Auflösung der Sonderordnung sorgen.[69]

Dem Güterrechtsstatut unterfallen sowohl die Gründe für die Beendigung des Güterstandes als auch deren vermögensrechtliche Folgen.[70] Es bestimmt, ob es zu einer vorzeitigen Aufhebung und Abwicklung des Güterstandes kommen kann[71] und falls ja, ob und inwieweit eine Überleitung in einen anderen Güterstand erfolgt.[72] Auch die güterrechtliche Auseinandersetzung richtet sich nach dem maßgeblichen Güterrechtsstatut.[73] Dazu gehören Ansprüche auf Zugewinnausgleich[74], auf Einräumung eines Nießbrauchs am Vermögen des anderen[75] sowie auf Nutzungsersatz gegen Ehegatten, dem ein gemeinschaftlicher Gegenstand zur Nutzung zugewiesen wurde[76]. Nebenfragen wie etwa zur Ver-

---

68 Zur Bestimmung des Güterkollisionsrechts im Ausland wirksam geschlossener gleichgeschlechtlicher Ehen s.u. 1. Teil A. VII. 1. a) aa).
69 So der Gesetzesentwurf der Bundesregierung zur Neuregelung des IPR, BT-Drs. 10/504 mit Verweis auf *Kegel*, IPR, S. 370; BGHZ 119, 392, 393; ähnlich OLG Hamm NJW-RR 1992, 1220, 1222.
70 JurisPK-BGB/*Ludwig*, Art. 15 EGBGB Rn. 63.
71 KG JW 1938, 1244; MüKo-BGB/*Siehr*, Art. 15 EGBGB Rn. 69.
72 Staudinger/*Mankowski*, Art. 15 EGBGB Rn. 275.
73 BGH NJW 1980, 2643, 2644; OLG Koblenz NJW-RR 1994, 648.
74 BGH FamRZ 1982, 358; Staudinger/*Mankowski*, Art. 15 EGBGB Rn. 277 ff.
75 AG Frankfurt IPRspr 1991 Nr. 80.
76 OLG München IPRspr 1993 Nr. 59.

jährung des Zugewinnausgleichsanspruchs[77], zum Einwand der Arglist gegen diesen[78], oder zum Bestehen von Auskunftsansprüchen gegen den ausgleichspflichtigen Ehegatten[79] sind ebenfalls güterrechtlich anzuknüpfen.

## b) Frankreich

Nach Art. 1 Abs. 1 HGA bestimmt das Abkommen das auf Ehegüterstände (*régimes matrimoniaux*) anwendbare Recht. Auf eine Definition des Begriffes »*régimes matrimoniaux*« wird jedoch verzichtet. Der Erläuternde Bericht erklärt dazu, dass sich die Delegierten der diplomatischen Konferenz der Vielfältigkeit der güterstandsrechtlichen Regelungen in den einzelnen Staaten ebenso bewusst gewesen seien wie der Tatsache, dass bestimmte Fragen in einem Land zum Ehegüterrecht gehörten, in einem anderen Land hingegen nicht. Man habe es daher als unvermeidlich angesehen, dass eine gewisse Grauzone verbleibe.[80]

Nach Ansicht der Literatur unterfallen dem auf Ehegüterstände anwendbaren Recht jedenfalls alle Regeln über die Gestaltung der finanziellen Beziehungen unter Ehegatten.[81] Dazu zählen sowohl die Regeln zur Zusammensetzung des Vermögens sowie zum Umfang der Verwaltungs- und Verfügungsbefugnisse über Vermögensgegenstände der Ehegatten als auch die Regelungen zur Errichtung, Organisation und Funktionsweise des ehelichen Güterstandes einschließlich jener Regeln über seine Auflösung und Abwicklung.[82] Das Abkommen selbst enthält lediglich eine Negativabgrenzung, indem nach Art. 1 Abs. 2 HGA einzelne Bereiche aus seinem Anwendungsbereich ausgeschlossen werden. So ist das Abkommen nicht anwendbar auf Unterhaltspflichten zwischen Ehegatten (Nr. 1), erbrechtliche Ansprüche des überlebenden Ehegatten (Nr. 2) und die Geschäftsfähigkeit der Ehegatten für den Abschluss eines Ehevertrages (Nr. 3).

## c) Rechtsvergleich

Beiden Rechtsordnungen ist gemein, dass sie nicht explizit definieren, was unter dem Begriff des Ehegüterrechts im Sinne des jeweiligen Internationalen Privatrechts zu verstehen ist. Somit bleibt es der Rechtsprechung in beiden Staaten überlassen, eine Konkretisierung vorzunehmen. Übereinstimmend werden zum Güterkollisionsrecht jene Regelungen gezählt, die zur Begründung einer vermögensrechtlichen Beziehung zwischen den Ehegatten aufgrund der Ehe führen sowie jene Regelungen über die Auflösung und Abwicklung des Güterstandes.

---

77 BGH NJW-RR 2002, 937.
78 LG Ulm IPRspr 1964/65 Nr. 104.
79 OLG Frankfurt NJW-RR 2006, 1444; OLG Stuttgart FamRZ 2002, 1032.
80 *v. Overbeck*, Rapport explicatif, Rn. 113.
81 *Lequette*, Rec. cours La Haye 246 (1994-II), 9, 153; *Revillard*, DIP, Rn. 340.
82 Vgl. *Audit/d'Avout*, DIP, Rn. 970 f.; *Loussouarn/Bourel/Vareilles-Sommières*, DIP, Rn. 623 m.w.N; *Holleaux/Foyer/Geouffre de La Pradelle*, DIP, Rn. 1323.

Die Abgrenzung zu anderen Statuten erfolgt in Deutschland durch die Gegenüberstellung des Güterrechtsstatuts zu den anderen Kollisionsnormen in der Systematik des EGBGB. Die Regelung des Güterkollisionsrechts im HGA führt hingegen dazu, dass die Abgrenzung zu anderen Kollisionsnormen, die im autonomen Recht oder weiteren Staatsverträgen geregelt sind, durch die Formulierung von Ausschlussgründen vorgenommen wird.

## 2. Abgrenzung zu anderen Statuten

Bei der Einordnung von Rechtsinstituten zum Güterrechtsstatut ergeben sich sowohl in Deutschland als auch Frankreich vor allem Abgrenzungsschwierigkeiten zum Statut der allgemeinen Ehewirkungen, zum Statut der Scheidungsfolgen sowie zum Erbrechtsstatut. Im Rahmen der Abgrenzung stellen sich insbesondere Fragen zur Qualifikation von Rechtsinstituten, die zwar der einen Rechtsordnung geläufig, aber der anderen Rechtsordnung unbekannt sind.

### a) Abgrenzung zum Ehewirkungsstatut

Von den rein vermögensrechtlichen Wirkungen des Güterstandes sind die personenbezogenen Wirkungen der Ehe zu unterscheiden, die unabhängig vom jeweiligen Güterstand gelten. Dies ist eine Frage der Abgrenzung zwischen Güterrechtsstatut und Ehewirkungsstatut. In diesem Zusammenhang ist zu klären, wie beide Rechtsordnungen jene Regelungen einordnen, die im französischen Sachrecht unter den Begriff *»régime primaire«*[83] gefasst werden. Darunter sind die durch das Gesetz vom 31.7.1965 reformierten Vorschriften der Art. 214 bis Art. 225 CC über die gegenseitigen Rechte und Pflichten der Ehegatten zu verstehen, die ohne Rücksicht auf den Güterstand allein aufgrund der Eheschließung gelten (vgl. Art. 226 CC). Zum *régime primaire* gehören beispielsweise die Treue- und Beistandspflicht (Art. 212 CC), die Beitragspflicht zu den ehelichen Kosten (Art. 214 al. 1 CC), die Verfügungsbeschränkung über die Familienwohnung und Einrichtungsgegenstände (Art. 215 al. 3 CC) sowie die Vertretungsbefugnis für Haushaltsführungsgeschäfte (Art. 220 al. 1 CC). Es handelt sich somit um eine »Zusammenfassung der allgemeinen vermögensrechtlichen Ehewirkungen«[84].

### aa) Deutschland

Fragen hinsichtlich der persönlichen Wirkungen der Ehe, d.h. solcher Wirkungen, die unabhängig von einer vermögensrechtlichen Sonderordnung zwischen

---

83 Auch als *»statut patrimonial de base«* oder *»régime matrimonial primaire«* bezeichnet, vgl. *Mayer/Heuzé*, DIP, Rn. 824; zur Begrifflichkeit vgl. *Greubel*, Das »régime matrimonial primaire«, S. 5.

84 *Ferid/Sonnenberger*, FrzZR III, Rn. 4 B 131.

den Ehegatten allein deswegen eintreten, weil sie verheiratet sind, werden nicht ehegüterrechtlich, sondern ehewirkungsrechtlich nach Art. 14 EGBGB qualifiziert, auch wenn sie vermögensrechtliche Auswirkungen mit sich bringen.[85] Allgemeine Ehewirkungen regeln das während der Ehe bestehende persönliche Verhältnis der Ehegatten zueinander sowie ihr Verhältnis zu Dritten.[86] Unter Art. 14 EGBGB fallen somit Fragen hinsichtlich der Geschäfte zur Deckung des Lebensbedarfs, ehelicher Haushaltsgegenstände bis zum Zeitpunkt der Trennung von Tisch und Bett, verbotener Geschäfte zwischen den Ehegatten sowie Eigentumsvermutungen.[87] Bei der Zuordnung zu den allgemeinen Ehewirkungen oder zum Ehegüterrecht empfiehlt sich eine funktionale Betrachtungsweise der Wirkungen.[88] Dient eine Verfügungsbeschränkung, wie beispielsweise die Verfügungsbeschränkung über die Familienwohnung und Einrichtungsgegenstände im französischen Recht (Art. 215 al. 3 CC), unabhängig vom jeweiligen Güterstand dem Schutz der ehelichen Lebensgemeinschaft, so ist sie als allgemeine Ehewirkung zu qualifizieren. Ist eine Verfügungsbeschränkung hingegen Ausfluss eines bestimmten Güterstandes, so ist eine güterrechtliche Qualifikation anzunehmen. Nicht nur die Regelung des Art. 215 al. 3 CC sondern auch die übrigen Regelungen des *régime primaire* haben nach ganz überwiegender Ansicht ihre funktionale Entsprechung in den allgemeinen Ehewirkungen deutschen Rechts und werden daher ehewirkungsrechtlich angeknüpft.[89]

## bb) Frankreich

Ebenso wenig wie das HGA eine Definition der *régimes matrimoniaux* enthält, sieht es auch eine Bestimmung zu den im französischen Sachrecht unter dem Begriff *régime primaire* bezeichneten Regelungen vor. Dem Erläuternden Bericht zum HGA ist lediglich zu entnehmen, dass sich die Delegierten der diplomatischen Konferenz bewusst gewesen sind, dass einige Regelungen, die nach dem Recht des einen Staates zum *régime primaire* gehören, nach dem Recht eines anderen Staates hingegen dem Güterrecht im eigentlichen Sinne zuzuordnen sind.[90]

---

85 Hk-BGB/*Kemper*, Art. 15 EGBGB Rn. 6.
86 Staudinger/*Mankowski*, Art. 14 EGBGB Rn. 216.
87 BeckOK-BGB/*Mörsdorf-Schulte*, Art. 15 EGBGB Rn. 40.
88 MüKo-BGB/*Siehr*, Art. 15 EGBGB Rn. 92.
89 *Bosch*, Durchbrechungen des Gesamtstatuts, S. 391; *Ferid/Sonnenberger*, FrzZR III, Rn. 4 B 131 Fn. 67 a.E.; Johannsen/Henrich/*Henrich*, Art. 15 EGBGB Rn. 30; a.A. *Greubel*, Das »régime matrimonial primaire«, S. 79 ff., der zu einer jeweils unterschiedlichen Qualifikation der einzelnen Vorschriften des *régime primaire* gelangt. Umstritten ist insbesondere die Qualifikation der Verfügungsbeschränkung über die Familienwohnung und Hausratsgegenstände in Art. 215 Abs. 3 CC, vgl. zum Streitstand Staudinger/*Mankowski*, Art. 14 EGBGB Rn. 302.
90 *v. Overbeck*, Rapport explicatif, Rn. 173.

Die Frage, welches Recht auf das *régime primaire* anwendbar ist, wird in Literatur und Rechtsprechung nicht einheitlich beantwortet. Während eine Ansicht[91] für eine Anknüpfung an das Recht der persönlichen Ehewirkungen (*la loi des effets personnels du mariage*) plädiert, betrachtet eine andere Ansicht[92] die Vorschriften als sog. unmittelbar anwendbare Gesetze (*lois d'application immédiate*), d.h. materielle Rechtsnormen mit einer jeweils eigenen einseitigen Kollisionsnorm[93]. Auch die Rechtsprechung ist nicht einheitlich. Wurde das *régime primaire* zunächst in einem *obiter dictum* der *Cour de cassation* dem Ehewirkungsstatut untergeordnet[94], urteilte die gleiche Zivilkammer zwei Jahre später, dass die Regeln der Art. 212 ff. CC gebietsbezogener Anwendbarkeit (*d'application territoriale*) seien[95], womit gemeint ist, dass es sich um Eingriffsnormen (*lois de police*) bzw. unmittelbar anwendbare Gesetze (*lois d'application immédiate*) handele.[96] Dieser Rechtsprechung kommt schließlich eine Ansicht nahe, die sich bemüht, die verschiedenen Ansätze zu vereinigen: Danach stehen die unter dem Begriff *régime primaire* bezeichneten Vorschriften zwar miteinander im Verbund, seien aber nicht untrennbar. Sie seien daher einerseits für im Ausland lebende französische Ehegatten dem Ehewirkungsstatut zuzuordnen, andererseits für in Frankreich lebende ausländische Ehegatten als unmittelbar anwendbare Gesetze zu betrachten.[97] Eine Unterstellung des *régime primaire* unter das Güterrechtsstatut des HGA scheidet jedenfalls aus, so dass der Meinungsstreit vorliegend nicht entschieden werden muss.

cc) Rechtsvergleich

Die persönlichen Wirkungen der Ehe, die unabhängig vom jeweiligen Güterstand eintreten, werden weder nach deutschem noch nach französischem Recht güterrechtlich angeknüpft. Die Regelungen des *régime primaire* unterfallen nach deutschem Recht dem Ehewirkungsstatut, so dass primär an die gemeinsame Staatsangehörigkeit der Ehegatten anzuknüpfen ist. Hingegen werden sie nach französischem Recht als Eingriffsnormen behandelt. Dem Schutz der Fa-

---

91 So etwa *Couchez*, Essai de délimitation du domaine de la loi applicable au régime matrimonial, Rn. 160, 165; *Holleaux/Foyer/Geouffre de la Pradelle*, DIP, Rn. 1298; Süß/Ring/*Döbereiner*, S. 499 Rn. 56 m.w.N.

92 *Droz*, Rec. cours La Haye 143 (1974-III), 1, 89; *Karaquillo*, Étude de quelques manifestations des lois d'application immédiate, Rn. 325.

93 Allgemein zu den sog. *règles d'application immédiate* vgl. *Kropholler*, IPR, § 13 V.

94 Cass. 1$^{re}$ civ., 22 oct. 1985, n° 84-11.468, JurisData n° 1985-702639, »*Bologna*«, JDI 1986, 1005.

95 Cass. 1$^{re}$ civ., 20 oct. 1987, n° 85-18.877, JurisData n° 1987-001640, »*Cressot*«, JDI 1988, 447.

96 So auch *Leuck*, JCP N., 1992, I, Doctrine, 275 Rn. 4; *Niboyet/Geouffre de la Pradelle*, DIP, Rn. 134, 253; *Vignal*, DIP, Rn. 502.

97 So bereits *Batiffol/Lagarde*, DIP II, Rn. 631-1; *Revillard*, DIP, Rn. 147; *Péroz/Fongaro*, DIP patrimonial de la famille, Rn. 342 f.

milienwohnung, der Treue und Beistandspflicht sowie der Beitragspflicht zu den ehelichen Kosten werden in Frankreich damit besondere Bedeutung beigemessen. Sie werden als überindividuelle Gemeininteressen angesehen, deren Durchsetzung zur Aufrechterhaltung der Gesellschaftsordnung für notwendig erachtet wird.

### b) Abgrenzung zum Scheidungs- und Unterhaltsstatut

Wird der Güterstand durch Scheidung aufgelöst, stellt sich die Frage, wie die einzelnen Scheidungsfolgen zu qualifizieren sind. So ist es notwendig, das Güterrechtsstatut vom Scheidungs- sowie vom Unterhaltsstatut abzugrenzen. Fraglich ist in diesem Zusammenhang, wie das Rechtsinstitut der *prestation compensatoire* französischen Rechts (Art. 270 Abs. 2 CC) zu qualifizieren ist. Dabei handelt es sich um eine Ausgleichsleistung aus Anlass der Scheidung, die dazu dient, Ungleichheiten in den jeweiligen Lebensbedingungen zu kompensieren, welche die Auflösung der Ehe mit sich bringt.[98]

### aa) Deutschland

Die Rom III-VO[99] regelt zwar das Scheidungs- und Trennungsstatut in Verfahren, die nach dem 21.6.2012 bei Gericht anhängig sind, nicht jedoch das Statut der Folgesachen. So sind nach Art. 1 Abs. 2 lit. e Rom III-VO die »vermögensrechtlichen Folgen der Ehe« vom Anwendungsbereich der Verordnung ausgenommen. Die güterrechtliche Auseinandersetzung anlässlich der Scheidung, einschließlich der Auskunftspflicht der Ehegatten, richtet sich nach dem Güterrechtsstatut.[100] Ebenso sind Auseinandersetzungsverträge zwischen Ehegatten wegen ihres güterrechtlichen Regelungsgegenstandes als güterrechtlich zu qualifizieren.[101]

Vermögensrechtliche Scheidungsfolgen, die weder güter- noch unterhaltsrechtlicher Natur sind, fallen in den Anwendungsbereich des Art. 17 Abs. 1 EGBGB, der eine scheidungsakzessorische Anknüpfung an das von der Rom III-VO berufene Recht vorsieht. Dazu gehören etwa Haushaltsgegenstände und Rechtsinstitute ausländischen Rechts wie Genugtuungs-, Entschädigungs- oder Schadensersatzansprüche.[102]

---

98  Süß/Ring/*Döbereiner*, S. 510 Rn. 177.
99  Verordnung (EU) Nr. 1259/2010 des Rates vom 20.12.2010 zur Durchführung einer Verstärkten Zusammenarbeit im Bereich des auf die Ehescheidung und Trennung ohne Auflösung des Ehebandes anzuwendenden Rechts (ABl. EU 2010, Nr. L 343/10).
100  BGH NJW 1986, 583, 584; Palandt/*Thorn*, Art. 15 EGBGB Rn. 25.
101  KG JW 1936, 2466; OLG Stuttgart NJW 1958, 1972; Soergel/*Schurig*, Art. 15 EGBGB Rn. 45.
102  *Pasche*, NJW-Spezial 2013, 324, 325; *Rauscher*, FPR 2013, 257, 258; BT-Drs. 17/11049, S. 10.

Der deutsche Versorgungsausgleich wird ebenso scheidungsfolgenrechtlich nach Art. 17 Abs. 3 EGBGB angeknüpft und ist nur bei deutschem Scheidungsstatut durchzuführen, sofern ihn das Heimatrecht eines der Ehegatten im Zeitpunkt der Scheidung kennt.[103]

Unterhaltsansprüche und Unterhaltsverträge für die Zeit nach der Scheidung werden dem Unterhaltsstatut zugewiesen, das sich für Deutschland seit dem 18.6.2011 gem. Art. 15 UnterhVO nach dem Haager Unterhaltsprotokoll von 2007 (nf.: HUP)[104] bestimmt.[105]

In Deutschland wird vereinzelt angenommen, die *prestation compensatoire* finde ihre funktionale Entsprechung im deutschen Güterrecht und sei daher güterrechtlich zu anzuknüpfen.[106] Dafür spricht scheinbar der Wortlaut des Art. 281 CC, wonach Übereignungen und Überlassungen, die im Rahmen der *prestation compensatoire* vorzunehmen sind, unabhängig von den Modalitäten der Zahlung als güterrechtlich anzusehen (»*considérés comme participant du régime matrimonial*«) und nicht den Schenkungen gleichzustellen sind.[107] Eine andere Ansicht nimmt an, das Scheidungsstatut sei maßgeblich.[108] Überwiegend wird jedoch eine unterhaltsrechtliche Qualifikation angenommen.[109]

bb) Frankreich

Da das französische Recht seit der Reform des Scheidungsrechts von 2004[110] keinen nachehelichen Unterhalt mehr kennt[111], stellt sich insofern nicht die Frage, wie ein solcher Anspruch qualifiziert werden könnte. Doch auch in Frankreich ist umstritten, wie die *prestation compensatoire* zu qualifizieren ist. Teil-

---

103  Nk-BGB/*Gruber*, Art. 1 Rom III-VO Rn. 113.
104  Haager Protokoll über das auf Unterhaltspflichten anzuwendende Recht vom 23.11.2007 (ABl. EU 2009, Nr. L 331/19); vgl dazu *Weber*, ZfRV 2012, 170 ff.
105  Palandt/*Thorn*, HUntProt 1 Rn. 6, 8; BeckOK-BGB/*Heiderhoff*, Art. 18 EGBGB Rn. 8; *Prinz*, Das neue Internationale Unterhaltsrecht, S. 50.
106  OLG Karlsruhe IPRax 1990, 406; *Ferid/Sonnenberger*, FrzZR III, Rn. 4 B 158; Rieck/*Eber-Arampatsi*, AuslFamR, Frankreich, Rn. 25.
107  So die Begründung des OLG Karlsruhe IPRax 1990, 406 mit Bezug auf Art. 280 CC a.F., der Vorgängervorschrift zum heutigen Art. 281 CC.
108  *Jayme*, in: Mél. A. E. v.Overbeck, S. 529, 540.
109  Staudinger/*Mankowski*, Anh. I zu Art. 18 EGBGB Rn. 278; Wendl/Dose/*Dose*, Unterhaltsrecht, § 9 Rn. 10, 170; Erman/*Hohloch*, Art. 18 aF EGBGB/ UnthProt Rn. 41; NK-BGB/*Gruber*, Art. 18 EGBGB Rn. 46; Rauscher/*Andrae*, EuZPR/ EuIPR IV, Art. 1 EG-UntVO Rn. 23; Süß/Ring/*Döbereiner*, S. 537 f. Rn. 231; *Hausmann*, IPRax 1990, 382, 388; Heiß/Born/*Henrich*, Unterhaltsrecht, 32. Kap. Rn. 17; *ders.*, in: Roth, Die Wahl ausländischen Rechts im Familien- und Erbrecht, S. 53, 58.
110  Loi n° 2004-439 du 26 mai 2004 relative au divorce (JO 27 mai 2004).
111  Nach Art. 270 al. 1 CC endet mit der Scheidung der Anspruch auf finanzielle Unterstützung, vgl. *Junggeburth*, FPR 2013, 75, 80.

weise wird angenommen, das Scheidungsstatut nach Art. 309 CC sei maßgeblich.[112] Überwiegend wird jedoch auch hier davon ausgegangen, die *prestation compensatoire* sei unterhaltsrechtlich anzuknüpfen.[113]

### cc) Rechtsvergleich

Die *prestation compensatoire* wird nach überwiegender Ansicht sowohl in Deutschland als auch in Frankreich unterhaltsrechtlich qualifiziert. Bei der Frage nach der Qualifikation der *prestation compensatoire* ist deren Funktion zu berücksichtigen. Diese besteht gerade darin, scheidungsbedingte Nachteile auszugleichen. Zudem hängt ihre Höhe auch von der Bedürftigkeit und Leistungsfähigkeit der Ehegatten ab (vgl. Art. 271 CC). Würde man eine güterrechtliche Qualifikation vertreten, ginge man von einem falschen Begriffsverständnis aus, da man außer Acht ließe, dass dem Begriff *régime matrimonial* i.S.d. Art. 281 CC nicht nur die Regelungen zu den Güterständen unterfallen, die im Dritten Buch des Code civil enthalten sind, sondern auch die Regelungen zum *régime primaire*, die im Ersten Buch des Code civil geregelt sind.[114] In Art. 212 ff. CC enthält das *régime primaire* aber gerade eine Pflicht zur Leistung von Ehegattenunterhalt während des Bestehens der Ehe.[115] Aus Art. 281 CC lässt sich daher nicht folgern, dass die *prestation compensatoire* güterrechtlich zu qualifizieren ist. Somit scheint eine unterhaltsrechtliche Qualifikation vorzugswürdig, wie sie auch in beiden Ländern vertreten wird. Dies hat zur Folge, dass seit dem 18.6.2011 auf die *prestation compensatoire* gem. Art. 15 UnterhVO das HUP anzuwenden ist.

### c) Abgrenzung zum Erbrechtsstatut

Kommt es durch den Tod eines Ehegatten zur Auflösung der Ehe, werden für die vermögensrechtliche Stellung des überlebenden Ehegatten sowohl das Güterrecht als auch das Erbrecht relevant. Bei einem Auseinanderfallen von Güterrechts- und Erbrechtsstatut kann es zu Qualifikationsproblemen kommen, wenn sachrechtliche Bestimmungen entweder dem einen oder dem anderen Statut zugeordnet werden müssen.[116] Die Frage der Qualifikation stellt sich beispielsweise bei der Einordnung des § 1371 Abs. 1 BGB.

---

112 *Revillard*, DIP, Rn. 170; Rép. internat./*Courbe*, V° divorce et séparation de corps, Rn. 177.

113 *Boiché*, AJ Famille 2007, 117; *ders.*, AJ Famille 2009, 72; *Mayer/Heuzé*, DIP, Rn. 608; *Guillaud-Bataille*, JCP N., 2 mai 2014, n° 18, 75, 76, 78.

114 *Hausmann*, IPRax 1990, 382, 387 f.; Staudinger/*Mankowski*, Anh. I zu Art. 18 EGBGB Rn. 277.

115 *Junggeburth*, FPR 2013, 75, 79 f.

116 *Andrae*, IntFamR, § 3 Rn. 237.

## aa) Deutschland

Für die Abgrenzung zwischen Güterrechts- und Erbrechtsstatut ist die Funktion der betreffenden Sachnorm maßgeblich.[117] So sind Normen, welche anlässlich des Todes eines Ehegatten die Sonderordnung des Vermögens der Ehegatten abwickeln, als güterrechtlich einzuordnen. Hingegen unterfallen dem Erbstatut alle Regelungen, die den überlebenden Ehegatten kraft seiner nahen Verbundenheit zum Erblasser, unabhängig von einer Sonderstellung, an dessen Vermögen beteiligen.[118] Zum Nachlass, welcher der Verteilung nach dem Erbstatut unterliegt, gehört nur das durch güterrechtlichen Ausgleich bereinigte Vermögen[119], so dass von einer Priorität des Güterstatuts gesprochen werden kann.[120]

Umstritten ist vor allem die Qualifikation des § 1371 Abs. 1 BGB, welcher für den Fall der Beendigung des Güterstandes der Zugewinngemeinschaft durch den Tod eines Ehegatten eine Ausgleichspauschale in erbrechtlicher Form durch Erhöhung des Ehegattenerbteils um ein Viertel vorsieht.

Nach herrschender Meinung[121] ist § 1371 Abs. 1 BGB rein güterrechtlich zu qualifizieren.[122] Das güterrechtliche Viertel sei nur zu gewähren, wenn deutsches Güterrecht berufen sei. Dies indiziere die systematische Stellung der Norm im Ehegüterrecht sowie ihre Abhängigkeit vom Güterstand der Zugewinngemeinschaft.[123]

Nach einer seit den 1960er Jahren in der Literatur vertretenen Mindermeinung ist die Zugewinnpauschale des § 1371 Abs. 1 BGB rein erbrechtlich zu qualifizieren.[124] § 1371 Abs. 1 BGB sei demnach nur anwendbar, wenn der Erblasser

---

117  *Looschelders*, IPR, Art. 15 EGBGB Rn. 9.

118  LG München FamRZ 1978, 364; Staudinger/*Mankowski*, Art. 15 EGBGB Rn. 328.

119  LG Memmingen IPRax 1985, 41; BeckOK-BGB/*Mörsdorf-Schulte*, Art. 15 EGB-GB Rn. 45.

120  *Dörner*, ZEV 2005, 444, 445; Erman/*Hohloch*, Art. 15 EGBGB Rn. 37.

121  So bezeichnet von *Derstadt*, IPRax 2001, 84, 88; *Kowalczyk*, GPR 2012, 212, 214; OLG München NJW-RR 2012, 1096, 1097.

122  OLG Karlsruhe NJW 1990, 1420, 1421; LG Mosbach ZEV 1998, 489; OLG Düsseldorf NJW-RR 2011, 1017; OLG München NJW-RR 2012, 1096, 1097; OLG Schleswig ZEV 2014, 93, 94 m. zust. Anm. *Hertel*, ZEV 2014, 96 sowie zust. Anm. *Heinig*, DNotZ 2014, 251, 253; OLG Frankfurt BeckRS 2014, 13148; OLG Düsseldorf, FamRZ 2015, 1237 f. m. Anm. *Dutta*, FamRZ 2015, 1238 ff.; Erman/*Hohloch*, Art. 15 EGBGB Rn. 37; *Looschelders*, Anpassung, S. 313 ff.; *ders.*, IPR, Art. 15 Rn. 10; *ders.*, in: FS v. Hoffmann (2011), S. 266, 272 f.; Palandt/*Thorn*, Art. 15 EGBGB Rn. 26; Soergel/*Schurig*, Art. 15 EGBGB Rn. 38; Staudinger/ *Mankowski*, Art. 15 EGBGB Rn. 346; *Mankowski*, ZEV 2014, 121, 122; *v.Bar*, IPR II, § 2 Rn. 244; *Beier*, Die gesetzlichen Rechte des überlebenden Ehegatten, S. 244 ff.; *Jacoby*, GPR 2008, 91, 92; *Kowalczyk*, GPR 2012, 212, 217; *dies.*, Die gesetzlichen Rechte des überlebenden Ehegatten, S. 300; *Dörner*, IPRax 2014, 323, 325; *Walther*, GPR 2014, 325, 326.

123  OLG Karlsruhe NJW 1990, 1420, 1421.

124  *Raape*, IPR, S. 336.

nach deutschem Recht beerbt werde. Die Norm sei stets im Zusammenhang mit § 1931 Abs. 3 zu sehen und weise eine starke erbrechtliche Komponente auf. So werde das Ausgleichsviertel unabhängig davon gewährt, ob ein Zugewinn erzielt worden sei und könne durch Verfügung von Todes wegen ausgeschlossen oder geändert werden.[125] Dafür spreche zudem, dass es sich bei der Erhöhung des Erbteils auf den sog. großen Erbteil um einen eigenständigen erbrechtlichen Erwerb des überlebenden Ehegatten handele, der als Ersatz für die güterrechtliche Ausgleichsforderung gedacht sei.[126]

Eine in der Literatur[127] und seit 2005 zunehmend auch in der Rechtsprechung[128] vertretene Auffassung geht davon aus, eine eindeutige Qualifikation des § 1371 Abs. 1 BGB sei unmöglich, so dass die Norm sowohl güter- als auch erbrechtlich zu qualifizieren sei. § 1371 Abs. 1 BGB komme daher nur bei deutschem Güterstatut (Art. 15 EGBGB) und deutschem Erbstatut (Art. 25 EGBGB) zur Anwendung. Ansonsten sei der Zugewinnausgleich konkret gem. §§ 1373 ff. BGB zu berechnen.[129]

Eine höchstrichterliche Entscheidung zur Frage der Qualifikation des § 1371 Abs. 1 BGB lag lange Zeit nicht vor.[130] Nunmehr entschied der BGH im Jahr 2015, dass § 1371 Abs. 1 BGB rein güterrechtlich zu qualifizieren sei.[131] Zweck der Vorschrift sei es, den Güterstand der Eheleute abzuwickeln, nicht jedoch, den Längstlebenden kraft seiner nahen Verbundenheit mit dem Verstorbenen an dessen Vermögen zu beteiligen. Bei der Pauschalisierung des § 1371 Abs. 1 BGB handele es sich um eine »besondere Art des Zugewinnausgleichs«, mit der der Gesetzgeber die Schwierigkeiten der Berechnung der Zugewinnausgleichsforderung vermeiden wolle.

Bei der Streitentscheidung ist der Zweck des § 1371 Abs. 1 BGB heranzuziehen, der darin besteht, den Anspruch des überlebenden Ehegatten auf Zugewinnausgleich in schematischer und pauschalierter Weise zu verwirklichen, um Schwierigkeiten beim rechnerischen Ausgleich und Streitigkeiten zwischen dem

---

125  Ferid/Firsching/*Firsching*, IntErbR, Deutschland, Rn. 477.
126  Vgl. in einem anderen Zusammenhang *Lange*, DNotZ 2010, 749, 754.
127  *Schotten/Schmellenkamp*, IPR, Rn. 288.
128  OLG Stuttgart NJW-RR 2005, 740, 741: In seiner Begründung stellt das OLG zwar zunächst fest, dass § 1371 Abs. 1 BGB »güterrechtlicher Natur« sei, jedoch lehnt es im zu entscheidenden Fall (deutsches Güterstatut/österreichisches Erbstatut) die Zugewinnpauschale ab, da das österreichische Recht »eine solche Erbquote nicht kennt«. Letztlich könne aber ein schuldrechtlicher Anspruch nach §§ 1373 ff. BGB in Betracht kommen (mit Verweis auf *Schotten*, MittRhNotK 1987, 18 ff.); im Anschluss daran OLG Frankfurt ZEV 2010, 253 f.; OLG Frankfurt, B. v. 1.6.2012 (20 W 74/09, unveröff.); zuletzt auch OLG Köln ZEV 2012, 205, 206.
129  *Schotten*, MittRhNotK 1987, 18, 19, m.w.N.
130  Offen gelassen in BGH NJW-RR 2013, 201, 202 m. Anm. *Dörner*, IPRax 2014, 323.
131  BGH, B. v. 13.5.2015 – IV ZB 30/14 = NJW 2015, 2185, 2186 m. Anm. *Reimann*, ZEV 2015, 413 sowie m. Anm. *Mankowski*, FamRZ 2015, 1183 f.

überlebenden Ehegatten und den Miterben zu vermeiden.[132] Eine Verbesserung der erbrechtlichen Stellung des überlebenden Ehegatten ist gerade nicht intendiert[133], so dass die rein erbrechtliche Qualifikation abzulehnen ist. Gegen die Theorie der Doppelqualifikation spricht, dass sie sich durch eine kumulative Anwendung der Kollisionsnormen gerade der Qualifikationsfrage entzieht[134], den Grundsatz der Priorität des Güterrechtsstatuts missachtet und schließlich § 1371 Abs. 1 BGB einen sehr schmalen internationalen Anwendungsbereich zuschreibt.[135] Sofern § 1371 Abs. 1 BGB nicht zur Anwendung gelangen kann, ist nach der Theorie der Doppelqualifikation der überlebende Ehegatte berechtigt, Zugewinnausgleich nach §§ 1373 ff. BGB zu verlangen, ohne auf seine auf ausländischem Recht beruhende Erbposition verzichten zu müssen.[136] Insofern verkennt diese Ansicht jedoch, dass der Anspruch auf konkreten Zugewinnausgleich nach §§ 1371 Abs. 2, 1373 ff. BGB voraussetzt, dass der Ehegatte weder als Erbe noch als Vermächtnisnehmer begünstigt ist.[137] Mit der herrschenden Meinung ist somit der rein güterrechtlichen Qualifikation zu folgen, so dass der Ausgleich nach § 1371 Abs. 1 BGB auch bei ausländischem Erbstatut durchgeführt werden kann. In diesem Fall muss das ausländische Ehegattenerbrecht dem deutschen Recht nach den Grundsätzen der Substitution[138] funktionell gleichwertig sein. Davon wird jedenfalls dann auszugehen sein, wenn das ausländische Erbrecht dem überlebenden Ehegatten genauso viel[139] oder nicht wesentlich mehr als das deutsche Recht[140] gewährt. Damit der überlebende Ehegatte bei gespaltenem Erb- und Güterrechtsstatut weder mehr noch weniger erhält, als ihm bei isolierter Anwendung eines dieser Statuten zufließen würde, ist ggf. auf das Instrument der Anpassung[141] zurückzugreifen.[142]

---

132  MüKo-BGB/*Koch*, § 1371 Rn. 1; *Derstadt*, IPRax 2001, 84, 88.

133  *Looschelders*, IPR, Art. 15 EGBGB Rn. 10.

134  JurisPK-BGB/*Ludwig*, Art. 15 EGBGB Rn. 72.

135  *Jeremias/Schäper*, IPRax 2005, 521, 524; Staudinger/*Mankowski*, Art. 15 EGBGB Rn. 360.

136  OLG Stuttgart NJW-RR 2005, 740, 741; *Schotten*, MittRhNotK 1987, 18, 19; *Schotten/Schmellenkamp*, IPR, Rn. 289.

137  *Jeremias/Schäper*, IPRax 2005, 521, 524; *Horn*, ZEV 2008, 417, 418.

138  Die sog. Substitution betrifft die Frage, ob ein fremdes Rechtsinstitut nach seinen Wirkungen und seiner Funktion dem Rechtsinstitut des anwendbaren Rechts gleichwertig ist und dieses ersetzen kann, vgl. dazu allgemein *Kropholler*, IPR, § 33 I; *Rauscher*, IPR, Rn. 536; MüKo-BGB/*v. Hein*, Einl. IPR, Rn. 227 ff.

139  LG Bonn MittRhNot 1985, 106, 107.

140  *Looschelders*, Anpassung, S. 319; *ders.*, IPR, Art. 15 EGBGB Rn. 12; *ders.*, in: FS v. Hoffmann (2011), S. 266, 273 f.

141  Die sog. Anpassung bezeichnet die Auflösung von Normwidersprüchen zwischen mehreren zur Anwendung berufenen Rechtsordnungen im konkreten Fall, *v. Hoffmann/Thorn*, IPR, § 6 Rn. 31 m.w.N.; *Kropholler*, IPR, § 34 I.

142  LG Mosbach ZEV 1998, 489; *v. Bar*, IPR II, § 2 Rn. 244; Erman/*Hohloch*, Art. 15 EGBGB Rn. 37; Soergel/*Schurig*, Art. 15 EGBGB Rn. 40; *Paffhausen*, BLJ 2014, 10, 11.

## bb) Frankreich

Zwar findet nach Art. 1 Abs. 2 Nr. 3 HGA das Abkommen keine Anwendung auf erbrechtliche Ansprüche des überlebenden Ehegatten. Aber dieser pauschale Ausschluss löst nicht sämtliche Qualifikationsprobleme. So wird auch in der französischen Literatur diskutiert, wie die Norm des § 1371 Abs. 1 BGB zu qualifizieren ist, die für den Fall der Beendigung der Zugewinngemeinschaft durch den Tod eines Ehegatten einen Ausgleich in erbrechtlicher Form durch Erhöhung des Ehegattenerbteils um ein Viertel vorsieht.[143] Die Problematik ergebe sich daraus, dass das deutsche Recht einen erbrechtlichen Mechanismus verwende, um den güterrechtlichen Regelungen Wirkung zu verleihen.[144] Trotz Kenntnis der im deutschen Schrifttum vorherrschenden güterrechtlichen Qualifikation[145], ordnet die französische Literatur § 1371 Abs. 1 BGB als erbrechtlich ein, so dass die Norm nur dann zur Anwendung gelangen könne, wenn deutsches Recht als Erbstatut berufen sei.[146] Seine erbrechtliche Natur ergebe sich daraus, dass der überlebende Ehegatte Rechte an Vermögensteilen erhalte, mit denen er zu Lebzeiten des anderen Ehegatten nichts zu tun hatte und von deren Erwerb er auch nach deutschem Recht durch letztwillige Verfügung hätte ausgeschlossen werden können.[147] Aber anstatt dem überlebenden Ehegatten bei Berufung des deutschen Güterstatuts und französischem Erbstatuts einen Ausgleich nach § 1371 BGB ganz zu versagen, wird aus Gerechtigkeitserwägungen vorgeschlagen, einen rechnerischen Ausgleich nach §§ 1371 Abs. 2, 1373 ff. BGB vorzunehmen, jedoch ohne dass der überlebende Ehegatte auf seinen Erbteil nach französischem Recht verzichten muss.[148] Ob in der Praxis auf diesen Lösungsvorschlag zurückgegriffen werden kann, ist von der Rechtsprechung bislang noch nicht geklärt worden.

## cc) Rechtsvergleich

Während in Deutschland § 1371 Abs. 1 BGB überwiegend güterrechtlich qualifiziert wird, geht das französische Schrifttum davon aus, dass die Norm erbrechtlich einzuordnen sei. So gelangen die beiden Rechtsordnungen zu einer

---

143  Zum Streitstand vgl. *Derstadt*, IPRax 2001, 84, 89 f.

144  *Droz*, Rec. cours La Haye 143 (1974-III), 1, 97 Rn. 114; Rép. internat./*Droz*, V° régimes matrimoniaux, Rn. 177.

145  *Droz*, Rev. crit. DIP 1992, 631, 638; *Batiffol/Lagarde*, DIP I, Rn. 291.

146  *Revillard*, DIP, Rn. 478; *dies.*, Rev. crit. DIP 1978, 251, 296.

147  So *Mezger*, RabelsZ 37 (1973), 114, 116, der aus seiner Erfahrung im Verkehr mit französischen Notaren und Behörden berichtet.

148  *Droz*, Rec. cours La Haye 143 (1974-III), 1, 98 Rn. 11; *Revillard*, DIP, Rn. 847; insofern kommen die frz. Literatur und die im deutschen Schrifttum vertretene Theorie der Doppelqualifikation zu demselben Ergebnis, vgl. auch *Stade*, ErbR 2012, 262, 265.

unterschiedlichen Qualifikation, wenn der Güterstand einem anderen Recht unterliegt als dem des Nachlasses.

Die französische Sichtweise beruht auf der Annahme, die Gewährung des güterrechtlichen Viertels zu vollem Eigentum sei unvereinbar mit ex-Art. 767 CC, wonach der überlebende Ehegatte lediglich ein gesetzliches Erbrecht in Gestalt eines Nießbrauchs an einem Viertel des Nachlasses erhält, wenn gemeinsame Kinder vorhanden sind.[149] Es sei jedoch unzulässig, ein fremdes Erbrecht zu begründen, das die eigene Rechtsordnung nicht kenne.[150] An diesem Verständnis dürfte sich auch nach der Erbrechtsreform von 2001[151] nichts geändert haben.[152] Nunmehr steht dem überlebenden Ehegatten gem. Art. 757 CC zwar ein Wahlrecht zwischen einem Nießbrauch am gesamten Nachlass *oder* einem Viertel des Nachlasses zu vollem Eigentum zu, wenn gemeinsame Kinder vorhanden sind. Eine Kombination von Nießbrauch *und* Volleigentum scheint auf den ersten Blick weiterhin unzulässig zu sein. Allerdings ist es dem Erblasser gem. Art. 1094 CC möglich, zugunsten seines Ehegatten über ein Viertel seines Vermögens zu vollem Eigentum *und* drei Viertel zu Nießbrauch letztwillig zu verfügen, wenn Kinder vorhanden sind. Diese Regel zur gewillkürten Erbfolge lässt sich auf die gesetzliche Erbfolge analog übertragen.[153] Der Ansicht, wonach das französische Recht ein gesetzliches Erbrecht in Form einer Beteiligung am Nachlass zu vollem Eigentum nicht kenne, ist somit die Grundlage entzogen, so dass kein Bedürfnis mehr besteht, an der erbrechtlichen Qualifikation festzuhalten.

Indem die französische Literatur bei Berufung des deutschen Güterstatuts und des französischen Erbstatuts dem überlebenden Ehegatten einen rechnerischen Ausgleich nach §§ 1371 Abs. 2, 1373 ff. BGB gewährt, erkennt sie an, dass die deutsche Rechtsordnung die Rechte des überlebenden Ehegatten bei der Abwicklung des Güterstandes stärken will. Sinn und Zweck des § 1371 Abs. 1 BGB ist es aber gerade, den Anspruch des überlebenden Ehegatten auf Zugewinnausgleich in schematischer und pauschalierter Weise zu verwirklichen, um Schwierigkeiten beim rechnerischen Ausgleich und Streitigkeiten zwischen dem überlebenden Ehegatten und den Miterben zu vermeiden. Diesem Zweck wird der in der französischen Literatur vertretene Ansatz jedoch nicht gerecht. Daher ist eine rein güterrechtliche Qualifikation nach deutschem Vorbild geeigneter, um dem Sinn und Zweck des § 1371 Abs. 1 BGB zu genügen.

---

149  *Mezger*, RabelsZ 37 (1973), 114, 116.
150  *Holleaux/Foyer/Geouffre de la Pradelle*, DIP, Rn. 636.
151  Loi No. 2001-1135 du 3 déc. 2001 relative aux droits du conjoint survivant et des enfants adultérins et modernisant diverses dispositions de droit successoral (JO 4 déc. 2001).
152  So aber *Burghaus*, Vereinheitlichung, S. 122.
153  *Riering*, in: Liber Amicorum Revillard (2007), S. 253, 263.

*III. Grundsätze zur Bestimmung des Güterrechtsstatuts*

Das Güterkollisionsrecht in Deutschland und Frankreich folgt jeweils gewissen Leitlinien, die im Folgenden nachgezeichnet werden sollen.

## 1. Deutschland

Art. 15 EGBGB lässt drei Grundsätze für die Bestimmung des Güterrechtsstatuts erkennen, die aber jeweils durch Ausnahmen gekennzeichnet sind.

### a)   Gleichlauf zum Ehewirkungsstatut

Liegt keine Rechtswahl der Ehegatten hinsichtlich des anzuwendenden Rechts vor, so bestimmt sich das Güterrechtsstatut gem. Art. 15 Abs. 1 EGBGB nach den Anknüpfungskriterien für das Ehewirkungsstatut nach Art. 14 EGBGB, wobei auf den Zeitpunkt der Eheschließung abzustellen ist. Als Ausnahmen vom Gleichlauf zum Ehewirkungsstatut können der Vorrang des Belegenheitsrechts (Art. 3a Abs. 2 EGBGB) sowie die erweiterten Rechtswahlmöglichkeiten in Art. 15 Abs. 2 EGBGB genannt werden. Ferner wird der Gleichlauf durchbrochen, sofern im Wege der Gesamtverweisung[154] das verwiesene Kollisionsrecht die allgemeinen Ehewirkungen anders anknüpft als das Güterrecht.[155]

### b)   Unwandelbarkeit

Indem Art. 15 Abs. 1 EGBGB allein auf den Zeitpunkt der Eheschließung abstellt, folgt er dem Grundsatz der Unwandelbarkeit des Güterrechtsstatuts. Dies bedeutet, dass spätere Änderungen, die zu einem Wechsel des Ehewirkungsstatuts führen, keinen Einfluss auf das Ehegüterstatut haben. Diese starre Anknüpfung verfolgt den Zweck, Überleitungsprobleme zu vermeiden, die etwa unmittelbar bei einem Wechsel des Güterstandes auftreten würden.[156] Aufgelockert wird der Grundsatz der Unwandelbarkeit durch die Rechtswahlmöglichkeiten des Art. 15 Abs. 2 EGBGB.[157] Die Versteinerung des Güterrechtsstatuts führt jedoch nicht zu einer Versteinerung des materiellrechtlichen Güterstandes.[158] Kommt es also nach der Eheschließung zu einer Änderung des materiellen Güterrechts der berufenen Rechtsordnung, so ist nach Maßgabe der entsprechenden

---

154   Vgl. BeckOK-BGB/*Mörsdorf-Schulte*, Art. 15 EGBGB Rn. 89; Erman/*Hohloch*, Art. 15 EGBGB Rn. 7.
155   *v. Bar*, IPR II § 2 Rn. 211 mit Fn. 502.
156   Vgl. BT-Drs. 10/504, S. 58.
157   MüKo-BGB/*Siehr*, Art. 15 EGBGB Rn. 11.
158   OLG Hamm MittBayNot 2010, 223, 224; Palandt/*Thorn*, Art. 15 EGBGB Rn. 3; Soergel/*Schurig*, Art. 15 EGBGB Rn. 29.

Übergangsregelungen die Änderung des Güterstandes zu berücksichtigen, wie folgendes Beispiel[159] zeigt:

**Fall 1:**

M und F besitzen die türkische Staatsangehörigkeit und leben in Deutschland, wo sie 1990 heiraten. Im Jahre 2000 erwerben sie die deutsche und verlieren die türkische Staatsangehörigkeit. Fraglich ist, in welchem Güterstand die Ehegatten leben. Nach Art. 15 Abs. 1 i.V.m. Art. 14 Abs. 1 Nr. 1 EGBGB bestimmt sich das auf den Güterstand anwendbare Recht nach dem gemeinsamen Heimatrecht zum Zeitpunkt der Eheschließung. Somit ist das türkische Recht, das die Verweisung annimmt, auf den Güterstand anwendbar. Mit Wirkung zum 1.1.2002 wurde in der Türkei der gesetzliche Güterstand der Gütertrennung durch den Güterstand der Errungenschaftsbeteiligung (Art. 202 S. 1. türkisches Zivilgesetzbuch) ersetzt. Trotz der Unwandelbarkeit des Güterstatuts (türkisches Recht) unterliegen die Ehegatten der Änderung des türkischen Sachrechts. Die Ehegatten leben somit im Güterstand der Errungenschaftsbeteiligung.

c) Einheit des Güterrechtsstatuts

Nach dem Grundsatz der Einheit des Güterrechtsstatuts unterliegen die güterrechtlichen Verhältnisse in gegenständlicher Hinsicht einer einzigen Rechtsordnung, so dass diese als Gesamtstatut für alle Vermögensgegenstände gilt, unabhängig davon, in welchem Land sie belegen sind.[160] Allerdings wird dieser Grundsatz in einigen Fällen zu Gunsten des Belegenheitsrechts (*lex rei sitae*) eingeschränkt, so dass es zu einer Statutenspaltung (sog. *dépeçage*) kommen kann. Die kollisionsrechtliche Vermögensspaltung kann drei Ursachen haben. Sie tritt zunächst ein, sofern das ausländische Kollisionsrecht für die Anknüpfung zwischen beweglichem und unbeweglichem Vermögen unterscheidet (Art. 4 Abs. 1 S. 1 EGBGB)[161], wie folgendes Beispiel[162] illustriert:

**Fall 2:**

M und F besitzen die amerikanische Staatsangehörigkeit und haben ihr *domicile* sowie ihren gewöhnlichen Aufenthalt in Florida, wo sie auch heiraten. M ist alleiniger Eigentümer eines in Deutschland gelegenen Ferienhauses. Fraglich ist, in welchem Güterstand die Ehegatten leben. Nach Art. 15 Abs. 1 i.V.m. Art. 14 Abs. 1 Nr. 1 EGBGB bestimmt sich das auf den Güterstand anwendbare Recht nach dem gemeinsamen Heimatrecht zum Zeitpunkt der Eheschließung. Hierbei handelt es sich um eine Gesamtverweisung (Art. 4 Abs. 1 S. 1 EGBGB),

---

159  Beispiel nach *Schotten/Schmellenkamp*, IPR, Rn. 139.

160  Vgl. Ermann/*Hohloch*, Art. 15 EGBGB Rn. 13.

161  Vgl. *Niewöhner*, MittRhNotK 1981, 219, 222.

162  Beispiel in Anlehnung an *Rauscher*, IPR, Rn. 779.

d.h. eine Verweisung auf das fremde Recht einschließlich seiner Kollisionsnormen. Das deutsche Recht verweist auf das Recht des Staates Florida. Dieses nimmt für *personal property* die Verweisung an, sofern die Ehegatten dort ihr *domicile* haben. Hinsichtlich des unbeweglichen Vermögens knüpft das Recht des Staates Florida an die *lex rei sitae* an. Somit kommt es zur Statutenspaltung: Hinsichtlich der in Deutschland belegenen Immobilie leben die Ehegatten im gesetzlichen Güterstand der deutschen Zugewinngemeinschaft, hingegen besteht in Bezug auf ihr sonstiges Vermögens der in Florida geltende gesetzliche Güterstand der Gütertrennung (*separate property*).

Ebenso kommt es zu einer Statutenspaltung, sofern der Belegenheitsstaat die im Inland belegenen Vermögensgegenstände besonderen Bestimmungen unterwirft (sog. Vorrang des Einzelstatuts vor dem Güterrechtsstatut, Art. 3a Abs. 2 EGBGB)[163], wie folgendes Beispiel veranschaulicht:

**Fall 3:**

M und F besitzen die deutsche Staatsangehörigkeit und leben in Deutschland, wo sie auch heiraten. M ist alleiniger Eigentümer eines in Florida gelegenen Ferienhauses. Fraglich ist, in welchem Güterstand die Ehegatten leben. Nach Art. 15 Abs. 1 i.V.m. Art. 14 Abs. 1 Nr. 1 EGBGB bestimmt sich das auf den Güterstand anwendbare Recht nach dem gemeinsamen Heimatrecht zum Zeitpunkt der Eheschließung. Es gilt grundsätzlich der deutsche gesetzliche Güterstand der Zugewinngemeinschaft. Der Grundsatz der Einheitlichkeit des Güterstatuts wird hier jedoch durch Art. 3a Abs. 2 EGBGB durchbrochen. Das Recht des Staates Florida unterstellt Immobilien (*immovables*), die einem Ehegatten im Zeitpunkt der Eheschließung gehören nämlich der *lex rei sitae*.[164] Somit leben die Ehegatten hinsichtlich des in Florida gelegenen Ferienhauses im gesetzlichen Güterstand der Gütertrennung (*separate property*)[165] des Rechts des Staates Florida, wohingegen für das übrige Vermögen der deutsche gesetzliche Güterstand der Zugewinngemeinschaft gilt. Das Recht des Staates Florida kommt zum gleichen Ergebnis. Somit besteht internationaler Entscheidungseinklang.

Schließlich kann es zu einer Statutenspaltung (*dépeçage*) kommen, sofern die Eheleute für unbewegliches Vermögen das Recht des Lageortes gewählt haben (sog. partielle Rechtswahl nach Art. 15 Abs. 2 Nr. 3 EGBGB).[166] Dies zeigt das folgende Beispiel:

---

163  Vgl. Erman/*Hohloch*, Art. 15 EGBGB Rn. 13; *Ludwig*, DNotZ 2000, 663 ff.
164  Bergmann/Ferid/Henrich/*Bardy*, USA, S. 67; *Scoles/Hay/Borchers/Symeonides*, Conflict of laws, § 14.5.
165  Vgl. Bergmann/Ferid/Henrich/*Bardy*, USA, S. 64, 74.
166  Vgl. *Andrae*, IntFamR, § 3 Rn. 98.

**Fall 4:**

M und F besitzen die französische Staatsangehörigkeit und haben ihren gewöhnlichen Aufenthalt in Frankreich, wo sie auch heiraten. Sie beabsichtigen, gemeinsam ein Ferienhaus in Deutschland zu erwerben. Nach Art. 15 Abs. 1 i.V.m. Art. 14 Abs. 1 Nr. 1 EGBGB bestimmt sich das auf den Güterstand anwendbare Recht nach dem gemeinsamen Heimatrecht zum Zeitpunkt der Eheschließung. Somit ist grundsätzlich das französische Recht, das die Verweisung annimmt, auf den Güterstand anwendbar. Hinsichtlich der in Deutschland belegenen Immobilien können die Ehegatten gem. Art. 15 Abs. 2 Nr. 3 EGBGB die Geltung des deutschen Güterrechts vereinbaren. Somit leben die Ehegatten hinsichtlich der in Deutschland belegenen Immobilie im deutschen gesetzlichen Güterstand der Zugewinngemeinschaft und in Bezug auf ihr sonstiges Vermögen im gesetzlichen Güterstand der *communauté réduite aux acquêts* des französischen Rechts.

Die Güterrechtsspaltung bedeutet, dass sich das eheliche Vermögen in mehrere selbständige Vermögensmassen aufteilt, die verschiedenen Rechtsordnungen unterworfen sind.[167] Sie hat zur Folge, dass bei Beendigung des Güterstandes jede Gütermasse nach dem für sie geltenden Recht abzuwickeln ist. So kann etwa für die eine Gütermasse ein Zugewinnausgleich nach deutschem Recht erforderlich werden, für die andere hingegen nicht.[168] Die Disharmonie, die sich aus dem Nebeneinander unterschiedlicher Güterrechte ergibt, ist im Wege der Anpassung auf sachrechtlicher Ebene zu beseitigen.[169] Außer in den Fällen des Art. 3a Abs. 2 EGBGB kann eine Güterrechtsspaltung durch Rechtswahl nach Art. 15 Abs. 2 Nr. 1 und 2 EGBGB von vornherein vermieden werden.[170]

### 2. Frankreich

Das Güterrechtsstatut bestimmt sich im französischen Recht nach folgenden kollisionsrechtlichen Grundlinien.

### a) Parteiautonomie

Als »beherrschender Ansatzpunkt«[171] des Abkommens wird die Parteiautonomie bezeichnet, d.h. die Möglichkeit der Ehegatten, das Güterrechtsstatut durch Rechtswahl zu bestimmen (Art. 3, Art. 6 HGA). Diese gilt jedoch nicht absolut,

---

167  *Schotten/Schmellenkamp*, IPR, Rn. 151.
168  Palandt/*Thorn*, Art. 15 EGBGB Rn. 22.
169  Staudinger/*Mankowski*, Art. 15 EGBGB Rn. 376 ff.
170  NK-BGB/*Sieghörtner*, Art. 15 EGBGB Rn. 109; jurisPK-BGB/*Ludwig*, Art. 15 EGBGB Rn. 146.
171  *Beitzke*, RabelsZ 41 (1977), 457, 461. Zur Rolle der Parteiautonomie im HGA vgl. *Khairallah*, in: Liber Amicorum Revillard (2007), S. 197 ff.

da den Ehegatten nur eine beschränkte Auswahl an wählbaren Rechten zur Verfügung steht.

Dass dem Grundsatz der Parteiautonomie im HGA ein hoher Stellenwert eingeräumt wird, lässt sich rechtsgeschichtlich erklären. So kam dem Parteiwillen auch schon vor Inkrafttreten des HGA am 1.9.1992 bei der Ermittlung des Güterrechtsstatuts eine besondere Bedeutung in Frankreich zu. Sofern Ehegatten, deren Ehe vor dem 1.9.1992 geschlossen wurde, nicht von der Möglichkeit Gebrauch machen, für die Regelungen des HGA zu optieren (Art. 21 Abs. 1 Alt. 1 HGA), bestimmt sich das Güterrechtsstatut nämlich nach den Regeln des *droit commun*, d.h. dem autonomen Güterkollisionsrecht, das seit dem 19. Jahrhundert von der Rechtsprechung entwickelt wurde und wesentlich dem Autonomieprinzip (*principe d'autonomie/règle de l'autonomie de la volonté*) folgt. Das Richterrecht ist seinerseits geprägt durch die Lehre von *Charles Dumoulin*, der im 16. Jahrhundert wirkte und als Begründer des Autonomieprinzips gilt.[172] Schon früh folgte das *Parlement de Paris* dem liberalen Ansatz *Dumoulins*, indem es zur Bestimmung des von den Parteien mutmaßlich gewollten Rechts auf das Recht des ehelichen Wohnsitzes abstellte.[173] Schließlich nahm auch die *Cour de cassation* an, dass es dem Tatrichter obliegt, unter Berücksichtigung der Tatsachen, der Umstände und insbesondere des ehelichen Wohnsitzes zu beurteilen, welchem Güterrechtsstatut sich die Ehegatten zur Regelung ihrer finanziellen Interessen unterwerfen wollten.[174] Sofern die Ehegatten eine Rechtswahl vornehmen, unterliegen sie keinerlei Beschränkungen, so dass sie auch das Recht eines Staates wählen können, zu dem überhaupt keine Verbindung besteht.[175] Haben die Ehegatten weder ausdrücklich noch konkludent das

---

172  Bis zum 16. Jahrhundert richtete sich der Güterstand der Ehegatten nach dem territorialen Gewohnheitsrecht. Der Güterstand hing somit von der jeweiligen Belegenheit der Vermögensgüter ab, so dass es zu einer Aufspaltung kommen konnte. Im Jahre 1525 wurde der Pariser Anwalt *Dumoulin* (1500–1566) damit beauftragt, den Güterstand des Ehepaares *de Ganay* zu bestimmen. Die Ehegatten mit Wohnsitz in Paris hatten keinen Ehevertrag geschlossen. Zudem besaßen sie Vermögensgüter, die in Paris und in der Provinz Lyonnais belegen waren. Um eine Aufspaltung des Güterstandes zu vermeiden, interpretierte *Dumoulin* den Ehegüterstand als eine Art stillschweigenden Vertrag. Durch Festlegung ihres Wohnsitzes brachten die Ehegatten ebenfalls ihren Willen zum Ausdruck, die Gesamtheit ihrer Vermögensgüter der Anwendung des Gewohnheitsrechts an ihrem Wohnsitz zu unterwerfen. Somit galt der Ehegüterstand des Pariser Gewohnheitsrechts. Vgl. dazu *Loussouarn/Bourel/Vareilles-Sommières*, DIP, Rn. 608; *Batiffol/Lagarde*, Traité de DIP, Rn. 220; ausführlich *Ancel/Muir Watt*, in: Courbe/Demeester, Le monde du droit, S. 1, 3 ff.

173  Rép. internat./*Droz*, V° régimes matrimoniaux, Rn. 10 mit Verweis auf *Parlement de Paris*, arrêts des 23 déc. 1529 et 27 juillet 1745.

174  Cass. req., 4 juin 1935, »Zelcer«, Rev. crit. DIP 1936, 557; Cass. 1$^{re}$ civ., 19 sept. 2007, n° 06-15.295, JurisData n° 2007-040386, Rev. crit. DIP 2008, 99.

175  *Vignal*, DIP, Rn. 485; *Crône*, in: Liber Amicorum Champenois (2012), S. 217, 219; *Boiché*, AJ Famille 2013, 114.

Recht bezeichnet, dem ihr Güterstand unterliegen soll, so ist der mutmaßliche Wille der Ehegatten zur Zeit der Eheschließung zu erforschen.[176] Diese nachträgliche Bestimmung des mutmaßlichen Willens durch den Tatrichter stellt einerseits zwar eine gewisse Rechtsunsicherheit dar[177], ermöglicht andererseits jedoch flexible Lösungen, die dem Einzelfall gerecht werden.

b) Wandelbarkeit

Dem Wortlaut des Art. 7 Abs. 1 HGA zufolge, wonach das durch das Abkommen berufene Recht solange anwendbar bleibt, bis die Ehegatten ein anderes gewählt haben, selbst wenn es zu einem Wechsel der Staatsangehörigkeit oder des gewöhnlichen Aufenthalts kommt, könnte man davon ausgehen, dass das französische Recht dem Grundsatz der Unwandelbarkeit der Anknüpfung folgt (*principe de la permanence du rattachement*).[178] Dieses Prinzip erfährt jedoch zwei bedeutende Ausnahmen: Zum einen durch die Rechtwahlmöglichkeit nach der Eheschließung in Art. 6 HGA (*mutabilité volontaire*), zum anderen durch einen automatischen Statutenwechsel zugunsten des Sachrechts des gewöhnlichen Aufenthalts gem. Art. 7 Abs. 2 HGA zu dem es unter bestimmten Voraussetzungen kommt (*mutabilité automatique*). Die Tatsache, dass sich das auf den Güterstand anwendbare Recht automatisch ändert, wenn sich bestimmte Anknüpfungsmomente ändern, lässt somit darauf schließen, dass das Abkommen vielmehr vom Grundsatz der Wandelbarkeit des Güterrechtsstatuts geprägt ist.[179]

c) Einheit des Güterrechtsstatuts

Das von den Ehegatten gewählte Recht ist auf ihr gesamtes Vermögen anwendbar (Art. 3 Abs. 3, Art. 6 Abs. 3 HGA), so dass eine Unterwerfung von Vermögensteilen unter verschiedene Güterrechtsstatute ausscheidet.[180] Von diesem Einheits- bzw. Unteilbarkeitsgrundsatz (*principe de l'unité/principe de*

---

176   Cass. 1$^{re}$ civ., 6 juillet 1988, n° 86-16.499, JurisData n° 1988-002081, »*Tangi*«, Rev. crit. DIP 1989, 360.

177   Kritisch daher *Chaussade-Klein*, IPRax 1992, 406, 408; *Callé*, LPA, 3 juin 2014, n° 110, 30, 31.

178   Rép. internat./*Droz*, V° régimes matrimoniaux, Rn. 73; Staudinger/*Hausmann*, Anh. Art. 4 EGBGB Rn. 158; *Schotten/Schmellenkamp*, IPR, Anh. II, Frankreich, S. 442, 446.

179   So bereits *Beitzke*, RabelsZ 41 (1977), 457, 470, der in Art. 7 HGA die »grundsätzliche Wandelbarkeit« des Güterrechtsstatuts erblickt; ebenso *v. Bar*, RabelsZ 57 (1993), 63, 109; *Ancel/Muir Watt*, in: Courbe/Demeester, Le monde du droit, S. 1, 5 Fn. 13; zuletzt *Kroll-Ludwigs*, Die Rolle der Parteiautonomie, S. 125, 394 f.; *Martiny*, Rev. crit. DIP 2013, 843, 855.

180   Zuletzt bestätigt durch Cass. 1$^{re}$ civ., 4 mai 2011, n° 10-16.086, Rev. crit. DIP 2011, 853 f.

*l'indivisibilité*) können die Ehegatten durch Rechtswahl für ihr unbewegliches Vermögen zugunsten der *lex rei sitae* abweichen (Art. 3 Abs. 4, Art. 6 Abs. 4 HGA).[181]

### 3. Rechtsvergleich

Wenngleich beide Rechtsordnungen die Wahl des auf den Güterstand anwendbaren Rechts zulassen, so ist das Prinzip der Parteiautonomie im französischen Recht seit jeher ausgeprägter als im deutschen Recht. So war schon vor Inkrafttreten des HGA nach dem von der Rechtsprechung entwickelten autonomen Kollisionsrecht der Wille der Ehegatten entscheidend, ihr Vermögen einer bestimmten Rechtsordnung zu unterstellen, wobei dem ersten gemeinsamen Wohnsitz eine erhebliche Indizwirkung zukam. Im HGA wird das Primat der Parteiautonomie systematisch dadurch erreicht, dass nach Art. 3 HGA die *loi d'autonomie* vorrangig gegenüber der objektiven Anknüpfung nach Art. 4 HGA zur Bestimmung des Güterrechtsstatuts heranzuziehen ist. Dagegen stellt sich im deutschen Recht mit dem Verweis in Art. 15 Abs. 1 EGBGB auf das Ehewirkungsstatut die objektive Anknüpfung als Leitbild dar, von dem nach Art. 15 Abs. 2 EGBGB durch Rechtswahl abgewichen werden kann.

Während das deutsche Recht vom Grundsatz der Unwandelbarkeit des Güterrechtsstatuts ausgeht (Art. 15 Abs. 1 EGBGB) ist das französische Recht vom Grundsatz der Wandelbarkeit des Statuts (Art. 7 Abs. 2 HGA) geprägt. Die *mutabilité automatique* des französischen Rechts kann dazu führen, dass sich die Zuordnung von Vermögensgegenständen ändert oder ein Ehegatte nach der Rechtsordnung des einen Staates einen Ausgleichsanspruch verliert, der ihm nach der Rechtsordnung eines anderen Staates zustehen würde. Häufig wird den Ehegatten die automatische Wandelbarkeit des Güterrechtsstatuts nicht bewusst sein, etwa bei einem Wechsel des gemeinsamen Wohnsitzes. Die Wandelbarkeit steht somit dem Vertrauensschutz und der Rechtssicherheit entgegen.

Sowohl nach deutschem als auch nach französischem Recht unterliegen sämtliche Vermögensgegenstände der Ehegatten grundsätzlich einem Gesamtstatut. Eine Ausnahme sehen beide Rechtsordnungen vor für den Fall der Rechtswahl hinsichtlich des unbeweglichen Vermögens zugunsten der *lex rei sitae* (Art. 15 Abs. 2 Nr. 3 EGBGB bzw. Art. 3 Abs. 4 HGA und Art. 6 Abs. 4 HGA). Entscheiden sich die Ehegatten im Rahmen der Rechtswahl bewusst für eine bestimmte Rechtsordnung, ist es legitim, den Grundsatz der Einheit des Güterrechtsstatuts zu durchbrechen.

Hingegen verzichtet das HGA auf eine Art. 3a Abs. 2 EGBGB entsprechende Vorschrift.[182] Im Interesse des internationalen Entscheidungseinklangs ist aber die Anknüpfung an das Recht des Staates, in dem die unbeweglichen Vermögens-

---

181 *Beitzke*, RabelsZ 41 (1977), 457, 463 f.; Rép. internat./*Droz*, V° régimes matrimoniaux, Rn. 49; *Revillard*, DIP, Rn. 361.
182 *v. Bar*, RabelsZ 57 (1993), 63, 109 im Hinblick auf Art. 3 Abs. 3 EGBGB a.F.

güter belegen sind und soweit dies das Recht am Belegenheitsort verlangt, durchaus sinnvoll. Denn die fehlende Durchbrechung des Gesamtstatuts durch das Einzelstatut im französischen Recht führt zu einer internationalen Entscheidungsdisharmonie, wie das folgende Beispiel verdeutlicht:

**Fall 5:**

M und F besitzen die französische Staatsangehörigkeit und leben in Frankreich, wo sie auch heiraten. M ist alleiniger Eigentümer eines in Florida gelegenen Ferienhauses. Fraglich ist, in welchem Güterstand die Ehegatten leben. Aus Sicht des französischen Rechts unterliegt der Ehegüterstand, mangels Rechtswahl der Ehegatten vor der Eheschließung, dem Sachrecht des Staates, in dessen Gebiet sie nach der Eheschließung ihren ersten gewöhnlichen Aufenthalt haben (Art. 4 Abs. 1 HGA). Demzufolge ist das französische Sachrecht auf den Güterstand anwendbar, so dass die die Ehegatten sowohl hinsichtlich der in Florida belegenen Immobilie als auch hinsichtlich ihres sonstigen Vermögens im französischen gesetzlichen Güterstand der *communauté réduite aux acquêts* leben. Aus Sicht des Rechts des Staates Florida ist hingegen für Immobilien (*immovables*), die einem Ehegatten im Zeitpunkt der Eheschließung gehören, die *lex rei sitae* maßgeblich. Nach dem Recht des Staates Florida besteht somit in Bezug auf die dort belegene Immobilie der gesetzliche Güterstand der Gütertrennung (*separate property*). Somit besteht zwischen dem französischen Recht und dem Recht des Staates Florida kein internationaler Entscheidungseinklang. Es ist mit widersprüchlichen Entscheidungen in Frankreich und im Belgenheitsstaat Florida zu rechnen, sofern die Gerichte in beiden Staaten angerufen werden können.

## IV. Anwendbares Recht

Nachdem die Grundprinzipien des Güterkollisionsrechts erörtert wurden, ist nun auf die konkrete Bestimmung des auf den Ehegüterstand anwendbaren Rechts einzugehen. Dabei sind die Anknüpfungspunkte in Deutschland und Frankreich miteinander zu vergleichen.

### 1. Objektive Anknüpfung

Kommt es zur Beendigung des ehelichen Güterstandes, richtet sich das auf die güterrechtlichen Verhältnisse anwendbare Recht nach objektiven Maßstäben, sofern die Ehegatten nicht wirksam das auf ihren Güterstand anwendbare Recht gewählt haben.

### a) Deutschland

Das Güterrechtsstatut knüpft grundsätzlich akzessorisch zum Ehewirkungsstatut an (Art. 15 Abs. 1 i.V.m. Art. 14 Abs. 1 EGBG), so dass nach der Kegel'schen

Leiter[183] des Art. 14 Abs. 1 EGBGB jeweils von Stufe zu Stufe zu prüfen ist, ob die Voraussetzungen einer Anknüpfung an ein bestimmtes Recht vorliegen. Allerdings bringt die Fixierung auf den Zeitpunkt der Eheschließung einige Modifikationen mit sich.[184] Indem Art. 15 Abs. 1 EGBGB nämlich ausschließlich auf den Zeitpunkt der Eheschließung abstellt, erfasst die Verweisung weder die zweite Anknüpfungsstufe in Art. 14 Abs. 1 Nr. 1 Alt. 2 EGBGB (letzte gemeinsame Staatsangehörigkeit während der Ehe) noch die vierte Anknüpfungsstufe in Art. 14 Abs. 1 Nr. 2 Alt. 2 EGBGB (letzter gemeinsamer gewöhnlicher Aufenthalt während der Ehe).[185] Für die Verweisung aufgrund Art. 15 Abs. 1 i.V.m. Art. 14 Abs. 1 EGBG gilt der Grundsatz der Gesamtverweisung (Art. 4 Abs. 1 EGBGB), so dass Rück- und Weiterverweisungen des IPR der berufenen Rechtsordnung beachtlich sind.[186]

aa) Gemeinsame Staatsangehörigkeit

Primär ist an das gemeinsame Heimatrecht der Ehegatten bei Eheschließung anzuknüpfen (Art. 15 Abs. 1 i.V.m. Art. 14 Abs. 1 EGBG). Bei Mehrstaatern ist Art. 5 Abs. 1 EGBGB anzuwenden, so dass es auf die effektive bzw. deutsche Staatsangehörigkeit ankommt.[187] Dabei kann auch eine durch Heirat hinzuerworbene Staatsangehörigkeit zu berücksichtigen sein, sofern sie bald nach der Heirat zur effektiven gemacht wird.[188] Da der Zeitpunkt der Eheschließung maßgeblich ist, bleibt für das Güterrechtsstatut eine frühere gemeinsame Staatsangehörigkeit (Art. 14 Abs. 1 Nr. 1 Alt. 2 EGBGB) außer Betracht.

bb) Gemeinsamer gewöhnlicher Aufenthalt

Mangels gemeinsamer Staatsangehörigkeit ist sekundär an den gemeinsamen gewöhnlichen Aufenthalt der Ehegatten im Zeitpunkt der Eheschließung anzuknüpfen (Art. 15 Abs. 1 i.V.m. Art. 14 Abs. 1 Nr. 2 EGBG). Wird erst im Anschluss an die Heirat ein gemeinsamer gewöhnlicher Aufenthalt im selben Staat begründet, genügt dies für eine Anknüpfung nicht.[189] In diesem Fall kann aber

---

183 Benannt nach *Kegel*, auf den die stufenweise Anknüpfung zurückgeht, vgl. Staudinger/*Mankowski*, Art. 14 EGBGB, Rn. 8.

184 *Looschelders*, IPR, Art. 15 EGBGB Rn. 26.

185 Staudinger/*Mankowski*, Art. 15 EGBGB Rn. 28; BeckOK-BGB/*Mörsdorf-Schulte*, Art. 15 EGBGB Rn. 51.

186 Vgl. Erman/*Hohloch*, Art. 15 EGBGB Rn. 7; Palandt/*Thorn*, Art. 15 EGBGB Rn. 2.

187 BGH NJW 1987, 583, 585; Soergel/*Schurig*, Art. 15 EGBGB Rn. 5; Palandt/*Thorn*, Art. 15 EGBGB Rn. 17.

188 MüKo-BGB/*Siehr*, Art. 15 EGBGB Rn. 13; *Looschelders*, IPR, Art. 15 EGBGB Rn. 27; Staudinger/*Mankowski*, Art. 15 EGBGB Rn. 36; aA Palandt/*Thorn*, Art. 15 EGBGB Rn. 17.

189 Erman/*Hohloch*, Art. 15 EGBGB Rn. 19; Palandt/*Thorn*, Art. 15 EGBGB Rn. 18.

auf den Auffanganknüpfungspunkt der gemeinsamen engsten Verbindung abge-stellt werden.[190] Beabsichtigen Ehegatten mit einem gemeinsamen gewöhn-lichen Aufenthalt im selben Staat schon vor Eheschließung ihren gemeinsamen Lebensmittelpunkt künftig zu wechseln, bleibt es beim ursprünglichen Aufent-haltsrecht.[191] Durch die Fixierung auf den Zeitpunkt der Eheschließung kann nicht auf einen früheren gemeinsamen Aufenthalt abgestellt werden (Art. 14 Abs. 1 Nr. 2 Alt. 2 EGBGB).

cc) Gemeinsame engste Verbindung

Sofern die Ehegatten im Zeitpunkt der Eheschließung weder eine gemeinsame Staatsangehörigkeit noch einen gemeinsamen gewöhnlichen Aufenthalt hatten, richtet sich das Güterrechtsstatut nach jener Rechtsordnung, zu der sie die ge-meinsame engste Verbindung besitzen (Art. 15 Abs. 1 i.V.m. Art. 14 Abs. 1 Nr. 3 EGBGB). Maßgeblich für die Ermittlung sind sämtliche Umstände des Einzelfalls zur Zeit der Eheschließung, wie Herkunft, Sprache, gemeinsamer schlichter Aufenthalt, aber auch hinreichend konkrete Zukunftspläne wie die beabsichtigte Begründung eines gemeinsamen gewöhnlichen Aufenthalts in einem bestimmten Staat.[192]

b) Frankreich

Haben die Ehegatten keine auf ihren Güterstand anwendbare Rechtsordnung gewählt, sieht das Übereinkommen eine kompliziert anmutende hierarchisierte Folge objektiver Anknüpfungen vor. Mangels wirksamer Rechtswahl seitens der Ehegatten wird grundsätzlich das Sachrecht des Staates zum Ehegüterstatut berufen, in dem die Ehegatten unmittelbar nach der Eheschließung ihren ersten gewöhnlichen Aufenthalt begründen (Art. 4 Abs. 1 HGA). In bestimmten Fällen wird jedoch gem. Art. 4 Abs. 2 HGA an die gemeinsame Staatsangehörigkeit der Ehegatten angeknüpft, wobei auch hier Ausnahmen zugunsten des Domizil-prinzips zu beachten sind. Das gewählte Konzept von Grundsatz, Ausnahme und Rückausnahme geht dem später im Schrifttum[193] geforderten Näheprinzip (*principe de proximité*) voraus, wonach das IPR eine möglichst enge Verbin-

---

190  Vgl. BT-Drs. 10/504, S. 58.
191  *Looschelders*, IPR, Art. 15 EGBGB Rn. 29; MüKo-BGB/*Siehr*, Art. 15 EGBGB Rn. 21; nach a.A. ist auch hier abzustellen auf die gemeinsame engste Verbindung wegen der Vorwirkung des beabsichtigten gemeinsamen gewöhnlichen Aufenthalts, vgl. Soergel/*Schurig*, Art. 15 EGBGB Rn. 9; BeckOK-BGB/*Mörsdorf-Schulte*, Art. 15 EGBGB Rn. 54.
192  Palandt/*Thorn*, Art. 15 EGBGB Rn. 19; NK-BGB/*Sieghörtner*, Art. 15 EGBGB Rn. 15.
193  *Lagarde*, Rec. cours La Haye 196 (1986-I), 13, 47.

dung zwischen den Ehegatten und dem anwendbaren Recht zu berücksichtigen habe.

### aa) Gemeinsamer gewöhnlicher Aufenthalt

Nach Art. 4 Abs. 1 HGA unterliegt der Ehegüterstand, sofern die Ehegatten vor der Eheschließung keine Rechtswahl getroffen haben, dem Sachrecht des Staates, in dessen Gebiet sie nach der Eheschließung ihren ersten gewöhnlichen Aufenthalt haben. Diese Vorschrift zugunsten des Domizilprinzips zeigt erneut, dass der Parteiautonomie im französischen IPR ein großer Stellenwert eingeräumt wird. Da das Übereinkommen selbst keine Definition des ersten gewöhnlichen Aufenthalts (*première résidence habituelle*) enthält[194], wird davon ausgegangen, es handele sich um eine reine Tatsache (*notion de fait*), die im Einzelfall festzustellen sei, ohne dass dabei auf eine bestimmte Mindestdauer oder einen auf Dauer gerichteten Willen der Ehegatten abgestellt werden müsse.[195] Als Indiz für die Begründung eines gewöhnlichen Aufenthalts können Dokumente dienen, wie z.B. Strom- oder Telefonrechnungen, die nahelegen, dass sich die Ehegatten niedergelassen haben.[196] Zwar ist es dem Erläuternden Bericht zum HGA zufolge nicht erforderlich, dass die Ehegatten unmittelbar nach der Eheschließung ihren gemeinsamen gewöhnlichen Aufenthalt in demselben Staat begründen.[197] Die Rechtsprechung ist in dieser Hinsicht jedoch streng und versteht unter dem ersten gewöhnlichen Aufenthalt i.S.d. Art. 4 Abs. 1 HGA zwingend jenen Aufenthalt, den die Ehegatten unmittelbar nach der Eheschließung nehmen, wie folgendes Beispiel[198] zeigt:

**Fall 6:**

M und F besitzen die marokkanische Staatsangehörigkeit. Seit 1983 lebt und arbeitet M in Frankreich. F hat ihren ständigen Aufenthalt in Marokko. Im August 2001 schließen M und F in Marokko die Ehe. Einige Wochen nach der Eheschließung kehrt M nach Frankreich zurück. Nach Erlangung einer Aufenthaltserlaubnis folgt F ihrem Ehemann am 1. Juni 2002 nach Frankreich. Im Jahre 2007 beantragt F in Frankreich die Scheidung. Fraglich ist, ob das französische Recht auf den Güterstand anwendbar ist. Da die Ehe zwischen M und F nach Inkrafttreten des HGA am 1.9.1992 geschlossen wurde, ist das HGA anwendbar (Art. 21 Abs. 1 HGA). Dass M und F die marokkanische Staatsange-

---

194  Dahingehende Anträge im Rahmen der Haager Konferenz, den Begriff näher zu definieren blieben erfolglos, vgl. *Beitzke*, RabelsZ 41 (1977), 457, 467; kritisch zum Begriff *Lequette*, Rec. cours La Haye 246 (1994-II), 9, 152 ff.
195  Rép. internat./*Droz*, V° régimes matrimoniaux, Rn. 38; *Revillard*, DIP, Rn. 379; *Barrière-Brousse*, JDI 2012, 950, 953.
196  *Droz*, Rev. crit. DIP 1992, 631, 647.
197  *v. Overbeck*, Rapport explicatif, Rn. 149.
198  Beispiel nach Cass. 1^re civ., 14 mai 2014, n° 12-29.922 (unveröff.).

hörigkeit besitzen, ist für die Anwendbarkeit des Abkommens unerheblich, da dieses als *loi uniforme* auch in den Fällen anzuwenden ist, in denen die Ehegatten nicht die Staatsangehörigkeit eines Vertragsstaates haben (Art. 2 HGA). Nach Art. 4 Abs. 1 HGA unterliegt der Ehegüterstand, sofern die Ehegatten vor der Eheschließung keine Rechtswahl getroffen haben, dem Sachrecht des Staates, in dessen Gebiet sie nach der Eheschließung ihren ersten gewöhnlichen Aufenthalt haben. Vorliegend ist zweifelhaft, ob die Ehegatten ihren ersten gewöhnlichen Aufenthalt in Frankreich haben. Da M nach der Eheschließung wieder in Frankreich wohnt und F zunächst in Marokko bleibt und erst neun Monate nach der Eheschließung ihrem Mann nach Frankreich folgt, ist davon auszugehen, dass die Ehegatten ihren ersten gewöhnlichen Aufenthalt nach der Eheschließung in unterschiedlichen Staaten haben. Somit ist Art. 4 Abs. 1 HGA nicht einschlägig. Begründen die Ehegatten unmittelbar nach der Eheschließung ihren ersten gewöhnlichen Aufenthalt nicht im selben Staat, so bestimmt sich das Güterrechtsstatut nach dem Sachrecht des Staates der gemeinsamen Staatsangehörigkeit (Art. 4 Abs. 2 Nr. 3 HGA). Demnach findet nicht das französische, sondern das marokkanische Recht auf den Güterstand Anwendung.

bb) Gemeinsame Staatsangehörigkeit

Ausnahmsweise ist gem. Art. 4 Abs. 2 HGA an das gemeinsame Heimatrecht der Ehegatten anzuknüpfen. Als gemeinsame Staatsangehörigkeit der Ehegatten wird nach Art. 15 Abs. 1 HGA nur eine solche angesehen, die beide Ehegatten schon vor der Eheschließung besaßen (Nr. 1), die ein Ehegatte zum Zeitpunkt der Eheschließung oder später freiwillig erworben hat (Nr. 2) oder die beide Ehegatten nach der Eheschließung freiwillig erworben haben (Nr. 3). Hingegen bleibt es bei Mehrstaatern beim Domizilprinzip, da bei ihnen die Ausnahme zugunsten des Staatsangehörigkeitsprinzips nicht gilt (Art. 15 Abs. 2 HGA).

Zur Anknüpfung an das gemeinsame Heimatrecht kommt es in drei Fällen: Zunächst wird das gemeinsame Heimatrecht berufen, wenn die Ehegatten unmittelbar nach der Eheschließung ihren ersten gewöhnlichen Aufenthalt nicht im selben Staat begründen (Art. 4 Abs. 2 Nr. 3 HGA). Dieser Vorbehalt betrifft insbesondere Gastarbeiter, die in ihrem Heimatstaat heiraten und dort ihre Familie zeitweilig zurücklassen, um in einem Vertragsstaat des HGA zu arbeiten, wie folgendes Beispiel[199] illustriert:

**Fortsetzung Fall 6:**

Wie oben. Fraglich ist, ob das marokkanische Recht auf den Güterstand von M und F anzuwenden ist. Vorliegend kehrt M nach der Eheschließung wieder nach Frankreich zurück, wohingegen F zunächst in Marokko bleibt und erst neun Monate nach der Eheschließung ihrem Mann nach Frankreich folgt. Daher ist

---

199  Beispiel nach Cass. 1[re] civ., 14 mai 2014, n° 12-29922 (unveröff.).

anzunehmen, dass die Ehegatten ihren ersten gewöhnlichen Aufenthalt nach der Eheschließung in unterschiedlichen Staaten haben. Begründen die Ehegatten nach der Eheschließung ihren ersten gewöhnlichen Aufenthalt nicht im selben Staat, so unterliegt der Ehegüterstand dem Sachrecht des Staates der gemeinsamen Staatsangehörigkeit (Art. 4 Abs. 2 Nr. 3 HGA). Somit ist das marokkanische Recht auf den Güterstand anzuwenden.

Weiter kommt es gem. Art. 4 Abs. 2 Nr. 1 HGA zur Anknüpfung an das Sachrecht des Staates der gemeinsamen Staatsangehörigkeit, wenn dieser Staat gem. Art. 5 Abs. 1 HGA die Erklärung abgegeben hat, dass auf seine Staatsangehörigen sein eigenes Sachrecht anzuwenden ist.[200] Diese vorrangige Anknüpfung an das Recht des gemeinsamen Heimatstaates ist das Ergebnis eines politischen Kompromisses und als Zugeständnis an die Anhänger des Staatsangehörigkeitsprinzips anzusehen.[201] Der Vorbehalt des Art. 4 Abs. 2 Nr. 1 HGA zugunsten des gemeinsamen Heimatrechts greift gem. Art. 5 Abs. 2 HGA jedoch nicht – insofern kommt es zur Rückausnahme zugunsten des Domizilprinzips –, wenn die Ehegatten ihren gewöhnlichen Aufenthalt im Gebiet des Staates behalten, in dem sie beide zum Zeitpunkt der Eheschließung seit mindestens fünf Jahren[202] ihren gewöhnlichen Aufenthalt hatten, es sei denn, der Aufenthaltsstaat hat als Vertragsstaat ebenso den Vorbehalt nach Art. 5 Abs. 1 HGA erklärt oder der Aufenthaltsstaat knüpft als Nichtvertragsstaat, wie etwa Deutschland, in seinem autonomen Kollisionsrecht an die gemeinsame Staatsangehörigkeit der Ehegatten an.

Schließlich ist gem. Art. 4 Abs. 2 Nr. 2 HGA an das gemeinsame Heimatrecht der Ehegatten anzuknüpfen, wenn diese einem Nichtvertragsstaat angehören und ihren ersten gewöhnlichen Aufenthalt nach der Eheschließung entweder in einem Vertragsstaat begründen, der den Vorbehalt des Art. 5 Abs. 1 HGA erklärt hat (lit. a) oder in einem Nichtvertragsstaat, dessen autonomes Kollisionsrecht ebenfalls die Anwendung des gemeinsamen Heimatrechts vorschreibt (lit. b). Dieser letzte Vorbehalt zugunsten des Rechts des gemeinsamen Heimatrechts wird der Übereinstimmung gerecht, die zwischen dem Kollisionsrecht des Nichtvertragsstaates besteht, dem die Ehegatten angehören, und dem Kollisionsrecht des Staates, in dem sie nach der Eheschließung ihren ersten gewöhnlichen Aufenthalt begründen.[203]

---

200  Wobei diesen Vorbehalt lediglich die Niederlande erklärt haben, vgl. *Leuck*, JCP N., 1992, I, Doctrine, 275, 277 Rn. 15; *Revillard*, DIP, Rn. 382.

201  Rép. internat./*Droz*, V° régimes matrimoniaux, Rn. 43; *Beitzke*, RabelsZ 41 (1977), 457, 468 f.

202  Zutreffend weisen *Schotten/Schmellenkamp*, IPR, Anh. II, Frankreich, S. 446 Fn. 19 darauf hin, dass eine fünfjährige Aufenthaltsdauer vor der Eheschließung und nicht etwa nach der Eheschließung erforderlich ist; letzteres wird jedoch, wohl versehentlich, angenommen von Staudinger/*Hausmann*, Anh. Art. 4 EGBGB Rn. 157 sowie von Würzburger Notarhandbuch/*Hertel*, Teil 7 Kap. 4 Rn. 214.

203  *Droz*, Rev. crit. DIP 1992, 631, 649; *Audit/d'Avout*, DIP, Rn. 954.

## cc) Automatischer Statutenwechsel

Haben die Ehegatten weder das anwendbare Recht gewählt noch einen Ehevertrag geschlossen, so bestimmt Art. 7 Abs. 2 HGA, dass unter bestimmten Voraussetzungen an die Stelle des bisherigen objektiven Güterstatuts automatisch das Sachrecht des Staates tritt, in dem sie beide ihren gewöhnlichen Aufenthalt haben. Zu diesem automatischen Statutenwechsel (*mutabilité automatique*) kommt es, wenn Aufenthaltsrecht und gemeinsames Heimatrecht zusammenfallen (Nr. 1)[204], wenn nach der Eheschließung der gewöhnliche Aufenthalt mehr als zehn Jahre bestanden hat (Nr. 2) oder wenn zuvor, mangels ersten gewöhnlichen Aufenthalts in demselben Staat, nach Art. 4 Abs. 2 Nr. 3 HGA das gemeinsame Heimatrecht maßgeblich war (Nr. 3)[205]. Ein automatischer Wechsel des Güterstatuts wirkt gem. Art. 8 Abs. 1 HGA grundsätzlich nur für die Zukunft (*ex nunc*), so dass den Ehegatten vor dem Wechsel gehörende Vermögensteile weiterhin dem Heimatrecht der Ehegatten unterliegen. Um eine Güterrechtsspaltung zu vermeiden, ist es den Ehegatten gem. Art. 8 Abs. 2 HGA jedoch gestattet, ihr gesamtes Vermögen dem neuen Recht zu unterstellen.[206]

## dd) Gemeinsame engste Beziehung

Sofern die Ehegatten weder einen gemeinsamen gewöhnlichen Aufenthalt noch eine gemeinsame Staatsangehörigkeit haben, soll gem. Art. 4 Abs. 3 HGA das Recht desjenigen Staates angewendet werden, mit welchem die Eheleute unter Berücksichtigung aller Umstände die engsten Beziehungen haben. Da hinter der Ermittlung des Güterrechtsstatuts ein vermögensrechtlicher Sachverhalt steht, ist in erster Linie auf wirtschaftliche Beziehungen zu einem Staat abzustellen.[207]

## c) Rechtsvergleich

Der bedeutendste Unterschied zwischen beiden Rechtsordnungen besteht in Bezug auf die objektiven Anknüpfungspunkte. Während das deutsche Recht primär an das gemeinsame Heimatrecht der Ehegatten im Zeitpunkt der Eheschließung anknüpft (Art. 15 Abs. 1 i.V.m. Art. 14 Abs. 1 Nr. 1 EGBGB), ist nach französischem Recht der erste gemeinsame gewöhnliche Aufenthalt der

---

204 So zuletzt Cass. 1^re civ., 12 avr. 2012, n° 10-27.016, Defrénois, 15–30 juill. 2012, n° 13–14, 696 ff. m. Anm. *Revillard*; vgl. auch Anm. *Barrière-Brousse*, JDI 2012, 950 ff.; Anm. *Kleiner*, Rev. crit. DIP 2012, 867 ff.; Anm. *Péroz*, L'ESSENTIEL Droit de la famille et des personnes, 15 mai 2012, n° 5, S. 7.

205 Zuletzt Cass. 1^re civ., 12 févr. 2014, n° 12-29.297, JurisData n° 2014-002640, Droit de la famille 2014, 35 m. Anm. *Farge*; vgl. auch Anm. *Boulanger*, JCP N., 4 juill. 2014, n° 27, 45 ff.

206 *Loussouarn/Bourel/Vareilles-Sommières*, DIP, Rn. 616; *Revillard*, DIP, Rn. 413; *Jault-Seseke*, RLDC 2012, n° 99, 43, 45.

207 *Leuck*, JCP N., 1992, I, Doctrine, 275, 277 Rn. 18.

Ehegatten maßgeblich (Art. 4 Abs. 1 HGA). Im deutschen Recht wird der gemeinsame gewöhnliche Aufenthalt erst sekundär relevant (Art. 15 Abs. 1 i.V.m. Art. 14 Abs. 1 Nr. 2 EGBGB). Nach französischem Recht ist sekundär an das gemeinsame Heimatrecht der Ehegatten anzuknüpfen (Art. 4 Abs. 2 HGA). Abgesehen von der Umkehrung der Anknüpfungsmomente fällt auf, dass der Zeitpunkt zur Ermittlung des gewöhnlichen Aufenthalts jeweils divergiert. Während nach deutschem Recht auf den Zeitpunkt der Eheschließung abgestellt wird, ist nach französischem Recht der Zeitpunkt nach der Eheschließung maßgebend.

Das Staatsangehörigkeitsprinzip verspricht größtmögliche Stabilität, da eine Änderung der Staatsangehörigkeit seltener vorkommt als ein Aufenthaltswechsel. Hingegen hat es den Nachteil, dass unter Umständen das Recht eines Staates anwendbar ist, zu dem die Ehegatten wenige oder keinerlei Beziehungen haben. Es schafft grundsätzlich auch Rechtsunsicherheit bei Vorliegen mehrerer Staatsangehörigkeiten eines oder beider Ehegatten.

Das Aufenthaltsprinzip trägt den geänderten Lebensbedingungen der Bürger einer auf Mobilität angewiesenen Gesellschaft hingegen eher Rechnung als das Staatsangehörigkeitsprinzip. Leben und arbeiten zunehmend mehr Menschen in einem anderen Staat als ihrem Heimatstaat, ist es gerechtfertigt, den Wechsel des ständigen Aufenthalts bei der Bestimmung des auf den Güterstand anzuwendenden Rechts stärker zu berücksichtigen.

Ein weiterer Unterschied besteht darin, dass das französische Recht in bestimmten Fällen, in denen die Ehegatten weder eine Rechtswahl getroffen noch einen Ehevertrag abgeschlossen haben, zu einem automatischen Statutenwechsel führt (Art. 7 Abs. 2 HGA). Oftmals werden die Ehegatten noch nicht einmal Kenntnis davon haben, dass sich ihr Güterstand geändert hat, da sie darüber von keiner Seite aus informiert werden. Da der automatische Statutenwechsel ohne gegenteilige Vereinbarung *ex nunc*-Wirkung entfaltet, kommt es zudem zu einer Güterrechtsspaltung. Die Wandelbarkeit des Güterrechtsstatuts ist somit eine Quelle für Rechtsunsicherheit und steht dem Interesse an einer vorhersehbaren Zukunftsplanung entgegen.

## 2. Subjektive Anknüpfung

Nachfolgend wird untersucht, unter welchen Voraussetzungen es den Ehegatten nach der deutschen und französischen Rechtsordnung gestattet ist, das auf ihren Güterstand anwendbare Recht zu wählen.

### a) Deutschland

Nach dem Vorbild des HGA[208] sieht das deutsche Recht die Möglichkeit einer Rechtswahl des auf den Güterstand anwendbaren Rechts vor. Somit kann das nach objektiver Anknüpfung anwendbare Recht ausgeschlossen werden.

---

208  Zur Vorbildfunktion des HGA für die Privatautonomie im deutschen Güterkollisionsrecht vgl. *Kropholler*, RabelsZ 57 (1993), S. 207, 216 f.

## aa) Unmittelbare Rechtswahl

Art. 15 Abs. 2 EGBGB erweitert zwar die Rechtswahlmöglichkeiten der Ehegatten gegenüber Art. 14 Abs. 2 und 3 EGBGB, ist aber in seiner Reichweite auf wenige wählbare Rechtsordnungen begrenzt. Die Rechtswahl nach Art. 15 Abs. 2 EGBGB ist stets eine Sachrechtsverweisung (vgl. Art. 4 Abs. 2 EGBGB), so dass etwaige Rück- und Weiterverweisungen unbeachtlich bleiben.[209]

### (1) Wählbare Rechte

Nach Art. 15 Abs. 2 EGBGB sind drei Rechtsordnungen wählbar: Zunächst können die Ehegatten das Heimatrecht eines Ehepartners wählen (Art. 15 Abs. 2 Nr. 1 EGBGB). Hinsichtlich dieser Wahlmöglichkeit ist in der Literatur umstritten, ob Mehrstaater nur die nach Art. 5 Abs. 1 EGBGB maßgebliche (deutsche oder effektive) Staatsangehörigkeit wählen können.[210] Für die Begrenzung spricht, dass Art. 15 Abs. 2 Nr. 1 EGBGB vom Recht »des« Staates und nicht »eines« Staates spricht, so dass nach dem Wortlaut die maßgebende Staatsangehörigkeit allein nach Art. 5 Abs. 1 EGBGB zu ermitteln und die Wahl des uneffektiven Heimatrechts ausgeschlossen ist.[211] In diese Richtung weist auch die historische Auslegung, da im Gesetzgebungsverfahren bewusst weitergehende Forderungen des MPI[212] sowie die abweichende Regelung in Art. 3 Abs. 2 Nr. 1 HGA unberücksichtigt blieben.[213] Wählbar ist weiter das Recht des gewöhnlichen Aufenthaltsortes beider oder eines der Ehegatten zum Zeitpunkt der Rechtswahl (Art. 15 Abs. 2 Nr. 2 EGBGB). Schließlich kann für unbewegliches Vermögen das Recht des Lageortes gewählt werden (Art. 15 Abs. 2 Nr. 3 EGBGB.). Diese partielle Rechtwahl führt regelmäßig zu einer Statutenspaltung, insbesondere durch die Möglichkeit, die Rechtwahl auf einzelne Gegenstände zu beschränken.[214] Was dem Begriff des unbeweglichen Vermögens unterfällt, bestimmt sich nach dem Recht des Gerichts (*lex fori*).[215] Erfasst werden

---

209  Vgl. NK-BGB/*Sieghörtner*, Art. 15 EGBGB Rn. 62; MüKo-BGB/*Siehr*, Art. 15 EGBGB Rn. 121.

210  Dafür *Henrich*, IntFamR, § 3 I 3 b, S. 97 f.; *Looschelders*, IPR, Art. 15 EGBGB Rn. 35; *Wegmann*, NJW 1987, 1740, 1742; a.A. BeckOK-BGB/*Mörsdorf-Schulte*, Art. 15 EGBGB Rn. 65; *Kropholler*, IPR, § 45 IV 4 a; eine korrigierende Auslegung befürwortend MüKo-BGB/*Siehr*, Art. 15 EGBGB Rn. 28b.

211  So auch Palandt/*Thorn*, Art. 15 EGBGB Rn. 22.

212  *MPI*, Stellungnahme zum Regierungsentwurf von 1983, RabelsZ 47 (1983), 595, 633, 670.

213  Staudinger/*Mankowski*, Art. 15 EGBGB Rn. 135.

214  LG Mainz NJW-RR 1994, 73 f. m. zust. Anm. *Mankowski*, FamRZ 1994, 1457, 1458 f.; m. abl. Anm. *Schotten*, DNotZ 1994, 566, 568 f.

215  *Lichtenberger*, DNotZ 1986, 644, 659; MüKo-BGB/*Siehr*, Art. 15 EGBGB Rn. 28e; Palandt/*Thorn*, Art. 15 EGBGB Rn. 22; a.A. *Kühne*, IPRax 1987, 69, 73; Staudinger/*Mankowski*, Art. 15 EGBGB Rn. 164 (Qualifikation nach der *lex rei sitae*).

Grundstückseigentum, dingliche Rechte an Grundstücken sowie grundstücksgleiche Rechte wie das Erbbaurecht.[216]

(2) Zeitpunkt und Form der Rechtswahl

Die Rechtswahl ist vor oder bei der Eheschließung möglich. Sofern die Ehegatten es ausdrücklich vereinbaren, kann die Rechtswahl auch nachträglich getroffen werden. Durch Wahl eines neuen Güterstandes kann die Rechtswahl jederzeit mit Wirkung für die Zukunft (*ex nunc*) verändert oder aufgehoben werden. Hinsichtlich der Form ist zu beachten, dass die Rechtswahl bei Vornahme im Inland notariell beurkundet werden muss (Art. 15 Abs. 3 i.V.m. Art. 14 Abs. 4 S. 1 EGBGB). Wird sie im Ausland vorgenommen, gilt Art. 15 Abs. 3 i.V.m. Art. 14 Abs. 4 S. 2 EGBGB, wonach es genügt, dass die Rechtswahl den Formerfordernissen für einen Ehevertrag nach dem gewählten Recht (*lex causae*) oder am Ort der Rechtswahl (*lex loci actus*) entspricht.

bb) Mittelbare Rechtswahl

Mittelbar können die Ehegatten das Güterrechtsstatut dadurch bestimmen, dass sie gem. Art. 14 Abs. 2 und 3 EGBGB das Ehewirkungsstatut vor oder bei Eheschließung gewählt haben. Diese Form der mittelbaren Rechtswahl ergibt sich aus der Verweisung von Art. 15 Abs. 1 EGBGB auf das Ehewirkungsstatut zum Zeitpunkt der Eheschließung, zu dem auch die Wahlmöglichkeiten nach Art. 14 Abs. 2 und 3 EGBGB gehören. Überwiegend wird angenommen, dass die sich aus der mittelbaren Rechtswahl ergebende Verweisung als Sachnormverweisung zu qualifizieren sei, wobei die Begründungen dafür variieren.[217] Aufgrund der Unwandelbarkeit des Güterrechtsstatuts, erstreckt sich eine nachträgliche Rechtswahl des Ehewirkungsstatuts nicht auf das Güterrechtsstatut, es sei denn, in ihr ist zugleich eine wirksame Rechtwahl i.S.d. Art. 15 Abs. 2 EGBGB zu sehen.[218]

b) Frankreich

Auch das französische Recht gestattet den Ehegatten das auf ihren Güterstand anwendbare Recht zu wählen. Die wirksame Rechtswahl der Ehegatten geht der objektiven Anknüpfung vor.

---

216 *Kropholler*, IPR, § 45 IV 4 c; MüKo-BGB/*Siehr*, Art. 15 EGBGB Rn. 28g.
217 Dieses Ergebnis über Art. 4 Abs. 1 S. 1 Hs. 2 EGBGB herleitend *Bosch*, Durchbrechungen des Gesamtstatuts, S. 38 f.; Erman/*Hohloch*, Art. 15 EGBGB Rn. 21; MüKo/*Siehr*, Art. 15 EGBGB Rn. 129; hingegen sehen *Kartzke* IPRax 1988, 8, 11 sowie Palandt/*Thorn*, Art. 15 EGBGB Rn. 2 hier einen Fall von Art. 4 Abs. 2 EGBGB; a.A. (Gesamtverweisung) *Kühne*, IPRax 1987, 69, 73; *Rauscher*, NJW 1988, 2151, 2154.
218 *v. Bar*, IPR II, § 2 Rn. 212 Fn. 511.

aa) Wählbare Rechte

Für ihre Rechtswahl stehen den Ehegatten vor der Eheschließung drei Rechtsordnungen (Art. 3 HGA) bzw. während der Ehe zwei Rechtsordnungen (Art. 6 HGA) zur Verfügung: Zunächst können die Ehegatten als Güterrechtsstatut das Recht des Staates wählen, dessen Staatsangehörigkeit mindestens einer der Ehegatten zur Zeit der Rechtswahl besitzt (Art. 3 Abs. 2 Nr. 1 bzw. Art. 6 Abs. 2 Nr. 1 HGA). Bei Mehrstaatern ist jede Staatsangehörigkeit zur Zeit der Rechtswahl als ausreichend enge Verbindung anzusehen.[219] Ebenso ist es möglich, das Recht des Staates zu wählen, in dessen Gebiet einer der Ehegatten zur Zeit der Wahl seinen gewöhnlichen Aufenthalt hat (Art. 3 Abs. 2 Nr. 2 HGA bzw. Art. 6 Abs. 2 Nr. 2 HGA). Der gewöhnliche Aufenthalt muss zur Zeit der Rechtswahl tatsächlich existent sein.[220] Wird die Rechtswahl vor der Eheschließung vorgenommen, so kann auch das Recht des ersten Staates gewählt werden, in dessen Gebiet einer der Ehegatten seinen neuen gewöhnlichen Aufenthalt unmittelbar nach der Eheschließung begründet (Art. 3 Abs. 2 Nr. 3 HGA). Zwar gilt das gewählte Recht grundsätzlich für das gesamte Vermögen der Ehegatten (Art. 3 Abs. 3 HGA bzw. Art. 6 Abs. 3 HGA), allerdings können sie für alle oder einzelne Grundstücke das Recht am jeweiligen[221] Lageort wählen (Art. 3 Abs. 4 HGA bzw. Art. 6 Abs. 4 HGA). Eine Rechtswahl zugunsten der *lex rei sitae* ist auch dann zulässig, wenn die Ehegatten ansonsten keine Rechtswahl vorgenommen haben bzw. die Rechtwahl erst für später erworbenes unbewegliches Vermögen gelten soll (Art. 3 Abs. 4 HGA bzw. Art. 6 Abs. 4 HGA).

bb) Zeitpunkt und Form der Rechtswahl

Die Rechtswahl kann vor bzw. bei Eheschließung (Art. 3 Abs. 1 HGA), wie auch während der Ehe (Art. 6 Abs. 1 HGA) vorgenommen werden. Sie muss entweder durch ausdrückliche Übereinkunft erfolgen oder unzweifelhaft aus einem Ehevertrag hervorgehen (Art. 11 HGA).[222] Damit die Rechtswahl formgültig ist, muss der Ehevertrag bzw. die ausdrückliche Übereinkunft der Form des Ehevertrages des gewählten Rechts (*lex causae*) oder des Rechts des Abschlussortes (*lex loci actus*) entsprechen (Art. 12 S. 1 HGA bzw. Art. 13 S. 1 HGA). Um Beweisschwierigkeiten zu vermeiden[223], muss die Rechtswahl zu-

---

219 Rép. internat./*Droz*, V° régimes matrimoniaux, Rn. 32; *Revillard*, DIP, Rn. 360.
220 *Revillard*, a.a.O.
221 Somit ist es nicht möglich, mehrere Grundstücke, die in verschiedenen Staaten belegen sind, dem Lageort eines einzigen Grundstückes zu unterwerfen, *Revillard*, DIP, Rn. 361.
222 Eine Urkunde, die lediglich eine kirchliche Eheschließung bescheinigt, enthält weder eine ausdrückliche Übereinkunft über eine Rechtswahl noch geht aus ihr unzweifelhaft eine Rechtswahl hervor, Cass. 1$^{re}$ civ., 19 déc. 2012, n° 12-16.633, JurisData n° 2012-030403, D. 2013, 86.
223 *Revillard*, DIP, Rn. 369.

mindest schriftlich erfolgen, datiert und von beiden Ehegatten unterzeichnet werden (Art. 12 S. 2 HGA bzw. Art. 13 S. 2 HGA), wobei allein die Unterschrift eigenhändig zu erfolgen hat.[224]

Wird die Rechtswahl während der Ehe vorgenommen, um einen freiwilligen Statutenwechsel (*mutabilité volontaire*) herbeizuführen, so bedarf dies – im Gegensatz zum Güterstandswechsel durch Ehevertrag im französischen materiellen Güterrecht – weder einer gerichtlichen Genehmigung (vgl. Art. 1397 Abs. 4, Abs. 5 CC)[225] noch der Einhaltung von Fristen.[226] Im Schrifttum ist umstritten, welche Wirkung der nachträglichen Rechtswahl zukommt. Die überwiegende Ansicht[227] nimmt an, dass die während der Ehe vorgenommene Rechtswahl *ex tunc* vom Zeitpunkt der Eheschließung an wirke. Dies folge aus Art. 6 Abs. 3 HGA, wonach das gewählte Recht für das gesamte Vermögen der Ehegatten anwendbar ist und somit auch für die vor der Rechtswahl erworbenen Vermögensgüter.[228] Eine Mindermeinung geht hingegen davon aus, dass eine während der Ehe getroffene Rechtswahl *ex nunc*, also erst ab dem Zeitpunkt der Rechtswahl wirke.[229] So sei die Vorschrift des Art. 6 Abs. 3 HGA im Verhältnis zu Art. 6 Abs. 4 HGA zu betrachten: Grundsätzlich unterliege das gesamte Vermögen dem gewählten Recht (Abs. 3), nur ausnahmsweise könne für unbewegliches Vermögen ein anderes Recht gewählt werden (Abs 4). Die Frage, ob ein Statutenwechsel rückwirkend eintrete, müsse strikt von der Frage getrennt werden, ob eine Rechtswahl das Vermögen in seiner Gesamtheit oder nur einzelne Teile davon erfasse.[230] Zudem stünde eine *ex tunc-Wirkung* der Rechtswahl im Widerspruch zum materiellen Güterrecht, da ein Wechsel des Güterstandes gem. Art. 1397 al. 6 S. 1 CC nur für die Zukunft wirke.[231] Damit verkennt die zuletzt genannte Ansicht jedoch, dass Art. 6 Abs. 3 HGA auch im Kontext zu Art. 8 Abs. 1 HGA gesehen werden muss. So wirkt nach Art. 8 Abs. 1 HGA der automatische Statutenwechsel (*mutabilité automatique*) gem. Art. 7 Abs. 2 HGA nur für die Zukunft. Im Umkehrschluss folgt daraus, dass

---

224  *v. Overbeck*, Rapport explicatif, Rn. 190.
225  *Droz*, Rev. crit. DIP 1992, 631, 657 f.; *Gresser*, ZErb 2006, 407, 411.
226  *Leuck*, JCP N., 1992, I, Doctrine, 275, 278 Rn. 22; *Revillard*, DIP, Rn. 394; *Fongaro*, Droit & patrimoine 2012, 87, 89.
227  So etwa *v. Overbeck*, Rapport explicatif, Rn. 72; *Lequette*, Rec. cours La Haye 246 (1994-II), 9, 174; *Audit/d'Avout*, DIP, Rn. 966; *Loussouarn/Bourel/Vareilles-Sommières*, DIP, Rn. 616; *Revillard*, DIP, Rn. 392 m.w.N.; *Sicot/Letellier*, GdP, 6 août 2011, 23 ff.; *Crône*, in: Liber Amicorum Champenois (2012), S. 217, 224; *Jault-Seseke*, RLDC 2012, n° 99, 43, 44 f.; *Fongaro*, Droit & patrimoine 2012, 87, 89; Fongaro/*Bidaud-Garon*, Droit patrimonial européen de la famille, Rn. 220; Murat/*Devers*, Droit de la famille, Rn. 523.114; *Boiché*, AJ Famille 2013, 114, 116.
228  *Droz*, Rev. crit. DIP 1992, 631, 657 f. spricht von »rétroactivité obligatoire«.
229  *Schotten/Schmellenkamp*, IPR, Anh. II, Frankreich, S. 443 ff; *Foyer*, in: Liber Amicorum Champenois (2012), S. 273, 280.
230  *Schotten/Schmellenkamp*, IPR, Anh. II, Frankreich, S. 444.
231  *Foyer*, in: Liber Amicorum Champenois (2012), S. 273, 280.

ein freiwilliger Statutenwechsel durchaus auch für die Vergangenheit wirkt. Mit der herrschenden Ansicht ist daher anzunehmen, dass eine nachträgliche Rechtswahl *ex tunc* vom Zeitpunkt der Eheschließung an wirkt.

c) Rechtsvergleich

Die Ehegatten haben nach deutschem und nach französischem Recht die Möglichkeit, vor oder bei der Eheschließung das auf den Güterstand anzuwendende Recht zu wählen (Art 15 Abs. 2 EGBGB bzw. Art. 3 und Art. 6 HGA). In beiden Rechtsordnungen handelt es sich um eine beschränkte Rechtswahl. Die Rechtswahlmöglichkeiten stimmen in beiden Rechtsordnungen weitgehend überein. Sie vermeiden, dass ein Recht gewählt wird, mit dem die Ehegatten keinerlei rechtliche Anknüpfungspunkte haben. So wird einerseits die Rechtssicherheit erhöht und andererseits den Betroffenen die Möglichkeit eingeräumt, ihren Bedürfnissen entsprechende Vereinbarungen zu treffen.

Im französischen Recht ist vor der Eheschließung zusätzlich auch das Recht des ersten Staates wählbar, in dessen Gebiet einer der Ehegatten seinen neuen gewöhnlichen Aufenthalt unmittelbar nach der Eheschließung begründet (Art. 3 Abs. 2 Nr. 3 HGA). Durch die Gewährung der Rechtswahl betonen beide Rechtsordnungen den Grundsatz der Parteiautonomie. Indem der Kreis der wählbaren Rechte eingeschränkt wird, beugen sie dem Risiko einer willkürlichen Rechtswahl vor sowie einer Rechtswahl, die die verhandlungsschwächere Partei benachteiligen würde. Ein weiterer Schutz insbesondere der schwächeren Partei wird in beiden Rechtsordnungen durch Formvorschriften erreicht. Hinsichtlich der Form einer im Ausland vorgenommen Rechtswahl entsprechen sich beide Rechtsordnungen. Wird die Rechtswahl im Inland vorgenommen, verlangt das deutsche Recht die notarielle Beurkundung (Art. 15 Abs. 3 i.V.m. Art. 14 Abs. 4 S. 1 EGBGB), während das französische Recht lediglich eine Mindestform vorschreibt. Wird die Rechtswahl jedoch in Frankreich vorgenommen oder französisches Recht vereinbart, so gilt ebenfalls die notarielle Form des Ehevertrages nach französischem Recht (Art. 1394 Abs. 1 CC).

Beide Rechtsordnungen sehen die Rechtswahlmöglichkeit zugunsten des Belegenheitsrechts einer unbeweglichen Sache vor (Art. 15 Abs. 2 Nr. 3 EGBGB bzw. Art. 3 Abs. 3 und Art. 6 Abs. 3 HGA). Die Rechtswahl zugunsten der *lex rei sitae* ist gerade dann sinnvoll, wenn die Rechtsordnung des Staates, in dem das Grundstück liegt, stets die *lex rei sitae* angewandt wissen will.[232] Zwar wird somit eine Güterrechtsspaltung (*dépeçage*) des Vermögens der Ehegatten in Kauf genommen. Dafür gelangt man jedoch, ganz im Sinne des internationalen Entscheidungseinklangs, zu einer kongruenten Bestimmung des auf die Immobilie anwendbaren Rechts.

---

232 So etwa die Rechtsordnungen einiger Bundesstaaten der USA, vgl. *Bonomi*, in: Bonomi/Steiner, Les régimes matrimoniaux en droit comparé et en droit international privé, S. 59, 66 Fn. 46 m.w.N.

Wird die Rechtswahl nach der Eheschließung vorgenommen, so entfaltet sie in Deutschland ihre Wirkung *ex nunc*, während sie in Frankreich *ex tunc*-Wirkung hat. Der französische Ansatz hat den Vorteil, dass er eine Statutenspaltung von vornherein vermeidet.

## V. Internationale Zuständigkeit und Verfahren

Bei grenzüberschreitenden Sachverhalten stellt sich nicht nur die Frage nach dem anwendbaren Recht, sondern auch, welches Gericht zur Beurteilung des konkreten Falls international zuständig ist.

### 1. Deutschland

Hinsichtlich der internationalen Zuständigkeit für güterrechtliche Auseinandersetzungen muss nach dem deutschen Recht zwischen der Auseinandersetzung im Scheidungsverfahren und in sonstigen Fällen unterschieden werden.[233] Im Verfahren der Ehescheidung werden die Zuständigkeitsregeln des autonomen deutschen Rechts in § 98 FamFG fast vollständig durch die Brüssel IIa-VO[234] verdrängt.[235] Nach ihrem Erwägungsgrund 8 gilt die Verordnung jedoch nicht für das Ehegüterrecht, so dass es bei der Restzuständigkeit nach Art. 7 Abs. 1 Brüssel IIa-VO bleibt. Die güterrechtliche Auseinandersetzung fällt auch dann nicht in den Anwendungsbereich der Verordnung, wenn sie zusammen mit der Ehesache anhängig gemacht wird.[236] Für das Güterrecht richtet sich die internationale Zuständigkeit also nach den Regeln des autonomen Rechts.[237] Nach § 98 Abs. 2 FamFG erstreckt sich die Zuständigkeit der deutschen Gerichte im Fall des Verbunds von Scheidungs- und Folgesachen auf die Folgesachen, zu denen gem. §§ 137 Abs. 2 S. 1 Nr. 4, 261 Abs. 1 FamFG auch Güterrechtssachen gehören, sofern der Ehegatte sie bis spätestens zwei Wochen vor der mündlichen Verhandlung im ersten Rechtszug in der Scheidungssache anhängig macht. Dies gilt selbst dann, wenn sich die internationale Zuständigkeit für die Scheidungssache nicht aus § 98 Abs. 1 FamFG sondern aus Art. 3 ff. Brüssel IIa-VO ergibt, da die Verordnung eine solche Verbundszuständigkeit nicht kennt und die internationale Zuständigkeit für Folgesachen der *lex fori* über-

---

233 *Hausmann*, Int. EhescheidungsR, Kap. F Rn. 8.
234 Verordnung (EG) Nr. 2201/2003 des Rates vom 27.11.2003 über die Zuständigkeit und die Anerkennung und Vollstreckung von Entscheidungen in Ehesachen und in Verfahren betreffend die elterliche Verantwortung und zur Aufhebung der Verordnung (EG) Nr. 1347/2000 (ABl. EU 2003, Nr. L 338/1).
235 MüKo-FamFG/*Rauscher*, § 98 Rn. 8.
236 Musielak/Borth/*Borth/Grandel*, § 98 FamFG Rn. 25.
237 Johannsen/Henrich/*Henrich*, § 98 FamFG Rn. 5.

lässt.[238] Voraussetzung für die Zuständigkeit deutscher Gerichte für Folgesachen ist entweder, dass die deutsche Staatsangehörigkeit eines Ehegatten gegeben ist, oder dass sich der gewöhnliche Aufenthalt im Inland befindet (§ 98 Abs. 1 und 2 FamFG). Zu den Folgesachen zählen insbesondere Verfahren über Ansprüche auf Zahlung des Zugewinnausgleichs, nicht jedoch über Ansprüche auf vorzeitigen Zugewinnausgleich, da dieser vom Fortbestand der Ehe unabhängig ist.[239] Ebenso kommen Verfahren auf Auseinandersetzung der Gütergemeinschaft bei Scheidung der Ehe als Folgesachen in Betracht.[240]

Für isolierte Güterrechtssachen, d.h. solche, die ohne anhängige Scheidungssache geltend gemacht werden, richtet sich die internationale Zuständigkeit nach § 105 FamFG. Danach sind deutsche Gerichte immer dann zuständig, wenn ein deutsches Gericht örtlich zuständig ist. Somit wird auf § 262 Abs. 2 FamFG verwiesen, wonach die Zuständigkeiten der ZPO insoweit maßgeblich sind, als dass bei Anwendung der Vorschriften über den allgemeinen Gerichtsstand (§§ 13, 15 ZPO) an die Stelle des Wohnsitzes der gewöhnliche Aufenthalt des Antragsgegners tritt.[241]

## 2. Frankreich

Auch in Frankreich gilt die Brüssel IIa-VO. Da das Ehegüterrecht nach Erwägungsgrund 8 der Brüssel IIa-VO jedoch nicht in ihren Anwendungsbereich fällt, bleibt es bei der Anwendung autonomen französischen Rechts. Die internationale Zuständigkeit französischer Gerichte ist gesetzlich nicht geregelt. Vielmehr leitet die Rechtsprechung die Zuständigkeit französischer Gerichte aus den Regeln über die örtliche Zuständigkeit ab.[242] Zentrale Bedeutung für das *droit commun* haben Art. 14 und 15 CC, die ein Jurisdiktionsprivileg (*privilège de juridiction*) für französische Staatsbürger vorsehen: Danach sind französische Gerichte örtlich zuständig, wenn entweder der Kläger (Art. 14 CC) oder der Beklagte (Art. 15 CC) französischer Staatsbürger ist. Ebenso sind französische Gerichte zuständig, wenn der Beklagte seinen Wohnsitz bzw. Aufenthalt in Frankreich hat (Art. 42, 43 CPC). Schließlich ist für Verfahren, die unbewegliches Vermögen betreffen, allein das Gericht am Belegenheitsort zuständig (Art. 44 CPC).

---

238 *Niethammer-Jürgens*, FPR 2011, 440, 442; MüKo-FamFG/*Rauscher*, § 98 Rn. 105.
239 KG FamRZ 2001, 166; Haußleiter/*Fest*, § 137 FamFG Rn. 25, 27; Keidel/*Weber*, § 137 FamFG Rn. 10.
240 MüKo-FamFG/*Heiter*, § 137 Rn. 85.
241 MüKo-FamFG/*Rauscher*, § 105 Rn. 17; BeckOK-FamFG/*Sieghörtner*, § 105 Rn. 10.
242 Cass. 1$^{re}$ civ., 19 oct. 1959, n° 58-10.628, »*Pelassa*«, Rev. crit. DIP 1960, 215; Cass. 1$^{re}$ civ., 30 oct. 1962, n° 61-11.306, »*Scheffel*«, Rev. crit. DIP 1963, 387.

## 3. Rechtsvergleich

Während die internationale Zuständigkeit in Deutschland gesetzlich geregelt ist, unterliegt sie in Frankreich den von der Rechtsprechung entwickelten Grundsätzen (*droit commun*). Das deutsche Recht unterscheidet bei der internationalen Zuständigkeit in Güterrechtssachen zwischen der Geltendmachung im Scheidungsverfahren und der isolierten Geltendmachung. Der Entscheidungsverbund nach deutschem Recht führt im Interesse der Parteien zu einer Reduzierung der Prozesskosten und ermöglicht eine ausgewogene Gesamtentscheidung. Für Güterrechtssachen in Frankreich sowie für isolierte Güterrechtssachen in Deutschland gilt der Grundsatz der Doppelfunktionalität, wonach die Bestimmungen über die örtliche Zuständigkeit zugleich in entsprechender Anwendung die internationale Zuständigkeit begründen. Die Zuständigkeitsgründe entsprechen einander grundsätzlich. So sind zunächst die Gerichte des Staates zuständig, dessen Staatsangehörigkeit einer der Ehegatten besitzt. Ebenso genügt der gewöhnliche Aufenthalt des beklagten Ehegatten sowie die Belegenheit unbeweglicher Vermögensgüter im Inland, um eine Zuständigkeit der Gerichte zu begründen.

## VI. Anerkennung und Vollstreckung

Hat das zuständige Gericht eine Entscheidung in einer grenzüberschreitenden güterrechtlichen Angelegenheit getroffen, stellt sich die Frage, unter welchen Voraussetzungen die Entscheidung im jeweils anderen Land anerkannt und vollstreckt werden kann.

## 1. Deutschland

Sowohl Art. 1 Abs. 2 lit. a Brüssel I-VO als auch Erwägungsgrund 8 der Brüssel IIa-VO schließen, wie bereits ausgeführt, das eheliche Güterrecht aus dem Anwendungsbereich der jeweiligen Verordnung aus. Die Anerkennung und Vollstreckung von güterrechtlichen Entscheidungen, die im Ausland ergangen sind, richtet sich daher ebenfalls nach dem autonomen deutschen Recht (§§ 108 ff. FamFG[243]).[244] Eines besonderen Anerkennungsverfahrens bedarf es nach § 108 Abs. 1 FamFG nicht. Jedoch dürfen keine Anerkennungshindernisse i.S.d. § 109 FamFG vorliegen.[245] Ein solcher Anerkennungsversagungsgrund liegt vor, wenn die ausländischen Gerichte bei Zugrundelegung deutscher Zuständigkeitsregelungen nicht international zuständig waren (sog. »Spiegelbild-

---

243 Anwendbar sind diese Vorschriften auf alle Verfahren, die ab dem 1.9.2009 eingeleitet wurden (vgl. Art. 111 Abs. 1 S. 1 FGG-RG).
244 Johannsen/Henrich/*Henrich*, § 108 FamFG Rn. 22; *Hohloch*, FPR 2012, 495, 502.
245 Ausführlich zu den Anerkennungshindernissen *Wagner*, FamRZ 2013, 1620, 1626.

prinzip«[246]) (Nr. 1), wenn im ausländischen Verfahren das Recht auf rechtliches Gehör eines Beteiligten verletzt wurde (Nr. 2), wenn die anzuerkennende Entscheidung mit inländischen oder ausländischen Entscheidungen unvereinbar ist (Nr. 3) oder sie gegen den *ordre public* verstößt (Nr. 4). Da es sich bei Güterrechtssachen gem. §§ 112 Nr. 2, 261 FamFG um Familienstreitsachen handelt, verlangt § 109 Abs. 4 FamFG die Verbürgung der Gegenseitigkeit (sog. Reziprozität). Die Gegenseitigkeit ist dann verbürgt, wenn die Anerkennung eines entsprechenden deutschen Urteils in dem ausländischen Urteilsstaat auf keine wesentlich größeren Schwierigkeiten stößt als die Anerkennung des anzuerkennenden Urteils in Deutschland.[247] Eine Überprüfung der Gesetzmäßigkeit (*révision au fond*) der ausländischen Entscheidung findet nicht statt (§ 109 Abs. 5 FamFG). Das isolierte Anerkennungsverfahren nach § 108 Abs. 2 FamFG ist nicht möglich, da es auf Entscheidungen nicht vermögensrechtlichen Inhalts beschränkt ist und dies bei güterrechtlichen Entscheidungen gerade nicht der Fall ist.

Die Vollstreckung einer ausländischen güterrechtlichen Entscheidung richtet sich nach § 110 FamFG.[248] Dies setzt nach § 110 Abs. 1 FamFG die Anerkennungsfähigkeit der Entscheidung voraus.[249] Bei der güterrechtlichen Auseinandersetzung kommt es regelmäßig zu einer Vollstreckung wegen einer Geldforderung nach § 95 Abs. 1 Nr. 1 FamFG, so dass gem. § 110 Abs. 1 und 2 FamFG ein förmliches Exequaturverfahren durchzuführen ist. Die Vollstreckbarerklärung ergeht durch förmlichen Beschluss und ist zu begründen, § 110 Abs. 2 FamFG.

## 2. Frankreich

Die Anerkennung ausländischer Urteile ist im französischen Recht nicht explizit geregelt. Vielmehr hat die Rechtsprechung Grundsätze entwickelt, nach denen ausländische Urteile im Inland anzuerkennen sind. In einem Grundsatzurteil[250] entschied die *Cour de cassation* zunächst, dass für die Anerkennung eines ausländischen Urteils folgende fünf Anerkennungsvoraussetzungen[251] erfüllt sein müssen: (1) Die internationale Zuständigkeit des ausländischen Gerichts aus

---

246 Vgl. dazu BayOLG NJW 1976, 1037; OLG Celle FamRZ 2008, 430; MüKo-FamFG/*Rauscher*, § 109 Rn. 11.
247 BGH NJW 2001, 524, 525; Haußleiter/*Gomille*, § 109 FamFG Rn. 27.
248 Johannsen/Henrich/*Henrich*, § 110 FamFG Rn. 24; *Niethammer-Jürgens*, FPR 2011, 440, 442.
249 MüKo-FamFG/*Rauscher*, § 110 Rn. 10.
250 Cass. 1$^{re}$ civ., 7 janv. 1964, Juris-Data n° 1964-700015, »*Munzer*«, Rev. crit. DIP 1964, 344.
251 Im Überblick dazu *Fricke*, IPRax 1989, 202, 203 ff.

französischer Sicht (*la compétence du tribunal qui a rendu la décision*)[252], (2) die Einhaltung gewisser verfahrensrechtlicher Anforderungen (*la régularité de la procédure*), (3) die Anwendung des aus französischer Sicht berufenen Rechts (*l'application de la loi compétente*), (4) kein Verstoß des Urteils gegen den ordre public (*la conformité à l'ordre public international*) und (5) kein Rechtsmissbrauch (*l'absence de toute fraude à la loi*). Eine darüber hinausgehende inhaltliche Überprüfung des ausländischen Urteils (*révision au fond*) ist nicht vorzunehmen. Die Anerkennungsvoraussetzungen wurden im Laufe der Zeit von der Rechtsprechung abgeschwächt. So beschränkt sich die Kontrolle des ordnungsgemäßen Verfahrens nur noch auf die Einhaltung des *ordre public* und der Verteidigungsrechte.[253] Schließlich entfällt auch die Prüfung, ob das ausländische Gericht das aus französischer Sicht berufene Recht angewendet hat.[254] Somit setzt die Anerkennung eines ausländischen Urteils nach dem autonomen französischen Recht nur noch drei Voraussetzungen voraus: (1) Die internationale Zuständigkeit des ausländischen Gerichts aus französischer Sicht, (2) die Vereinbarkeit des Urteils mit dem *ordre public* in verfahrensrechtlicher und materiellrechtlicher Hinsicht sowie (3) das Nichtvorliegen eines Rechtsmissbrauchs.[255]

Auch für die Vollstreckung ausländischer Gerichtsentscheidungen gibt es keine gesetzliche Regelung. Während ausländische Statusurteile nach der Rechtsprechung keiner besonderen, die Anerkennung förmlich bestätigenden Entscheidung eines französischen Gerichts bedürfen, um unmittelbare Wirkung in Frankreich zu entfalten[256], ist bei Urteilen, die eine vermögensrechtliche Streitigkeit zum Gegenstand haben, stets ein Exequaturverfahren notwendig.[257]

---

252 Seit der Entscheidung Cass. 1[re] civ., 6 févr. 1985, n° 83-11.241, JurisData n° 1985-700638, »*Simitch*«, Rev. crit. DIP 1985, 369 beschränkt sich die Zuständigkeitskontrolle nur noch auf die Frage, ob der Rechtsstreit eine besonders enge Verbindung zu dem Staat aufweist, in dem das Ersturteil erging. Lange Zeit wurde diese Voraussetzung verneint, sofern französische Gerichte nach Art. 14, 15 CC zuständig waren. Jedoch urteilte die *Cour de cassation*, dass diese Vorschriften den französischen Gerichten bloß eine fakultative Zuständigkeit zuschreiben und die Zuständigkeit eines ausländischen Gerichts nicht ausschließen, vgl. zu Art. 15 CC die Entscheidung Cass. 1[re] civ., 23 mai 2006, n° 04-12.2777, JurisData n° 2006-033606, »*Prieur*«, Rev. crit. DIP 2006, 870 sowie zu Art. 14 CC die Entscheidung Cass. 1[re] civ., 22 mai 2007, n° 04-14.716, JurisData n° 2007-038915, »*Banque de développement local*«, Rev. crit. DIP 2007, 610; eingehend zu den beiden Entscheidungen *Sinay-Cytermann*, in: Mél. J.-M. Jacquet, S. 433, 435 ff.
253 Cass. 1[re] civ., 4 oct. 1967, JurisData n° 1967-700277, »*Bachir*«, Rev. crit. DIP 1968, 98.
254 Cass. 1[re] civ., 20 févr. 2007, n° 05-14.082, JurisData n° 2007-037466, »*Cornelissen*«, Rev. crit. DIP 2007, 420.
255 Zuletzt Cass. 1[re] civ., 30 janv. 2013, n° 11-10.588, JurisData n° 2013-001095, »*Gazprombank*«, D. 2013, 371; *Jault-Seseke*, D. 2013, 1503 ff.; *Corneloup*, IPRax 2014, 82 ff.
256 Cass. req. civ, 3 mars 1930, »*Dame Hainard*«, Clunet 1930, 981.
257 *Mayer/Heuzé*, DIP, Rn. 415.

## 3. Rechtsvergleich

Während in Deutschland die Anerkennung und Vollstreckung ausländischer Urteile gesetzlich geregelt ist, wird dazu in Frankreich auf richterrechtliche Grundsätze zurückgegriffen. Eine ausdrückliche gesetzliche Regelung zur Anerkennung und Vollstreckung ausländischer Urteile, wie sie das deutsche Recht vorsieht, ist einer auf richterrechtlichen Grundsätzen beruhenden Anerkennung und Vollstreckung nach französischem Vorbild vorzuziehen, da sie für den Bürger Vorhersehbarkeit und Rechtssicherheit schafft. In der Sache ähneln sich die Anerkennungsvoraussetzungen in beiden Staaten sehr. Überprüft wird etwa die Zuständigkeit aus Sicht des Staates, in dem die Anerkennung beantragt wird, sowie die Einhaltung verfahrensrechtlicher Grundsätze und des *ordre public*. Auch das Verbot der *révision au fond* ist beiden Rechtsordnungen bekannt. Im Gegensatz zum deutschen Recht, verlangt das französische autonome Recht jedoch nicht die Verbürgung der Gegenseitigkeit für die Anerkennung einer ausländischen Entscheidung. Zwar ist es nachvollziehbar, dass ein Staat daran interessiert ist, dass die Entscheidungen seiner Gerichte im Ausland anerkannt werden. Das Erfordernis der Reziprozität stellt jedoch in der Rechtspraxis oftmals für die Parteien ein unüberwindbares Hindernis dar[258] und hat ausländische Staaten nicht dazu veranlasst, ihr Verfahren der deutschen Anerkennungspraxis anzunähern[259]. Der Verzicht auf die Verbürgung der Gegenseitigkeit nach französischem Vorbild ist daher praxisgerechter.

### VII. Das internationale Güterrecht eingetragener Partnerschaften

Neben dem Ehegüterrecht im engeren Sinne ist das internationale Güterrecht eingetragener Partnerschaften zu betrachten, das sowohl in Deutschland als auch Frankreich eigenen Grundsätzen folgt.

Wie im deutschen Sachrecht stellt die eingetragene Lebenspartnerschaft als »aliud zur Ehe«[260] auch im deutschen IPR eine eigene Kategorie dar, die in Art. 17b EGBGB Berücksichtigung gefunden hat. Diese Vorschrift wurde durch das LPartG[261] von 2001 zunächst als Art. 17a EGBGB eingeführt und infolge des GewaltschutzG[262] von 2001 zu Art. 17b EGBGB umnummeriert.

---

258  MüKo-ZPO/*Gottwald*, § 328 Rn. 129.

259  MüKo-FamFG/*Rauscher*, § 109 Rn. 58.

260  BVerfG NJW 2002, 2543, 2549.

261  Gesetz zur Beendigung der Diskriminierung gleichgeschlechtlicher Gemeinschaften: Lebenspartnerschaften vom 16.2.2001 (BGBl. 2001 I, S. 266).

262  Gesetz zur Verbesserung des zivilrechtlichen Schutzes bei Gewalttaten und Nachstellungen sowie zur Erleichterung der Überlassung der Ehewohnung bei Trennung vom 11.12.2011 (BGBl. 2001 I, S. 3513).

In Frankreich wurde im Jahre 2009 mit Art. 515-7-1 CC eine Kollisionsnorm zur Bestimmung des auf eingetragene Partnerschaften anwendbaren Rechts in den Code Civil eingeführt.[263]

## 1. Anwendungsbereich

Zur Bestimmung des auf den Güterstand einer eingetragenen Partnerschaft anwendbaren Rechts ist erforderlich, den Anwendungsbereich der jeweils einschlägigen Kollisionsnorm dahingehend zu erörtern, welche Partnerschaftsformen er umfasst und welche inhaltliche Reichweite ihm zukommt.

### a) Deutschland

Nach Art. 17b Abs. 1 EGBGB unterliegen die güterrechtlichen Wirkungen einer eingetragenen Lebenspartnerschaft den Sachvorschriften des Register führenden Staates. Zu klären ist, welche Art von Paarbeziehungen als »eingetragene Lebenspartnerschaft« i.S.d. Art. 17b EGBGB anzusehen und welche Wirkungen als güterrechtlich einzuordnen sind.

#### aa) Anknüpfungsgegenstand des Lebenspartnerschaftsstatuts

Art. 17b EGBGB regelt das auf »eingetragene Lebenspartnerschaften« anwendbare Recht, wobei sich der Regelungstatbestand nicht bloß auf Partnerschaften nach dem LPartG beschränkt, sondern nach funktionaler Betrachtungsweise auch vergleichbare ausländische Rechtsinstitute umfasst.[264]

Umstritten ist, ob die in manchen Ländern[265] und seit dem 17.5.2013 auch in Frankreich[266] mögliche gleichgeschlechtliche Ehe dem Partnerschaftsstatut nach Art. 17b EGBGB unterfällt. Zum Teil wird dies abgelehnt und eine eherecht-

---

263 Vgl. Art. 1 Loi n° 2009-526 du 12 mai 2009 de simplification et de clarification du droit et d'allègement des procédures (JO 13 mai 2009). Zur unklaren Rechtslage vor der Reform von 2009 vgl. *Gaudemet-Tallon*, in: Liber Amicorum Revillard (2007), S. 147, 151 ff.; *Devers*, Droit & patrimoine 2009, 77, 78 ff.

264 *Looschelders*, IPR, Art. 17b EGBGB Rn. 3; MüKo-BGB/*Coester*, Art. 17b EGBGB Rn. 10.

265 Die Ehe ist für gleichgeschlechtliche Paare derzeit in sieben Mitgliedstaaten zulässig: Niederlande, Belgien, Spanien, Schweden, Portugal, Frankreich sowie Goßbritannien (England und Wales), vgl. *Andrae*, IntFamR, § 10 Rn. 66 m.w.N.; zur Öffnung der Ehe für gleichgeschlechtliche Paare im Recht von England und Wales zum 29.3.2014 vgl. *Eekelaar*, International Journal of Law, Policy and the Family 2014, 1 ff.

266 Loi n° 2013-404 du 17 mai 2013 ouvrant le mariage aux couples de personnes de même sexe (JO 18 mai 2013).

liche Qualifikation nach Art. 13 ff. EGBGB direkt oder analog bevorzugt.[267] Nach überwiegend vertretener Ansicht wird die gleichgeschlechtliche Ehe ausländischen Rechts jedoch als eingetragene Lebenspartnerschaft i.S.d. Art. 17b EGBGB qualifiziert.[268] Für eine Qualifikation nach Art. 13 ff. EGBGB spricht zwar, dass auch andere dem Ehebegriff des deutschen Sachrechts widersprechende Verbindungen, wie etwa polygame Ehen[269] und mittels Brautkauf geschlossene Ehen, dem weiten Begriff des Art. 13 EGBGB unterfallen.[270] Aber nicht jede Erweiterung des Ehebegriffs des ausländischen Sachrechts führt automatisch zu einer entsprechenden Erweiterung des Ehebegriffs des deutschen IPR.[271] Dieses folgt autonomen Maßstäben, so dass vielmehr zu berücksichtigen ist, dass der deutsche Gesetzgeber mit Art. 17b EGBGB eine Sonderregelung für die eingetragene Lebenspartnerschaft schaffen wollte, die gerade nur gleichgeschlechtlichen, nicht aber verschiedengeschlechtlichen Partnern offen steht.[272] Nach der Gesetzesbegründung soll Art. 17b EGBGB solche Rechtsinstitute ausländischen Rechts erfassen, die mit der eingetragenen Lebenspartnerschaft i.S.d. LPartG vergleichbar sind.[273] Zudem ist die Qualifikation nach Art. 17b EGBGB der liberalere Weg, da der Vorzug des Registerrechts vor dem Heimatrecht auch Angehörigen anderer Staaten die gleichgeschlechtliche Ehe eröffnet.[274] Schließlich verhindert diese Qualifikation nach Art. 17b EBGB hinkende Rechtsverhältnisse. So wäre beispielsweise eine nach französischem Recht geschlossene Ehe zwischen einem deutschen und einem französischen Mann zwar aus französischer Sicht wirksam, jedoch aus deutscher Sicht bei Zugrundelegung der

267  Hk-LPartG/*Kiel*, Art. 17a EGBGB Rn. 69; *Gebauer/A.Staudinger*, IPRax 2002, 275, 277; *Winkler von Mohrenfels*, in: FS Ansay (2006), S. 527, 539; NK-BGB/ *Gebauer*, Art. 17b EGBGB Rn. 18; Palandt/*Thorn*, Art. 17b EGBGB Rn. 1; *Buschbaum*, RNotZ 2011, 73, 81; *Spernat*, Die gleichgeschlechtliche Ehe im IPR, S. 76; *Raupach*, Ehescheidung mit Auslandsbezug in der EU, S. 63 ff.

268  AG Münster NJW-RR 2010, 138, 139; OLG Zweibrücken NJW-RR 2011, 1156, 1157; OLG München FamRZ 2011, 1526, 1527; *Hausmann*, in: FS Henrich (2000), S. 241, 251; *Henrich*, FamRZ 2002, 137, 138; *Looschelders*, IPR, Art. 17b EGBGB Rn. 3; *Andrae*, IntFamR, § 10 Rn. 68; MüKo-BGB/*Coester*, Art. 17b EGBGB Rn. 141; BeckOK-BGB/*Heiderhoff*, Art. 17b EGBGB Rn. 12; Staudinger/*Mankowski*, Art. 17b EGBGB Rn. 22 f.; *Mankowski/Höffmann*, IPRax 2011, 247, 251; *Finger*, FuR 2012, 10, 11; *Martiny*, PIL Aspects, in: Boele-Woelki/Fuchs, Legal Recognition of Same-Sex Relationships in Europe, S. 189, 198; *Coester-Waltjen/ Coester*, in: FS Brudermüller (2014), S. 75, 79 f.; so wohl auch *Fulchiron*, JDI 2013, 1055, 1110.

269  Vgl. LG Frankfurt FamRZ 1976, 217.

270  *Röthel*, IPRax 2002, 496, 498.

271  Staudinger/*Mankowski*, Art. 17b EGBGB Rn. 23.

272  *Wasmuth*, in: Liber Amicorum Kegel (2002), S. 237, 242; *Dörner*, in: FS Jayme (2004), S. 143, 151.

273  BT-Drs. 14/3751, S. 60.

274  MüKo-BGB/*Coester*, Art. 17b EGBGB Rn. 138.

Heimatrechtsanknüpfung des Art. 13 EGBGB unwirksam. Daher ist mit der h.M. die gleichgeschlechtliche Ehe nach Art. 17b EGBGB zu qualifizieren. Ungeklärt ist auch, ob Art. 17b EGBGB nur auf gleichgeschlechtliche[275] oder auch auf verschiedengeschlechtliche eingetragene Partnerschaften[276] anwendbar ist. So steht etwa der französische *Pacte civil de solidarité (PACS)* nicht nur gleichgeschlechtlichen sondern auch verschiedengeschlechtlichen Paaren offen. Nach weit verbreiteter Auffassung ist er nach Art. 17b EGBGB direkt[277] oder analog[278] zu qualifizieren, da sich die Partner bewusst gegen die Ehe und für die in ihrer Wertigkeit unterhalb der Ehe angelegte eingetragene Partnerschaft entschieden hätten. Beachtlich ist aber, dass die Anknüpfung an den Registerstaat den Zweck verfolgt, der Diskriminierung von Homosexuellen entgegenzuwirken, indem die Begründung gleichgeschlechtlicher Partnerschaften erleichtert wird.[279] Dieser Zweck ist bei verschiedengeschlechtlichen Partnerschaften hinfällig, da ihnen jedenfalls das Institut der Ehe offen steht.[280] Daher ist die verschiedengeschlechtliche eingetragene Partnerschaft nach Art. 13 ff. EGBGB analog zu qualifizieren.[281]

---

275 So ist eine eingetragene Partnerschaft für gleichgeschlechtliche Paare in 14 Mitgliedstaaten zulässig. Dazu gehören neben Deutschland auch Belgien, Dänemark, Finnland, Frankreich, Irland, Luxemburg, Niederlande, Österreich, Schweden, Slowenien, Tschechische Republik, Ungarn und Vereinigtes Königreich. Zudem ist sie in einigen spanischen autonomen Regionen erlaubt; vgl. *Curry-Sumner*, in: Boele-Woelki/Fuchs, Legal Recognition of Same-Sex Relationships in Europe, S. 71, 74 ff.

276 Die eingetragene Partnerschaft für gleich- und verschiedengeschlechtliche Paare ist in vier Mitgliedstaaten zulässig: Belgien, Frankreich, Luxemburg und Niederlande. Hingegen ist in Griechenland die eingetragene Partnerschaft zwar verschiedengeschlechtlich, nicht aber gleichgeschlechtlichen Paaren zugänglich. Nach jüngstem Urteil des EGMR stellt dies eine Verletzung von Art. 14 i.V.m. Art. 8 EMRK dar, EGMR, Urt. v. 7.11.2013 – *Vallianatos u.a./Griechenland*, Nr. 29381/09 und 32684, FamRZ 2014, 189.

277 *v. Hoffmann/Thorn*, IPR, § 8 Rn. 73b; *Thorn*, IPRax 2002, 349, 355 m. Fn. 91; *Frucht*, Der PACS im frz. und dt. IPR, S. 109.

278 *Wagner*, IPRax 2001, 281, 292; *ders.*, in: FS Brudermüller (2014), S. 877, 885 f.; MüKo-BGB/*Coester*, Art. 17b EGBGB Rn. 125; *Dengel*, Die europäische Vereinheitlichung des Internat. Ehegüterrechts, S. 310 f.

279 BT-Drs. 17/3751, S. 60.

280 *Looschelders*, IPR, Art. 17b EGBGB Rn. 5; jurisPK-BGB/*Röthel*, Art. 17b EGBGB Rn. 10.

281 *Looschelders*, IPR, Art. 17b EGBGB Rn. 5; Staudinger/*Mankowski*, Art. 17b EGBGB Rn. 102; Hausmann/Hohloch/*Martiny*, Recht der nichtehel. LG, Kap. 12, Rn. 63; *ders.*, PIL Aspects, in: Boele-Woelki/Fuchs, Legal Recognition of Same-Sex Relationships in Europe, S. 189, 199.

## bb) Umfang des Lebenspartnerschaftsstatuts

Es liegt nahe, die güterrechtlichen Wirkungen i.S.d. Art. 17b Abs. 1 EGBGB ähnlich wie bei Art. 15 EGBGB zu bestimmen. Unter güterrechtlichen Wirkungen sind daher jene Rechtssätze zu verstehen, mit denen eine vermögensrechtliche Sonderordnung zwischen den Lebenspartnern begründet wird, sowie jene Vorschriften, die im Falle einer Auflösung die vermögensrechtliche Abwicklung der Lebenspartnerschaft betreffen.[282]

## b) Frankreich

Dem Wortlaut nach gilt Art. 515-7-1 CC für die eingetragene Partnerschaft (*partenariat enregistré*). Allerdings definiert die Norm nicht, was unter einer eingetragenen Partnerschaft zu verstehen ist. Somit ist der Anknüpfungsgegenstand näher zu präzisieren.

## aa) Anknüpfungsgegenstand des Partnerschaftsstatuts

Die Kollisionsnorm des Art. 515-7-1 CC gilt ausdrücklich nur für Partnerschaften, deren Eintragung von einer staatlichen Behörde vorgenommen wurde. Der Begriff *partenariat enregistré* ist in Abgrenzung zur Ehe (*mariage*) zu sehen. Sowohl gleichgeschlechtliche als auch verschiedengeschlechtliche eingetragene Partnerschaften werden von Art. 515-7-1 CC erfasst. Somit ist auch die eingetragene Lebenspartnerschaft des deutschen Rechts als *partenariat enregistré* i.S.d. Art. 515-7-1CC zu qualifizieren.[283] Nach Ansicht des französischen Justizministeriums ist die Vorschrift jedoch weder auf nichteheliche Partnerschaften (*unions libres*) noch auf gleichgeschlechtliche Ehen (*mariages homosexuels*) ausländischen Rechts anzuwenden.[284] Im Umkehrschluss lässt sich daraus schließen, dass eine im Ausland wirksam geschlossene gleichgeschlechtliche Ehe als *mariage* zu qualifizieren ist. Die Qualifikation als Ehe wird durch mehrere schriftliche Antworten der französischen Regierung auf parlamentarische Anfragen implizit bestätigt[285] und auch im Schrifttum[286] vertreten. Folge dieses

---

282  Hk-LPartG/*Kiel*, Art. 17a EGBGB Rn. 25; *Jakob*, Die eingetragene LP im IPR, S. 294; Hausmann/Hohloch/*Martiny*, Recht der nichtehel. LG, Kap. 12, Rn. 89.

283  *Devers*, JCP N., 22 juin 2012, n° 25, 32, 34.

284  So das interpretative Rundschreiben des *Garde des Sceaux*, Circulaire de présentation synthétique des principales dispositions de la loi n°2009-526 du 12 mai 2009 de simplification et de clarification du droit et d'allégement des procédures, S. 2 (BOMJ n° 2009-04, 31 août 2009), abrufbar unter: http://circulaire.legifrance.gouv. fr/pdf/2009/09/cir_29462.pdf (Abruf: 22.10.2015).

285  Rép. min. n° 41533 (JOAN 26 juill. 2005); Rép. min. n° 20257 (JO Sénat 9 mars 2006); Rép. min. n° 00886 (JO Sénat 24 janv. 2008); Rép. min. n° 1127S (JO Sénat 19 janv. 2011).

Ansatzes ist, dass auf gleichgeschlechtliche Ehen, die seit dem 1.9.1992 im Ausland geschlossen wurden, nicht die Kollisionsnorm des Art. 515-7-1 CC, sondern die Kollisionsnormen des HGA anzuwenden sind.[287] Zwar ließe sich dagegen einwenden, dass die Vertragsparteien zum Zeitpunkt des Abschlusses des HGA gewiss nicht den Fall der gleichgeschlechtlichen Ehe vor Augen hatten.[288] Allerdings rechtfertigt sich die Erstreckung seines Anwendungsbereichs auf gleichgeschlechtliche Ehen dadurch, dass inzwischen bereits in zwei Vertragsstaaten (Frankreich und den Niederlanden) ein übereinstimmender materieller Ehebegriff existiert, der sowohl verschieden- als auch gleichgeschlechtliche Ehen umfasst, und dem sich auch der dritte Vertragsstaat (Luxemburg) in absehbarer Zeit anschließen wird.[289] Somit bestimmt sich auch das Güterrechtsstatut einer nach französischem Recht geschlossenen gleichgeschlechtlichen Ehe nach dem HGA.

### bb) Umfang des Partnerschaftsstatuts

Nach Art. 515-7-1 CC unterliegen die Voraussetzungen der Begründung und die Wirkungen einer eingetragenen Partnerschaft sowie die Gründe und Wirkungen ihrer Auflösung dem Sachrecht des Staates, deren Behörde die Eintragung vorgenommen hat. Damit umfasst das Statut auch die vermögensrechtlichen Wirkungen zwischen den Partnern.[290] Fraglich ist, wie jene gegenseitigen Verpflichtungen zu qualifizieren sind, die Art. 515-4 CC den Partnern eines *PACS* auferlegt. Danach verpflichten sich die durch einen *PACS* verbundenen Partner zur gegenseitigen finanziellen Unterstützung. Diese Vorschrift ähnelt Art. 214 CC, der eine Beitragspflicht der Ehegatten zu den ehelichen Kosten vorsieht und als Teil des *régime primaire* von gebietsbezogener Anwendbarkeit (*loi d'application territoriale*) ist. Aus diesem Grunde ist auch Art. 515-4 CC als *loi de police* einzustufen.[291]

---

286  So etwa *Revillard*, DIP, Rn. 194; *dies.*, JCl. Dr. int., fasc. 546-70, Rn. 7; *dies.*, JCP N., 22 juin 2012, n° 25, 37, 39 f.; *Gaudemet-Tallon*, in: Liber Amicorum Revillard (2007), S. 147, 154; *Péroz/Fongaro*, DIP patrimonial de la famille, Rn. 335; a.A. (Qualifikation als »*partenariat enregistré*«) *Fulchiron*, RIDC 2006, 409, 426 ff.; *ders.*, JDI 2013, 1055, 1097; unentschlossen *Callé*, Defrénois, 30 sept. 2009, n° 16, 1162, 1163.

287  *Schmitt*, JCP N., 9 janv. 2004, n° 1-2, 15, 18; *Jault-Seseke*, RLDC 2012, n° 99, 43, 46; *Revillard, JCP N.*, 22 juin 2012, n° 25, 37, 42, 44; kritisch hingegen *Fongaro*, JDI 2006, 477, 501 ff. Rn. 70 ff.

288  In diesem Sinne wohl *Dörner*, Liber Amicorum Seul (2015), S. 107, 109.

289  *Hammje*, Rev. crit. DIP 2013, 773, 797.

290  *Péroz/Fongaro*, DIP patrimonial de la famille, Rn. 523.

291  *Callé*, Defrénois, 30 sept. 2009, n° 16, 1162, 1167; kritisch hingegen *Joubert/Morel*, JCP N., 9 oct. 2009, n° 41, 24, 27; a.A. (Unterhaltsstatut) Rép. internat./*Kessler*, V° partenariat enregistré, Rn. 29. Diese Ansicht verkennt jedoch, dass die Unterhaltspflichten eingetragener Partnerschaften gerade nicht vom Haager Unterhaltsprotokoll umfasst sind, vgl. Art. 1 Abs. 1 HUP (ABl. EU 2009, Nr. L 331/19).

## c) Rechtsvergleich

Bei der Qualifikation der gleichgeschlechtlichen Ehe sowie der verschiedenge-schlechtlichen eingetragenen Partnerschaft unterscheiden sich die Lösungen nach deutschem und französischem Recht deutlich. Während die im Ausland geschlossene gleichgeschlechtliche Ehe nach deutschem IPR nach Art. 17b EGBGB qualifiziert wird und somit dem Partnerschaftsstatut unterliegt, wird sie nach französischem IPR als *mariage* angesehen, so dass sich das Güterrechts-statut nach dem HGA richtet. Die kollisionsrechtliche Kappungsgrenze des Art. 17b Abs. 4 EGBGB sorgt dafür, dass die Wirkungen einer im Ausland ein-getragenen Lebenspartnerschaft aber nicht über die Regelungen des deutschen Rechts hinausgehen. Eine etwa in Frankreich geschlossene gleichgeschlechtli-che Ehe kann daher keine weitergehenden Wirkungen entfalten als eine einge-tragene Lebenspartnerschaft nach deutschem Recht. Es kommt somit zu einer Abwertung (*»downgrading«*[292]/*dévaluation«*[293]) der im Ausland geschlossenen gleichgeschlechtlichen Ehe. Dies stellt ein unbefriedigendes Ergebnis dar, das nur durch eine Aufhebung von Art. 17b Abs. 4 EGBG beseitigt werden könnte.

Hingegen wird nach hier vertretener Ansicht die verschiedengeschlechtliche eingetragene Partnerschaft im deutschen IPR wie eine Ehe nach Art. 13 EGBGB analog qualifiziert. Dies führt zu einer Aufwertung (*»upgrading«*/*»valorisation«*) der im Ausland geschlossenen verschiedengeschlechtlichen eingetragenen Part-nerschaft über Art. 13 EGBGB analog. Demgegenüber nimmt das französische IPR hier eine Qualifikation nach dem Partnerschaftsstatut gem. Art. 515-7-1 CC vor. Eine Auf- bzw. Abwertung (*dévaluation/valorisation*) kennt das französi-sche Recht somit nicht. Das System von Auf- und Abwertung wie es das deut-sche Recht vorsieht, ist für ausländische Ehegatten und Partner kaum vorher-sehbar und stellt daher eine Quelle für Rechtsunsicherheit dar.

## 2. Anwendbares Recht

Nachdem Inhalt und Reichweite des jeweiligen Partnerschaftsstatuts erörtert wurden, kann nun auf die Anknüpfungspunkte eingegangen werden, die zur Ermittlung des auf die Partnerschaft anwendbaren Rechts maßgeblich sind.

### a) Deutschland

Die güterrechtlichen Wirkungen unterliegen nach Art. 17b Abs. 1 EGBGB dem Sachrecht des Register führenden Staates. Anders als bei Ehegatten wird also nicht an das Heimatrecht der Partner angeknüpft. Auch eine Rechtswahl, wie sie

---

292 *Martiny*, IPRax 2011, 437, 440.
293 *Gruber*, Rev. crit. DIP 2013, 65, 71.

Art. 15 Abs. 2 EGBGB für Ehegatten vorsieht, ist zwischen Lebenspartnern nicht möglich.[294]

Indirekt können die Lebenspartner jedoch auf das Güterstatut Einfluss nehmen, indem sie durch eine Mehrfachregistrierung einen Statutenwechsel mit Wirkung für die Zukunft (*ex nunc*) herbeiführen. Diese Möglichkeit eröffnet ihnen Art. 17b Abs. 3 EGBGB. Danach sind, sofern zwischen denselben Personen eingetragene Lebenspartnerschaften in verschiedenen Staaten bestehen, die Sachvorschriften des jeweils letzten Registrierungsstaates für die in Abs. 1 umschriebenen Wirkungen und Folgen maßgeblich. Die Registeranknüpfung ermöglicht ihnen zumindest einen »mittelbaren Wahlspielraum«[295]. Freilich steht diese Gestaltungsmöglichkeit unter dem Vorbehalt, dass der neue Registrierungsstaat eine solche Neuregistrierung gestattet.[296]

Durch die Kappungsregelung in Art. 17b Abs. 4 EGBGB werden die Wirkungen einer im Ausland eingetragenen Lebenspartnerschaft auf den Standard des deutschen Sachrechts begrenzt, soweit sie weitergehend sind als nach deutschem Recht.

b) Frankreich

Der französische Gesetzgeber orientierte sich an der deutschen Regelung des Art. 17b Abs. 1 EGBGB.[297] Nach Art. 515-7-1 CC sind die materiell-rechtlichen Vorschriften (*dispositions matérielles*), d.h. das Sachrecht des Staates, deren Behörde die Eintragung vorgenommen hat, für die Wirkungen der Partnerschaft maßgeblich. Der *renvoi* ist somit ausgeschlossen. Wurde ein *PACS* in Frankreich registriert, so ist französisches Recht anwendbar, unabhängig von der Staatsangehörigkeit und dem ständigen Aufenthalt der Partner. Umgekehrt gilt somit deutsches Sachrecht, wenn eine eingetragene Lebenspartnerschaft in Deutschland begründet wurde. Auch der Wille der Parteien bleibt unberücksich-

---

294  Für eine analoge Anwendung des Art. 15 Abs. 2 EGBGB hingegen *Hausmann*, in: FS Henrich (2000), S. 241, 258 f.; Staudinger/*Mankowski*, Art. 17b EGBGB Rn. 41.

295  MüKo-BGB/*Coester*, Art. 17b EGBGB Rn. 42; s. auch *ders.*, IPRax 2013, 114, 116. Dies bestätigt auch die Gesetzesbegründung zu Art. 17b Abs. 3 EGBGB: »Im Ergebnis legt Absatz 3 dem Vorgang damit ähnliche Wirkungen bei wie einer Rechtswahl zugunsten des Rechts am neuen Eintragungsort.« (BT-Drs. 14/3751, S. 61).

296  Staudinger/*Mankowski*, Art. 17b EGBGB Rn. 77.

297  So heißt es in der Gesetzesbegründung »*Afin de ne pas inciter à la rupture de ces partenariats, il convient, à l'instar de la législation allemande, de soumettre ces partenariats à la loi de l'État dont l'autorité a procédé à son enregistrement.*« (Sénat n° 121, Session ordinaire de 2008–2009, Annexe au procès-verbal de la séance du 3 décembre 2008, S. 4).

tigt.[298] Die einheitliche Anknüpfung an das Recht des Registerstaates wird damit gerechtfertigt, dass das eingetragene Rechtsinstitut dieser Rechtsordnung bestens bekannt sei, so dass Anpassungsprobleme vermieden würden.[299]

c) Rechtsvergleich

Sowohl das deutsche als auch das französische Recht sehen vor, dass die güterrechtlichen Wirkungen einer eingetragenen Partnerschaft dem Sachrecht des Register führenden Staates unterliegen (Art. 17b Abs. 1 EGBGB bzw. Art. 515-7-1 CC). Eine Rechtswahl der Partner ist in beiden Rechtsordnungen nicht vorgesehen. In der Vorenthaltung einer Rechtswahl für eingetragene Partner manifestiert sich der gesetzgeberische Wille, weiterhin an der durchaus zulässigen Unterscheidung zwischen Ehe und eingetragener Partnerschaft festzuhalten. Sie dient zur Vermeidung der Situation, dass die Partner womöglich eine Rechtsordnung wählen, die das Institut der eingetragenen Partnerschaft nicht kennt. Dies ließe sich jedoch auch dadurch erreichen, dass man von vornherein die Auswahl der wählbaren Rechtsordnungen auf solche beschränkt, die ein äquivalentes Rechtsinstitut kennen. Während das deutsche Recht den Partnern durch die Mehrfachregistrierung zumindest eine mittelbare Einflussnahme auf das Güterrechtsstatut gestattet (Art. 17b Abs. 3 EGBGB), sieht das französische Recht diese Möglichkeit nicht vor.[300] Die mittelbare Rechtswahl durch Mehrfachregistrierung ist gegenüber einer vollständigen Versagung jeglicher Rechtswahl der liberalere Weg.

3. Internationale Zuständigkeit und Verfahren

Bei grenzüberschreitenden Sachverhalten stellt sich nicht nur die Frage, welches Recht anwendbar ist. Streben die Partner einer eingetragenen Partnerschaft ein Verfahren zur güterrechtlichen Auseinandersetzung an, ist zuvor die internationale Zuständigkeit zu ermitteln.

a) Deutschland

Die Brüssel IIa-VO erfasst nach allgemeiner Ansicht[301] nur die verschiedengeschlechtliche Ehe, so dass sich die internationale Zuständigkeit für die Auf-

---

298  Ein Teil der Literatur kritisiert, dass den Parteien keine Rechtswahl ermöglicht wird, so etwa *Péroz*, JDI 2010, 399, 402; *Péroz/Fongaro*, DIP patrimonial de la famille, Rn. 506; *Jault-Seseke*, in: Mél. P. Courbe, S. 311, 318 Rn. 16; *Joubert/Morel*, JCP N., 9 oct. 2009, n° 41, 24, 27.
299  So etwa *Hammje*, Rev. crit. DIP 2009, 483, 486, 490 f.
300  Vgl. *Péroz/Fongaro*, DIP patrimonial de la famille, Rn. 510.
301  *Wagner*, IPRax 2001, 281, 282; Rauscher/*ders.*, EuZPR/EuIPR IV, Art. 1 Brüssel IIa-VO Rn. 6; *Bumiller/Harders/Schwamb*, § 103 FamFG Rn. 5; Haußleiter/*Gomille*, Anhang I nach § 110 FamFG, Rn. 6.

lösung der eingetragenen Lebenspartnerschaft sowie für Verbundsachen nach autonomem Recht richtet.

Die internationale Zuständigkeit in einer Lebenspartnerschaftssache, die die Aufhebung der Lebenspartnerschaft nach § 15 LPartG zum Gegenstand hat, richtet sich nach § 103 Abs. 1 FamFG. Die Zuständigkeit der deutschen Gerichte im Fall des Verbunds von Aufhebungs- und Folgensachen erstreckt sich auch auf die Folgesachen (§ 103 Abs. 2 FamFG), zu denen auch Güterrechtssachen gehören (§§ 137 Abs. 2 S. 1 Nr. 4 i.V.m. §§ 269 Abs. 1 Nr. 10, 270 Abs. 1 S. 2 FamFG). Deutsche Gerichte sind zuständig, wenn die deutsche Staatsangehörigkeit eines Lebenspartners gegeben ist (§ 103 Abs. 1 Nr. 1 FamFG) oder wenn sich der gewöhnliche Aufenthalt eines Lebenspartners im Inland befindet (§ 103 Abs. 1 Nr. 2 FamFG). Schließlich ergibt sich die Zuständigkeit deutscher Gerichte aus der Begründung der Lebenspartnerschaft vor einer zuständigen deutschen Stelle (§ 103 Abs. 1 Nr. 3 FamFG).[302] Durch diese »Registrierungszuständigkeit«[303] soll sichergestellt werden, dass im Inland begründete Lebenspartnerschaften stets aufgelöst werden können, auch wenn im Ausland, mangels Regelung eines solchen Rechtsinstituts im nationalen Recht, keine Auflösungsmöglichkeit besteht.[304]

Wird die lebenspartnerschaftliche Güterrechtssache nicht im Aufhebungsverbund, sondern selbständig geltend gemacht, sind für die internationale Zuständigkeit die §§ 105, 262 Abs. 2 FamFG entsprechend anzuwenden (§ 103 Abs. 3 FamFG).[305] Insofern gilt das Gleiche wie für isolierte eheliche Güterrechtssachen.[306]

### b) Frankreich

Die internationale Zuständigkeit französischer Gerichte bestimmt sich nach dem autonomen französischen Recht (*droit commun*).[307] Auch hier indiziert die örtliche Zuständigkeit (Art. 14, Art. 15 CC; Art. 42, Art. 44 CPC) die internationale Zuständigkeit französischer Gerichte.[308] Doch die existierenden Zuständigkeitsgründe werden im Schrifttum als nicht ausreichend angesehen. So wird in der Literatur darüber hinaus gefordert, dass unabhängig von der Staatsangehörigkeit und vom Wohnsitz der Partner die Gerichte des Register führenden Staates für die Auflösung der eingetragenen Partnerschaft zuständig sein sollten.[309] Haben

---

302  Vgl. Haußleiter/*Gomille*, § 103 FamFG Rn. 5.
303  MüKo-FamFG/*Rauscher*, § 103 Rn. 15.
304  Keidel/*Engelhardt*, § 103 FamFG Rn. 5; Haußleiter/*Gomille*, § 103 FamFG Rn. 5.
305  BeckOK-FamFG/*Sieghörtner*, § 103 Rn. 12.
306  S.o. 1. Teil A. V. 1.
307  *Revillard*, DIP, Rn. 242.
308  *Revillard*, JCl. Dr. int., fasc. 546-70, Rn. 86.
309  Rép. internat./*Kessler*, V° partenariat enregistré, Rn. 34; *Revillard*, JCl. Dr. int., fasc. 546-70, Rn. 87.

beispielsweise zwei Männer mit polnischer Staatsangehörigkeit einen *PACS* in Frankreich geschlossen und haben sie ihren ständigen Aufenthalt in Polen, so ist eine Auflösung nicht möglich, da das polnische Recht die Auflösung dieses Rechtsinstituts, das der eigenen Rechtsordnung unbekannt ist, nicht vorsieht. Auch nach französischem Recht ist keine Auflösung möglich, da die Partner weder die französische Staatsangehörigkeit besitzen noch ihren gewöhnlichen Aufenthalt in Frankreich haben. Insofern besteht eine Rechtsschutzlücke. Die Forderung nach einer Registrierungszuständigkeit ist daher begründet.

c) Rechtsvergleich

Anders als im deutschen Recht ist die internationale Zuständigkeit in Frankreich nicht gesetzlich geregelt, sondern unterliegt den von der Rechtsprechung entwickelten Grundsätzen (*droit commun*). Die Zuständigkeitsgründe in beiden Ländern stimmen weitestgehend überein. Zuständig sind die Gerichte des Staates, dessen Staatsangehörigkeit einer der Partner besitzt. Ebenso genügt der gewöhnliche Aufenthalt des beklagten Partners sowie die Belegenheit unbeweglicher Vermögensgüter im Inland, um eine Zuständigkeit der Gerichte zu begründen. Im Gegensatz zum französischen Recht enthält das deutsche Recht zusätzlich eine Zuständigkeit der Gerichte im Registrierungsstaat. Diese Erweiterung der Zuständigkeit erweist sich besonders dann als hilfreich, wenn das Heimatrecht der Partner das Institut der eingetragenen Partnerschaft nicht kennt. Einen Entscheidungsverbund nach Vorbild des deutschen Rechts gibt es im französischen Recht nicht. Er ist jedoch nützlich, da er im Interesse der Parteien zu einer Reduzierung der Prozesskosten führt und eine ausgewogene Gesamtentscheidung ermöglicht.

4. Anerkennung und Vollstreckung

Hat das zuständige Gericht eine Entscheidung hinsichtlich der güterrechtlichen Auseinandersetzung der Lebenspartnerschaft getroffen, ist zu klären, unter welchen Voraussetzungen diese Entscheidung in einem anderen Staat anerkannt und vollstreckt werden kann.

a) Deutschland

Hinsichtlich der Anerkennung und Vollstreckung ausländischer Entscheidungen in Lebenspartnerschaftssachen im Bereich des Güterrechts gelten die §§ 108 f., 110 FamFG[310], so dass insofern auf die Ausführung zur Vollstreckung und An-

---

310 *Martiny*, PIL Aspects, in: Boele-Woelki/Fuchs, Legal Recognition of Same-Sex Relationships in Europe, S. 189, 222.

erkennung ausländischer ehegüterrechtlicher Entscheidungen verwiesen werden kann.[311]

b)  Frankreich

Für die Anerkennung und Vollstreckung ausländischer Entscheidungen in Partnerschaftsgütersachen gelten die allgemeinen, von der Rechtsprechung entwickelten Grundsätze zur Anerkennung und Vollstreckung ausländischer Entscheidungen über vermögensrechtliche Streitigkeiten, die ebenfalls bereits erörtert wurden.[312]

c)  Rechtsvergleich

Anders als in Deutschland ist die Anerkennung und Vollstreckung ausländischer Urteile in Frankreich nicht gesetzlich geregelt, sondern erfolgt nach richterrechtlichen Grundsätzen. Dennoch ähneln sich die Anerkennungsvoraussetzungen in beiden Ländern. Überprüft wird etwa die Zuständigkeit aus Sicht des Staates, in dem die Anerkennung beantragt wird, sowie die Einhaltung verfahrensrechtlicher Grundsätze und des *ordre public*. Auch das Verbot der *révision au fond* ist beiden Rechtsordnungen bekannt.

*VIII.  Abschließende Bewertung des Rechtsvergleichs*

Das Ehegüterkollisionsrecht ist in Deutschland und Frankreich in vielerlei Hinsicht ähnlich geregelt. Zu den wesentlichen Übereinstimmungen gehören etwa der Grundsatz der beschränkten Parteiautonomie und die Einheit des Güterrechtsstatuts. Auch die internationale Zuständigkeit ist beiden Ländern nach vorwiegend übereinstimmenden Kriterien zu ermitteln. Schließlich folgen auch Anerkennung und Vollstreckung gerichtlicher Entscheidungen in Güterrechtssachen ähnlichen Grundsätzen.

Hingegen sind auch bedeutsame Unterschiede zu verzeichnen. Bei der Abgrenzung zwischen Güterrechtsstatut und weiteren Statuten kann es in Deutschland und Frankreich zu einer jeweils unterschiedlichen Qualifikation kommen, wie etwa im Fall des § 1371 Abs. 1 BGB. Darüber hinaus gibt es Unterschiede im Kollisionsrecht in Bezug auf die objektive Anknüpfung. Während in Deutschland grundsätzlich das Staatsangehörigkeitsprinzip gilt, ist in Frankreich das Aufenthaltsprinzip maßgeblich. Zudem kommt es nach französischem Recht in bestimmten Fällen zu einem automatischen Statutenwechsel.

---

311  S.o. 1. Teil A. VI. 1.
312  S.o. 1. Teil A. VI. 2.

Das Güterkollisionsrecht eingetragener Partnerschaften folgt in beiden Ländern dem Registerprinzip. Doch auch hier gibt es Unterschiede im Anwendungsbereich. So ist für eine gleichgeschlechtliche Ehe in Deutschland das Partnerschaftsstatut, in Frankreich hingegen das Ehegüterrechtsstatut maßgeblich.

Wie gezeigt sind im deutsch-französischen Rechtsvergleich zum internationalen Güterrecht zwar einige Unterschiede festzustellen. Diese sind jedoch nicht unüberwindbar. So verdeutlicht der Rechtsvergleich, dass genügend Übereinstimmungen zwischen beiden Rechtsordnungen bestehen, auf deren Basis eine Vereinheitlichung vorangetrieben werden könnte. Bei der Schaffung eines europäischen internationalen Güterrechts sind indes nicht nur die Vorzüge und Schwächen der bisherigen Regelungen des deutschen und des französischen Rechts zu berücksichtigen. Vielmehr sollte ein europäisches Güterkollisionsrecht auf der Basis eines breit angelegten Rechtsvergleichs konstruiert werden, der möglichst alle mitgliedstaatlichen Rechtsordnungen umfasst.

## B. Das künftige internationale Ehegüterrecht in Europa

Der europäische Gesetzgeber hat erkannt, dass die vermögensrechtlichen Folgen, die im Zusammenhang mit der Auflösung der Ehe zu Lebzeiten der Ehegatten oder beim Tod eines der Ehegatten stehen, für die Verwirklichung des europäischen Rechtsraums von Bedeutung sind. Da die Vorschriften zum internationalen Güterrecht in den mitgliedstaatlichen Rechtsordnungen nicht unerheblich voneinander abweichen, kann es vor allem bei grenzüberschreitenden Sachverhalten zu Problemen bei der Auseinandersetzung des Vermögens kommen. Aus diesem Grund haben sich die Entscheidungsträger auf europäischer Ebene dazu entschlossen, das internationale Privat- und Verfahrensrecht in Güterrechtssachen einheitlich zu regeln. Am 16.3.2011 legte die Kommission jeweils einen Vorschlag für eine Verordnung des Rates zum ehelichen Güterrecht (EhegüterVO-E2011) sowie zum Güterrecht eingetragener Partnerschaften (PartgüterVO-E2011) vor.

### I. Allgemeines zu den Verordnungsentwürfen vom 16.3.2011

Die unionsweite Vereinheitlichung des internationalen Güterrechts ist kein Selbstzweck, sondern wird aus unterschiedlichen Zielsetzungen verfolgt.

### 1. Zweckmäßigkeit einer unionsweiten Vereinheitlichung des Internationalen Privat- und Verfahrensrechts

In den Mitgliedstaaten sind weder die Vorschriften zur internationalen Zuständigkeit und zum anwendbaren Recht in Güterrechtssachen noch die Normen zum materiellen Güterrecht einheitlich. Dies kann zu Problemen bei der Beendigung ehelicher Güterstande führen, wenn die Ehegatten einen Auslandsbezug aufweisen.

### a) Probleme infolge mangelnden internationalen Entscheidungseinklangs

Die mangelnde Rechtsvereinheitlichung des internationalen Güterrechts führt gerade in grenzüberschreitenden Fällen zu Rechtsunsicherheit über die gerichtliche Zuständigkeit sowie über das anzuwendende Recht. Rechtliche Beratung erscheint in diesen Fällen unumgänglich und verursacht den Beteiligten Kosten. Im Einzelfall kann der mangelnde Entscheidungseinklang dazu führen, dass ein sog. »hinkendes Rechtsverhältnis«[313] entsteht. Ein hinkendes Ehegüterrechtsverhältnis liegt etwa vor, wenn Ehegatten aus Sicht des zuständigen Gerichts eines Staates dem Güterstand der Zugewinngemeinschaft unterliegen, während aus Sicht des ebenso zuständigen Gerichts eines anderen Staates der Güterstand der Gütertrennung vorliegt.[314] Dies kann zur Folge haben, dass einem Ehegatten nach der einen Rechtsordnung Rechtspositionen vorenthalten werden, die ihm nach der anderen Rechtsordnung zustehen würden. Das hinkende Rechtsverhältnis ist somit Quelle für einen Zustand der Rechtsunsicherheit, den eine Partei zu ihren Gunsten nutzen könnte. So kann der mangelnde internationale Entscheidungseinklang zu einem »Wettlauf zu den Gerichten« bzw. zum *forum shopping* der Parteien führen. Es besteht die Möglichkeit, dass eine Partei durch geschickte Wahl des zuständigen Gerichts versucht, mittelbar Einfluss auf die Anwendung des einschlägigen Sachrechts zu nehmen, um so eine für sie vorteilhafte Entscheidung herbeizuführen.

### b) IPR- und IZVR-Vereinheitlichung als Lösungsansatz

Die derzeit bestehenden Regelungen auf EU-Ebene sind nicht ausreichend, um die Probleme des mangelnden internationalen Entscheidungseinklangs zu lösen. So ist die Brüssel I-VO[315] nicht auf eheliche Güterstände anzuwenden und auch die Brüssel IIa-VO[316] erfasst nicht die vermögensrechtlichen Wirkungen einer Ehe oder Partnerschaft.

Allerdings könnte die Rechtsunsicherheit und die dadurch hervorgerufene Gefahr des *forum shoppings* durch Rechtsvereinheitlichung beseitigt werden. Denkbar wäre es, das materielle Güterrecht auf EU-Ebene zu vereinheitlichen. In Betracht käme entweder eine vollständige Sachrechtsvereinheitlichung oder eine optionale Sachrechtsvereinheitlichung in Form eines europäischen Wahl-

---

313 Zum Begriff eingehend *Dorenberg*, Hinkende Rechtsverhältnisse im internationalen Familienrecht, S. 15 ff.; *Gesing*, Der Erbfall mit Auslandsberührung, S. 105 ff.
314 Beispiel nach *Wagner*, FamRZ 2009, 269, 272.
315 Art. 1 Abs. 2 lit. a Brüssel I-VO.
316 Erwägungsgrund 8 Brüssel IIa-VO.

güterstandes (»28. Regime«[317]). Allerdings verfügt die EU sowohl nach Ansicht der Kommission[318] als auch nach ganz überwiegender Ansicht in der Literatur[319] nicht über die Kompetenz zur Vereinheitlichung im materiellen Familienrecht.

Alternativ zur Sachrechtsvereinheitlichung bietet sich die Vereinheitlichung der zivilverfahrensrechtlichen sowie international-privatrechtlichen Vorschriften im Bereich des Güterrechts an.[320] Für diese Option hat sich die Kommission bei ihren Vorschlägen zu den Güterrechtsverordnungen entschieden.

Dass die künftigen Güterrechtsverordnungen selbst die maßgeblichen international-privatrechtlichen Vorschriften enthalten, ist keinesfalls zwingend vorgegeben. So ist es denkbar, in den Güterrechtsverordnungen durch einen Verweis die Regelungen des HGA für anwendbar zu erklären. In ähnlicher Weise verweist auch Art. 15 UnterhVO auf die Regelungen des HUP, das wiederum das Unterhaltskollisionsrecht enthält. Doch die Kommission hat sich dazu entschlossen, das Kollisionsrecht in den Güterrechtsverordnungen eigenständig zu regeln. Dies ist nachvollziehbar, da das HGA lediglich von drei Mitgliedstaaten

---

317  So zieht der Europäische Wirtschafts- und Sozialausschuss ein 28. Regime nach Vorbild des dt.-frz. Wahlgüterstandes der Wahl-Zugewinngemeinschaft in Betracht, Stellungnahme des Europäischen Wirtschafts- und Sozialausschusses zu dem »Vorschlag für eine Verordnung des Rates über die Zuständigkeit, das anzuwendende Recht, die Anerkennung und die Vollstreckung von Entscheidungen im Bereich des Ehegüterrechts« und zu dem »Vorschlag für eine Verordnung des Rates über die Zuständigkeit, das anzuwendende Recht, die Anerkennung und die Vollstreckung von Entscheidungen im Bereich des Güterrechts eingetragener Partnerschaften« (Abl. EU 2011, Nr. C 376/87), Punkt 1.4, 2.12. Gegen die Einführung eines 28. Regimes spricht sich der Rat der Notariate der Europäischen Union aus, *CNUE*, Stellungnahme, S. 1.

318  Mitteilung der Kommission an das Europäische Parlament, den Rat, den Europäischen Wirtschafts- und Sozialausschuss und den Ausschuss der Regionen. Klärung der Vermögensverhältnisse bei internationalen Paaren (KOM[2011] 125. endg.) vom 16.3.2011, S. 5 f.; ablehnend auch bereits das Grünbuch zu den Kollisionsnormen im Güterrecht unter besonderer Berücksichtigung der gerichtlichen Zuständigkeit und der gegenseitigen Anerkennung vom 17.7.2006 (KOM[2006] 400 endg.), S. 4.

319  *Dethloff/Hauschild*, FPR 2010, 489, 490, 491, 493; *Wagner* FamRZ 2009, 269, 272 Fn. 36 m.w.N.; *Glombik*, Perspektiven einer Europäisierung, S. 90 ff., 131 f.; *Braeuer*, Zugewinnausgleich, Rn. 770; *Gray/Quinzá Redondo*, F&R, nov. 2013, Rn. 1 m. Fn. 9; hingegen erblicken *Pintens*, in: Boele-Woelki/Miles/Scherpe, The Future of Family Law in Europe, S. 19, 46; *Kohler/Pintens*, FamRZ 2011, 1433, 1435 sowie *Boele-Woelki*, in: Keirse/Loos, Alternative Ways to Ius Commune, S. 33, 43 f. in Art. 81 AEUV eine Kompetenz zur Sachrechtsvereinheitlichung in grenzüberschreitenden Fällen.

320  Zur Kompetenzgrundlage für den Erlass von Verordnungen zur Vereinheitlichung der zivilverfahrensrechtlichen sowie international-privatrechtlichen Vorschriften im Bereich des Güterrechts s.u. 1. Teil B. I. 3. a).

ratifiziert wurde und daher nicht zu erwarten ist, dass die anderen Mitgliedstaaten sich mit dem Verweis einverstanden erklären.

## 2. Historischer Kontext der Kommissionsvorschläge

Die Veröffentlichung der Kommissionsentwürfe zur EhegüterVO und PartgüterVO im Jahre 2011 erfolgte nicht unerwartet. Vielmehr ist sie das vorläufige Ergebnis eines langfristig geplanten Vorhabens des europäischen Gesetzgebers.

### a) Wiener Aktionsplan von 1998 und Haager Programm von 2004

Schon der Wiener Aktionsplan von 1998 zur Umsetzung des Amsterdamer Vertrages sah vor, innerhalb von fünf Jahren zu prüfen, welche Möglichkeiten bestehen, Rechtsakte zur internationalen Zuständigkeit, dem anwendbaren Recht sowie der Anerkennung und Vollstreckung gerichtlicher Entscheidungen in Güterstandssachen zu erlassen.[321] In seinem Maßnahmenprogramm vom 30.11.2000 ersuchte der Rat die Kommission, ein oder mehrere Rechtsinstrumente auszuarbeiten über die gerichtliche Zuständigkeit, die Anerkennung und Vollstreckung von Entscheidungen über die Auflösung der ehelichen Güterstände und die Folgen der Trennung von nicht verheirateten Paaren für das Vermögen.[322] Im Jahre 2003 veröffentlichte die Kommission eine von ihr im Vorjahr in Auftrag gegebene Studie des Asser-Instituts und der Universität Louvain (UCL) über die vermögensrechtlichen Verhältnisse bei verheirateten und nicht verheirateten Paaren im Internationalen Privatrecht und im innerstaatlichen Recht.[323] Das Haager Programm des Europäischen Rates vom 4./5.11.2004[324] bezeichnete die Umsetzung dieses Maßnahmenprogramms als »Hauptpriorität« und forderte die Kommission auf, ein »Grünbuch über die Kollisionsnormen für Güterstände einschließlich Zuständigkeit und gegenseitige Anerkennung« sowie bis 2011 einen entsprechenden Regelungsvorschlag auszuarbeiten. Der Haager Aktionsplan der Kommission und des Rates zur Umset-

321 Aktionsplan des Rates und der Kommission zur bestmöglichen Umsetzung des Amsterdamer Vertrags über den Aufbau eines Raums der Freiheit, der Sicherheit und des Rechts vom 3.12.1998 (ABl. EG 1999 C 19/01), S. 10.
322 Maßnahmenprogramm zur Umsetzung des Grundsatzes der gegenseitigen Anerkennung gerichtlicher Entscheidungen in Zivil- und Handelssachen (ABl. EG 2001 C 12/01), S. 8.
323 *Etude sur les régimes matrimoniaux des couples mariés et sur le patrimoine des couples non mariés dans le droit international privé et le droit interne des Etats membres de l'Union Européenne*, vom 30.4.2003, erstellt vom Consortium AS-SER-UCL, abrufbar in frz. Fassung unter: http://ec.europa.eu/civiljustice/publications/docs/regimes/report_regimes_030703_fr.pdf (Abruf: 22.10.2015).
324 Haager Programm zur Stärkung von Freiheit, Sicherheit und Recht in der Europäischen Union (ABl. EU 2005 C 53/01), S. 13.

zung des Haager Programms kündigte für 2006 die Vorlage des Grünbuchs an.[325]

## b) Grünbuch zu den Kollisionsnormen im Güterrecht

Am 17.7.2006 legte die Kommission das Grünbuch zu den Kollisionsnormen im Güterrecht[326] vor, mit dem sie eine umfassende Konsultation zu den Rechtsfragen ehelicher Güterstände im internationalen Kontext einleitete. Das Grünbuch enthält 41 Fragen zum Ehegüterrecht sowie 14 Fragen zum Güterrecht eingetragener Partnerschaften und sonstigen nichtehelichen Lebensgemeinschaften. Das lediglich 12-seitige Grünbuch wird ergänzt durch ein 74-seitiges Arbeitspapier[327], das eine rechtsvergleichende Darstellung zum Sachrecht, IPR und IZVR der Mitgliedstaaten enthält.[328] Bis zum 30.11.2006 konnten Stellungnahmen aus der Öffentlichkeit zum Grünbuch eingereicht werden. Insgesamt gingen 40 Stellungnahmen von Regierungen und Organisationen aus der Wissenschaft und Rechtspraxis ein.[329]

## c) Vorarbeiten zu den Kommissionsvorschlägen

Weiterhin setzte die Kommission die Sachverständigengruppe »Vermögensrechtliche Folgen der Ehe und anderer eheähnlicher Lebensgemeinschaften«

---

325 Aktionsplan des Rates und der Kommission zur Umsetzung des Haager Programms zur Stärkung von Freiheit, Sicherheit und Recht in der Europäischen Union (ABl. EU 2005 C 198/1), S. 21.

326 Grünbuch zu den Kollisionsnormen im Güterrecht unter besonderer Berücksichtigung der gerichtlichen Zuständigkeit und der gegenseitigen Anerkennung vom 17.7.2006 (KOM[2006] 400 endg.).

327 *Document de travail des Services de la Commission, Annexe au Livre vert sur le règlement des conflits de lois en matière de régime matrimonial, traitant notamment de la question de la compétence judiciaire et de la reconnaissance mutuelle* (SEC[2006] 952), abrufbar unter: http://eur-lex.europa.eu/LexUriServ/LexUriServ. do?uri=SEC:2006:0952:FIN:FR:HTML (Abruf: 22.10.2015).

328 Dass das Grünbuch im Verhältnis zum Arbeitspapier deutlich weniger umfassend ausfällt, lässt sich *Wagner* zufolge auf den pragmatischen Umstand zurückführen, dass man sich die umfangreiche Übersetzung des im französischsprachigen Arbeitspapier vorgenommenen Rechtsvergleichs ersparen wollte. So müssen zwar die »Kerndokumente« der Kommission in alle Amtssprachen der EU übersetzt werden, nicht hingegen reine Arbeitspapiere, s. *Wagner*, FamRZ 2009, 269, 275.

329 Vgl. die von der Kommission verfasste Zusammenfassung der Stellungnahmen zum Grünbuch vom 5.2.2008, *Summary of Replies to the Green Paper on the conflict of laws in matters concerning matrimonial property regimes, including the question of jurisdiction*, abrufbar unter: http://ec.europa.eu/civiljustice/news/docs/summary_ answers_com_2006_400_en.pdf (Abruf: 22.10.2015).

(»PRM-III«[330]) ein, in der sie Wissenschaftler und Vertreter der juristischen Praxis zusammenführte, welche die verschiedenen europäischen Rechtstraditionen repräsentieren. Die Expertengruppe tagte zwischen 2008 und 2010 fünfmal und leistete mit ihren Beratungen einen Beitrag zu den Vorbereitungen der Legislativvorschläge der Kommission.[331] Weiter veranstaltete die Kommission am 28.9.2009 eine öffentliche Anhörung zu der Frage, inwieweit eine europäische Regelung des Güterrechts von Nutzen sein könnte. An der Anhörung nahmen 99 Personen teil, u.a. Vertreter der Mitgliedstaaten, Mitglieder der Sachverständigengruppe, Wissenschaftler, Rechtsanwälte, Notare sowie Vertreter der Zivilgesellschaft.[332] Im Stockholmer Programm des Europäischen Rates vom 10./11.12.2009 forderten die Staats- und Regierungschefs, den Grundsatz der gegenseitigen Anerkennung auf das Ehegüterrecht und die vermögensrechtlichen Folgen einer Trennung auszuweiten, dabei aber die nationalen Traditionen der Mitgliedstaaten in diesem Bereich zu berücksichtigen.[333]

Am 16.3.2011 unterbreitete die Kommission schließlich jeweils einen Vorschlag für eine Verordnung des Rates zum ehelichen Güterrecht (Ehegüter-VO-E2011) sowie zum Güterrecht eingetragener Partnerschaften (Partgüter-VO-E2011).

## 3. Die Kompetenz der EU zum Erlass der Güterrechtsverordnungen

Grundvoraussetzung dafür, dass der Rat die von der Kommission vorgeschlagenen Verordnungen erlassen kann, ist eine entsprechende Gesetzgebungskompetenz der EU zur Harmonisierung des Güterkollisionsrechts sowie des Internationalen Verfahrensrechts in diesem Bereich.

### a) Kompetenzgrundlage

Als Kompetenzgrundlage für den Erlass der Güterrechtsverordnungen benennt die Kommission ausdrücklich Art. 81 Abs. 3 AEUV, da die beiden Verordnungen als Maßnahmen zum Familienrecht mit grenzüberschreitenden Bezug angesehen werden könnten, die im Rahmen der justiziellen Zusammenarbeit in Zivilsachen mit grenzüberschreitendem Bezug erlassen würden.[334]

---

330  PRM = *Programme of measures for implementation of mutual recognition of decisions in civil and commercial matters.*
331  *Farrugia,* in: Campuzano Díaz/Czepelak/u.a., Latest Developments in EU Private International Law, S. 63, 71.
332  Folgenabschätzung, S. 2.
333  Das Stockholmer Programm — Ein offenes und sicheres Europa im Dienste und zum Schutz der Bürger (ABl. EU 2010 Nr. C 115/01), S. 13.
334  Begründung zum EhegüterVO-E2011 (KOM[2011] 126 endg.), S. 4 sowie Begründung zum PartgüterVO-E2011 (KOM[2011] 127 endg.), S. 4.

Bereits der Vertrag von Amsterdam[335] sah für den schrittweisen Aufbau eines Raumes der Freiheit, der Sicherheit und des Rechts die Kompetenz des Rates vor, Maßnahmen im Bereich der justiziellen Zusammenarbeit in Zivilsachen zu erlassen (ex-Art. 61 lit. c EGV). Diese Kompetenz wurde von ex-Art. 65 EGV näher konkretisiert.

Mit dem Vertrag von Lissabon[336] wurde die justizielle Zusammenarbeit in Zivilsachen als Politikbereich zur Verwirklichung des Raumes der Freiheit der Sicherheit und des Rechts (Art. 67 AEUV) in Art. 81 AEUV überführt. Danach entwickelt die EU »eine justizielle Zusammenarbeit in Zivilsachen mit grenzüberschreitendem Bezug, die auf dem Grundsatz der gegenseitigen Anerkennung gerichtlicher und außergerichtlicher Entscheidungen beruht« (Art. 81 Abs. 1 S. 1 AEUV).[337] Zu diesem Zwecke kann die EU auch »Maßnahmen zur Angleichung der Rechtsvorschriften der Mitgliedstaaten« erlassen (Art. 81 Abs. 1 S. 2 AEUV). Die Voraussetzung, dass die Maßnahme für das reibungslose Funktionieren des gemeinsamen Binnenmarktes erforderlich sein muss, wurde gegenüber der Vorgängerregelung[338] insofern relativiert, als sie nur noch ein Regelbeispiel (»insbesondere«) darstellt (Art. 81 Abs. 2 AEUV).

In Nachfolge zu ex-Art. 65 lit. c EGV bestimmt Art. 81 Abs. 2 lit. c AEUV, dass der Rat und das Parlament gemäß dem ordentlichen Gesetzgebungsverfahren (sog. Mitentscheidungsverfahren gem. Art. 294 AEUV) Maßnahmen zur Sicherstellung der »Vereinbarkeit der in den Mitgliedstaaten geltenden Kollisionsnormen und Vorschriften zur Vermeidung von Kompetenzkonflikten« erlassen kann. Dies wird allgemein als Kompetenz zur Harmonisierung des Internationalen Privatrechts sowie des Internationalen Zivilverfahrensrechts angesehen.[339]

Allerdings gilt für das Familienrecht die Sonderregelung in Art. 81 Abs. 3 AEUV. Danach werden Maßnahmen zum Familienrecht mit grenzüberschreitendem Bezug vom Rat in einem besonderen Gesetzgebungsverfahren festgelegt (Art. 81 Abs. 3 Unterabs. 1 S. 1 AEUV). Dieses besteht darin, dass der Rat ein-

---

335  Vertrag von Amsterdam zur Änderung des Vertrags über die Europäische Union, der Verträge zur Gründung der Europäischen Gemeinschaften sowie einiger damit zusammenhängender Rechtsakte vom 2.10.1997 (ABl. EG 1997 Nr. C 340/01).

336  Vertrag von Lissabon zur Änderung des Vertrags über die Europäische Union und des Vertrags zur Gründung der Europäischen Gemeinschaft v. 13.12.2007 (ABl. EU 2007, Nr. C 306/1, berichtigt in ABl. EU 2008, Nr. C 111/56, ABl. EU 2009, Nr. C 290/1, ABl. EU 2011, Nr. C 378/3).

337  Instruktiv zur Ermächtigungsgrundlage in Art. 81 AEUV s. *Wagner*, RabelsZ 79 (2015), 521, 530 ff.

338  Im Hinblick auf das Binnenmarkterfordernis war umstritten, ob ex-Art. 65 lit. b EGV auch Maßnahmen des internationalen Familienrechts umfasste, vgl. *Wagner*, RabelsZ 204 (2004), 119, 135 ff.

339  Calliess/Ruffert/*Rossi*, EUV/AEUV, Art. 81 AEUV Rn. 22; nach a.A. bietet Art. 81 AEUV sogar eine Rechtsgrundlage zur Vereinheitlichung des materiellen Recht in grenzüberschreitenden Fällen, so etwa *Kohler/Pintens*, FamRZ 2011, 1433, 1435.

stimmig nach Anhörung des Europäischen Parlaments zu beschließen hat (Art. 81 Abs. 3 Unterabs. 1 S. 2 AEUV).[340]

Bei immerhin 28 Mitgliedstaaten erweist sich das Einstimmigkeitserfordernis im Rat als besonders hohe Hürde bei der Entscheidungsfindung.[341] Im Gegensatz zum Mitentscheidungsverfahren (Art. 294 AEUV) wird das Parlament im Anhörungsverfahren nicht etwa als gleichberechtigter Mitgesetzgeber neben dem Rat tätig, sondern hat lediglich ein Anhörungsrecht.[342]

Zwar kann der Rat auf Vorschlag der Kommission und nach Anhörung des Parlaments einstimmig beschließen, dass einzelne Maßnahmen im Mitentscheidungsverfahren beschlossen werden (Art. 81 Abs. 3 Unterabs. 2 AEUV). Zur Anwendung dieser Brückenklausel kommt es allerdings nur, soweit die nationalen Parlamente nicht von ihrem Vetorecht aus Art. 81 Abs. 3 Unterabs. 3 S. 2 AEUV Gebrauch gemacht haben. Eine Überführung der beiden Verordnungsentwürfe in das Mitentscheidungsverfahren wurde von der Kommission nicht vorgeschlagen. Somit bleibt es beim Anhörungsverfahren gem. Art. 81 Abs. 1, Abs. 3 Unterabs. 1 AEUV.

b)  Subsidiaritätsprinzip

Die geplanten Güterrechtsverordnungen sind Maßnahmen im Bereich der justiziellen Zusammenarbeit in Zivilsachen. Diese stellt wiederum einen Teilbereich des »Raumes der Freiheit, der Sicherheit und des Rechts« dar. Die Verwirklichung des »Raumes der Freiheit, der Sicherheit und des Rechts« ist eine geteilte Zuständigkeit der EU (Art. 4 Abs. 2 lit. j EUV). Das bedeutet, dass sowohl die EU als auch die Mitgliedstaaten in diesem Bereich gesetzgeberisch tätig werden dürfen, letztere jedoch ihre Zuständigkeit verlieren, sofern und soweit die Union gesetzgeberisch tätig geworden ist (Art. 2 Abs. 2 S. 1 EUV). Bei der Ausübung ihrer Zuständigkeiten hat die EU das Subsidiaritätsprinzip zu beachten (Art. 5 Abs. 1 S. 2 EUV). Danach darf die EU in den Bereichen, die – wie im Fall der Güterrechtsverordnungen – nicht in ihre ausschließliche Zuständigkeit fallen, nur tätig werden, sofern und soweit die Ziele der in Betracht gezogenen Maßnahmen von den Mitgliedstaaten nicht ausreichend verwirklicht werden können, sondern vielmehr wegen ihres Umfangs oder ihrer Wirkungen auf Unionsebene besser zu verwirklichen sind (Art. 5 Abs. 3 Unterabs. 1 EUV). Es stellt sich somit die Frage, ob sich die Ziele der Kommissionsvorschläge zu den Güterrechtsverordnungen tatsächlich besser auf Ebene der EU regeln lassen. In diesem Zusammenhang ist zu erwähnen, dass die nationalen Parlamente binnen acht Wochen nach dem Zeitpunkt der Übermittlung eines Entwurfs eines Ge-

---

340  Zum Verfahren vgl. auch *Martiny*, FPR 2008, 187, 189.

341  *Dethloff/Hauschild*, FPR 2010, 489, 491 (»außerordentlich schwerfällig und wenig praktikabel«).

342  Calliess/Ruffert/*Rossi*, EUV/AEUV, Art. 81 AEUV Rn. 34; Grabitz/Hilf/Nettesheim/*Hess*, Das Recht der EU, Art. 81 AEUV Rn. 56.

setzgebungsaktes in einer begründeten Stellungnahme an die Präsidenten des Europäischen Parlaments, des Rates und der Kommission darlegen können, weshalb der Entwurf ihres Erachtens nicht mit dem Subsidiaritätsprinzip vereinbar ist (Art. 6 des Protokolls Nr. 2 über die Anwendung der Grundsätze der Subsidiarität und der Verhältnismäßigkeit[343]). Von dieser Möglichkeit der sog. Subsidiaritätsrüge[344] haben der polnische, italienische und rumänische Senat sowie der polnische Sejm Gebrauch gemacht und in ablehnenden Stellungnahmen kritisiert, dass der PartgüterVO-E2011 nicht mit dem Subsidiaritätsprinzip vereinbar sei, da er zur Einführung bzw. Anerkennung der eingetragenen Partnerschaft in Rechtsordnungen führen werde, die dieses Rechtsinstitut bislang nicht vorsähen.[345] Diesen Bedenken ist jedoch entgegenzuhalten, dass der PartgüterVO-E2011 weder das materielle Recht harmonisiert noch Bestimmungen über die Anerkennung des Statusverhältnisses einer im Ausland begründeten eingetragenen Partnerschaft enthält. Nach welchen Vorschriften sich beurteilt, ob eine eingetragene Partnerschaft wirksam begründet wurde, stellt eine Problematik der Vorfrage dar, deren Anknüpfung noch zu erörtern sein wird.[346] Die Kollisionsrechtsvereinheitlichung auf EU-Ebene hat das Ziel, dass die Gerichte der Mitgliedstaaten bei Zugrundelegung ein und desselben Sachverhalts jeweils zur Anwendung desselben Sachrechts gelangen. Dieses Ergebnis lässt sich leichter durch einheitliche Reglungen auf EU-Ebene erzielen als durch die autonomen kollisionsrechtlichen Regelungen in den Mitgliedstaaten. Die geplanten Güterrechtsverordnungen sind demnach mit dem Subsidiaritätsprinzip vereinbar.

c)  Grundsatz der Verhältnismäßigkeit

Bei der Ausübung ihrer Zuständigkeiten hat die EU zudem den Grundsatz der Verhältnismäßigkeit zu beachten (Art. 5 Abs. 1 S. 2 EUV). Dies bedeutet, dass die Maßnahmen der EU weder inhaltlich noch formal über das zur Erreichung der Ziele der Verträge erforderliche Maß hinausgehen dürfen (Art. 5 Abs. 4 Unterabs. 1 EUV). Ein milderes Mittel als die Vereinheitlichung des Kollisionsrechts sowie des Internationalen Verfahrensrechts, das gleichermaßen zur Rechtssicherheit in grenzüberschreitenden Sachverhalten beiträgt, ist nicht ersichtlich. Das materielle Güterrecht der Mitgliedstaaten bleibt durch die Verordnungsvorschläge unberührt. Hinsichtlich der Form ist es zwar denkbar, statt

---

343  ABl. EU 2012, Nr. C 326/206.
344  Zur Subsidiaritätsrüge vgl. Calliess/Ruffert/*Rossi*, EUV/AEUV, Art. 12 EUV Rn. 10 ff.
345  Die Stellungnahmen sind abrufbar unter: http://www.europarl.europa.eu/committees/ de/reports.html?linkedDocument=true&ufo derComCode=JURI&ufolderLegId=7& ufolderId=05683&urefProcYear=&urefProcNum=&urefProcCode=#documents (Abruf: 22.10.2015).
346  S.u. 1. Teil B. III. 2. b).

einer unmittelbar anwendbaren Verordnung eine Richtlinie zu erlassen, die den Mitgliedstaaten Spielräume bei der Umsetzung überließe. Allerdings bestünde dann die Gefahr, dass die Umsetzungsrechtsakte in den Mitgliedstaaten nicht einheitlich ausgestaltet werden, so dass das Ziel der Rechtssicherheit nicht erfüllt werden könnte.

Es bleibt somit festzuhalten, dass die EU mit Art. 81 Abs. 3 AEUV über eine geeignete Kompetenzgrundlage zum Erlass der beiden Güterrechtsverordnungen verfügt und dass dieses Vorhaben sowohl mit dem Subsidiaritäts- als auch mit dem Verhältnismäßigkeitsgrundsatz vereinbar ist.[347]

### 4. Die Zweckmäßigkeit zweier getrennter Verordnungen für verheiratete Paare und eingetragene Partnerschaften

Die Kommission erarbeitete zeitgleich jeweils einen Vorschlag für das Ehegüterrecht sowie für das Güterrecht eingetragener Partnerschaften. Beide Vorschläge ähneln sich sowohl im Aufbau als auch Inhalt sehr stark. Daher legte die Kommission beide Vorschläge gleichzeitig als Paket vor und ersuchte den Rat, diesem Gesamtansatz zu folgen.[348]

So drängt sich die Frage auf, aus welchen Beweggründen die Kommission nicht von vornherein einen einheitlichen Vorschlag für eine Verordnung unterbreitete, der sowohl das Güterrecht verheirateter Paare als auch eingetragener Partnerschaften zum Gegenstand hat. Ihre Entscheidung, zwei getrennte Verordnungen vorzuschlagen, begründete die Kommission damit, dass es in der gewählten Form »einfacher« sei, den Besonderheiten der beiden eigenständigen Rechtsinstrumente – Ehe und eingetragener Partnerschaft – Rechnung zu tragen. Während die Ehe in allen Mitgliedstaaten seit jeher existiere, sei die eingetragene Partnerschaft nur in 14 Mitgliedstaaten zulässig.[349]

Dass die Kommission zwei getrennte Verordnungsvorschläge unterbreitete, wurde seitens der Wissenschaft und der Praxis kritisiert.[350]

Der Umstand allein, dass nicht alle Rechtsordnungen das Institut der eingetragenen Partnerschaft kennen, ist wenig überzeugend, um zu erklären, weshalb zwei getrennte Verordnungen notwendig sein sollen. Theoretisch wäre es der Kommission auch möglich gewesen, innerhalb eines Verordnungsvorschlages

---

347  So auch im Ergebnis *Martiny*, IPRax 2011, 437, 438; *Sicot/Letellier*, GdP, 6 août 2011, 23 ff.

348  Mitteilung der Kommission an das Europäische Parlament, den Rat, den Europäischen Wirtschafts- und Sozialausschuss und den Ausschuss der Regionen. Klärung der Vermögensverhältnisse bei internationalen Paaren (KOM[2011] 125. endg.) vom 16.3.2011, S. 6.

349  Mitteilung der Kommission, a.a.O; Begründung zum PartgüterVO-E2011 (KOM[2011], 127 endg.) S. 2; siehe auch Erwägungsgrund 8 PartgüterVO-E2011.

350  Für eine einheitliche Verordnung etwa *DNotV*, Stellungnahme, S. 16; *Péroz*, in: Douchy-Oudot/Guinchard, La justice européenne en marche, S. 265, 277.

zwischen Ehe und eingetragener Partnerschaft zu unterscheiden und inhaltlich differenzierende Regelungen vorzusehen, sofern diese gerechtfertigt sind. Allerdings erscheint das Vorgehen der Kommission aus politischen Erwägungen insofern nachvollziehbar, als dass Maßnahmen zum Familienrecht mit grenzüberschreitendem Bezug eines einstimmigen Beschlusses im Rat bedürfen (Art. 81 Abs. 3 Unterabs. 2 S. 2 AEUV). Würde man statt zwei getrennter Vorschläge einen einheitlichen Verordnungsvorschlag zum Güterrecht zur Abstimmung stellen, bestünde die Gefahr, dass jene Mitgliedstaaten, deren Rechtsordnungen die eingetragene Partnerschaft nicht kennen, den Vorschlag ablehnen könnten, so dass das gesamte güterrechtliche Projekt scheitern würde. Indem nun jedoch zwei getrennte Entwürfe vorliegen, besteht die hohe Wahrscheinlichkeit, dass zumindest die EhegüterVO zum Abschluss gebracht wird.[351] Ungewiss bleibt jedoch, ob die PartgüterVO die erforderliche Einstimmigkeit im Rat bekommen wird.[352] Die Zurückhaltung einiger Mitgliedstaaten mag damit zusammenhängen, dass gerade das Familienrecht durch unterschiedliche historische Rechtstraditionen geprägt ist und nicht alle Rechtsordnungen die Lebensform der eingetragenen Partnerschaft unterstützen. Sollte im Rat keine Einstimmigkeit über die PartgüterVO zu erzielen sein, besteht zumindest noch die Möglichkeit, sie im Rahmen einer Verstärkten Zusammenarbeit (Art. 20 EUV, Art. 326 ff. AEUV) durchzuführen.[353] Als Vorbild dürfte die Rom III-VO dienen, bei der erstmalig das Instrument der Verstärkten Zusammenarbeit eingesetzt wurde und an der gegenwärtig 16 Mitgliedstaaten[354] teilnehmen, nachdem ein entsprechender Verordnungsentwurf wegen des Erfordernisses der Einstimmigkeit im Rat zunächst scheiterte.

Der Erlass jeweils einer Verordnung zum Ehegüterkollisionsrecht und zum Güterrecht eingetragener Partnerschaften stellt für sich genommen auch keinen Verstoß gegen Art. 21 GrCh dar, da die Ehe und die eingetragene Partnerschaft zwei unterschiedliche Rechtsinstitute sind und die eingetragene Partnerschaft auch nicht in allen Mitgliedstaaten anerkannt ist.[355]

---

351 Angesichts der Tatsache, dass der EhegüterVO-E2011 geschlechtsneutral formuliert ist und wohl auch die gleichgeschlechtliche Ehe mitumfasst (s.u. 1. Teil B. II. 1. b), kann nicht ausgeschlossen werden, dass der Abschluss am Widerstand einiger Mitgliedstaaten scheitern wird.

352 Zweifelnd *Süß*, ZNotP 2011, 282, 290.

353 So auch *Dethloff*, in: FS v. Hoffmann (2011), S. 73, 76; *Boele-Woelki*, in: FS v. Hoffmann (2011), S. 63, 66; *Gonzáles Beilfuss*, YPIL 2011, 183, 188; *Melcher*, JPIL 2013, 149, 159; *Wagner*, IPRax 2014, 217, 224.

354 An der Verstärkten Zusammenarbeit beteiligten sich zunächst Belgien, Bulgarien, Deutschland, Frankreich, Italien, Lettland, Luxemburg, Malta, Österreich, Portugal, Rumänien, Slowenien, Spanien und Ungarn. Zuletzt traten der Rom III-VO Litauen (seit 21.10.2012) und Griechenland (seit 27.1.2014) bei.

355 So auch die *European Union Agency for Fundamental Rights*, Stellungnahme, S. 5.; i.E. auch *Dengel*, Die europäische Vereinheitlichung des Internat. Ehegüterrechts, S. 107 f., 110.

Es ist zu erwarten, dass das Schrifttum aus Praktikabilitätsgründen die künftigen Verordnungen zum Güterrecht der Reihe der sog. Rom-Verordnungen zuordnen wird.[356] Da sich die geplanten Verordnungen jedoch von den bisherigen Rom I bis III-Verordnungen dadurch unterscheiden, dass sie nicht nur kollisionsrechtliche Normen, sondern auch verfahrensrechtliche Regelungen enthalten, wäre ihre Einordnung als weitere Rom-Verordnungen allerdings missverständlich.[357] Daher ist die Bezeichnung als EhegüterVO bzw. PartgüterVO vorzugswürdig.

## 5. Stand des Gesetzgebungsverfahrens

Ob die Güterrechtsverordnungen in der vorgeschlagenen Form in Kraft treten werden, ist momentan noch ungeklärt, insbesondere vor dem Hintergrund, dass Beschlüsse im Bereich des Familienrechts mit grenzüberschreitendem Bezug gem. Art. 81 Abs. 3 Unterabs. 1 S. 2 AEUV nach Anhörung des Parlaments der Einstimmigkeit im Rat bedürfen. Sofern man zu einer Einigung gelangt, ist immer noch offen, zu welchem Zeitpunkt es zum Inkrafttreten der Verordnungen kommen wird. Im Dezember 2011 hat der Europäische Wirtschafts- und Sozialausschuss seine Stellungnahme zu den Kommissionsvorschlägen unterbreitet.[358] Die Verhandlungen im Rat und im Parlament sind bislang nicht abgeschlossen.

### a) Verhandlungen im Rat

Weder die ungarische noch die polnische Ratspräsidentschaft im Jahre 2011 ließen der Entwicklung der Kommissionsvorschläge besondere Bedeutung zukommen.[359] Auch Dänemark, das in der ersten Jahreshälfte 2012 die Ratspräsidentschaft innehatte, beschäftigte sich nicht wesentlich mit den Kommissionsvorschlägen. Dies verwundert nicht, da von vornherein absehbar war,

---

356 Traditionell werden die verfahrensrechtlichen Verordnungen nach der belgischen Hauptstadt (Brüssel I-, Brüssel II-, Brüssel IIa-VO) und die internationalprivatrechtlichen Verordnungen nach der italienischen Hauptstadt (Rom I-, Rom II, Rom III-VO) benannt. Sofern man die ErbVO als Rom IV-VO einordnet, könnten die Güterrechtsverordnungen als Rom Va- und Rom Vb-VO bezeichnet werden. In diesem Sinne etwa Staudinger/*Sturm/Sturm*, Einl. IPR Rn. 498 f.

357 Ähnlich kritisch zur Bezeichnung der ErbVO als Rom IV-VO *Mansel/Thorn/ Wagner*, IPRax 2013, 1, 6.

358 Stellungnahme des Europäischen Wirtschafts- und Sozialausschusses zu dem »Vorschlag für eine Verordnung des Rates über die Zuständigkeit, das anzuwendende Recht, die Anerkennung und die Vollstreckung von Entscheidungen im Bereich des Ehegüterrechts« und zu dem »Vorschlag für eine Verordnung des Rates über die Zuständigkeit, das anzuwendende Recht, die Anerkennung und die Vollstreckung von Entscheidungen im Bereich des Güterrechts eingetragener Partnerschaften« (Abl. EU 2011, Nr. C 376/87).

359 *Mansel/Thorn/Wagner*, IPRax 2012, 1, 7.

dass sich Dänemark ohnehin nicht an den Güterrechtsverordnungen beteiligen wird.[360]
In der zweiten Jahreshälfte 2012 setzte sich die zyprische Ratspräsidentschaft in ihrem Sechsmonatsprogramm (1.7.–31.12.2012) zum Ziel, die beiden Verordnungsentwürfe voranzutreiben, um einen Rechtsrahmen zu schaffen, der Fragen zu grenzüberschreitenden Vermögensstreitigkeiten zwischen ehemaligen Ehegatten und eingetragenen Partnern klärt und den ungehinderten Umlauf von Beschlüssen in der EU erleichtert.[361] Die Ratsgruppe »Zivilrecht« (Eheliche Güterstände und eingetragene Partnerschaften) beriet die beiden Kommissionsentwürfe parallel. Auf seiner Tagung am 6./7.12.2012 billigte der Rat einvernehmlich die vom Vorsitz im November 2012 vorgeschlagenen politischen Leitlinien[362] zu verschiedenen Kernfragen der beiden Verordnungsvorschläge, auf deren Grundlage die Beratungen fortgesetzt werden sollen.[363] Das von den drei darauffolgenden Vorsitzen (Irland, Litauen, Griechenland) ausgearbeitete Achtzehnmonatsprogramm (1.1.2013–30.06.2014) sah vor, die Beratungen über die EhegüterVO zum Abschluss zu bringen und zu prüfen, inwieweit eine Regelung für die güterrechtlichen Fragen bei eingetragenen Partnerschaften geschaffen werden kann.[364] Zu einem Abschluss der Verhandlungen kam es allerdings nicht. Vielmehr kam es im November 2013 zu einer Blockade der Verhandlungen im Rat aufgrund von Meinungsverschiedenheiten zwischen den Delegationen.[365] Unter italienischer Ratspräsidentschaft (1.7.–31.12.2014) wurden die Verhandlungen wieder aufgenommen. Der Vorsitz legte dem Rat jeweils einen möglichen Kompromiss-

---

360  S.u. 1. Teil B. II. 1. a).
361  *Programme of the Cyprus Presidency of the Council of the European Union*, 1 July – 31 December 2012, S. 31, abrufbar unter: http://www.cy2012.eu/index.php/en/file/MAZ6Cvaoj0L2nxXo9+AUZw==/ (Abruf: 22.10.2015).
362  Die Leitlinien sind formuliert im Vermerk des Vorsitzes für den Rat vom 30.11.2012 (Ratsdok.-Nr. 16878/12), S. 3 ff., dt. Übersetzung abrufbar unter: http://register.consilium.europa.eu/pdf/de/12/st16/st16878.de12.pdf (Abruf: 22.10.2015); zum Inhalt der Leitlinien vgl. *Kohler/Pintens*, FamRZ 2013, 1437.
363  Pressemitteilung zur 3207. Tagung des Rates Justiz und Inneres am 6./7.12.2001 (Ratsdok.-Nr. 17315/12), S. 3, 15, dt. Übersetzung abrufbar unter: http://register.consilium.europa.eu/pdf/de/12/st17/st17315.de12.pdf (Abruf: 22.10.2015).
364  Vermerk der künftigen Vorsitze (Irland, Litauen und Griechenland) für die Delegationen vom 7.12.2012 (Ratsdok.-Nr. 17426/12), S. 51 Punkt 143, dt. Übersetzung abrufbar unter: http://register.consilium.europa.eu/pdf/de/12/st17/st17426.de12.pdf (Abruf: 22.10.2015).
365  Dies geht aus einem Schreiben des Generalsekretariats des Rates der Europäischen Union vom 5.5.2014 an den Verfasser hervor, mit dem ein Antrag auf Zugang zur Zwischenversion des Verordnungstextes von Oktober 2013 (Ratsdok.-Nr. 14756/13) abgelehnt wurde.

vorschlag für die beiden Verordnungen vor[366] und ersuchte den Rat die möglichen Kompromisstexte möglichst bald, spätestens jedoch bis Ende 2015 erneut zu prüfen, um einzuschätzen, ob die erforderliche Einstimmigkeit erreicht werden kann.[367] Die luxemburgische Ratspräsidentschaft (1.7.–31.12.2015) hat sich zum Ziel gesetzt, eine Einigung über die geplanten Güterrechtsverordnungen herbeizuführen.[368]

b) Verhandlungen im Parlament

Nach Art. 81 Abs. 3 AEUV kann der Rat erst nach Anhörung des Parlaments über die Verordnungsentwürfe entscheiden. Federführend ist der Rechtsausschuss des Parlaments. Der Ausschuss für Bürgerliche Freiheiten, Justiz und Inneres (LIBE) übersandte dem Rechtsausschuss am 6.9.2012 seine Stellungnahmen zu den Verordnungsentwürfen.[369] Am 17.9.2012 stellte die zuständige Berichterstatterin Alexandra Thein dem Rechtsausschuss ihre Berichtsentwürfe zu den geplanten Verordnungen vor. Der Rechtsausschuss stimmte am 20.6.2013 über die mit Änderungsvorschlägen versehenen Berichtsentwürfe ab.

---

366   Kompromisstext – Vorschlag für eine Verordnung des Rates über die Zuständigkeit, das anzuwendende Recht, die Anerkennung und die Vollstreckung von Entscheidungen in Fragen des ehelichen Güterstands (Ratsdok.-Nr. 15275/14 JUSTCIV 281), abrufbar unter: http://data.consilium.europa.eu/doc/document/ST-15275-2014-INIT/de/pdf (Abruf: 22.10.2015) sowie Kompromisstext – Vorschlag für eine Verordnung des Rates über die Zuständigkeit, das anzuwendende Recht, die Anerkennung und die Vollstreckung von Entscheidungen in Fragen des Güterstands eingetragener Partnerschaften (Ratsdok.-Nr. 15276/14 JUSTCIV 282 + COR1), abrufbar unter: http://data.consilium.europa.eu/doc/document/ST-15276-2014-COR-1/de/pdf (Abruf: 22.10.2015).

367   Vermerk des Vorsitzes für den Rat vom 27.11.2014 (Ratsdok.-Nr. 16171/14), S. 4, dt. Übersetzung abrufbar unter: http://register.consilium.europa.eu/doc/srv?l=DE&f=ST%2016171%202014%20INIT (Abruf: 22.10.2015).

368   *Une union pour les citoyens. Les priorités de la Présidence luxembourgeoise du Conseil de l'Union européenne, 1er juillet-31 décembre 2015*, S. 20 f., abrufbar unter: http://www.eu2015lu.eu/fr/la-presidence/a-propos-presidence/programme-et-priorites/PROGR_POLITIQUE_FR.pdf (Abruf: 22.10.2015).

369   Stellungnahme des Ausschusses für Bürgerliche Freiheiten, Justiz und Inneres vom 3.9.2012 zum EhegüterVO-E2011 (nf.: LIBE-Stellungnahme I), abrufbar unter: http://www.europarl.europa.eu/sides/getDoc.do?pubRef=-%2F%2FEP%2F%2FNONSGML%2BCOMPARL%2BPE-473.957%2B02%2BDOC%2BPDF%2BV0%2F%2FDE (Abruf: 22.10.2015) sowie Stellungnahme des Ausschusses für Bürgerliche Freiheiten, Justiz und Inneres vom 3.9.2012 zum PartgüterVO-E2011 (nf.: LIBE-Stellungnahme II), abrufbar unter: http://www.europarl.europa.eu/sides/getDocdo?pubRef=-%2f%2fEP%2f%2fNONSGML%2bCOMPARL%2bPE-483.493%2b02%2bDOC%2bPDF%2bV0%2f%2fDE (Abruf: 22.10.2015).

Sowohl der Bericht zum EhegüterVO-E2011 (nf.: Thein-Bericht I[370]) als auch der Bericht zum PartgüterVO-E2011 (nf.: Thein-Bericht II[371]) wurden am 21.8.2013 veröffentlicht. Am 9.9.2013 fand im Parlament die Debatte über die Berichte des Rechtsausschusses statt. Sie fanden im Plenum große Zustimmung, so dass die Berichte am 10.9.2013 als legislative Entschließungen vom Parlament angenommen wurden. Dass die Plenarabstimmung lange Zeit hinausgezögert wurde, lässt sich vermutlich damit erklären, dass man abwarten wollte, bis die Arbeiten im Rat weiter vorangeschritten waren. Diese Zurückhaltung des Parlaments ist darauf zurückzuführen, dass die Beteiligung des Parlaments im Anhörungsverfahren mit der endgültigen Abstimmung im Parlament endet. So ist es dem Parlament nach der Abstimmung verwehrt, zu einer nachfolgenden Textfassung noch einmal Stellung zu nehmen.

## II. Der Kommissionsvorschlag zum Ehegüterrecht (KOM[2011] 126 endg.)

Im Folgenden werden die Inhalte des Kommissionsentwurfs zum Ehegüterkollisionsrecht (EhegüterVO-E2011) näher dargestellt und analysiert.

### 1. Anwendungsbereich

Zunächst erscheint klärungsbedürftig, inwieweit die EhegüterVO nach den Plänen der Kommission in räumlicher, persönlicher, sachlicher und zeitlicher Hinsicht anwendbar sein wird.

### a) Räumlicher Anwendungsbereich

Bereits jetzt ist absehbar, dass Dänemark, das Vereinigte Königreich und Irland voraussichtlich nicht vom räumlichen Anwendungsbereich der EhegüterVO umfasst sein werden. Bereits unter Geltung des Vertrages von Amsterdam nahmen Dänemark, das Vereinigte Königreich und Irland gem. ex-Art. 69 EGV eine Sonderrolle ein. Dies hat sich durch den Vertrag von Lissabon nicht wesentlich geändert. So beteiligt sich Dänemark generell nicht am Erlass von Maßnahmen des Rates zur Verwirklichung des Raumes der Freiheit, der Sicherheit und des Rechts.[372] Auch das Vereinigte Königreich und Irland lehnen grundsätzlich die Teilnahme an diesem Politikbereich ab, jedoch haben sie die Möglichkeit, gesondert für jede Maßnahme zu entscheiden, ob sie sich an ihr

---

370 Abrufbar unter: http://www.europarl.europa.eu/sides/getDoc.do?pubRef=-//EP//NONSGML+REPORT+A7-2013-0253+0+DOC+PDF+V0//DE (Abruf: 22.10.2015).
371 Abrufbar unter: http://www.europarl.europa.eu/sides/getDoc.do?pubRef=-//EP//NONSGML+REPORT+A7-2013-0254+0+DOC+PDF+V0//DE (Abruf: 22.10.2015).
372 Art. 1 und 2 des Protokolls Nr. 22 über die Position Dänemarks (ABl. EU 2012, Nr. C 326/299).

beteiligen.[373] Seit dem Vertrag von Lissabon hat auch Dänemark die Option, für jede Maßnahme zum Raum der Freiheit, der Sicherheit und des Rechts gesondert zu entscheiden, ob es sich daran beteiligt.[374]

Von ihrer Möglichkeit zur Beteiligung an den geplanten Güterrechtsverordnungen (*Opt-in*) haben bisher weder das Vereinigte Königreich und Irland[375] noch Dänemark Gebrauch gemacht. Am 30.6.2011 teilte das *Ministry of Justice* dem britischen *Parliament* in einer schriftlichen Stellungnahme mit, dass sich das Vereinigte Königreich nicht an den Kommissionsvorschlägen beteiligen werde. Die am 15.4.2011 von der Regierung eingeleitete öffentliche Konsultation von Experten und Organisationen habe ergeben, dass es nicht im Interesse des Vereinigten Königreichs liege, an den Kommissionsvorschlägen teilzunehmen. Das Konzept eines Güterrechts existiere im Vereinigten Königreich nicht in dem Sinne, wie es von den meisten Mitgliedstaaten verstanden werde.[376]

Die Zurückhaltung des Vereinigten Königreichs und Irlands lässt sich darauf zurückführen, dass die Rechtsordnungen des *Common Law* es grundsätzlich ablehnen, ausländisches Familienrecht zur Anwendung zu bringen.[377] Zudem ist ihnen der Begriff des »ehelichen Güterstandes« fremd. Während der Ehe bleiben die Vermögensmassen der Ehegatten strikt getrennt. Kommt es zur Scheidung, trifft der zuständige Richter nach dem Recht der *lex fori* eine Billigkeitsentscheidung über sämtliche Scheidungsfolgen, einschließlich Unterhalt und Vermögensaufteilung.[378]

Da sich das Vereinigte Königreich, Irland und Dänemark wohl nicht an den Güterrechtsverordnungen beteiligen werden, stellt sich die Frage, ob sie dennoch als Mitgliedstaaten i.S.d. EhegüterVO oder vielmehr als Drittstaaten be-

---

373  Art. 1, 2 und 3 des Protokolls Nr. 21 über die Position des Vereinigten Königreichs und Irland (ABl. EU 2012, Nr. C 326/295).

374  Protokoll Nr. 1 zur Änderung der Protokolle zum Vertrag über die Europäische Union, zum Vertrag zur Gründung der Europäischen Gemeinschaft und/oder zum Vertrag zur Gründung der Europäischen Atomgemeinschaft (ABl. EU 2007, Nr. C 306/165, 189); nun ausdrücklich in Art. 3 Abs. 1 des Protokolls Nr. 22 über die Position Dänemarks (ABl. EU 2012, Nr. C 326/302).

375  *Mansel/Thorn/Wagner*, IPRax 2012, 1, 7; *Martiny*, IPRax 2012, 119, 131; als unzutreffend stellt sich somit der Hinweis von *Revillard*, LPA, 6 juill. 2011, n° 133, 3, 4 und *Crône*, in: Liber Amicorum Champenois (2012), S. 217, 229 heraus, wonach das Vereinigte Königreich und Irland ihr Interesse bekundet hätten, den Güterrechtsverordnungen beizutreten.

376  *Written Ministerial Statement*, Thursday 30 June 2011, abrufbar unter: http://www. publications.parliament.uk/pa/cm201011/cmhansrd/cm110630/wmstext/110630m 0001.htm (Abruf: 22.10.2015); kritisch zur Entscheidung der britischen Regierung *Carruthers*, ICLQ 2012, 881, 902.

377  *Thorpe*, in: Boele-Woelki/Miles/Scherpe, The Future of Family Property in Europe, S. 3, 4 ff.; *Wagner*, IPRax 2007, 290, 292.

378  Zum Recht in England und Wales s. Rieck/*Woelke*, AuslFamR, England und Wales, Rn. 14, 35; *Scherpe*, in: FS Brudermüller (2014), S. 643, 645 ff.; zum irischen Recht s. Rieck/*Blaser*, AuslFamR, Irland, Rn. 13, 18, 20.

trachtet werden sollten. Nach Art. 1 Nr. 2 EhegüterVO-E2011 bezeichnet der Ausdruck »Mitgliedstaat« alle Mitgliedstaaten mit Ausnahme von Dänemark und – im Falle des unterbliebenen *Opt-In* – dem Vereinigten Königreich und Irland. Damit wird indirekt klargestellt, dass diese Staaten als Drittstaaten i.S.d. EhegüterVO anzusehen sind. Dies entspricht der Lösung im Rahmen der Erb-VO.[379] Die Einordnung als Drittstaat hat Bedeutung für die universelle Anwendung der Verordnung (Art. 21 EhegüterVO-E2011), den Ausschluss von Rück- und Weiterverweisungen (Art. 24 EhegüterVO-E2011) sowie die Notzuständigkeit (Art. 7 EhegüterVO-E2011).

b) Persönlicher Anwendungsbereich

Fraglich ist, ob der EhegüterVO-E2011 nur die verschiedengeschlechtliche Ehe erfasst oder auch die nach dem Recht eines (Mitglied-) Staates zwischen zwei gleichgeschlechtlichen Partnern wirksam geschlossene Ehe. Der EhegüterVO-E2011 selbst ist geschlechtsneutral formuliert. Der Begriff der »Ehe« wird im Vorschlag nicht definiert. Vielmehr präzisiert Erwägungsgrund 10 zum EhegüterVO-E2011: »Der Begriff der Ehe, der durch das einzelstaatliche Recht der Mitgliedstaaten definiert wird, ist nicht Gegenstand dieser Verordnung.« Daraus wird vereinzelt geschlossen, die gleichgeschlechtliche Ehe falle nicht unter den EhegüterVO-E2011, sondern unter den PartgüterVO-E2011.[380] Nach ganz überwiegender Ansicht wird jedoch angenommen, hier sei der Anwendungsbereich der EhegüterVO-E2011 eröffnet.[381] Die Kommission hat sich bewusst zur geschlechtsneutralen Formulierung des Vorschlags entschieden, da die Ehe je nach Mitgliedstaat sowohl hetero- als auch homosexuellen Paaren offen stehe.[382] Sie selbst geht daher davon aus, der EhegüterVO-E2011 erfasse somit auch gleichgeschlechtliche Ehen.[383] Diese Auslegung ist sinnvoll, da sie hin-

---

379 Vgl. Erwägungsgründe 82 und 83 ErbVO.

380 *González Beilfuss,* YPIL 2011, 183, 187; jedenfalls zweifelnd *Döbereiner* Mitt-BayNot 2011, 463; ebenso *Péroz,* in: Douchy-Oudot/Guinchard, La justice européenne en marche, S. 265, 274.

381 *Dethloff,* in: FS v. Hoffmann (2011), 73, 77; *Hausmann,* Int. EhescheidungsR, Kap. R Rn. 2; *Kohler/Pintens,* FamRZ 2011, 1433, 1435; *Kohler,* NotBZ 2012, 1; *Mansel/Thorn/Wagner,* IPRax 2012, 1, 6; *Süß,* ZNotP 2011, 282, 289; *Finger* FuR 2012, 10, 16; *Fulchiron,* JDI 2013, 1055, 1101; *Gray/Quinzá Redondo,* F&R, nov. 2013, Rn. 2.2.3; *Dengel,* Die europäische Vereinheitlichung des Internat. Ehegüterrechts, S. 98 f.; unschlüssig hingegen *Martiny,* Workshop: Cross-Border Recognition, in: Boele-Woelki/Fuchs, Legal Recognition of Same-Sex Relationships in Europe, S. 225, 231 (»However, the exact approach to be followed is not clear.«).

382 Mitteilung der Kommission, S. 6.

383 So führt die Kommission, a.a.O. in Fn. 13 als Beispiel eine nach portugiesischem Recht zugelassene Ehe zwischen Personen desselben Geschlechts an, die vom EhegüterVO-E2011 erfasst werde.

kende Güterrechtsverhältnisse vermeidet.[384] Mit der überwiegenden Ansicht ist daher anzunehmen, dass der EhegüterVO-E2011 sowohl die verschieden- als auch die gleichgeschlechtliche Ehe erfasst. Zudem kommt es so auch nicht von vornherein zu einer Abwertung der gleichgeschlechtlichen Ehe. Vom Anwendungsbereich ausgeschlossen ist hingegen eine gleichgeschlechtliche formalisierte Partnerschaft, die der verschiedengeschlechtlichen Ehe weitgehend gleichgestellt ist, wie etwa die eingetragene Lebenspartnerschaft deutschen Rechts.[385] Diese unterfällt dem PartgüterVO-E2011.[386]

Die Erstreckung auf verschieden- und gleichgeschlechtliche Ehen führt nicht dazu, dass der Anwendungsbereich der geplanten EhegüterVO von Mitgliedstaat zu Mitgliedstaat variiert.[387] Die Frage, nach welchem Recht sich beurteilt, ob eine Ehe wirksam begründet wurde, ist vielmehr eine Vorfrage, deren Anknüpfung noch zu klären ist.[388]

c)  Sachlicher Anwendungsbereich

Im Folgenden ist zu erörtern, wie der sachliche Anwendungsbereich des EhegüterVO-E2011 in Abgrenzung zum autonomen Recht der Mitgliedstaaten und anderen europäischen Verordnungen im Bereich des IPR ausgestaltet ist.

aa)  Der Begriff des ehelichen Güterstandes

Nach Art. 1 Abs. 1 EhegüterVO-E2011 findet der Vorschlag auf die »ehelichen Güterstände« Anwendung. Unter dem Begriff des »ehelichen Güterstandes« (»*régime matrimonial*«/»*matrimonial property regime*«) sind gem. Art. 2 lit. a EhegüterVO-E2011 »sämtliche vermögensrechtliche Regelungen [zu verstehen], die im Verhältnis der Ehegatten zueinander sowie zwischen ihnen und Dritten gelten«. Der EhegüterVO-E2011 erfasst somit nicht nur güterrechtliche Fragen bei Beendigung des Güterstandes, sondern auch während des Bestehens der Ehe. Da die autonom auszulegende[389] Definition jedoch recht weit gefasst ist, stellen sich Abgrenzungsfragen.

---

384  *Kroll-Ludwigs*, Die Rolle der Parteiautonomie, S. 124; Rauscher/*Kroll-Ludwigs*, EuZPR/EuIPR IV, Einf. EU-EheGüterVO-E Rn. 16.
385  So aber *Döbereiner*, MittBayNot 2011, 463, 464 f., 467.
386  S.u. 1. Teil B. III. 1. b).
387  So aber Fongaro/*Bidaud-Garon*, Droit patrimonial européen de la famille, Rn. 206 mit dem Hinweis, dass nicht alle mitgliedstaatlichen Rechtsordnungen die gleichgeschlechtliche Ehe kennen würden.
388  S.u. 1. Teil B. II. 3. c).
389  *Boulanger*, JCP N., 8 avr. 2011, n° 14–15, 6, 7; so auch ausdrücklich die Kommission in ihrer Erläuterung zu Art. 1 EhegüterVO-E2011, S. 6.

## bb) Abgrenzung zum Ehewirkungsstatut

Zunächst ist zu klären, wie der Begriff der »ehelichen Güterstände« von den allgemeinen Ehewirkungen abzugrenzen ist. Aus deutscher Sicht sind etwa die Vertretungsbefugnis der Ehegatten (§ 1357 BGB, sog. »Schlüsselgewalt«) oder die Eigentumsvermutung (§ 1362 BGB) als allgemeine Ehewirkungen anzusehen, da sie unabhängig vom jeweiligen Güterstand gelten. In ähnlicher Weise stellt sich die Frage, wie die Regelungen des französischen *régime primaire* zu qualifizieren sind, die insbesondere vermögensrechtliche Regelungen allgemeiner Art darstellen und ebenfalls unabhängig vom jeweiligen Güterstand Geltung beanspruchen.

Zur Auslegung kann Erwägungsgrund 11 EhegüterVO-E2011 herangezogen werden, der präzisiert, dass sich der Anwendungsbereich der künftigen Verordnung »auf alle zivilrechtlichen Aspekte der ehelichen Güterstände erstrecken und sowohl die Verwaltung des Vermögens der Ehegatten im Alltag (...) als auch die güterrechtliche Auseinandersetzung infolge der Trennung des Paares oder des Todes eines Ehegatten« betreffen sollte.

Daraus schließen einige Autoren, dass sämtliche Vertretungsbefugnisse und Verfügungsbeschränkungen und somit ebenfalls das *régime primaire* als güterrechtlich zu qualifizieren seien und dem Anwendungsbereich des EhegüterVO-E2011 unterfielen.[390] Andere wiederum nehmen an, dass jedenfalls die vermögensrechtlichen Aspekte des *régime primaire* in den Anwendungsbereich des EhegüterVO-E2011 fielen, hingegen die güterstandsunabhängige Vertretungsbefugnis und Verfügungsbeschränkung weiterhin autonom zu qualifizieren seien.[391] Die Mehrheit der Stellungnahmen zum Grünbuch sprach sich noch gegen eine Einbeziehung der personenbezogenen Aspekte (*aspects personnels*) des Güterstandes und somit für einen engen Anwendungsbereich aus.[392] In der Literatur wurde hervorgehoben, dass die persönlichen Ehewirkungen »sehr heterogene Fragen«[393] beträfen und daher unterschiedlicher kollisionsrechtlicher Anknüpfungen bedürften. Hingegen hat sich die Kommission im EhegüterVO-E2011 für einen weiten Anwendungsbereich entschlossen, indem sie unter dem Begriff der »ehelichen Güterstände« sämtliche vermögensrechtliche Regelungen versteht, die im Verhältnis der Ehegatten gelten (Art. 2 lit. a EhegüterVO-

---

390  *Kohler/Pintens*, FamRZ 2011, 1433, 1435; *Buschbaum/Simon*, GPR 2011, 262, 263; *Hausmann*, Int. EhescheidungsR, Kap. R Rn. 3; *Henrich*, in: FS Brudermüller (2014), S. 311, 312.

391  *Martiny*, IPRax 2011, 437, 444; *A. Pfeiffer*, Nachlassplanung deutsch-schweizerischer Ehepaare, S. 144 Fn. 762; *ders.*, FamRBint 2012, 45, 46 Fn. 12; *Kroll-Ludwigs*, Die Rolle der Parteiautonomie, S. 124; *Rauscher/Kroll-Ludwigs*, EuZPR/EuIPR IV, Einf. EU-EheGüterVO-E Rn. 19; *Dengel*, Die europäische Vereinheitlichung des Internat. Ehegüterrechts, S. 111 f., 118 ff.

392  *Wagner*, FamRZ 2009, 269, 278.

393  *Martiny*, FPR 2008, 206, 207; *ders.*, in: FS Kropholler (2008), S. 373, 379; ebenso *Wagner*, FamRZ 2009, 269, 278.

E2011). Auch der Negativkatalog des Art. 1 Abs. 3 EhegüterVO-E2011 enthält, im Gegensatz zum PartgüterVO-E2011[394], keinen Ausschluss der personenbezogenen Wirkungen des Güterstandes. Die Annahme eines weiten Anwendungsbereichs ist daher überzeugend. Somit ist mit der erstgenannten Meinung davon auszugehen, dass der Anwendungsbereich des EhegüterVO-E2011 sämtliche ehebedingten Vertretungsbefugnisse und Verfügungsbeschränkungen und somit ebenfalls das *régime primaire* erfasst. Dass dem EhegüterVO-E2011 ein weiter Anwendungsbereich zukommt, der auch personenbezogene Wirkungen wie das *régime primaire* umfasst, wird indirekt durch die LIBE-Stellungnahme II sowie den Thein-Bericht II gestützt.[395] Zudem wurde in den Beratungen der Ratsarbeitsgruppe vorgeschlagen, in einem Erwägungsgrund zu verdeutlichen, dass die vermögensrechtlichen Regelungen des *régime primaire* zu den Eingriffsnormen i.S.d. künftigen EhegüterVO gehören sollten.[396] Dass die Regelungen des *régime primaire* güterrechtlich zu qualifizieren sind, wird auch dadurch unterstützt, dass der deutsch-französische Wahlgüterstand ebenfalls Regelungen zur »Schlüsselgewalt« (Art. 6 WZGA) und Verfügungsbeschränkung (Art. 5 WZGA) enthält, die nicht zur Disposition der Parteien stehen (Art. 3 Abs. 3 WZGA).

Das Güterstatut des EhegüterVO-E2011 erfasst somit die Begründung und Beendigung des Güterstandes, die Zulässigkeit und Wirksamkeit von Eheverträgen, die Vermögenszuordnung sowie güterstandsabhängige und -unabhängige Vertretungsbefugnisse und Verfügungsbeschränkungen aufgrund der Ehe. Dem Ehewirkungsstatut nach Art. 14 EGBGB wird somit nur noch ein schmaler Anwendungsbereich zukommen.[397]

cc) Abgrenzung zum Scheidungs- und Unterhaltsstatut

Des Weiteren stellt sich die Frage, wie der Anwendungsbereich des EhegüterVO-E2011 vom Scheidungsstatut sowie vom Unterhaltsstatut abgegrenzt werden kann.

Die Rom III-VO regelt das auf die Ehescheidung sowie die Trennung ohne Auflösung des Ehebandes anzuwendende Recht (Art. 1 Abs. 1 Rom III-VO), einschließlich der maßgeblichen Scheidungs- und Trennungsgründe (Erwä-

---

394  So sind vom Anwendungsbereich des PartgüterVO-E2011 die personenbezogenen Aspekte der eingetragenen Partnerschaft ausgeschlossen (Art. 1 Abs. 3 Partgüter-VO-E2011).

395  So sehen Änderungsantrag 11 der LIBE-Stellungnahme II sowie Änderungsantrag 30 des Thein-Berichts II vor, den Ausschluss der personenbezogenen Wirkungen im PartgüterVO-E2011 zu streichen. Personenbezogene Wirkungen würden damit sowohl in den Anwendungsbereich der EhegüterVO als auch der PartgüterVO fallen.

396  *Coester-Waltjen*, FamRZ 2013, 170, 171.

397  Näher dazu *Coester-Waltjen*, FamRZ 2013, 170, 172.

gungsgrund 10 Rom III-VO). Von ihrem Anwendungsbereich ausgeschlossen sind hingegen die »vermögensrechtlichen Folgen der Ehe« (Art. 1 Abs. 2 lit. e Rom III-VO).

Vermögensrechtliche Folgen, die weder güter- noch unterhaltsrechtlich zu qualifizieren sind und ebenso wenig Art. 17a EGBGB unterliegen, werden gemäß Art. 17 Abs. 1 EGBGB scheidungsakzessorisch angeknüpft, d.h. sie unterliegen dem nach der Rom III-VO auf die Scheidung anwendbaren Recht.[398] Dazu gehören etwa Rechtsinstitute ausländischen Rechts wie Genugtuungs-, Entschädigungs- oder Schadensersatzansprüche.[399]

Ungeklärt ist allerdings die Frage, ob der deutsche Versorgungsausgleich künftig in den Anwendungsbereich der EhegüterVO fallen oder weiterhin Art. 17 Abs. 3 EGBGB auf ihn anzuwenden sein wird. Der Negativkatalog des Art. 1 Abs. 3 EhegüterVO-E2011 enthält keinen Ausschluss des Versorgungsausgleichs. Daraus wird teilweise geschlossen, dass der Versorgungsausgleich durchaus vom EhegüterVO-E2011 erfasst werden könnte, es aber hinsichtlich dieser Frage einer Klarstellung bedürfe.[400] Die Gegenansicht nimmt an, der EhegüterVO-E2011 umfasse den Versorgungsausgleich nicht.[401] Im Rahmen der Brüssel I-VO wird der Versorgungsausgleich zwar zum Recht der »ehelichen Güterstände« gezählt (vgl. Art. 1 Abs. 2 lit. a Brüssel I-VO), allerdings nur, um ihn vom Anwendungsbereich der Verordnung auszuschließen.[402] Da der Begriff des »ehelichen Güterstandes« jedoch weit aufzufassen ist und sämtliche vermögensrechtliche Regelungen erfassen soll, die im Verhältnis der Ehegatten zueinander gelten, ist mit der ersten Ansicht davon auszugehen, dass der EhegüterVO-E2011 nach derzeitigem Stand den Versorgungsausgleich mit umfasst. Allerdings ist die Erstreckung der EhegüterVO auf den Versorgungsausgleich nicht sinnvoll, da ein solches Rechtsinstitut funktional in nur zwei europäischen Rechtsordnungen vorgesehen ist.[403] Bereits in der Diskussion zum Grünbuch wurde vorgeschlagen, dass das künftige Regelungsinstrument den Versorgungs-

398 Zur Neufassung des Art. 17 EGBGB vgl. *Hau*, FamRZ 2013, 249, 251.

399 *Rauscher*, FPR 2013, 257, 258; BT-Drs. 17/11049, S. 10.

400 So etwa *Martiny*, IPRax 2011, 437, 444; *Kohler/Pintens*, FamRZ 2011, 1433, 1436; *Hausmann*, Int. EhescheidungsR, Kap. R Rn. 4; *DNotV*, Stellungnahme, S. 5; *BRAK*, Stellungnahme v. Juli 2011, S. 2.

401 *A. Pfeiffer*, Nachlassplanung deutsch-schweizerischer Ehepaare, S. 144 Fn. 761; *ders.*, FamRBint 2012, 45, 46; für eine Herausnahme des Versorgungsausgleichs aus dem Anwendungsbereichs der EhegüterVO *Henrich*, in: FS Brudermüller (2014), S. 311, 320.

402 So etwa *Martiny*, IPRax 2011, 437, 444; *ders.*, FS Kropholler (2008), 373, 379 f.; *Rauscher/Mankowski*, EuZPR/EuIPR I, Art. 1 Brüssel I-VO Rn. 12.

403 Der Versorgungsausgleich ist allein in Deutschland und den Niederlanden bekannt, wobei der niederländische Versorgungsausgleich nicht in allen relevanten Bereichen mit den wesentlichen Strukturmerkmalen des deutschen Versorgungsausgleichs vergleichbar ist, so BGH FamRZ 2009, 677, 679; a.A. *Andrae*, IntFamR, § 4 Rn. 95 f.

ausgleich nicht erfassen sollte.[404] Diesen Forderungen scheint man nun in den Beratungen zur EhegüterVO nachkommen zu wollen. Es wird erwogen, den Ausschluss des Versorgungsausgleichs nach deutschem Recht sowie ähnlicher Institute in anderen Mitgliedstaaten ausdrücklich in den Negativkatalog des Art. 1 Abs. 3 der EhegüterVO aufzunehmen.[405]

Der Abgrenzung zum Unterhaltsstatut dient Art. 1 Abs. 3 lit. b EhegüterVO-E2011, wonach die Unterhaltspflichten vom Anwendungsbereich des Verordnungsentwurfs ausgenommen sind. Die Unterhaltspflichten im Verhältnis der Ehegatten untereinander sind vielmehr Gegenstand der UnterhVO[406] (Erwägungsgrund 12 EhegüterVO-E2011).

Wie im Rahmen des autonomen Kollisionsrechts stellt sich auch hier die Frage, wie die französische *prestation compensatoire* zu qualifizieren ist. Da der Begriff der »ehelichen Güterstände« weit zu verstehen ist, könnte sie güterrechtlich qualifiziert werden. Da die Funktion der *prestation compensatoire* jedoch darin besteht, scheidungsbedingte Nachteile auszugleichen und ihre Höhe auch von der Bedürftigkeit und Leistungsfähigkeit der Ehegatten abhängt (vgl. Art. 271 CC), ist sie unterhaltsrechtlich einzuordnen, so dass auf sie die UnterhVO Anwendung findet.[407]

### dd) Abgrenzung zum Erbrechtsstatut

Bei der Beendigung des ehelichen Güterstandes durch den Tod eines Ehegatten stellt sich regelmäßig die Frage der Abgrenzung von Güterrechtsstatut und Erbrechtsstatut. Nach Art. 1 Abs. 3 lit. d EhegüterVO-E2011 sind die »Nachlassansprüche des überlebenden Ehegatten« vom Anwendungsbereich der künftigen Verordnung ausgeschlossen. In den Beratungen zur EhegüterVO wird erwogen, den Ausschluss nicht nur auf die Nachlassansprüche des überlebenden Ehegatten zu erstrecken, sondern auf die gesamte »Rechtsnachfolge von Todes wegen nach dem Tod des Ehegatten«.[408] Dies ist konsequent, denn auf die »Rechtsnachfolge von Todes wegen« findet die ErbVO Anwendung (Art. 1 Abs. 1 ErbVO). Die Kollisionsregeln der ErbVO gelten insbesondere für die »Nachlassansprüche des überlebenden Ehegatten« (Art. 23 Abs. 2 lit. b ErbVO). Spiegelbildlich dazu werden »Fragen des Güterrechts« aus dem Anwendungsbereich der Verordnung ausgeklammert (Art. 1 Abs. 2 lit. d ErbVO). Allerdings sollen die Behörden, die mit einer bestimmten Erbsache nach der ErbVO befasst sind,

---

404  *Wagner*, FamRZ 2009, 269, 278; *Martiny*, FS Kropholler (2008), 373, 379 f.
405  So der Änderungsantrag 33 des Thein-Berichts I; zur letzten Fassung des Verordnungsentwurfs siehe auch *Kohler/Pintens*, FamRZ 2014, 1498, 1499.
406  Verordnung (EG) Nr. 4/2009 des Rates vom 18.12.2008 über die Zuständigkeit, das anwendbare Recht, die Anerkennung und Vollstreckung von Entscheidungen und die Zusammenarbeit in Unterhaltsaachen (ABl. EU 2009, Nr. L 7/1).
407  Ebenso Rauscher/*Andrae*, EuZPR/EuIPR IV, Art. 1 EG-UntVO Rn. 23.
408  Ähnlich auch Änderungsantrag 29 des Thein-Berichts I.

je nach den Umständen des Einzelfalls die Beendigung des ehelichen oder sonstigen Güterstands des Erblassers bei der Bestimmung des Nachlasses und der jeweiligen Anteile der Berechtigten berücksichtigen (Erwägungsgrund 12 ErbVO).

Somit stellt sich erneut aus deutscher Sicht die Frage, wie die Vorschrift des § 1371 Abs. 1 BGB zu qualifizieren ist. Im Schrifttum wird diese Problematik teilweise bereits in der Diskussion um die ErbVO erörtert.

Zwar wird unstreitig davon ausgegangen, dass die Verordnungen autonom auszulegen sind. Daraus werden jedoch unterschiedliche Schlussfolgerungen gezogen. Während einige Stimmen[409] sich noch unschlüssig zeigen, geht die überwiegend vertretene Ansicht in der Literatur[410] und der Rechtsprechung[411] von einer güterrechtlichen Qualifikation aus. Demgegenüber erachten einige Autoren nunmehr eine erbrechtliche Qualifikation für sinnvoll.[412] Zwar wird vereinzelt gefordert, der deutsche Gesetzgeber möge im Rahmen des Durchführungsgesetzes zur ErbVO die Qualifikation des § 1371 Abs. 1 BGB klarstel-

---

409  *Buschbaum/Kohler*, GPR 2010, 106, 108 (»bleibt abzuwarten«); *Döbereiner*, MittBayNot 2011, 463, 464 (»bleibt abzuwarten«); *Lange*, ZErb 2012, 160, 161 (»weiter ungelöst«); Nk-BGB/*Kroiß*, EuErbVO, Rn. 4 (»Die Verordnung [ErbVO] bringt insoweit keine Klärung.«); *Seibl*, in: Spickhoff, Symposium Parteiautonomie im Europäischen IPR, S. 123, 131 (»gewisse Unsicherheit«); auch *Bonomi*, YPIL 2011, 217, 219 spricht sich für eine autonome Interpretationen der Verordnungen durch den EuGH aus, ohne sich selbst festzulegen; *Kowalczyk*, ZfRV 2013, 126, 128 warnt davor, dass die Anwendung des § 1371 Abs. 1 BGB mangels konformer Einordnung durch die Rechtsprechung auf europäischer Ebene unkontrollierbar werden könnte.

410  *Schurig*, in: FS Spellenberg (2010), S. 343, 352; *Dörner*, ZEV 2010, 221, 223; *ders.*, ZEV 2012, 505, 507; *ders.*, in: Dutta/Herrler, Die Europäische ErbVO, S. 73, 77 ff.; *ders.*, IPRax 2014, 323, 326; *Steinmetz/Löber/García Alcázar*, ZEV 2010, 234, 235 f.; *Martiny*, IPRax 2011, 437, 445; *Remde*, RNotZ 2012, 65, 79; *Kunz*, GPR 2012, 253, 254; *Simon/Buschbaum*, NJW 2012, 2393; *Dutta*, FamRZ 2013, 4, 9; *Odersky*, notar 2013, 3 f.; *Müller-Lukoscheck*, Die neue EU-Erbrechtsverordnung, § 2 Rn. 73; Burandt/Rojahn/*Burandt*, Art. 1 EuErbVO Rn. 5; *Hertel*, ZEV 2014, 96, 97; *Mankowski*, ZEV 2014, 121, 126 f.; nun wohl auch *Döbereiner*, MittBayNot 2013, 358, 359; im Ergebnis auch *Walther*, GPR 2014, 325, 329; *Dutta*, IPRax 2015, 32, 33.

411  Die güterrechtliche Qualifikation begründet das OLG Schleswig ZEV 2014, 93, 94 mitunter damit, dass auch bei der Auslegung der ErbVO eine Tendenz abzeichne, § 1371 Abs. 1 BGB als rein güterrechtliche Norm zu qualifizieren.

412  *Jayme*, in: Reichelt/Rechberger, Europäisches Erbrecht, S. 27, 34; *Hess/Jayme/Pfeiffer*, Stellungnahme zum ErbVO-E, S. 30, 31; *Kleinschmidt*, RabelsZ 77 (2013), 723, 758; *DNotI*, Stellungnahme, DNotI-Report 2012, 107, 108 (»Die erbrechtliche Qualifikation vermeidet darüber hinaus auch Probleme bei der Anwendung der künftigen Erbrechtsverordnung.«); *Süß*, ZEuP 2013, 725, 742.

len.[413] Allerdings kann eine durch nationales Recht festgelegte Qualifikation eines Rechtsinstituts, das in der Rechtsordnung eines Mitgliedstaates vorgesehenen ist, wegen des Anwendungsvorrangs des Unionsrechts für die autonome Auslegung einer europäischen Verordnung nicht bindend sein. Zu Recht sieht das Durchführungsgesetz zur ErbVO[414] keine konkretisierenden Ausführungen zur Qualifikation des § 1371 Abs. 1 BGB vor. Bei der autonomen Auslegung einer Verordnung sollte die Funktion des zu qualifizierenden Rechtsinstituts nicht außer Acht gelassen werden. Die Vorschrift des § 1371 Abs. 1 BGB dient der Beteiligung des überlebenden Ehegatten an dem während des Bestehens der Zugewinngemeinschaft erzielten Gewinns. Sie verfolgt den Zweck, dem überlebenden Ehegatten eine pauschalierte Kompensation für die während der Ehe geleistete Mitwirkung an der Vermögensmehrung des anderen Ehegatten zuzubilligen. Aus diesem Grund ist auch aus europäischer Sicht eine güterrechtliche Qualifikation des § 1371 Abs. 1 BGB vorzugswürdig. Somit ist § 1371 Abs. 1 BGB künftig dann anzuwenden, wenn ein mit letztem gewöhnlichen Aufenthalt in Deutschland versterbender Erblasser gem. Art. 21 Abs. 1 ErbVO nach deutschem Recht beerbt wird und seine güterrechtlichen Verhältnisse nach Art. 17 EhegüterVO-E2011 ebenfalls deutschem Recht unterstehen.

Da die Anknüpfungspunkte von ErbVO und EhegüterVO-E2011 nicht identisch sind, kann es auch nach Inkrafttreten der EhegüterVO dazu kommen, dass Erbstatut und Güterrechtsstatut auseinanderfallen. Damit der überlebende Ehegatte bei gespaltenem Erb- und Güterrechtsstatut weder mehr noch weniger erhält als ihm bei isolierter Anwendung eines dieser Statuten zufließen würde, ist ggf. auf das Instrument der Anpassung zurückzugreifen.[415]

Die ErbVO sieht einen Gleichlauf von internationaler Zuständigkeit und anwendbarem Recht vor. Somit werden deutsche Gerichte zukünftig selten über die Anwendbarkeit ausländischen Erbrechts zu entscheiden haben. Vielmehr werden ausländische Gerichte über die Frage der Qualifikation des § 1371 Abs. 1 BGB entscheiden müssen.[416]

Relevant ist die Qualifikationsfrage auch im Hinblick auf die Angaben im Europäischen Nachlasszeugnis (nf.: ENZ), das durch die ErbVO eingeführt wurde. So soll das ENZ Angaben zu einem vom Erblasser geschlossenen Ehevertrag enthalten (Art. 68 lit. h ErbVO). Es weist also aus, in welchem Güterstand die

---

413  So etwa *Buschbaum/Kohler*, GPR 2010, 106, 108; *Hess/Jayme/Pfeiffer*, Stellungnahme zum ErbVO-E, S. 31 f.; ebenso befürwortend *Walther*, GPR 2014, 325, 329.

414  Gesetz zum Internationalen Erbrecht und zur Änderung von Vorschriften zum Erbschein sowie zur Änderung sonstiger Vorschriften v. 29.6.2015 (BGBl. 2015 I, S. 1042); hierzu *Döbereiner*, NJW 2015, 2449 ff.; ausführlich zum Referentenentwurf v. 6.2.2014 *Wagner/Scholz*, FamRZ 2014, 714 ff.; *Lehmann*, ZEV 2014, 232 ff.

415  So wohl *Martiny*, IPRax 2011, 437, 445.

416  *DNotI*, Stellungnahme, DNotI-Report 2013, 175, 176; *Dörner*, in: Dutta/Herrler, Die Europäische ErbVO, S. 73, 79 f.

Ehegatten leben, jedoch nicht, welches Güterrechtsstatut das ausstellende Gericht zugrunde gelegt hat.[417] Zudem soll das ENZ eine Angabe zum Erbteil eines jeden Erben enthalten (Art. 68 lit. l ErbVO). Insoweit ist ungeklärt, ob diese Angabe auch güterrechtliche Einwirkungen mitumfassen soll. Da § 1371 Abs. 1 BGB auch im europäischen Kontext güterrechtlich einzuordnen ist, kann unter »Erbteil« i.S.d. Art. 68 lit l ErbVO allein der sich aus § 1931 Abs. 1 BGB ergebende Erbteil verstanden werden, nicht jedoch zusätzlich die güterrechtliche Erhöhung. Das deutsche Nachlassgericht müsste dann aber aus Sicht des anwendbaren deutschen Erbrechts eine unrichtige bzw. unvollständige Verteilung des Nachlasses in das ENZ eintragen. Die Angaben im deutschen Erbschein und im ENZ würden sich also widersprechen.[418] Da dies für einen Antragsteller, der mit dem Erblasser im Güterstand der Zugewinngemeinschaft lebte, äußerst ungünstig ist, wird von der überwiegenden Ansicht vorgeschlagen, im ENZ einen »informatorischen Hinweis« (als Angabe i.S.d. Art. 68 lit. h ErbVO) aufzunehmen, aus dem sich ergibt, dass die erbrechtliche Quote durch einen güterrechtlich zu qualifizierenden Erbteil ergänzt wird.[419] Dem ist zuzustimmen, da nur so das ENZ hinreichende Auskunft über die dem überlebenden Ehegatten zustehenden Vermögenswerte geben kann.

### ee) Weitere Abgrenzungen

Vom Anwendungsbereich des EhegüterVO-E2011 sind noch weitere Bereiche ausgeschlossen.

So soll die künftige Verordnung nicht für Steuer- und Zollsachen sowie verwaltungsrechtliche Angelegenheiten gelten (Art. 1 Abs. 1 S. 2 EhegüterVO-E2011).

---

417 Kritisch insoweit *Lange*, DNotZ 2012, 168, 173; *ders.*, in: Dutta/Herrler, Die Europäische ErbVO, S. 161, 167; *Buschbaum/Simon*, ZEV 2012, 525, 527; *Joubert/Bosse-Platière*, in: Bosse-Platière/Damas/Dereu, L'avenir européen du droit des successions internationales, S. 83; a.A. *Dörner*, in: Dutta/Herrler, Die Europäische ErbVO, S. 73, 81, demzufolge sich die Angabe nach Art. 68 lit. h ErbVO auch auf das auf den Güterstand anwendbare Recht aus der Sicht der das ENZ ausstellenden Institution bezieht.

418 *Müller-Luckoscheck*, Die neue EU-Erbrechtsverordnung, § 2 Rn. 76; *Wachter*, ZNotP 2014, 2, 20.

419 *Dörner*, ZEV 2010, 221, 228; *ders.*, ZEV 2012, 505, 507 f.; *MPI*, Stellungnahme zum ErbVO-E, RabelsZ 74 (2010), 522, 699, Rn. 323 f.; *Lübcke*, Das neue europäische Internationale Nachlassverfahrensrecht, S. 591 f.; *Seyfarth*, Wandel der internationalen Zuständigkeit im Erbrecht, S. 217 f.; a.A. *Süß*, ZEuP 2013, 725, 742 f., demzufolge das güterrechtliche Viertel als Erbteil i.S.d. § 68 lit. l ErbVO aufzuführen ist; so auch *Dutta*, IPRax 2015, 32, 33, der eine Erstreckung der Wirkungen des ENZ auf die güterrechtlichen Anteile der nach § 1371 Abs. 1 BGB erhöhten Erbenstellung des überlebenden Ehegatten befürwortet.

Zudem wird die Rechts-, Geschäfts- und Handlungsfähigkeit der Ehegatten vom Anwendungsbereich des EhegüterVO-E2011 ausgenommen (Art. 1 Abs. 3 lit. a EhegüterVO-E2011).

Ebenso werden »die Art der dinglichen Rechte an einem Gegenstand und die Publizität dieser Rechte« vom Anwendungsbereich der künftigen Verordnung ausgeschlossen (Art. 1 Abs. 3 lit. f EhegüterVO-E 2011; Erwägungsgrund 13 EhegüterVO-E 2011). Hierdurch soll eine Abgrenzung zum Sachenrechtsstatut erfolgen, das weiterhin autonom anzuknüpfen ist. Die Formulierung dieses Ausschlussgrundes ist jedoch vielfach auf Kritik gestoßen, da sie zwar den *numerus clausus* der dinglichen Rechte erfasse, nicht jedoch den *numerus clausus* der dinglichen Erwerbsvorgänge. Dies habe zur Folge, dass die Übertragung von Grundeigentum im Rahmen der Vermögensauseinandersetzung zwischen Ehegatten künftig dem Güterrechtstatut unterläge.[420] Dies widerspreche jedoch dem Grundsatz[421], das Güterrechtsstatut bestimme über das »Ob« einer Änderung der dinglichen Zuordnung von Vermögensgegenständen zu den Gütermassen, wohingegen sich das »Wie« der Übertragung von Sachen nach dem Belegenheitsrecht richte. Übertragungsvoraussetzungen, Formvorschriften der *lex rei sitae* sowie das in vielen Mitgliedstaaten etablierte System öffentlicher Register, würden somit ausgehöhlt.[422]

Im Gegensatz zum Entwurfstext geht die Begründung zum Entwurf von einem umfassenden Ausschluss des Sachenrechts aus. Danach lässt die künftige Verordnung »das Sachenrecht unberührt wie auch die Qualifikation der Sachen und Rechte und die Prärogativen der Inhaber solcher Rechte«[423]. Ausgenommen wird zudem »die Publizität dinglicher Rechte, insbesondere die Funktionsweise des Grundbuchs und die Wirkungen einer Eintragung bzw. einer fehlenden Eintragung«. Die Kritik hinsichtlich der verbleibenden Abgrenzungsschwierigkeiten zwischen Güterrechts- und Sachenrechtsstatut wurde in den Beratungen des Parlaments und des Rates zur EhegüterVO wahrgenommen.[424] In Anlehnung an die ErbVO[425] soll nun vorgesehen werden, dass »jede Eintragung von Rechten an beweglichen oder unbeweglichen Vermögensgegenständen in einem Register, einschließlich der gesetzlichen Voraussetzungen für eine solche Eintragung, sowie die Wirkungen der Eintragung oder der fehlenden Eintragung solcher Rechte in einem Register« vom Anwendungsbereich der EhegüterVO aus-

---

420 *Buschbaum/Simon*, GPR 2011, 262, 264; *Döbereiner*, MittBayNot 2011, 463, 464 (»nicht zufriedenstellend«); *Martiny*, IPRax 2012, 119, 130.

421 Vgl. Staudinger/*Mankowski*, Art. 15 EGBGB Rn. 388.

422 *Buschbaum/Simon*, GPR 2011, 262, 264; *Döbereiner*, MittBayNot 2011, 463, 464; *DNotV*, Stellungnahme, S. 4 f.

423 Begründung zum EhegüterVO-E2011 (KOM[2011] 126 endg.), S. 6.

424 Vgl. Änderungsanträge 5 bis 8 sowie 31 bis 32 des Thein-Berichts I.

425 Art. 1 Abs. 2 lit. l ErbVO. Im Rahmen der Diskussion zur ErbVO stellte sich ebenfalls das Abgrenzungsproblem zum Sachenrechtsstatut, s. *Buschbaum/Kohler*, GPR 2010, 106, 108 f.

genommen werden. Zudem sollen Erwägungsgründe (in Anlehnung an Erwägungsgründe 15 bis 19 ErbVO) die Abgrenzung zum Sachenrechtsstatut präzisieren. Der Übertragungsvorgang wird somit vom Güterrechtsstatut ausgenommen.

Gem. Art. 1 Abs. 3 lit. c EhegüterVO-E2011 sollen ferner unentgeltliche Zuwendungen zwischen Ehegatten vom Anwendungsbereich ausgeschlossen sein. Fragen hinsichtlich der Gültigkeit und den Wirkungen unentgeltlicher Zuwendungen zwischen Ehegatten richten sich vielmehr nach der Rom I-VO (Erwägungsgrund 12 EhegüterVO-E2011). Dies verwundert, da »Schuldverhältnisse aus einem Familienverhältnis« vom Anwendungsbereich der Rom I-VO ausgenommen sind (Art. 1 Abs. 2 lit. b Rom I-VO). In den Beratungen zur Ehegüter-VO wird nunmehr erwogen, die unentgeltlichen Zuwendungen zwischen Ehegatten künftig doch nicht vom Anwendungsbereich auszunehmen.[426] Auch gemischte Schenkungen, teilentgeltliche Übertragungen und unbenannte Zuwendungen deutschen Rechts werden mangels ausdrücklicher Nennung in einem Ausschlussgrund vom Anwendungsbereich der künftigen EhegüterVO erfasst.[427]

Zudem werden Ehegattengesellschaften vom Anwendungsbereich des Verordnungsentwurfs ausgenommen (Art. 1 Abs. 3 lit. e EhegüterVO-E2011). Auch dieser Ausschluss soll nach den Beratungen zur EhegüterVO gestrichen werden.[428] Im Hinblick darauf, dass die Kommission ohnehin von einem weiten Anwendungsbereich ausgeht, ist dies konsequent. Dies hat zur Folge, dass Ehegatten(innen)gesellschaften ebenso in den Anwendungsbereich der künftigen EhegüterVO fallen.[429]

d) Zeitlicher Anwendungsbereich

Die Kollisionsnormen der EhegüterVO sollen nur für Ehegatten gelten, die nach Beginn der Anwendung der Verordnung die Ehe eingegangen sind oder eine Rechtswahl bezüglich des auf ihren Güterstand anzuwendenden Rechts getroffen haben (Art. 39 Abs. 3 EhegüterVO-E2011). Ebenso sollen die verfahrensrechtlichen Vorschriften und Regelungen zur Anerkennung und Vollstreckung nur für solche gerichtlichen Verfahren, öffentliche Urkunden, gerichtliche Vergleiche und Entscheidungen gelten, die nach Beginn der Anwendung der EhegüterVO eingeleitet, errichtet, geschlossen bzw. erlassen wurden (Art. 39 Abs. 1

---

426  *Coester-Waltjen*, FamRZ 2013, 170, 171; Änderungsantrag 28 des Thein-Berichts I.
427  Hingegen wird vereinzelt befürwortet, diese Rechtsinstrumente vom Anwendungsbereich auszunehmen. So etwa *Döbereiner*, MittBayNot 2011, 463, 464; *DNotV*, Stellungnahme, S. 2.
428  *Coester-Waltjen*, FamRZ 2013, 170, 171.
429  So bereits *Dutta/Wedemann*, in: FS Kaissis (2012), S. 133, 144, die sich dafür aussprechen, Ehegatteninnengesellschaften in den Anwendungsbereich miteinzubeziehen, soweit sie güterrechtliche Funktionen erfüllen.

EhegüterVO-E2011). Maßgeblich für den zeitlichen Anwendungsbereich ist also der Beginn der Anwendung der künftigen EhegüterVO. Nach Art. 40 Abs. 2 EhegüterVO-E2011 beginnt die Anwendung ein Jahr nach ihrem Inkrafttreten. Die EhegüterVO tritt wiederum am zwanzigsten Tag nach ihrer Veröffentlichung im Amtsblatt der Europäischen Union in Kraft (Art. 40 Abs. 1 EhegüterVO-E2011).

### 2. Grundsätze zur Bestimmung des Güterrechtsstatuts

Das künftige Güterkollisionsrecht nach Maßgabe des EhegüterVO-E2011 folgt gewissen Grundprinzipien, die im Folgenden erläutert werden.

#### a) Parteiautonomie

Der EhegüterVO-E2011 misst der Rechtswahl der Ehegatten einen großen Stellenwert bei. Wie im französischen Recht[430] ist die subjektive Anknüpfung (Art. 16 EhegüterVO-E2011) systematisch vor der objektiven Anknüpfung (Art. 17 EhegüterVO-E2011) geregelt. Nicht nur zum Zeitpunkt der Eheschließung ist eine Rechtswahl möglich, sondern auch während der Ehe (Art. 18 EhegüterVO-E2011). Der Verordnungsgeber hat sich für eine Beschränkung der Rechtswahlmöglichkeiten entschlossen, »um zu verhindern, dass ein Recht gewählt wird, das mit der realen Lebenssituation des Ehepaars oder seiner Lebensplanung wenig zu tun hat«[431]. Eine beschränkte Rechtswahl findet sich ebenso im deutschen wie auch französischen Recht.[432] Auch die Rom III-VO und das HUP erlauben eine beschränkte Rechtswahl.[433] Dies zeigt, dass sich die beschränkte Parteiautonomie zu einem Grundprinzip der europäischen Vorschriften im Bereich des Internationalen Familienrechts entwickelt hat, an dem auch das künftige Güterkollisionsrecht festhält.

#### b) Unwandelbarkeit

Das Güterrechtsstatut nach dem EhegüterVO-E2011 ist grundsätzlich unwandelbar.[434] Im Gegensatz zum französischen Recht[435], hat sich der Verordnungsgeber bewusst gegen einen automatischen Statutenwechsel entschieden. So soll eine Änderung des sich auf den Güterstand anzuwendenden Rechts nicht ohne

---

430  Art. 3 HGA regelt die Rechtswahl vor Eheschließung, Art. 4 HGA enthält objektive Anknüpfungspunkte.
431  Begründung zum EhegüterVO-E2011 (KOM[2011] 126 endg.), S. 8.
432  Art. 15 Abs. 2 EGBGB bzw. Art. 3 Abs. 2, Art. 6 Abs. 2 HGA.
433  Art. 5 Abs. 1 Rom III-VO bzw. Art. 8 Abs. 1 HUP.
434  *Martiny*, IPRax 2011, 437, 450; *Buschbaum/Simon*, GPR 2011, 262, 266; *Finger*, FuR 2012, 10, 15.
435  Art. 7 Abs. 2 HGA.

Wissen und ausdrückliche Willensbeurkundung der Ehegatten eintreten (Erwägungsgrund 23 EhegüterVO-E2011). Der Verzicht auf den automatischen Statutenwechsel wird von der Mehrheit im Schrifttum begrüßt.[436] Vereinzelt wird in der Literatur sogar dafür plädiert, den automatischen Statutenwechsel für alle Ehegatten, deren Güterstand sich noch nach dem HGA richtet, ab dem Beginn der Anwendung der EhegüterVO auszuschließen.[437] Der Verordnungsentwurf folgt somit dem Grundsatz der Unwandelbarkeit des Güterrechtsstatuts. Dies ist aus Gründen der Rechtssicherheit und Voraussehbarkeit zu begrüßen. Freilich wird dieses Prinzip durch die Möglichkeit einer nachträglichen Rechtswahl durchbrochen.

### c) Einheit des Güterrechtsstatuts

Nach Art. 15 EhegüterVO-E2011 unterliegt das gesamte Vermögen der Ehegatten dem nach der Verordnung zu bestimmenden Güterrechtsstatut. Somit hat sich der Verordnungsgeber bewusst für die Einheit des Güterrechtsstatuts entschieden. Damit steht der Verordnungsvorschlag in Einklang mit der ErbVO, die den Grundsatz der Nachlasseinheit postuliert.[438] Zwar wurde die Möglichkeit in Betracht gezogen, Immobilien dem Recht des Belegenheitsstaates zu unterwerfen und somit eine Güterrechtsspaltung in Kauf zu nehmen. Doch angesichts der Komplikationen, die dabei insbesondere bei der güterrechtlichen Auseinandersetzung auftreten, hat man sich dazu entschlossen, dass das auf den Ehegüterstand anzuwendende Recht »für das gesamte bewegliche und unbewegliche Vermögen der Eheleute unabhängig« vom Belegenheitsort gilt«[439].

---

436  *Boulanger*, JCP N., 8 avr. 2011, n° 14–15, 6, 7; *Péroz*, in: Douchy-Oudot/ Guinchard, La justice européenne en marche, S. 265, 271; *Crône*, in: Liber Amicorum Champenois (2012), S. 217, 238; *Fongaro*, Droit & patrimoine 2012, 87, 90; *Devisme*, JCP N., 22 juin 2012, n° 25, 45, 49 f.; *Kroll-Ludwigs*, Die Rolle der Parteiautonomie, S. 396; a.A. *Bonomi*, YPIL 2011, 217, 228 f.; *ders.*, in: Boele-Woelki/ Dethloff/Gephart, Family Law and Culture in Europe, S. 231, 240, der sich für einen automatischen Statutenwechsel mit *ex tunc*-Wirkung ausspricht, um einen Gleichlauf des EhegüterVO-E2011 mit der ErbVO hinsichtlich des gewöhnlichen Aufenthalts herzustellen; *Bonomi* bekräftigte seine Ansicht zuletzt bei einem Vortrag zur EhegüterVO anlässlich der 5. Konferenz der CEFL im August 2013 in Bonn.

437  So *Revillard*, Defrénois, 15–30 juill. 2012, n° 13–14, 696, 699; unentschlossen *Devisme*, JCP N., 22 juin 2012, n° 25, 45, 50; hingegen spricht sich *Foyer*, in: Liber Amicorum Champenois (2012), S. 273, 285 lediglich dafür aus, betroffene Ehegatten über die Möglichkeit eines automatischen Statutenwechsels zu informieren.

438  Art. 21 Abs. 1 ErbVO.

439  Begründung zum EhegüterVO-E2011 (KOM[2011] 126 endg.), S. 8; Erwägungsgrund 19 EhegüterVO-E2011.

Anders als in Deutschland und Frankreich[440] ist eine Güterrechtsspaltung (*dépeçage*) somit ausgeschlossen. Ob diese Regelung sinnvoll ist, wird im Folgenden noch zu überprüfen sein.[441]

## 3. Anwendbares Recht

Kommt es zur Beendigung des ehelichen Güterstandes und ist der Anwendungsbereich der künftigen EhegüterVO eröffnet, so ist das Ehegüterrechtsstatut nach den Vorschriften der Verordnung zum anwendbaren Recht zu ermitteln. Dabei ist primär auf das von den Ehegatten gewählte Recht abzustellen und nur mangels Rechtswahl auf objektive Anknüpfungspunkte zurückzugreifen.

### a) Subjektive Anknüpfung

Bei der Ermittlung des auf den Güterstand anwendbaren Rechts spielt die Rechtswahl der Parteien eine besondere Rolle. Subjektive Anknüpfungspunkte finden sich in Art. 16 und Art. 18 EhegüterVO-E2011. Während Art. 16 EhegüterVO-E2011 den »Ehegatten oder künftigen Ehegatten« ermöglicht, das auf ihren Güterstand anzuwendende Recht zu wählen, gibt Art. 18 EhegüterVO-E2011 den Ehegatten die Möglichkeit, ihren Güterstand während der Ehe jederzeit einem anderen Recht zu unterwerfen. Somit regelt Art. 16 EhegüterVO-E2011 die Rechtswahl zur Zeit der Eheschließung, wohingegen Art. 18 EhegüterVO-E2011 die Rechtswahl während des Bestehens der Ehe normiert. Die Regelung in zwei verschiedenen Normen erinnert an die französische Systematik.[442] Da die Anknüpfungsmomente in Art. 16 und Art. 18 EhegüterVO-E2011 jedoch übereinstimmen[443], wird im Schrifttum erwogen, aus Gründen der Übersichtlichkeit die Rechtswahlmöglichkeiten in einer Norm zusammenzufassen.[444] Diesem Vorschlag scheint man in den Beratungen zur EhegüterVO nachkommen zu wollen.[445]

---

440   Art. 15 Abs. 2 Nr. 3 EGBGB bzw. Art. 3 Abs. 4, Art. 6 Abs. 4 HGA erlauben eine Rechtswahl zugunsten der *lex rei sitae*.

441   S.u. 1. Teil B. II. 3. a) aa).

442   Art. 3 und Art. 6 HGA.

443   S.u. 1. Teil B. II. 3. a) aa).

444   *Viarengo*, YPIL 2011, 199, 211; *Coester-Waltjen/Coester*, in: Liber Amicorum Schurig (2012), S. 33, 41 Fn. 61; so wohl auch *Helms*, in: Liber Amicorum Pintens (2012), S. 681, 685.

445   So sieht Änderungsantrag 60 des Thein-Berichts I eine Zusammenfügung von Art. 16 und 18 EhegüterVO-E2011 vor.

## aa) Wählbare Rechte

Das künftige Ehegüterkollisionsrecht erlaubt den Ehegatten lediglich eine beschränkte Rechtswahl. Die Ehegatten können nicht jedes beliebige Recht wählen, sondern nur das Recht eines Staates, zu dem sie eine gewisse Verbindung aufweisen.

Zum Zeitpunkt der Eheschließung können die (künftigen) Ehegatten zunächst das Recht des Staates wählen, in dem sie ihren gemeinsamen gewöhnlichen Aufenthalt haben (Art. 16 lit. a EhegüterVO-E2011). Weiter können sie das Recht des Staates wählen, in dem einer von ihnen zum Zeitpunkt der Rechtswahl seinen gewöhnlichen Aufenthalt hat (Art. 16 lit. b EhegüterVO-E2011). Schließlich können sie das Recht eines Staates wählen, dessen Staatsangehörigkeit einer von ihnen zum Zeitpunkt der Rechtswahl besitzt (Art. 16 lit. c EhegüterVO-E2011).

Während der Ehe können die Ehegatten entweder das Recht des Staates wählen, in dem einer von ihnen zum Zeitpunkt der Rechtswahl seinen gewöhnlichen Aufenthalt hat (Art. 18 Abs. 1 lit. a EhegüterVO-E2011) oder das Recht des Staates, dessen Staatsangehörigkeit einer der Ehegatten zum Zeitpunkt der Rechtswahl besitzt (Art. 18 Abs. 1 lit. b EhegüterVO-E2011).

Somit wird die Rechtswahl sowohl zum Zeitpunkt der Eheschließung als auch während der Ehe auf das Recht am gewöhnlichen Aufenthaltsort oder das Heimatrecht mindestens eines Partners beschränkt. Diese Anknüpfungspunkte finden sich auch im deutschen und französischen Recht.[446] Ob Mehrstaater jede beliebige Staatsangehörigkeit zur Zeit der Rechtswahl wählen können, wird aus dem EhegüterVO-E2011 nicht unmittelbar ersichtlich. Im Rahmen der objektiven Anknüpfung enthält Art. 17 Abs. 2 EhegüterVO-E2011 jedoch einen Ausschluss des Rechts der Staatsangehörigkeit für den Fall, dass die Ehegatte mehr als eine gemeinsame Staatsangehörigkeit besitzt. Ein solcher Ausschluss fehlt im Rahmen der subjektiven Anknüpfung. Daher ist davon auszugehen, dass Mehrstaater jede Staatsangehörigkeit zur Zeit der Rechtswahl wählen können.[447] Aus Gründen der Rechtssicherheit ist es wünschenswert, Art. 16 EhegüterVO um einen Abs. 2 zu ergänzen, in dem präzisiert wird, dass eine Person, die mehrere Staatsangehörigkeiten besitzt, das Recht eines der Staaten wählen kann, denen sie im Zeitpunkt der Rechtswahl angehört. Eine solche Klarstellung findet sich auch in der ErbVO.[448]

Allerdings sieht der EhegüterVO-E2011 keine Rechtswahlmöglichkeit für Immobilien zugunsten der *lex rei sitae* vor. Insofern unterscheidet sich der Ver-

---

446  Art. 15 Abs. 2 Nr. 1, Nr. 2 EGBGB bzw. Art. 3 Abs. 2 Nr. 1, Nr. 2 und Art. 6 Abs. 2 Nr. 1, Nr. 2 HGA.

447  *Kruger*, Rome III and parties' choice, S. 9; *Wandt*, Rechtswahlregelungen im Europäischen Kollisionsrechts, S. 57.

448  Art. 22 Abs. 2 ErbVO.

ordnungsentwurf vom deutschen und französischen Recht.[449] Eine Rechtswahlmöglichkeit zugunsten des Belegenheitsrechts einer unbeweglichen Sache wird jedoch in der Literatur gefordert.[450] Eine solche Teilrechtswahl hat zwar zur Konsequenz, dass es möglicherweise zu einer Güterrechtsspaltung (*dépeçage*) kommt und somit zu einer Relativierung des Grundsatzes der Einheitlichkeit des Güterrechtsstatuts. Allerdings wird im Schrifttum zu Recht darauf hingewiesen, dass eine gegenständlich beschränkte Rechtswahl gerade in Fällen des Grundstückserwerbs durchaus sinnvoll sein kann.[451] Erwerben ausländische Ehegatten gemeinschaftlich ein in Deutschland belegenes Grundstück, muss die Eintragung im Grundbuch gem. § 47 Abs. 1 GBO das für die Gemeinschaft maßgebende Rechtsverhältnis bezeichnen. Problematisch erscheint dies, wenn sich das ausländische Güterrecht nicht ohne weiteres ermitteln lässt.[452] In diesem Fall erweist sich eine auf das konkrete Grundstück bezogene Rechtswahl als nützlich. Aus diesem Grund sollte die zukünftige EhegüterVO den Ehegatten gestatten, für einen Teil des unbeweglichen Vermögens das Recht des Staates zu wählen, in dem es belegen ist, soweit dieses Recht seiner Anwendung nicht entgegensteht.[453]

### bb) Form und Zeitpunkt der Rechtswahl

Die Rechtswahl hat in der Form zu erfolgen, die für den Ehevertrag[454] entweder nach dem anzuwendenden Recht des gewählten Staates gilt oder nach dem Recht des Staates, in dem die Rechtswahlvereinbarung »aufgesetzt« (»*lieu de rédaction de l'acte*«/»*State in which the document is drawn up*«) wurde (Art. 19 Abs. 1 EhegüterVO-E2011, Erwägungsgrund 24 EhegüterVO-E2011). Während die erste Alternative unzweifelhaft auf die *lex causae* abstellt, wird hinsichtlich der zweiten Alternative überwiegend davon ausgegangen, dass mit dem Recht des Staates, in dem die Rechtswahlvereinbarung »aufgesetzt« wurde, nur die *lex*

---

449 Art. 15 Abs. 2 Nr. 3 bzw. Art. 3 Abs. 4 und Art. 6 Abs. 4 HGA.

450 *Martiny*, IPRax 2011, 437, 450; so bereits *ders.*, in: FS Kropholler (2008), S. 373, 382; *Kohler/Pintens*, FamRZ 2011, 1433, 1436; *Boulanger*, JCP N., 8 avr. 2011, n° 14–15, 6, 7; so wohl auch *Viarengo*, YPIL 2011, 199, 212; *Fongaro*, Droit & patrimoine 2012, 87, 90; *Dethloff*, in: FS Martiny (2014), S. 41, 47; unentschlossen hingegen *DNotV*, Stellungnahme, S. 8; *Aubart*, Die Behandlung der *dépeçage* im europäischen IPR, S. 204 findet die Entscheidung der Kommission zwar bedauerlich, jedoch nachvollziehbar.

451 *Döbereiner*, MittBayNot 2011, 463, 464.

452 *DNotV*, Stellungnahme, S. 6.

453 So auch bereits *Martiny*, FPR 2008, 206, 208; *ders.*, in: FS Kropholler (2008), S. 373, 382; *ders.*, IPRax 2012, 119, 130; *Dethloff*, in: FS v. Hoffmann (2011), S. 73, 78.

454 Nach der Legaldefinition in Art. 2 lit a EhegüterVO-E2011 ist ein »Ehevertrag« i.S.d Verordnung jede Vereinbarung zwischen Ehegatten zur Regelung ihrer vermögensrechtlichen Beziehungen untereinander sowie gegenüber Dritten.

*loci actus*, gemeint sein kann, d.h. das Recht am Ort der Unterzeichnung und somit des Abschlusses der Vereinbarung.[455] In den Beratungen zur EhegüterVO wird auch erwogen, dies dahingehend deutlicher zu formulieren.[456] Eine Mindestform der Rechtswahlvereinbarung findet sich in Art. 19 Abs. 2 EhegüterVO-E2011. Die Rechtswahl muss zumindest ausdrücklich erfolgen, sie bedarf der Schriftform, ist zu datieren und von den Ehegatten zu unterzeichnen. Eine konkludente Rechtswahl, wie sie das französische Recht vorsieht[457] und auch von Teilen der Literatur für die EhegüterVO befürwortet wird[458], scheidet somit aus. Aus Gründen der Rechtssicherheit und Voraussehbarkeit ist die explizite Form der Rechtswahlvereinbarung vorzugswürdig.[459] In den Beratungen zur EhegüterVO wird vorgeschlagen, Art. 19 Abs. 1 EhegüterVO-E2011 dahingehend zu ergänzen, dass elektronische Übermittlungen, die eine dauerhafte Aufzeichnung der Vereinbarung ermöglichen, die Schriftform erfüllen.[460] Dies wurde vereinzelt in der Literatur gefordert[461] und entspricht auch der Rom III-VO.[462] Allerdings ist bislang ungeklärt, unter welchen Voraussetzungen elektronische Übermittlungen dazu geeignet sind, eine dauerhafte Aufzeichnung der Vereinbarung zu ermöglichen. Konkrete Beispiele oder ein bestimmter elektronischer Standard werden in der Begründung zum EhegüterVO-E2011 nicht erwähnt. Vom Wortlaut her kann es sich beispielsweise um Vereinbarungen mittels E-Mail und Telefax handeln, die ausgedruckt und somit reproduziert werden können.[463] Eine Unterzeichnung der Vereinbarung ist wohl ebenso wenig erforderlich wie eine elektronische Signatur oder eine Verschlüsselung.[464] Hingegen genügen telefonische Vereinbarungen bereits vom Wortlaut her nicht den Anforderungen an eine dauerhafte Aufzeichnung. Im Hinblick auf die Tragweite der Rechtswahlvereinbarung im Ehegüterrecht ist es bedauerlich,

---

455  *Buschbaum/Simon*, GPR 2011, 262, 265; *Martiny*, IPRax 2011, 437, 449; *Finger*, FuR 2012, 10, 16 Fn. 45; so wohl auch *Pintens*, in: FS Hahne (2012), S. 99, 108; a.A. (Recht am Ort der Entwurfsvereinbarung) *Döbereiner*, MittBayNot 2011, 463, 466; *DNotV*, Stellungnahme, S. 12 f.

456  Änderungsantrag 65 des Thein-Berichts I.

457  Art. 11 Alt. 2 HGA.

458  *Martiny*, in: FS Kropholler (2008), S. 373, 380; *Andrae*, in: FS Martiny (2014), S. 3, 8; *Wandt*, Rechtswahlregelungen im Europäischen Kollisionsrechts, S. 132.

459  Ebenso *Pintens*, in: FS Hahne (2012), S. 99, 106.

460  Änderungsantrag 65 des Thein-Berichts I.

461  *Campuzano Díaz*, YPIL 2011, 233, 247 f.

462  Art. 7 Abs. 1 S. 2 Rom III-VO.

463  Vgl. zum gleichlautend formulierten Art. 23 Abs. 2 Brüssel I-VO Musielak/*Stadler*, ZPO, Art. 23 VO (EG) 44/2001 Rn. 9; Hk-ZPO/*Dörner*, Art. 23 EuGVVO Rn. 33.

464  Ein Verweis auf nationale Regelungen zur Umsetzung der Signaturrichtlinie (Richtlinie 1999/93/EG des Europäischen Parlaments und des Rates vom 13.12.1999 über gemeinschaftliche Rahmenbedingungen für elektronische Signaturen, ABl. EG 2000, Nr. L 13/12) ist nicht geplant.

dass die geplante EhegüterVO keine weitergehenden Anforderungen an die Form der elektronischen Übermittlung stellt.

Die Formerfordernisse des EhegüterVO-E2011 scheinen auf den ersten Blick nicht so streng zu sein wie nach deutschem und französischem Recht.[465] Doch wenn das Recht des Mitgliedstaates, in dem die Ehegatten zum Zeitpunkt der Rechtswahl ihren gemeinsamen gewöhnlichen Aufenthalt haben, für den Ehevertrag zusätzliche Formvorschriften vorsieht, so sind diese einzuhalten (Art. 19 Abs. 3 EhegüterVO-E2011).[466] Haben die Ehegatten also ihren gemeinsamen gewöhnlichen Aufenthalt in Deutschland oder Frankreich, so bedarf die Rechtswahl der notariellen Form.[467] Ein ausdrücklicher Vorbehalt zum Erlass strengerer Formvorschriften findet sich ebenfalls in der Rom III-VO[468]. Auch im Rahmen des HUP können die Mitgliedstaaten strengere Formvorschriften für die Rechtswahlvereinbarung vorsehen.[469] Der Erlass von Mindeststandards durch die EU und weitergehender Formvorschriften durch die Mitgliedstaaten entwickelt sich somit zu einem Grundprinzip des europäischen IPR im Bereich des Familienrechts. Das Erfordernis der öffentlichen Beurkundung der Rechtswahlvereinbarung, wie es das deutsche und französische Recht vorsehen, ist ein geeignetes und bewährtes Mittel, um insbesondere die schwächere Partei vor einer voreiligen und unüberlegten Wahl des auf den Güterstand anzuwendenden Rechts zu schützen.[470]

Allerdings stellt sich die Frage, weshalb der Verordnungsvorschlag nicht selbst die Form der öffentlichen Beurkundung der Rechtswahlvereinbarung vorschreibt. Dies lässt sich darauf zurückführen, dass nur 22 Mitgliedstaaten der EU das Instrument der öffentlichen Beurkundung kennen. Hingegen ist sie dem englischen Recht, wie auch anderen Rechtsordnungen des *Common Law*, unbekannt.[471]

Zurecht wurde in der Literatur darauf hingewiesen, dass nach dem Wortlaut von Art. 19 Abs. 3 EhegüterVO-E2011 strengere Formvorschriften von Drittstaaten ebenso wenig Berücksichtigung fänden wie solche, die sich aus dem

---

465  Vgl. Art. 15 Abs. 3 i.V.m. Art. 14 Abs. 4 EGBGB bzw. Art. 11 ff. HGA.
466  Zur geplanten Lockerung der Formvorschrift in der letzten Fassung des Verordnungsentwurfs vgl. *Kohler/Pintens*, FamRZ 2014, 1498, 1499.
467  § 1410 BGB bzw. Art. 1394 al. 1 CC.
468  Art. 7 Abs. 2 Rom III-VO.
469  *Eßer*, IPRax 2013, 399, 400 ff.
470  *Pintens*, in: FS Hahne, S. 99, 107; *Corneloup*, in: Roth, Die Wahl ausländischen Rechts im Familien- und Erbrecht, S. 15, 29; kritisch hingegen *Helms*, in: Liber Amicorum Pintens, S. 681, 692, der es als kontraproduktiv ansieht, die Hürden für eine Rechtswahlvereinbarung durch das strenge Formerfordernis der notariellen Beurkundung noch zusätzlich zu erhöhen.
471  *Zweigert/Kötz*, Rechtsvergleichung, § 27 I; *Heenan/Bateman*, IFL 2011, Sept., 211, 213 f.

Kollisionsrecht eines Staates ergäben.[472] In den Beratungen zur EhegüterVO wird nunmehr in Betracht gezogen, dass zusätzliche Formvorschriften, die sich aus dem (Kollisions- oder Sach-)Recht des gemeinsamen Aufenthaltsstaates der Ehegatten für diese Art der Rechtswahl ergeben, zu berücksichtigen sind.[473] Dies ist zu begrüßen, da in einem Drittstaat ansässige Ehegatten nicht weniger schutzbedürftig sind als in der EU lebende Ehegatten. Zum Schutz des »Schwächeren« wird vereinzelt eine unabhängige rechtliche Beratung der Ehegatten vor der Rechtswahl gefordert.[474] Andere wiederum verlangen gar eine Billigkeitskontrolle der Rechtswahl durch das Gericht nach dem Vorbild des Art. 8 Abs. 5 HUP.[475] Diesen Forderungen ist jedoch zu entgegnen, dass die Möglichkeit der Mitgliedstaaten im Rahmen von Art. 19 Abs. 3 EhegüterVO-E2011, weitergehende Formvorschriften zu erlassen, zum Schutz der Ehegatten ausreichend ist und dem Subsidiaritätsprinzip am ehesten gerecht wird.

Die Rechtswahl ist sowohl zum Zeitpunkt der Eheschließung (Art. 16 EhegüterVO-E2011) als auch »während der Ehe jederzeit« (Art. 18 EhegüterVO-E2011) möglich. Die nachträgliche Rechtswahl begründet grundsätzlich nur Wirkungen für die Zukunft (*ex nunc*).[476] Allerdings können die Ehegatten ausdrücklich beschließen, dass die Wirkungen rückwirkend eintreten (Art. 18 S. 3 EhegüterVO-E2011). Eine solche Rückwirkung beeinträchtigt jedoch weder die Gültigkeit früherer Rechtshandlungen, noch die Rechte Dritter, die sich aus dem früher anzuwendenden Recht ergeben (Art. 18 S. 4 EhegüterVO-E2011).

Art. 20 EhegüterVO-E2011 enthält Formvorschriften für den Ehevertrag, die denjenigen für die Rechtswahl entsprechen. Eine parallele Ausgestaltung der Formvorschriften von Rechtswahlvereinbarungen und Eheverträgen ist sinnvoll und konsequent. In den Beratungen zur EhegüterVO wird nun vorgeschlagen, durch eine Verweisung klarzustellen, dass für die Form eines Ehevertrages die Formvorschrift zur Rechtswahlvereinbarung entsprechend gilt.[477] Die Verweisungstechnik ist der Einfachheit halber zu begrüßen.

---

472  *Buschbaum/Simon*, GPR 2011, 262, 265 f; zuletzt *Kohler/Pintens*, FamRZ 2014, 1498, 1499.
473  Änderungsantrag 65 des Thein-Berichts I.
474  *CCBE*, Stellungnahme, S. 3; *Dethloff*, in: FS v. Hoffmann (2011), S. 73, 78; weitergehende Aufklärungs- und Belehrungspflichten für Eheverträge befürworten *Coester-Waltjen/Coester*, in: Liber Amicorum Schurig (2012), S. 33, 45.
475  *BRAK*, Stellungnahme v. Juli 2011, S. 4; *Kohler*, Rec. cours La Haye 359 (2012), 285, 451, 454.
476  Kritisch zur *ex nunc*-Wirkung der nachträglichen Rechtswahl in Hinblick auf eine mögliche Statutenspaltung Fongaro/*Bidaud-Garon*, Droit patrimonial européen de la famille, Rn. 222.
477  Änderungsantrag 66 des Thein-Berichts I.

## b) Objektive Anknüpfung

Haben die Parteien von einer Wahl des auf ihren Güterstand anwendbaren Rechts abgesehen, richtet sich die Bestimmung des Güterrechtsstatuts nach objektiven Gesichtspunkten. Aus Gründen der Rechts- und Planungssicherheit sowie um den Lebensumständen der Ehegatten Rechnung zu tragen, sieht Art. 17 EhegüterVO-E2011 für den Fall, dass die Ehegatten keine Rechtswahl getroffen haben, eine hierarchisch gegliederte Liste von Anknüpfungspunkten vor, mit denen sich das auf den Güterstand anzuwendende Recht bestimmen lässt.[478]

### aa) Gewöhnlicher Aufenthalt beider Ehegatten

Wurde keine Rechtswahl vorgenommen, so unterliegt der eheliche Güterstand zunächst einmal dem Recht des Staates, in dem die Ehegatten nach der Eheschließung ihren ersten gemeinsamen gewöhnlichen Aufenthalt haben (Art. 17 Abs. 1 lit. a EhegüterVO-E2011).

Die primäre Anknüpfung an den ersten gemeinsamen gewöhnlichen Aufenthalt nach der Eheschließung steht zwar in Einklang mit dem französischen Recht,[479] jedoch nicht in Überstimmung mit dem deutschen Recht.[480] Die Anknüpfung an den gewöhnlichen Aufenthalt entspricht einer allgemeinen Entwicklung, die sich allmählich im internationalen Familien- und Erbrecht abzeichnet, nämlich der Abkehr vom Staatsangehörigkeitsprinzip hin zum Aufenthaltsprinzip.[481] So stellen die Rom III-VO und das HUP ebenso primär auf den gewöhnlichen Aufenthalt ab wie die ErbVO.[482] Allerdings variieren die Zeitpunkte zur Bestimmung des gewöhnlichen Aufenthalts: Während der EhegüterVO-E2011 auf den *ersten* gemeinsamen gewöhnlichen Aufenthalt nach der Eheschließung abstellt, ist für die ErbVO der *letzte* gewöhnliche Aufenthalt des Erblassers im Zeitpunkt des Todes maßgeblich. Im Schrifttum spricht sich die überwiegende Ansicht seit langem für das Aufenthaltsprinzip im internationalen Ehegüterrecht aus.[483] Nur wenige halten das Staatsangehörigkeitsprinzip für angebrachter.[484] Doch die

---

478  Erwägungsgrund 21 EhegüterVO-E2011.
479  Art. 4 Abs. 1 HGA.
480  Art. 15 Abs. 1 i.V.m. Art. 14 Abs. 1 Nr. 1 EGBGB.
481  So schon *Kropholler*, JZ 1972, 16 f.; *Henrich*, in: FS Stoll (2001), S. 437, 441 ff.; krit. *Rauscher*, in: FS Jayme (2004), S. 719, 730 ff.; *Tsouca*, RHDI 66 (2013), 249, 252.
482  Art. 8 lit. a und b Rom III-VO bzw. Art. 3 Abs. 1 HUP bzw. Art. 21 Abs. 1 ErbVO.
483  *Martiny*, FPR 2008, 206, 209; *ders.*, in: FS Kropholler (2008), S. 373, 384 f.; *Wagner*, FamRZ 2009, 269, 279.
484  So wohl *Döbereiner*, MittBayNot 2011, 463, 465; *DNotV*, Stellungnahme, S. 9 f. mit der Erwägung, dass Ehegatten mit gleicher Staatsangehörigkeit eher von der Geltung ihres gemeinsamen Heimatrechts ausgehen würden, auch wenn sie ihren gewöhnlichen Aufenthalt im Ausland hätten; *Grötsch*, in: Hager, Update Familienrecht, S. 55, 81, befürchtet Rechtsunsicherheit, da der gewöhnliche Aufenthalt in manchen Fällen nur schwer bestimmbar sei.

Anknüpfung an den gemeinsamen gewöhnlichen Aufenthalt wird der wachsenden Mobilität der Unionsbürger und den dadurch veränderten Lebensbedingungen am ehesten gerecht und ist daher zu befürworten. Zudem spricht eine praktische Überlegung für diese Anknüpfung: Wird an den gewöhnlichen Aufenthalt angeknüpft, so findet meist die *lex fori* Anwendung, so dass das zuständige Gericht nicht mit der Anwendung einer ihm fremden Rechtsordnung befasst wird.[485]

Infolge der Unwandelbarkeit des Güterrechtsstatuts führt ein Aufenthaltswechsel nicht zu einem Statutenwechsel. Da aber für die internationale Zuständigkeit grundsätzlich der gegenwärtige Aufenthalt der Ehegatten maßgeblich ist (Art. 5 Abs. 1 lit. a EhegüterVO-E2011), kann es in diesem Fall zu einem Auseinanderfallen von Zuständigkeit und anwendbarem Recht kommen.[486]

Problematisch ist, dass der EhegüterVO-E2011 keine Definition des »gewöhnlichen Aufenthalts« enthält.[487] Da der Begriff des »gewöhnlichen Aufenthalts« in mehreren Verordnungen – wenngleich auch in unterschiedlichen Kontexten – verwendet wird, stellt sich die Frage nach einer autonomen Begriffsauslegung, die für alle Verordnungen gleichermaßen herangezogen werden kann. Dazu könnte auf die bisherige Rechtsprechung des EuGH zurückgegriffen werden, der sich in unterschiedlichen Kontexten bereits zum Begriff des »gewöhnlichen Aufenthalts« geäußert hat.[488] Im verfahrensrechtlichen Bereich nahm der EuGH etwa Stellung zum gewöhnlichen Aufenthalt eines Kindes i.S.d. Art. 8 Abs. 1 Brüssel IIa-VO. Der gewöhnliche Kindesaufenthalt sei anhand aller tatsächlichen Umstände des Einzelfalls zu ermitteln, wobei »insbesondere die Dauer, die Regelmäßigkeit, und die Umstände des Aufenthalts in einem Mitgliedstaat sowie die Gründe für diesen Aufenthalt und den Umzug der Familie in diesen Staat, die Staatsangehörigkeit des Kindes, Ort und Umstände der Einschulung, die Sprachkenntnisse sowie die familiären und sozialen Bindungen des Kindes in dem betreffenden Staat«[489] zu berücksichtigen seien. Diese

485 So bereits *Martiny*, FPR 2008, 206, 209; *ders.*, in: FS Kropholler (2008), S. 373, 385; *Dethloff*, in: FS v. Hoffmann (2011), S. 73, 80; *Campuzano Díaz*, YPIL 2011, 233, 250.

486 *Buschbaum/Simon*, GPR 2011, 262, 266; *Martiny*, IPRax 2011, 437, 450 (»systemimmanente Schwäche«); Rauscher/*Kroll-Ludwigs*, EuZPR/EuIPR IV, Einf. EU-EheGüterVO-E Rn. 71.

487 Kritisch daher *Tsouca*, RHDI 66 (2013), 249, 253 f.; ausführlich zur Problematik *Dengel*, Die europäische Vereinheitlichung des Internat. Ehegüterrechts, S. 169 ff.; Für eine Legaldefinition durch den Verordnungsgeber *Hau*, in: FS Simotta (2012), S. 215, 219.

488 EuGH, Urteil v. 12.7.1973 – Rs. C-13/73, *Angenieux*, Slg. 1973, I-935; EuGH, Urteil v. 17.2.1977 – Rs. C-76/76, *Di Paolo*, Slg. 1977, I-315; EuGH, Urteil v. 12.7.2001 – Rs. C-262/99, *Louloudakis*, Slg. 2001, I-5547.

489 EuGH, Urteil v. 2.4.2009 – Rs. C-523/07, *A*, Slg. 2009, I-2805, Rn. 39; in diesem Sinne auch EuGH, Urteil v. 22.12.2010 – Rs. C-497/10 PPU, *Mercredi*, Slg. 2010, I-14309, Rn. 47 ff.

Ausführungen lassen sich zwar nicht unmittelbar auf den »gewöhnlichen Aufenthalt« i.S.d. EhegüterVO-E2011 übertragen. Dennoch enthalten sie auch geeignete Indizien zur Bestimmung des gewöhnlichen Aufenthalts eines Erwachsenen. Diese Indizien finden sich nunmehr auch in den Erwägungsgründen 23 und 24 der ErbVO.[490] An diese Kriterien ließe sich im Rahmen der EhegüterVO anknüpfen. So könnte in einem zusätzlichen Erwägungsgrund ausgeführt werden, dass die mit dem Ehegüterstand befasste Behörde bei der Bestimmung des gewöhnlichen Aufenthalts eine Gesamtbeurteilung der Lebensumstände der Ehegatten vornehmen und dabei alle relevanten Tatsachen berücksichtigen sollte. Zu diesen Tatsachen könnten insbesondere die Dauer und die Regelmäßigkeit des Aufenthalts der Ehegatten in dem betreffenden Staat zählen sowie die damit zusammenhängenden Umstände und Gründe sowie der Ort, an dem sich in familiärer und sozialer Hinsicht ihr Lebensmittelpunkt und ihre wesentlichen Vermögensgegenstände befinden. Der so bestimmte gewöhnliche Aufenthalt sollte unter Berücksichtigung der spezifischen Ziele der EhegüterVO eine besonders enge und feste Bindung zu dem betreffenden Staat erkennen lassen.[491] Auf diese Weise ließe sich eine möglichst gleichartige Auslegung des Begriffs des »gewöhnlichen Aufenthalts« in den verschiedenen Verordnungen erzielen. Im Zweifelsfall muss jedoch auf den Sinn und Zweck der jeweiligen Verordnung abgestellt werden.[492] Eine einheitliche Definition des »gewöhnlichen Aufenthalts«, die gleichermaßen für alle europäischen Verordnungen im Bereich des IPR gilt, ist letztlich nicht ersichtlich.[493]

### bb) Gemeinsame Staatsangehörigkeit

Mangels eines gemeinsamen gewöhnlichen Aufenthalts richtet sich das Ehegüterrechtsstatut nach dem Recht des Staates, dessen Staatsangehörigkeit beide Ehegatten zum Zeitpunkt der Eheschließung besitzen (Art. 17 Abs. 1 lit. b EhegüterVO-E2011). Die Anknüpfung an die gemeinsame Staatsangehörigkeit der Ehegatten findet sich auch in der Rom III-VO.[494]

Haben die Ehegatten jedoch mehr als eine gemeinsame Staatsangehörigkeit, so ist das Staatsangehörigkeitsprinzip nicht anwendbar (Art. 17 Abs. 2 EhegüterVO-E2011). Den Ausschluss des Staatsangehörigkeitsprinzips für Mehrstaater enthält auch das französische Recht.[495] Für den Fall, dass beide Ehegat-

---

490 Eine Begriffsdefinition des gewöhnlichen Aufenthaltes in einem Erwägungsgrund der ErbVO befürwortet *Walther*, Der Gleichlaufgrundsatz, S. 251 ff.
491 Ähnlich *CNUE*, Stellungnahme, S. 5.
492 Ähnlich *Helms*, in: Liber Amicorum Pintens (2012), S. 681, 688 f. (»funktionale Begriffsdifferenzierung«).
493 Hingegen plädiert *Hilbig-Lugani*, GPR 2014, 8, 15 für eine uniforme Auslegung der Verordnungen über die geregelten Lebensbereiche hinweg.
494 Art. 8 lit. c Rom III-VO.
495 Art. 15 Abs. 2 i.V.m. Art. 4 Abs. 2 HGA.

ten nach der Eheschließung weder einen gemeinsamen gewöhnlichen Aufenthalt nehmen noch eine gemeinsame Staatsangehörigkeit haben, ist auf die engste Verbindung der Ehegatten zu einer Rechtsordnung abzustellen (Art. 17 Abs. 2 lit. c EhegüterVO-E2011). Fraglich ist, ob dies auch für den Fall gilt, dass nur ein Ehegatte mehrere Staatsangehörigkeiten hat. Dem Wortlaut zufolge ist dann weiterhin auf die gemeinsame Staatsangehörigkeit abzustellen. Ob es nun jedoch auf die effektive Staatsangehörigkeit ankommt oder ob jede Staatsangehörigkeit genügt, ist indes ungeklärt.[496] Hingegen richtet sich im Rahmen der Rom III-VO und der ErbVO die Frage, wie in Fällen der mehrfachen Staatsangehörigkeit zu verfahren ist, weiterhin nach innerstaatlichem Recht.[497] In diesem Punkt gibt es also noch Koordinierungsbedarf zwischen EhegüterVO und den anderen Verordnungen. In den Verhandlungen zur EhegüterVO wird nun erwogen, die Frage, wie in den Fällen der mehrfachen Staatsangehörigkeit zu verfahren ist und ob jemand als Angehöriger eines Staates gilt, dem innerstaatlichen Recht zu unterwerfen.[498] Diese Lösung ist im Hinblick auf eine kohärente Ausgestaltung zu den übrigen Verordnungen zu begrüßen.

### cc) Engste Verbindung

Haben die Ehegatten weder einen gemeinsamen gewöhnlichen Aufenthalt noch eine gemeinsame Staatsangehörigkeit zum Zeitpunkt der Eheschließung, so unterliegt der Ehegüterstand dem Recht des Staates mit dem die Ehegatten unter Berücksichtigung aller Umstände, insbesondere des Orts der Eheschließung, gemeinsam am engsten verbunden sind (Art. 17 Abs. 1 lit. c EhegüterVO-E2011). Vielfach wird im Schrifttum kritisiert, angesichts des verbreiteten »Hochzeitstourismus« sei der Ort der Eheschließung kein zuverlässiges Indiz für eine enge Verbundenheit zu dem betreffenden Staat.[499] Auch in den Verhandlungen zur EhegüterVO wird nun vorgeschlagen, das Indiz des Eheschließungsorts zu streichen.[500] Unklar bleibt auch der maßgebliche Zeitpunkt zur Bestimmung des sog. *proper law*. Erwägungsgrund 21 EhegüterVO-E2011 legt nahe, dass für diese Bindung der Zeitpunkt der Eheschließung maßgebend sein soll.[501] Dies sollte explizit in Art. 17 Abs. 1 lit. c EhegüterVO aufgenommen

---

496 Auf die effektive Staatsangehörigkeit abstellend *Finger*, FuR 2012, 10, 15.
497 Erwägungsgrund 22 Rom III-VO; Erwägungsgrund 41 ErbVO.
498 Änderungsantrag 16 des Thein-Berichts I.
499 *Buschbaum/Simon*, GPR 2011, 262, 266; *Martiny*, IPRax 2011, 437, 451 (»häufig beziehungsarm und nur von begrenzter Aussagekraft«); zuvor schon *ders.*, in: FS Kropholler (2008), S. 373, 386; *DNotV*, Stellungnahme, S. 10; *Péroz*, in: Douchy-Oudot/Guinchard, La justice européenne en marche, S. 265, 271; *Gray/Quinzá Redondo*, F&R nov. 2013, Rn. 4.1.
500 Änderungsantrag 15 des Thein-Berichts I.
501 Ebenso *Döbereiner*, MittBayNot 2011, 463, 465; *DNotV*, Stellungnahme, S. 10; *Crône*, in: Liber Amicorum Champenois (2012), S. 217, 232; *Revillard*, LPA, 6 juill. 2011, n° 133, 3, 6.

werden. Eine solche subsidiäre Anknüpfung entspräche der bisherigen deutschen und französischen Regelung.[502] Hingegen knüpft die Rom III-VO subsidiär an die *lex fori* an.[503] Gegen die Anknüpfung an das Recht des Gerichtsorts spricht jedoch die Gefahr des *forum shopping*. Die Anknüpfung an das Recht des Staates mit dem die Ehegatten im Zeitpunkt der Eheschließung am engsten verbunden sind, ist demgegenüber sachgerechter und sollte im Rahmen der EhegüterVO beibehalten werden.

c)  Vorfragenanknüpfung

Die bisher erörterten Anknüpfungspunkte betreffen allesamt die Beantwortung der Hauptfrage nach dem auf den ehelichen Güterstand anzuwendenden Recht. Doch bevor es zur Ermittlung des auf die Hauptfrage anzuwendenden Rechts kommt, stellt sich oftmals eine Vorfrage, bei der erneut das anwendbare Recht zu klären ist. Im Güterkollisionsrecht ist dies die Frage, nach welchem Recht sich beurteilt, ob eine wirksame Ehe besteht. Auch der EhegüterVO-E2011 setzt das Bestehen einer wirksamen Ehe voraus. Allerdings klärt der Kommissionsvorschlag nicht, nach welchem Recht sich die Frage beurteilen soll, ob tatsächlich eine wirksame Ehe vorliegt.

Die Vorfrage, welches Kollisionsrecht jene Normen bestimmen soll, die wiederum die Voraussetzungen einer wirksamen Ehe festlegen, bleibt im Entwurf der Kommission somit ungeklärt. Eine solche Regelungslücke zur Vorfragenproblematik findet sich ebenso in der Brüssel IIa-VO, der UnterhVO sowie der ErbVO. Im Rahmen der Rom III-VO ist die Vorfrage der Gültigkeit der Ehe nach nationalen Kollisionsnormen zu beurteilen.[504]

Für das Güterrecht kommen zwei Möglichkeiten in Betracht: So kann die Frage, ob eine wirksame Ehe besteht, entweder nach dem Kollisionsrecht des Gerichts, d.h. der *lex fori* (sog. selbständige Anknüpfung) oder aber nach dem Kollisionsrecht jener Rechtsordnung, die auf die Hauptfrage anwendbar ist, d.h. der *lex causae* (sog. unselbständige Anknüpfung) zu beantworten sein. Im Schrifttum findet teilweise die unselbständige Anknüpfung Zustimmung.[505] Eine andere Ansicht zieht aus der fehlenden Regelung der Vorfragenproblematik den Schluss, dass Vorfragen selbständig anzuknüpfen seien.[506] Die selbständige Anknüpfung, d.h. die Anknüpfung an das Kollisionsrecht des Gerichts,

---

502  Art. 15 Abs. 1 i.V.m. Art. 14 Abs. 1 Nr. 3 EGBGB bzw. Art. 4 Abs. 3 HGA.
503  Art. 8 lit. d Rom III-VO.
504  Art. 1 Abs. 2 sowie Erwägungsgrund 10 Rom III-VO.
505  Im Ergebnis *Buschbaum/Simon*, GPR 2011, 262, 264.
506  So wohl *Martiny*, IPRax 2011, 437, 442; *A. Pfeiffer*, Nachlassplanung deutschschweizerischer Ehepaare, S. 147; *ders.*, FamRBint 2012, 45, 47 f.; *Dengel*, Die europäische Vereinheitlichung des Internat. Ehegüterrechts, S. 313 ff.; generell für eine selbständige Anknüpfung der Vorfrage im europäischen IPR *Gössl*, ZfRV 2011, 65 ff.

kann den Nachteil mit sich bringen, dass es womöglich von Mitgliedstaat zu Mitgliedstaat zu einer uneinheitlichen Anwendung der Verordnung kommt.[507] Hingegen wenden bei der unselbständigen Anknüpfung alle Gerichte die Kollisionsnorm der Hauptfrage an. Unabhängig vom Ort des Gerichts wird das gleiche Recht auf den gleichen Sachverhalt angewandt. Somit kommt es zu einem internationalen Entscheidungseinklang.[508] Die unselbständige Anknüpfung verhilft der Verordnung damit zur größtmöglichen praktischen Wirksamkeit (*effet utile*) und ist deshalb vorzugswürdig. Zudem wird die unselbständige Anknüpfung der Ausweitung der Parteiautonomie im internationalen Familienrecht gerecht: Wählen die Ehegatten das auf ihren Güterstand anwendbare Recht, so werden sie für den Fall der Abwicklung des Güterstandes regelmäßig eine solche Entscheidung wollen, »wie ein Richter im Staat des gewählten Rechts sie treffen würde«[509]. Daher ist die unselbständige Anknüpfung im europäischen Kontext angemessener. Sinnvoll wäre es, dies in einem Erwägungsgrund der künftigen EhegüterVO klarzustellen.

### d) Eingriffsnormen und *ordre public*

Art. 22 EhegüterVO-E2011 enthält einen Vorbehalt für Eingriffsnormen (*lois de police*). Im Anschluss an die sog. Arblade-Formel des EuGH[510] handelt es sich bei diesen um zwingende Vorschriften, »deren Einhaltung von einem Mitgliedstaat als so entscheidend für die Wahrung seines öffentlichen Interesses, insbesondere seiner politischen, sozialen oder wirtschaftlichen Ordnung, angesehen wird, dass sie ungeachtet des nach Maßgabe dieser Verordnung auf den ehelichen Güterstand anzuwendenden Rechts auf alle Sachverhalte anzuwenden sind, die in ihren Anwendungsbereich fallen«. Indem der Verordnungsvorschlag ausdrücklich auf mitgliedstaatliche Eingriffsnormen Bezug nimmt, wird deutlich, dass drittstaatliche Eingriffsnormen außer Betracht bleiben sollen.[511] Allerdings bleibt unklar, auf welche mitgliedstaatliche Rechtsordnung jeweils abzustellen ist. Nach dem Sinn und Zweck der Vorschrift wird wohl das Recht des angerufenen Gerichts (*lex fori*) gemeint sein.[512] Auch die Rom I- und die Rom II-VO stellen auf Eingriffsnormen der *lex fori* ab.[513] In diesem Sinne wird nun in den Beratungen zur EhegüterVO erwogen, klarzustellen, dass der Vorbehalt

---

507  *Dutta/Wedemann*, in: FS Kaissis (2012), S. 133, 139.
508  *Kropholler*, IPR, § 32 IV 1; *v. Hoffmann/Thorn*, IPR, § 6 Rn. 68, 71 f.
509  *Henrich*, in: Liber Amicorum Schurig (2012), S. 63, 72.
510  EuGH, Urteil v. 23.11.1999 – Rs. C-369/96, *Arblade*, Slg. 1999, I-8453 = ZEuP 2001, 359.
511  *Martiny*, IPRax 2011, 437, 452; a.A. *Buschbaum/Simon*, GPR 2011, 262, 267.
512  *Coester-Waltjen/Coester*, in: Liber Amicorum Schurig (2012), S. 33, 43; a.A. *Hausmann*, Int. EhescheidungsR, Kap. R Rn. 2.
513  Art. 9 Abs. 2 Rom I-VO und Art. 16 Rom II-VO.

nur zugunsten von Eingriffsnormen des Rechts des angerufenen Gerichts gilt.[514] Ist ein französisches Gericht zuständig, könnten als Eingriffsnormen i.S.d. Art. 22 EhegüterVO-E2011 die Vorschriften des *régime primaire* wie etwa die Verfügungsbeschränkung über die Familienwohnung und Einrichtungsgegenstände (Art. 215 al. 3 CC) anzusehen sein.[515] In diesem Sinne wird auch in den Verhandlungen zur EhegüterVO in Betracht gezogen, in einem Erwägungsgrund wichtige Anwendungsfälle zu nennen, wie etwa den Schutz der Familienwohnung und die Frage der Nutzungsbefugnis im Verhältnis zwischen den Ehegatten.[516]

Eine Klausel zum *ordre public* findet sich in Art. 23 EhegüterVO-E2011. Danach kann die Anwendung einer Vorschrift des nach der Verordnung berufenen Rechts versagt werden, wenn dies mit der öffentlichen Ordnung des Rechts des angerufenen Gerichts offensichtlich unvereinbar ist. Eine ähnliche Formulierung findet sich bereits in der Rom III-VO, dem HUP sowie der ErbVO.[517] Dieser Vorbehalt wird nur dann zur Anwendung kommen, wenn nach der EhegüterVO das Recht eines Drittstaates (vgl. Art. 21 EhegüterVO-E2011) bezeichnet wird, da sich Gerichte nicht auf den *ordre public* berufen dürfen, um die Anwendung des Rechts eines anderen Mitgliedstaates auszuschließen (Erwägungsgrund 25 EhegüterVO-E2011).

e) Rück- und Weiterverweisung

Verweist eine Kollisionsnorm im Wege der Gesamtverweisung auf eine andere Rechtsordnung, so kann deren IPR diese Verweisung annehmen oder wiederum zurück- oder weiterverweisen. Auch im Güterkollisionsrecht stellt sich die Frage, ob es sich bei den maßgeblichen Kollisionsnormen um Gesamtverweisungen handelt, die zu einer Rück- oder Weiterverweisung führen können.

Wie im Rahmen des HGA sind auch die Verweisungen im EhegüterVO-E2011 reine Sachnormverweisungen (Art. 24 EhegüterVO-E2011). Rück- und Weiterverweisungen werden somit ausgeschlossen. Da die EhegüterVO als *loi uniforme* ausgestaltet ist (Art. 1 Abs. 2 EhegüterVO-E2011), wird einem in der Rechtsordnung eines Drittstaates vorgesehenen *renvoi* nicht gefolgt. Der Ausschluss jeglichen *renvois* findet sich auch in anderen europäischen Vorschriften.[518] Ob dies jedoch in allen Fällen sinnvoll ist, wird zunehmend angezweifelt.[519] Verweist etwa das Recht eines Drittstaates zurück auf das Recht eines

---

514 Änderungsantrag 69 des Thein-Berichts I.
515 So bereits die Begründung zum EhegüterVO-E2011 (KOM[2011] 126 endg.), S. 9; ebenso *Devisme*, JCP N., 22 juin 2012, n° 25, 45, 47.
516 Änderungsantrag 18 des Thein-Berichts I.
517 Art. 12 Rom III-VO; Art. 13 HUP; Art. 35 ErbVO.
518 Art. 20 Rom I-VO; Art. 24 Rom II-VO; Art. 12 Rom III-VO; Art. 12 HUP.
519 *Sonnenberger*, IPRax 2011, 325, 330; *Schack*, IPRax 2013, 315, 319 (»der borierte Ausschluss jeglichen *renvois*«).

Mitgliedstaates, so ist kein vernünftiger Grund ersichtlich, weshalb der Mitgliedstaat diesen *renvoi* nicht annehmen, sondern stattdessen das Sachrecht des Drittstaates anwenden sollte.[520] So erlaubt etwa die ErbVO einen *renvoi*, wenn das IPR des Drittstaates auf das Recht eines Mitgliedstaates verweist.[521] Nach diesem Vorbild könnte auch Art. 24 EhegüterVO ausgestaltet werden.[522] Allerdings sind in den Beratungen zur EhegüterVO keine Bestrebungen ersichtlich, einen (begrenzten) *renvoi* zuzulassen.[523] Dies ist bedauerlich, so dass zu hoffen bleibt, dass die Zulassung eines begrenzten *renvois* zu einem späteren Zeitpunkt nachgeholt wird.

## 4. Internationale Zuständigkeit und Verfahren

Mit der EhegüterVO soll auch die internationale Gerichtszuständigkeit in Güterrechtssachen harmonisiert werden. Der Begriff des »Gerichts« umfasst sowohl Justizbehörden als auch nicht gerichtliche Stellen und Personen, die gerichtliche Aufgaben, wie sie in der künftigen Verordnung vorgesehen sind, wahrnehmen (Art. 2 lit g EhegüterVO-E2011). Von dieser Definition werden auch Notare erfasst.

Der EhegüterVO-E2011 sieht insgesamt fünf Zuständigkeitsgründe vor: So gibt es Regelungen zum Gerichtsstand für den Fall des Todes eines Ehegatten (Art. 3 EhegüterVO-E2011), für den Fall der Ehescheidung, Trennung ohne Auflösung des Ehebandes oder Ungültigerklärung einer Ehe (Art. 4 Ehegüter-VO-E2011), für andere Fälle als die vorgenannten Sachverhalte (Art. 5 Ehegüter-VO-E2011), sowie eine subsidiäre Zuständigkeit (Art. 6 EhegüterVO-E2011) und schließlich eine Notzuständigkeit (Art. 7 EhegüterVO-E2011).

Da die meisten Verfahren in Güterrechtssachen die güterrechtliche Auseinandersetzung nach Beendigung der Ehe durch den Tod eines Ehegatten oder durch Scheidung betreffen, liegt es nahe, eine Zuständigkeitskonzentration für die verschiedenen zusammenhängenden Verfahren bei den Gerichten desselben Mitgliedstaates einzurichten. Diesen Weg beschreitet auch der EhegüterVO-E2011, indem er zwei Verbundszuständigkeiten enthält: Im Falle des Todes eines Ehegatten ist jenes mitgliedstaatliche Gericht auch für güterrechtliche Fragen zuständig, das mit einem Antrag im Zusammenhang mit dem Nachlass eines Ehegatten nach der ErbVO befasst ist (Art. 3 EhegüterVO-E2011; Erwägungsgrund 15 EhegüterVO-E2011). Es wird damit eine Annexkompetenz des für Erbsachen international zuständigen Gerichts begründet, so dass dem Wort-

---

520  *Buschbaum/Simon*, GPR 2011, 262, 267.
521  Art. 34 Abs. 1 lit. a ErbVO.
522  So auch *CNUE*, Stellungnahme, S. 10.
523  So enthält der Thein-Bericht I keinerlei Änderungsanträge zu Art. 24 EhegüterVO-E2011.

laut nach sämtliche Zuständigkeitsgründe der ErbVO (Art. 4 bis 7 ErbVO)[524] relevant werden.[525]

Ist ein mitgliedstaatliches Gericht mit einem Antrag auf Ehescheidung, Trennung ohne Auflösung des Ehebandes oder Ungültigerklärung der Ehe nach der Brüssel IIa-VO befasst, so ist es auch für die güterrechtlichen Fragen zuständig, sofern die Ehegatten eine entsprechende Vereinbarung geschlossen haben (Art. 4 Abs. 1 EhegüterVO-E2011; Erwägungsgrund 14 EhegüterVO-E2011). Anders als nach bisherigem deutschen Recht kommt eine solche Verbundszuständigkeit also nur zur Anwendung, wenn die Ehegatten vor oder während des Verfahrens eine dahingehende Vereinbarung geschlossen haben. Schließen die Ehegatten die Vereinbarung vor dem Verfahren, so bedarf sie der Schriftform, muss datiert sowie von beiden Parteien unterzeichnet sein (Art. 4 Abs. 2 EhegüterVO-E2011). Das Erfordernis einer entsprechenden Vereinbarung ist sinnvoll, da eine automatische Verweisung auf die Brüssel IIa-VO, die sieben alternative Gerichtsstände vorsieht, zu weit führen würde.[526] In der künftigen EhegüterVO wird der Begriff der »Vereinbarung« wohl durch den der Brüssel IIa-VO[527] entlehnten Begriff der »Anerkennung der Zuständigkeit« ersetzt.[528]

Liegt weder ein Fall nach Art. 3 oder Art. 4 EhegüterVO-E2011 vor oder fehlt eine entsprechende Vereinbarung für den Scheidungsfall, so richtet sich die Zuständigkeit für das güterrechtliche Verfahren nach Art. 5 EhegüterVO-E2011. Bedeutung hat diese Zuständigkeitsvorschrift für isolierte güterrechtliche Verfahren, wie etwa der gerichtlichen Genehmigung einer Änderung des Güterstandes nach französischem Recht (Art. 1397 Abs. 4, Abs. 5 CC).

Art. 5 Abs. 1 EhegüterVO-E2011 sieht vier Gerichtsstände vor, die in einem subsidiären Verhältnis zueinander stehen.[529] Zunächst ist das Gericht des Mitgliedstaates zuständig, in dem die Ehegatten ihren gemeinsamen gewöhnlichen Aufenthalt haben (Art. 5 Abs. 1 lit. a EhegüterVO-E2011). Auf zweiter Stufe steht der letzte gemeinsame gewöhnliche Aufenthalt, sofern einer der Ehegatten dort noch seinen gewöhnlichen Aufenthalt hat (Art. 5 Abs. 1 lit. b EhegüterVO-E2011). Ferner wird auf den gewöhnlichen Aufenthalt des Antragsgegners abgestellt (Art. 5 Abs. 1 lit. c EhegüterVO-E2011). Schließlich ist das Gericht des Mitgliedstaates zuständig, dessen Staatsangehörigkeit bei-

---

524  A.A. (nur Verweis auf Art. 3 und 4 ErbVO) *Hau*, in: FS Simotta (2012), S. 215, 221.
525  Zu möglichen Spannungen zwischen EhegüterVO-E2011 und Art. 5 bzw. Art. 10 ErbVO, vgl. *Bonomi*, YPIL 2011, 217, 222 ff.
526  *Campuzano Díaz*, YPIL 2011, 233, 238 f.; *Dutta/Wedemann*, in: FS Kaissis (2012), S. 133, 135; hingegen kritisch zum Erfordernis einer entsprechenden Vereinbarung Fongaro/*Bidaud-Garon*, Droit patrimonial européen de la famille, Rn. 204.
527  Art. 12 Abs. 1 lit. b Brüssel IIa-VO.
528  Änderungsantrag 44 des Thein-Berichts I.
529  Hingegen enthält Art. 3 Abs. 1 lit. a Brüssel IIa-VO eine Liste alternativer Anknüpfungsmomente (»oder«).

de Ehegatten besitzen (Art. 5 Abs. 1 lit. d EhegüterVO-E2011). Die Abstufung zeigt, dass sich auch im Rahmen der Zuständigkeit ein Wechsel vom Staatsangehörigkeitsprinzip hin zum Aufenthaltsprinzip vollzieht. Bei der Auslegung des Begriffs des »gewöhnlichen Aufenthalts« kann auf die Ausführungen zu Art. 17 EhegüterVO-E2011 zurückgegriffen werden.[530] Folglich sollte der Begriff des »gewöhnlichen Aufenthalts« in einem zusätzlichen Erwägungsgrund näher umrissen werden.

Es ist den Ehegatten jedoch auch gestattet, eine Gerichtsstandsvereinbarung dahingehend zu treffen, dass für güterrechtliche Fragen die Gerichte des Mitgliedstaates zuständig sein sollen, dessen Recht sie gem. Art. 16 und 18 der Verordnung als das auf ihren ehelichen Güterstand anzuwendende Sachrecht gewählt haben (Art. 5 Abs. 2 EhegüterVO-E2011; Erwägungsgrund 16 EhegüterVO-E2011). Wählbar ist also der Gerichtsstand am Ort der *lex causae*. Die Rolle der Parteiautonomie wird somit auch im Rahmen der Zuständigkeit gestärkt. Dies ist sachgemäß, da so ein Gleichlauf von internationaler Zuständigkeit und anwendbarem Recht erreicht wird. Die Zulässigkeit von Gerichtsstandsvereinbarungen ist in Art. 4 Abs. 1 und Art. 5 Abs. 2 EhegüterVO-E2011 abschließend geregelt. Daher ist es den Ehegatten nicht gestattet, einen anderen als den durch Art. 4 Abs. 1 bzw. Art. 5 Abs. 2 EhegüterVO-E2011 bezeichneten Gerichtsstand zu wählen.[531]

Ergibt sich keine Zuständigkeit aus Art. 3 bis 5 der Verordnung, so sind die Gerichte eines Mitgliedstaates zuständig, in dessen Hoheitsgebiet Vermögensgegenstände eines oder beider Ehegatten belegen sind (Art. 6 EhegüterVO-E2011). Diese subsidiäre Zuständigkeit des Gerichts erstreckt sich dann jedoch nur über diese Gegenstände, bei denen es sich um bewegliches oder unbewegliches Vermögen handeln kann.

Schließlich sieht der Verordnungsvorschlag noch ein *forum necessitatis* vor: Sofern sich aus Art. 3 bis 6 der Verordnung keine Zuständigkeit eines mitgliedstaatlichen Gerichts ableiten lässt, »können« Gerichte eines Mitgliedstaates ausnahmsweise über den Güterstand entscheiden (Art. 7 EhegüterVO-E2011; Erwägungsgrund 17 EhegüterVO-E2011). Für diese Notzuständigkeit ist erforderlich, dass die güterrechtliche Sache einen »ausreichenden Bezug«[532] zum Mitgliedstaat aufweist und es sich als unmöglich erweist oder nicht zumutbar ist, ein Verfahren in einem Drittstaat einzuleiten oder zu führen. Eine solche Notzuständigkeit findet sich auch in der UnterhVO sowie der ErbVO.[533] Entgegen dem Wortlaut (»können [...] entscheiden«) hat das Gericht jedoch keinen Ermessensspielraum, sondern muss zur Sache entscheiden.[534] Dies ist sachge-

---

530  S.o. 1. Teil B. II. 3. b) aa).

531  Kritisch *Hau*, in: FS Simotta (2012), S. 215, 225.

532  Kritisch zum Begriff *Davrados*, RHDI 66 (2013), 259, 272.

533  Art. 7 S. 1 UnterhVO; Art. 11 S. 1 ErbVO.

534  *Hau*, in: FS Simotta (2012), S. 215, 226; *ders.*, in: FS Kaissis (2012), S. 355, 359 f.

mäß, da ansonsten Rechtsschutzlücken zu erwarten wären, sofern sich Gerichte weigerten, eine Entscheidung zur Sache zu treffen.

In den Beratungen zur EhegüterVO zeichnet sich ab, dass die Verordnung noch um einen weiteren Zuständigkeitsgrund erweitert werden soll. So wird vorgeschlagen, eine Vorschrift über die Zuständigkeit nach rügeloser Einlassung einzuführen.[535] Dies entspricht ebenfalls der ErbVO.[536]

Hingegen verzichtet der EhegüterVO-E2011 auf eine Regelung, die es dem in der Hauptsache zuständigen Gericht erlauben würde, die Sache an ein Gericht eines anderen Mitgliedstaates zu verweisen, das den Fall besser beurteilen könnte (sog. *forum non conveniens*-Klausel).[537] Dies ist zu befürworten, da eine solche Verweisungsklausel eine mögliche Quelle für Rechtsunsicherheit hinsichtlich der gerichtlichen Zuständigkeit darstellt.

Weitere verfahrensrechtliche Regelungen finden sich in Art. 8 bis 14 EhegüterVO-E2011, die im Wesentlichen den anderen Verordnungen entsprechen[538] und daher hier nicht näher erörtert werden sollen.

5. Anerkennung und Vollstreckung

Hinsichtlich der Anerkennung, Vollstreckbarkeit und Vollstreckung orientiert sich der EhegüterVO-E2011 stark am Kommissionsvorschlag zur ErbVO.[539]

a) Anerkennung und Vollstreckung von Entscheidungen

Zunächst soll die EhegüterVO die Anerkennung und Vollstreckung güterrechtlicher Entscheidungen ermöglichen. Unter »Entscheidung« ist jede von einem mitgliedstaatlichen Gericht in einer Güterrechtssache erlassene Entscheidung zu verstehen, unabhängig von ihrer Bezeichnung. Erfasst werden somit Urteile, (Kostenfestsetzungs-)Beschlüsse und Vollstreckungsbescheide (Art. 2 lit. d EhegüterVO-E2011).

---

535 Änderungsantrag 46 des Thein-Berichts I.
536 Art. 9 ErbVO.
537 Hingegen enthält Art. 15 Abs. 1 Brüssel IIa-VO eine besondere Form der *forum non conveniens*-Klausel: So kann das für die Entscheidung in der Hauptsache zuständige Gericht, das verweisen will oder auf Antrag verweisen soll, entweder das Verfahren aussetzen und die Parteien auffordern, bei dem Gericht des anderen Mitgliedstaates einen Antrag zu stellen (lit. a) oder das Gericht des anderen Mitgliedstaates ersuchen, sich für zuständig zu erklären (lit b). Eine ähnliche Verweisungsmöglichkeit bei Rechtswahl sah zwar der ursprüngliche Kommissionsentwurf zur ErbVO vor (Art. 5 ErbVO-E). Diese wurde jedoch nicht in die ErbVO übernommen, dazu *Walther*, Der Gleichlaufgrundsatz, S. 223 ff.
538 Vgl. Art. 9 ff. UnterhVO; Art. 14 ff. ErbVO.
539 Begründung zum EhegüterVO-E2011 (KOM[2011] 126 endg.), S. 9.

Die Anerkennung von Entscheidungen folgt dem Beispiel der Brüssel I-VO[540] und steht im Einklang mit anderen europäischen Verordnungen. So werden die in einem Mitgliedstaat ergangenen Entscheidungen in den anderen Mitgliedstaaten anerkannt, ohne dass es hierbei eines besonderen Verfahrens bedarf (Art. 26 Abs. 1 EhegüterVO-E2011).[541] Allerdings darf kein Nichtanerkennungsgrund vorliegen: Eine Anerkennung ist nicht möglich, wenn sie dem *ordre public* des ersuchten Mitgliedstaates offensichtlich widersprechen würde (Art. 27 lit. a EhegüterVO-E2011), sie mit einer Inlandsentscheidung (Art. 27 lit. c EhegüterVO-E2011) bzw. einer Auslandsentscheidung zwischen denselben Parteien unvereinbar ist (Art. 27 lit. d EhegüterVO-E2011) oder wenn im ausländischen Verfahren die Verteidigungsrechte des Antragsgegners verletzt wurden (Art. 27 lit. b EhegüterVO-E2011).[542] Eine ausländische Entscheidung darf keinesfalls in der Sache (*révision au fond*) nachgeprüft werden (Art. 29 EhegüterVO-E2011).[543]

Auf ein Exequaturverfahren, d.h. ein Vollstreckbarerklärungsverfahren, wird im Rahmen des EhegüterVO-E2011 nicht verzichtet.[544] Hinsichtlich der Vollstreckbarkeit von Entscheidungen verweist Art. 31 EhegüterVO-E2011 auf Art. 38 bis 56 und Art. 58 Brüssel I-VO. Im Rahmen der Beratungen zur EhegüterVO wird erwogen, das Exequaturverfahren in der Verordnung selbst ausführlich zu regeln, wie es auch die ErbVO[545] vorsieht.[546] Der Verzicht auf die dynamische Verweisung auf die Brüssel I-VO lässt sich darauf zurückführen, dass das Exequaturverfahren im Rahmen der Brüssel I-VO künftig abgeschafft wird: So werden nach der Neufassung der Brüssel I-VO ab dem 10.1.2015 Entscheidungen nationaler Gerichte in allen anderen Mitgliedstaaten vollstreckt, ohne dass es einer Vollstreckbarerklärung bedarf.[547] Hingegen wird der Bereich des Güterrechts noch als zu sensibel betrachtet, als dass man dort vom Exequatur-

540  Verordnung (EG) Nr. 44/2001 vom 22.12.2000 über die gerichtliche Zuständigkeit und Anerkennung und Vollstreckung von Entscheidungen in Zivil- und Handelssachen (ABl. EG 2001, Nr. L 12/1).

541  Vgl. auch Art. 33 Abs. 1 Brüssel I-VO; Art. 21 Abs. 1 Brüssel IIa-VO; Art. 23 Abs. 1 UnterhVO; Art. 39 Abs. 1 ErbVO.

542  Vgl. auch Art. 34 Brüssel I-VO; Art. 22 Brüssel IIa-VO; Art. 24 UnterhVO; Art. 40 Abs. 1 ErbVO.

543  Art. 36 Brüssel I-VO; Art. 26 Brüssel IIa-VO; Art. 42 UnterhVO; Art. 41 ErbVO.

544  Anders Art. 17 UnterhVO in Hinblick auf Entscheidungen, die in einem durch das HUP gebundenem Mitgliedstaat ergangen sind.

545  Vgl. Art. 45 bis 58 ErbVO. Hingegen sah der ursprüngliche Kommissionsentwurf zur ErbVO ebenfalls noch einen pauschalen Verweis auf die Art. 38 bis 56 Brüssel I-VO vor (Art. 29 ErbVO-E).

546  Änderungsanträge 82 bis 97 des Thein-Berichts I.

547  Art. 38 der Verordnung Nr. 1215/2012 des Europäischen Parlaments und des Rates vom 12.12.2012 über die gerichtliche Zuständigkeit und die Anerkennung und Vollstreckung von Entscheidungen in Zivil- und Handelssachen (ABl. EU 2012, Nr. L 351/1); hierzu ausführlich *Alio*, NJW 2014, 2395, 2396.

verfahren ablassen könnte.[548] Folglich bleibt es im Güterrecht vorerst beim Vollstreckbarerklärungsverfahren. Doch auf lange Sicht wird auch hier eine Abschaffung im europäischen Kontext sinnvoll sein.

b) Anerkennung und Vollstreckung öffentlicher Urkunden und gerichtlicher Vergleiche

Nach dem Vorbild des Kommissionsvorschlags zur ErbVO sieht auch der EhegüterVO-E2011 die Anerkennung und Vollstreckung von öffentlichen Urkunden vor. Bei einer »öffentlichen Urkunde« im Sinne der Verordnung handelt es sich um ein Schriftstück, das als öffentliche Urkunde errichtet oder eingetragen wurde und dessen Beweiskraft sich auf die Unterschrift sowie den Inhalt bezieht. Zudem muss sie durch eine Behörde oder eine andere hierzu ermächtigte Stelle festgestellt worden sein (Art. 2 lit. c EhegüterVO-E2011).[549]

Öffentliche Urkunden werden in einem anderen Mitgliedstaat anerkannt, wenn ihre Gültigkeit im Ursprungsmitgliedstaat nicht angefochten wurde und die Anerkennung nicht im offensichtlichen Widerspruch zum *ordre public* des Mitgliedstaates steht, in dem sie beantragt wird (Art. 32 Abs. 1 EhegüterVO-E2011). Dabei soll die Anerkennung bewirken, dass den Urkunden Beweiskraft hinsichtlich ihres Inhaltes verliehen wird und für sie die widerlegbare Vermutung der Rechtsgültigkeit gilt (Art. 32 Abs. 2 EhegüterVO-E2011, Erwägungsgrund 28 EhegüterVO-E2011).

Die vorgeschlagenen Vorschriften zur Anerkennung öffentlicher Urkunden stoßen in der Literatur auf großen Widerstand. Schon in der Diskussion um die ErbVO äußerten sich weite Teile des Schrifttums kritisch zur Urkundsanerkennung, die der Kommissionsvorschlag zur ErbVO enthielt.[550] Dieselben Einwände werden nun gegen die geplante Anerkennung öffentlicher Urkunden im Rahmen der EhegüterVO vorgebracht. Der Vorschlag der Kommission lasse darauf schließen, dass nicht nur der Urkundsmantel (*instrumentum*), sondern auch der Inhalt der Urkunde (*negotium*) anzuerkennen sei.[551] Zwar könne ein Urteil, das eine Rechtsfrage verbindlich kläre und dessen Tenor in Rechtskraft erwachse, grenzüberschreitend anerkannt werden. Hingegen beinhalte eine Urkunde keine rechtsverbindliche Aussage, die grenzüberschreitend anzuerkennen

---

548  So auch *Marinai*, YPIL 2011, 255, 268.
549  Diese Definition entspricht der Begriffsbestimmung durch den EuGH, Urteil v. 17.6.1999 – Rs. C-260/97, *Unibank*, Slg. 1999, I-3715.
550  Für eine vollständige Streichung der entsprechenden Vorschriften plädierte das *MPI*, Stellungnahme zum ErbVO-E, RabelsZ 74 (2010), 522, 669 Rn. 25; kritisch auch *Foyer*, in: Khairallah/Revillard, Perspectives du droit des successions, S. 135, 150; *Kohler/Buschbaum*, IPRax 2010, 313 ff.; *Buschbaum/Kohler*, GPR 2010, 162, 164.
551  Zur unterschiedlichen Bedeutung der Anerkennung von *negotium* und *instrumentum* vgl. *Nourissat/Callé/Pasqualis/Wautelet*, LPA, 4 avr. 2012, n° 68, 6, 8 f.

sei.[552] Die gesteigerte Beweiskraft der Urkunde beziehe sich allein darauf, dass die in der Urkunde genannten Parteien zur angegebenen Zeit die protokollierten Erklärungen vor der Urkundsperson abgegeben haben.[553] Davon zu unterscheiden seien aber die Wirksamkeit und Rechtswirkungen des in der Urkunde niedergelegten Rechtsgeschäfts (*negotium*), beispielsweise eines Ehevertrages, die sich nach dem maßgeblichen Kollisionsrecht richten, d.h. nach dem fortan harmonisierten Güterkollisionsrecht.[554] Eine Anerkennung öffentlicher Urkunden liefe letztlich darauf hinaus, dass anstelle des Güterrechtsstatuts stets das Recht des Ursprungsmitgliedstaates (*lex auctoris*) anzuwenden sei. Somit drohe eine Umgehung des Kollisionsrechts.[555]

Im Gesetzgebungsprozess zur ErbVO wurde auf die Kritik seitens der Literatur eingegangen und auf eine derart weitgehende Anerkennung öffentlicher Urkunden verzichtet.[556] Es ist davon auszugehen, dass die EhegüterVO diesem Vorbild folgen wird. So wird vorgeschlagen, die »Anerkennung« durch eine »Annahme« (»*acceptation*«/»*acceptance*«) öffentlicher Urkunden nach dem Muster der ErbVO[557] zu ersetzen.[558] Die Annahme differenziert zwischen formeller Beweiskraft, der Authentizität und dem in der Urkunde zugrundeliegenden Rechtsgeschäft. Zunächst wird klargestellt, dass sich die Annahme auf die formellen Beweiskraftwirkungen erstreckt, sofern dies dem *ordre public* des betreffenden Mitgliedstaates nicht offensichtlich widerspricht. Einwände in Hinblick auf die Authentizität einer Urkunde sollen sich nach dem Recht des Ursprungsmitgliedstaates richten. Hingegen ist für Einwände mit Bezug auf die in einer Urkunde beurkundeten Rechtsgeschäfte das Güterrechtsstatut maßgeblich.[559] Die Begrenzung der Annahme öffentlicher Urkunden auf die formelle Beweiswirkung ist zu begrüßen, zumal sie in Einklang steht mit der Beweiskraft öffentlicher Urkunden nach deutschem[560] und französischem[561] Recht. Die Vollstreckbarkeit öffentlicher Urkunden folgt dem Verfahren der Brüssel I-VO (Art. 33 EhegüterVO-E2011). In vergleichbarer Weise ist die Vollstreckbarkeit

---

552 *Buschbaum/Simon*, GPR 2011, 305, 306; *DNotV*, Stellungnahme, S. 14; *Mansel/Thorn/Wagner*, IPRax 2012, 1, 7; im Hinblick auf die Brüssel I-VO *Fitchen*, JPIL 2011, 33, 82 f.; *Kohler*, NotBZ 2012, 1, 2.

553 *Callé*, in: Bosse-Platière/Damas/Dereu, L'avenir européen du droit des successions internationales, S. 45, 57.

554 *Martiny*, IPRax 2011, 437, 453.

555 *Buschbaum/Simon*, GPR 2011, 305, 306; *Kohler*, NotBZ 2012, 1, 2.

556 Im Überblick dazu *Buschbaum*, in: GS Hübner (2012), S. 589, 601 ff. sowie *ders.*, in: FS Martiny (2014), S. 259, 266 ff.

557 Art. 59 ErbVO; ausführlich zu dieser Vorschrift *Geimer*, in: Dutta/Herrler, Die europäische ErbVO, S. 143 ff.

558 Änderungsvorschlag 98 des Thein-Berichts I.

559 Thein-Bericht I, a.a.O.

560 Vgl. § 418 Abs. 1 ZPO.

561 Vgl. Art. 1319 Abs. 1 CC sowie dazu Cass. 1re civ., 26 mai 1964, JurisData n° 1964-700274, »*Époux Fabrer*«, JCP G 1964, II, 13758.

gerichtlicher Vergleiche geregelt (Art. 34 EhegüterVO-E2011). Die geplante Annahme und Vollstreckung öffentlicher Urkunden scheint allerdings unvereinbar mit dem *Common Law*, da Notare in England und Wales keine öffentlichen Urkunden errichten können. Zudem ist es ihnen verwehrt, gewisse Ansprüche, die sich aus der notariellen Urkunde ergeben, für vollstreckbar zu erklären.[562] Die Annahme und Vollstreckung einer in England und Wales errichteten notariellen Urkunde wäre somit nicht möglich. Auch dies mag ein Grund dafür sein, weshalb das Vereinigte Königreich ein *Opt-in* zur Ehegüter-VO abgelehnt hat. Deshalb ist zu erwarten, dass die Annahme und Vollstreckung öffentlicher Urkunden nicht in allen Mitgliedstaaten der EU gleichermaßen vollzogen wird.

*III. Der Kommissionsvorschlag zum Güterrecht eingetragener Partnerschaften (KOM[2011] 127 endg.)*

Zeitgleich zur Ausarbeitung des EhegüterVO-E2011 hat die Kommission einen Vorschlag zum Güterrecht eingetragener Partnerschaften konzipiert (Partgüter-VO-E2011). Dieser orientiert sich zwar in vielen Bereichen am EhegüterVO-E2011, weist jedoch einige bedeutsame Unterschiede auf.

1. Anwendungsbereich

Zunächst ist auch hier zu klären, inwieweit die PartgüterVO nach den Plänen der Kommission in räumlicher, persönlicher, sachlicher und zeitlicher Hinsicht anwendbar sein wird.

a) Räumlicher Anwendungsbereich

Da der PartgüterVO-E2011 parallel zum EhegüterVO-E2011 verhandelt wird, ist davon auszugehen, dass sich Dänemark, das Vereinigte Königreich und Irland nicht an der PartgüterVO beteiligen werden.[563] Insofern wird auf die Ausführungen zum EhegüterVO-E2011 verwiesen.[564]

b) Persönlicher Anwendungsbereich

Während im EhegüterVO-E2011 der Begriff der »Ehe« nicht näher definiert wird, enthält der PartgüterVO-E2011 eine Definition der »eingetragenen Partnerschaft«. Nach Art. 2 lit. b PartgüterVO-E2011 handelt es sich dabei um eine

---

562  *Heenan/Bateman*, IFL 2011, Sept., 211, 213.
563  Siehe dementsprechend Erwägungsgrund 29 und 30 PartgüterVO-E2011.
564  S.o. 1. Teil B. II. 1. a).

»gesetzlich vorgesehene Form der Lebensgemeinschaft zweier Personen, die durch Eintragung bei einer Behörde begründet wird«.[565] Erwägungsgrund 10 zum PartgüterVO-E2011 präzisiert: »Der Begriff der eingetragenen Partnerschaft ist nur so weit definiert, wie dies für die Zwecke dieser Verordnung erforderlich ist. Der genaue Inhalt dieses Begriffs bestimmt sich nach dem innerstaatlichen Recht der Mitgliedstaten.« Wie der EhegüterVO-E2011 ist auch der PartgüterVO-E2011 geschlechtsneutral formuliert. Die Kommission hält sich zurück, eine konkrete Interpretation des Konzepts der eingetragenen Partnerschaft vorzugeben.[566] Eine Unterscheidung zwischen registrierten Partnerschaften, die funktional äquivalent zur Ehe ausgestaltet sind, und solchen, die vergleichsweise schwächere Wirkungen entfalten, trifft der PartgüterVO-E2011 nicht. Somit fällt sowohl die gleichgeschlechtliche eingetragene Partnerschaft, wie etwa die deutsche eingetragene Lebenspartnerschaft[567], als auch die verschiedengeschlechtliche eingetragene Partnerschaft, wie dies etwa beim französischen *PACS* möglich ist[568], in den Anwendungsbereich des PartgüterVO-E2011. Nichteheliche Lebensgemeinschaften rein faktischer Natur, d.h. solche, die nicht eingetragen sind, werden hingegen nicht von seinem Anwendungsbereich umfasst.[569]

Die Frage, nach welchem Recht sich beurteilt, ob eine eingetragene Partnerschaft wirksam begründet wurde, ist eine Vorfragenproblematik, die sogleich noch zu klären ist.[570]

c)  Sachlicher Anwendungsbereich

Nach Art. 1 Abs. 1 S. 1 PartgüterVO-E2011 findet der Vorschlag auf die »vermögensrechtlichen Aspekte eingetragener Partnerschaften« Anwendung. In den

---

565  Kritisch zu dieser Definition in Hinblick auf die Abgrenzung zur Ehe Fongaro/ *Devers*, Droit patrimonial européen de la famille, Rn. 220.
566  *Goossens*, in: Liber Amicorum Pintens (2012), S. 633, 643.
567  A.A. *Döbereiner*, MittBayNot 2011, 463, 464 f., 467, demzufolge die deutsche eingetragene Lebenspartnerschaft dem Anwendungsbereich des EhegüterVO-E2011 unterfällt.
568  So nennt die Kommission den *PACS* als Beispiel für ein Rechtsinstitut, das dem PartgüterVO-E2011 unterfällt, s. Mitteilung der Kommission, S. 6 Fn. 13.
569  *Kohler/Pintens*, FamRZ 2011, 1433, 1437; *Hausmann*, Int. EhescheidungsR, Kap. R Rn. 22; *Martiny*, IPRax 2011, 437, 454; *Finger* FuR 2012, 10, 16; Rauscher/ *Kroll-Ludwigs*, EuZPR/EuIPR IV, Einf. EU-LP-GüterVO-E Rn. 2; *Dengel*, Die europäische Vereinheitlichung des Internat. Ehegüterrechts, S. 99.
       Auch Erwägungsgrund 9 PartgüterVO-E2011 unterscheidet explizit zwischen eingetragenen und nicht eingetragenen Partnerschaften.
570  S.u. 1. Teil B. III. 2. b).

Beratungen wird nun erwogen, explizit von »güterrechtlichen Aspekte[n]« zu sprechen.[571]

Vom Anwendungsbereich ausgenommen sind die Rechts-, Geschäfts- und Handlungsfähigkeit der Partner (Art. 1 Abs. 3 lit. b PartgüterVO-E2011), die Unterhaltspflichten (Art. 1 Abs. 3 lit. c PartgüterVO-E2011), die unentgeltlichen Zuwendungen zwischen Partnern (Art. 1 Abs. 3 lit. d PartgüterVO-E2011), Gesellschaften zwischen Partnern (Art. 1 Abs. 3 lit. f PartgüterVO-E2011) sowie die Art der dinglichen Rechte an einem Gegenstand und die Publizität dieser Rechte. Somit stellen sich beim PartgüterVO-E2011 ähnliche Abgrenzungsfragen wie beim EhegüterVO-E2011. Insofern kann auf die Ausführungen zum EhegüterVO-E2011 verwiesen werden.[572]

Doch im Gegensatz zum EhegüterVO-E2011 werden die »personenbezogenen Wirkungen« der eingetragenen Partnerschaft explizit vom Anwendungsbereich ausgenommen (Art. 1 Abs. 3 lit. a PartgüterVO-E2011). Daraus könnte man schließen, dass die Vorschriften, die zum *régime primaire* des französischen Rechts zählen, nicht vom Anwendungsbereich umfasst wären. In den Verhandlungen zur PartgüterVO wird nun erwogen, diesen Ausschluss zu streichen.[573] Personenbezogene Wirkungen würden somit in den Anwendungsbereich der Verordnung fallen und das *régime primaire* würde mit umfasst werden.

Ebenso wird in Betracht gezogen, das Bestehen, die Gültigkeit oder die Anerkennung einer eingetragenen Partnerschaft vom Anwendungsbereich der Verordnung auszunehmen.[574] Damit würde erneut explizit klargestellt werden, dass sich der Begriff der eingetragenen Partnerschaft weiterhin nach dem innerstaatlichen Recht der Mitgliedstaaten richtet.[575]

d) Zeitlicher Anwendungsbereich

Die verfahrensrechtlichen Vorschriften der PartgüterVO sowie der darin enthaltenen Regelungen zur Anerkennung und Vollstreckung sollen nur für solche gerichtlichen Verfahren, öffentlichen Urkunden, gerichtlichen Vergleiche und Entscheidungen gelten, die nach Beginn der Anwendung der Verordnung eingeleitet, errichtet, geschlossen bzw. erlassen wurden (Art. 35 Abs. 1 PartgüterVO-E2011).

---

571  Vermerk des zyprischen Vorsitzes und des künftigen irischen Vorsitzes v. 20.12.2012 (Ratsdok.-Nr. 18047/12, JUSTCIV 378), S. 3.
572  S.o. 1. Teil B. II. 1. c).
573  Änderungsantrag 11 LIBE-Stellungnahme II sowie Änderungsantrag 30 des Thein-Berichts II.
574  Vermerk des zyprischen Vorsitzes und des künftigen irischen Vorsitzes v. 20.12.2012 (Ratsdok.-Nr. 18047/12, JUSTCIV 378), S. 3.
575  So auch Erwägungsgrund 10 PartgüterVO-E2011.

Für die Kollisionsnormen sieht Art. 35 Abs. 3 PartgüterVO-E2011 vor, dass sie nur für Personen gelten, »die in einer eingetragenen Partnerschaft leben«. Während im EhegüterVO-E2011 auf den Zeitpunkt der Eheschließung abgestellt wird, findet sich überraschenderweise im PartgüterVO-E2011 keine Bezugnahme auf den Zeitpunkt der Eintragung der Partnerschaft. Zwar wird sinngemäß davon auszugehen sein, dass die Kollisionsnormen nur für solche Partnerschaften gelten sollen, die nach Beginn der Anwendung der PartgüterVO eingetragen wurden. Eine dahingehende Klarstellung ist jedoch wünschenswert.

Maßgeblich für den zeitlichen Anwendungsbereich ist also der Beginn der Anwendung der künftigen PartgüterVO. Nach Art. 36 Abs. 2 PartgüterVO-E2011 beginnt die Anwendung ein Jahr nach ihrem Inkrafttreten. Die Partgüter-VO tritt wiederum am zwanzigsten Tag nach ihrer Veröffentlichung im Amtsblatt der Europäischen Union in Kraft (Art. 36 Abs. 1 PartgüterVO-E2011).

## 2. Anwendbares Recht

Nachdem erörtert wurde, welcher Anwendungsbereich der künftigen Partgüter-VO zukommt, stellt sich nun die Frage, welches Recht auf den Güterstand eingetragener Partnerschaften nach dem Entwurf der Kommission anzuwenden sein soll.

### a) Anknüpfung an den Registerort

Nach Art. 15 PartgüterVO-E2011 bestimmt sich das auf den Güterstand einer eingetragenen Partnerschaft anzuwendende Recht nach dem Recht des Staates, in dem die Partnerschaft eingetragen ist. Der Verordnungsvorschlag folgt also dem Registerprinzip und entspricht somit grundsätzlich dem deutschen und französischen Recht.[576] Anders als die deutsche Regelung lässt der Partgüter-VO-E2011 jedoch keine indirekte Einflussnahme der Partner auf das anzuwendende Recht durch Mehrfachregistrierung zu, da der Verordnungsentwurf auf die Ersteintragung abstellt.[577]

### aa) Versagung der Rechtswahl im PartgüterVO-E2011

Eine Rechtswahl des auf den Güterstand anzuwendenden Rechts sieht der PartgüterVO-E2011 nicht vor. Der Ausschluss der Parteiautonomie für eingetragene Partnerschaften wird teilweise mit der »Notwendigkeit eines Gleichlaufs von Eintragungsort und anzuwendendem Recht«[578] begründet, die daraus resultiere,

---

576  Art. 17b Abs. 1 S. 1 EGBGB bzw. Art. 515-7-1 CC.
577  So auch *Buschbaum/Simon*, GPR 2011, 262, 266 f.; a.A. wohl *Finger*, FuR 2012, 10, 17, der eine nochmalige Registrierung »im neuen Staat« für möglich hält.
578  *Corneloup*, in: Roth, Die Wahl ausländischen Rechts im Familien- und Erbrecht, S. 15, 16 f.

dass die europäischen Rechtsordnungen das Rechtsinstitut der eingetragenen Partnerschaft unterschiedlich geregelt haben. Die Pläne der Kommission, den eingetragenen Partnerschaften die Rechtswahlmöglichkeit zu versagen, stoßen im Schrifttum jedoch auf enormen Widerstand.[579]

### (1) Kein Verstoß gegen Grundrechte des Grundgesetzes

Vereinzelt wird daran gezweifelt, ob die Versagung der Rechtswahlmöglichkeit für eingetragene Partnerschaften im PartgüterVO-E2011 mit deutschem Verfassungsrecht vereinbar ist. Darin könne nämlich eine Diskriminierung der gleichgeschlechtlichen eingetragenen Lebensgemeinschaft zu sehen sein, die ohne sachlichen Grund nicht zu rechtfertigen sei.[580] Diese Ansicht scheint Bezug zu nehmen auf die Rechtsprechung des BVerfG, das sukzessive eine ganze Reihe von Regelungen im deutschen Recht für verfassungswidrig bzw. unvereinbar mit Art. 3 Abs. 1 GG erklärte, die eine Ungleichbehandlung von eingetragenen Lebenspartnerschaften zur traditionellen Ehe beinhalteten.[581] Nach der Rechtsprechung des BVerfG ist die Ungleichbehandlung von eingetragenen Lebenspartnerschaften am Maßstab des Art. 3 Abs. 1 GG zu messen, wobei ein strenger Maßstab der Prüfung zugrunde gelegt werden muss, ob ein hinreichend gewichtiger Differenzierungsgrund vorliegt. Allein der besondere Schutz der Ehe und Familie in Art. 6 Abs. 1 GG vermag die Ungleichbehandlung nicht zu rechtfertigen. Diese Rechtsprechung bezieht sich jedoch nur auf deutsche, einfachgesetzliche Regelungen. Bei der geplanten PartgüterVO handelt es sich aber

---

579  Kritisch etwa *Buschbaum/Simon*, GPR 2011, 262, 266; *Martiny*, IPRax 2011, 437, 456; *Boulanger*, JCP N., 8 avr. 2011, n° 14–15, 6, 8; *Henrich*, in: Liber Amicorum Pintens (2012), S. 701, 712; *Péroz*, in: Douchy-Oudot/Guinchard, La justice européenne en marche, S. 265, 274 ff.; *Fongaro*, JCP N., 12 avr. 2013, n° 15, 27, 28; *Devers*, JCP N., 22 juin 2012, n° 25, 32, 35 f.; Fongaro/*Devers*, Droit patrimonial européen de la famille, Rn. 237 ff.; *Revillard*, in: Mél. H. v. Loon, S. 487, 492; *Aubart*, Die Behandlung der *dépeçage* im europäischen IPR, S. 208; Rauscher/*Kroll-Ludwigs*, EuZPR/EuIPR IV, Einf. EU-LP-GüterVO-E Rn. 8; *Dengel*, Die europäische Vereinheitlichung des Internat. Ehegüterrechts, S. 295 f.; hingegen für die Beibehaltung der Anknüpfung an den Registerort *González Beilfuss*, YPIL 2011, 183, 194.

580  *Buschbaum/Simon*, GPR 2011, 262, 266; *Martiny*, IPRax 2011, 437, 456; *Döbereiner*, MittBayNot 2011, 463, 467; *DNotV*, Stellungnahme, S. 16, jeweils mit Verweis auf BVerfGE 124, 199 = NJW 2010, 1439.

581  BVerfGE 124, 199 = NJW 2010, 1439 (Betriebliche Hinterbliebenenversorgung); BVerfGE 126, 400 = NJW 2010, 2783 (Erbschafts- und Schenkungssteuer); BVerfGE 131, 239 = FamRZ 2012, 1472 (Familienzuschlag); BVerfG, Beschluss v. 18.7.2012 – 1 BvL 16/11 = NJW 2012, 2719 (Grunderwerbssteuer); BVerfG, Urteil v. 19.2.2013 – 1 BvL 1/11, 1 BvR 3247/09 = NJW 2013, 847 (Sukzessivadoption); BVerfG, Beschluss v. 7.5.2013 – 2 BvR 909/06, 2BvR 1981/06, 2BvR 288/07 = DStR 2013, 1228 (Ehegattensplitting).

um Sekundärrecht der EU. Dieses ist, solange die EU einen Grundrechtsschutz generell gewährleistet, der dem vom Grundgesetz als unabdingbar gebotenen Grundrechtsschutz im Wesentlichen entspricht, nicht am Maßstab deutscher Grundrechte zu überprüfen.[582] Den grundrechtlichen Prüfungsmaßstab für die PartgüterVO bilden allein die EU-Grundrechte. Ein Verstoß gegen Grundrechte des Grundgesetzes liegt folglich nicht vor.

### (2) Verstoß gegen EU-Grundrechte

Somit stellt sich die Frage, ob die Versagung der Rechtswahlmöglichkeit für eingetragene Partnerschaften mit EU-Grundrechten, insbesondere mit Art. 21 GrCh (Nichtdiskriminierung), vereinbar ist. Die Kommission geht davon aus, dass der PartgüterVO-E2011 mit dem Diskriminierungsverbot aus Art. 21 GrCh vereinbar ist.[583] Hingegen sehen einige Autoren in der geplanten Regelung einen Verstoß gegen Art. 21 GrCh.[584] Auch die auf Initiative des Rechtsausschusses vom Präsidenten des Parlaments in Auftrag gegebene Stellungnahme der Europäischen Agentur für Grundrechte kam zu dem Ergebnis, dass die Versagung der Rechtswahlmöglichkeit für eingetragene Partnerschaften im PartgüterVO-E2011 mit Art. 20 und Art. 21 GrCh unvereinbar ist.[585]

Es stellt sich daher die Frage, ob es eine hinreichende Rechtfertigung für die Versagung der Rechtswahl gibt. Die Kommission vertritt die Ansicht, die alleinige Anknüpfung an das Recht des Eintragungsstaates rechtfertige sich durch Unterschiede im Recht der Mitgliedstaaten, die das Institut der eingetragenen Partnerschaft kennen würden. So stehe der Grundsatz, nach dem sich die vermögensrechtlichen Wirkungen eingetragener Partnerschaften nach dem Recht des Eintragungsstaates richten, im Einklang mit den mitgliedstaatlichen Regelungen, die generell auf das Recht des Eintragungsstaates verwiesen und für eingetragene Partner keine Rechtswahlmöglichkeit vorsähen.[586] Diese Argumentationslinie irritiert allerdings, da es gerade Sinn und Zweck der Güterrechtsverordnungen ist, jene Probleme zu beheben, die sich aus den divergierenden Vorschriften sowohl des materiellen Rechts als auch des Internationalen Privatrechts der Mitgliedstaaten ergeben. So wird dasselbe Argument, das die

---

582 BVerfGE 73, 339, 387 = NJW 1987, 577, 582 (Solange II); BVerfGE 89, 155, 174 = NJW 1993, 3047, 3049 (Maastricht); BVerfGE 102, 147, 162 = NJW 2000, 3124, 3125 (Bananenmarktordnung); BVerfGE 118, 79, 95 = NVwZ 2007, 937, 938 (Emissionshandel); BVerfGE 125, 260 = NJW 2010, 833, 835 (Vorratsdatenspeicherung).

583 Begründung zum PartgüterVO-E2011 (KOM[2011] 127 endg.), S. 5; Erwägungsgrund 28 PartgüterVO-E2011.

584 *Coester*, IPRax 2013, 114, 118; jedenfalls zweifelnd *Kohler/Pintens*, FamRZ 2011, 1433, 1438.

585 *European Union Agency for Fundamental Rights*, Stellungnahme, S. 17.

586 Begründung zum PartgüterVO-E2011 (KOM[2011] 127 endg.), S. 8.

Notwendigkeit einer Vereinheitlichung des Güterkollisionsrechts der Ehen und eingetragenen Partnerschaften unterstreicht, nun herangezogen, um den eingetragenen Partnern eine Rechtswahl zu versagen. Zudem gibt es durchaus Mitgliedstaaten wie etwa die Niederlande, Österreich und Schweden, die eingetragenen Partnern eine Rechtswahlmöglichkeit eröffnen.[587] Die Aussage, das Registerprinzip stehe im Einklang mit den mitgliedstaatlichen Regelungen, kann daher so pauschal nicht gelten. Schließlich ist aus der Tatsache, dass einige Mitgliedstaaten an das Recht des Registerortes anknüpfen, nicht notwendigerweise der Schluss zu ziehen, dass auch die EU dem Registerprinzip zu folgen hat. Der EU-Gesetzgeber befindet sich insofern in einer anderen Ausgangslage als die Mitgliedstaaten. Während die Mitgliedstaaten bei der Schaffung von Kollisionsnormen vorrangig auf eine kohärente Ausgestaltung zu ihrem eigenen Rechtssystem achten, wird die EU bei der Harmonisierung von Kollisionsnormen vor allem durch Gewährleistung der Grundfreiheiten wie etwa der Personenfreizügigkeit angetrieben. Die Versagung der Rechtswahl für eingetragene Partner stellt daher eine benachteiligende Behandlung gegenüber Ehegatten dar, die keine Rechtfertigung hat. Sie verstößt somit gegen Art. 21 GrCh.

### bb) Gestattung der Rechtswahl in der PartgüterVO?

Die Erkenntnis, dass der Ausschluss jeglicher Rechtswahlmöglichkeiten für eingetragene Partnerschaften gegen EU-Grundrechte verstößt, hat nunmehr auch die Diskussion um die PartgüterVO erreicht. So schlägt der Bericht des Rechtsausschusses vor, die Rechtswahl für eingetragene Partnerschaften zuzulassen.[588] Wählbar wären danach (1) das Recht am gewöhnlichen Aufenthalt mindestens eines Partners, (2) das Recht, dessen Staatsangehörigkeit mindestens einer der Partner zum Zeitpunkt der Rechtswahl besitzt sowie (3) das Recht am Eintragungsort. Als besondere Wirksamkeitsvoraussetzung für die Rechtswahl sieht der Bericht eine Beratungspflicht im Hinblick auf ihre Rechtsfolgen für die Partner vor, die aber bereits dann als erfüllt gelten soll, wenn nationale Formvorschriften für die Rechtswahl eingehalten worden sind.[589] Für den Fall, dass die Partner ein Recht wählen, deren Sachrecht das Rechtsinstitut der eingetragenen Partnerschaft nicht kennt, soll die objektive Anknüpfung nach Art. 15 PartgüterVO maßgeblich sein. Auch die zyprische Ratspräsidentschaft hat die Rechtswahl für eingetragene Partnerschaften in eine Fußnote des überarbeiteten

---

587 *European Union Agency for Fundamental Rights*, Stellungnahme, S. 11 f. m.w.N; Fongaro/*Devers*, Droit patrimonial européen de la famille, Rn. 240 m.w.N.
588 Änderungsantrag 63 des Thein-Berichts II; ebenso Änderungsanträge 18–25 LIBE-Stellungnahme II; zum Änderungsantrag 63 des Thein-Berichts II s. *Buschbaum*, GPR 2014, 4, 5; zur geplanten Einführung der Rechtswahl im letzten Verordnungsentwurf vgl. *Kohler/Pintens*, FamRZ 2014, 1498, 1500.
589 Kritisch zur Beratungspflicht Rauscher/*Kroll-Ludwigs*, EuZPR/EuIPR IV, Einf. EU-LP-GüterVO-E Rn. 12.

Entwurfs zur PartgüterVO aufgenommen, der als weitere Diskussionsgrundlage dient.[590] Es bleibt somit zu hoffen, dass der Text der Fußnote in den eigentlichen Verordnungstext übernommen wird.

Sofern die künftige PartgüterVO auch eingetragenen Partnerschaften die Rechtswahlmöglichkeit zugesteht, kann es zu einem Auseinanderfallen von Güterrechtsstatut und den anderen für die Partnerschaft maßgeblichen Statuten kommen. So wird auf die Begründung, Auflösung sowie die allgemeinen Wirkungen der eingetragenen Partnerschaft weiterhin das Registerprinzip nach Art. 17b EGBGB bzw. Art. 515-7-1 CC anzuwenden sein. Es ist daher zu erwarten, dass ein gewisser Anpassungsdruck auf die nationale Gesetzgebung entsteht, so dass Art. 17b EGBGB reformiert wird.[591]

b) Vorfrageanknüpfung

Der PartgüterVO-E2011 setzt für seine Anwendbarkeit voraus, dass eine wirksame eingetragene Lebenspartnerschaft besteht. Somit stellt sich auch im Rahmen des PartgüterVO-E2011 die Frage, nach welchem Kollisionsrecht sich beurteilt, ob tatsächlich eine eingetragene Partnerschaft vorliegt. Der Partgüter-VO-E2011 enthält keine Regelung zur Vorfragenproblematik. So könnte einerseits eine selbständige Anknüpfung (*lex fori*)[592] oder aber eine unselbständige Anknüpfung (*lex causae*)[593] der Vorfrage in Betracht kommen. Wie bereits zum EhegüterVO-E2011 ausgeführt[594] garantiert nur eine unselbständige Anknüpfung nach dem Kollisionsrecht der in der Hauptfrage maßgeblichen Rechtsordnung einen äußeren Entscheidungseinklang und entspricht so dem Grundsatz größtmöglicher praktischer Wirksamkeit (*effet utile*). Eine selbständige Anknüpfung würde dazu führen, dass Gerichte in Mitgliedstaaten, deren Rechtsordnung das Institut der eingetragenen Partnerschaft nicht kennt, gar nicht erst den Anwendungsbereich der PartgüterVO als eröffnet ansehen würden.

Daher ist die Vorfrage, welches Kollisionsrecht jene Normen bestimmen soll, die die Voraussetzungen einer wirksamen eingetragenen Partnerschaft festlegen, unselbständig anzuknüpfen. Deshalb ist eine dahingehende Klarstellung in einem Erwägungsgrund der künftigen PartgüterVO wünschenswert.

---

590  Vermerk des zyprischen Vorsitzes und des künftigen irischen Vorsitzes v. 20.12.2012 (Ratsdok.-Nr. 18047/12, JUSTCIV 378), S. 16, Art. 15-03 m. Fn. 1.

591  Vgl. dazu mit Vorschlägen *Coester*, IPRax 2013, 114 ff.; zu den Beschlüssen der Ersten Kommission des Deutschen Rates für IPR zur Reform von Art. 17b EGBGB vgl. *Mansel*, IPRax 2013, 200, 201.

592  *Martiny*, IPRax 2011, 437, 455.

593  *Buschbaum/Simon*, GPR 2011, 262, 264; *Martiny*, Workshop: Cross-Border Recognition, in: Boele-Woelki/Fuchs, Legal Recognition of Same-Sex Relationships in Europe, S. 225, 228.

594  S.o. 1. Teil B. II. 3. c).

## c) Eingriffsnormen und *ordre public*

Parallel zum EhegüterVO-E2011 sieht auch der PartgüterVO-E2011 einen Vorbehalt zugunsten von Eingriffsnormen (*lois de police*) vor (Art. 17 Partgüter-VO-E2011). Dabei kann es sich nur um mitgliedstaatliche Eingriffsnormen handeln, die das Recht des angerufenen Gerichts vorsieht.[595] Als Beispiel können hier Vorschriften zum Schutze der Familienwohnung genannt werden.[596] Auch die Verpflichtung der Partner eines *PACS* zur gegenseitigen finanziellen Unterstützung (Art. 515-4 CC) kann als Eingriffsnorm im Sinne der geplanten Verordnung angesehen werden.[597]

Der PartgüterVO-E2011 enthält ebenso einen *ordre public*-Vorbehalt (Art. 18 Abs. 1 PartgüterVO-E2011), wonach die Anwendung einer Vorschrift des nach der Verordnung berufenen Rechts versagt werden kann, wenn dies mit der öffentlichen Ordnung des Rechts des angerufenen Gerichts offensichtlich unvereinbar ist.

Im Gegensatz zum EhegüterVO-E2011 enthält der PartgüterVO-E2011 jedoch eine bedeutsame Einschränkung des *ordre public*-Vorbehalts: So darf die Anwendung einer Vorschrift des nach dieser Verordnung bezeichneten Rechts nicht allein deshalb als mit der öffentlichen Ordnung des Staates des angerufenen Gerichts unvereinbar angesehen werden, weil das Recht am Ort des angerufenen Gerichts das Institut der eingetragenen Partnerschaft nicht kennt (Art. 18 Abs. 2 PartgüterVO-E2011 sowie Erwägungsgrund 21 PartgüterVO-E2011).

Im Schrifttum ist umstritten, welche Auswirkungen Art. 18 Abs. 2 Partgüter-VO-E2011 mit sich bringen wird. Teilweise wird darin eine nützliche Vorschrift gesehen, die grundsätzlich der Freizügigkeit eingetragener Partnerschaften dienen könnte.[598] Allerdings gibt es auch kritische Stimmen, die zu bedenken geben, Art. 18 Abs. 2 PartgüterVO-E2011 könne dazu führen, dass ein Mitgliedstaat Regelungen anwenden müsse, die an sich unvereinbar mit den nationalen familienrechtlichen Vorschriften seien, die für die eigenen Staatsbürger gelten.[599] Teilweise wird sogar befürchtet, Art. 18 Abs. 2 PartgüterVO-E2011 könne Mitgliedstaaten, deren Rechtsordnung das Institut der eingetragenen Partnerschaft fremd sei, zur Anerkennung eines solchen Rechtsinstitutes zwingen.[600] Dass die Kommission mit ihrem Vorschlag gerade nicht beabsichtigt, eine Anerkennung der eingetragenen Partnerschaften herbeizuführen, wird in der Zu-

---

595  Dahingehende Klarstellung auch in Änderungsantrag 70 des Thein-Berichts II.
596  So bereits die Begründung zum PartgüterVO-E2011 (KOM[2011] 127 endg.), S. 9.
597  Fongaro/*Devers*, Droit patrimonial européen de la famille, Rn. 232.
598  So wohl *Buschbaum/Simon*, GPR 2011, 262, 264.
599  *Douchy-Oudot*, RTDeur. 2011, 479, 480.
600  *Martiny*, IPRax 2011, 437, 456; *Süß*, ZNotP 2011, 282, 290 vergleicht die Partgü-
     terVO mit einem »trojanischen Pferd«, das die europaweite Anerkennung eingetragener Partnerschaften in sich birgt; ähnlich auch die ablehnenden Stellungnahmen
     des polnischen, italienischen und rumänischen Senats sowie des polnischen Sejms,
     s.o. Fn. 345.

sammenschau mit Art. 3 Abs. 2 sowie Art. 5 Abs. 2 PartgüterVO-E2011 ersichtlich, wonach sich die Gerichte eines Mitgliedstaates für unzuständig erklären können, wenn ihr Recht die eingetragenen Partnerschaft nicht kennt. Dennoch scheint man nun in den Beratungen zur PartgüterVO denjenigen Staaten entgegenkommen zu wollen, die das Rechtsinstitut der eingetragenen Partnerschaft nicht kennen. So wird erwogen, die Einschränkung des Vorbehalts in Art. 18 Abs. 2 PartgüterVO-E2011 zu streichen.[601] Dies ist aus rechtspolitischen Erwägungen zwar nachvollziehbar, um den Verhandlungsprozess im Rat nicht zu gefährden. Allerdings ist eine Änderung des materiellen Familienrechts eines Mitgliedstaates »durch die Hintertür« des Kollisionsrechts nicht zu erwarten. Daher ist es vorzugswürdig, Art. 18 Abs. 2 PartgüterVO-E2011 beizubehalten.

d) Rück- und Weiterverweisung

Wie der Entwurf zum Ehegüterrecht enthält auch der PartgüterVO-E2011 einen Ausschluss von Rück- und Weiterverweisungen (Art. 19 PartgüterVO-E2011). Verweist jedoch das Recht eines durch die Verordnung berufenen Drittstaates wiederum auf das Recht eines Mitgliedstaates, so ist kein vernünftiger Grund ersichtlich, weshalb das Gericht in diesem Fall das Recht des Drittstaates anstelle des mitgliedstaatlichen Rechts anwenden sollte. Nach dem Vorbild der ErbVO[602] sollte die künftige PartgüterVO zumindest einen begrenzten *renvoi* zulassen. In den Beratungen zu PartgüterVO wird dies bislang nicht in Erwägung gezogen.[603] Dies ist zu bedauern, da ein begrenzter *renvoi*, der zur Anwendung des Rechtes eines Mitgliedstaates führt, durchaus sachgemäß ist.

3. Zuständigkeit und Verfahren

Die Zuständigkeitsgründe im PartgüterVO-2011 entsprechen grundsätzlich den Zuständigkeitsregeln im EhegüterVO-E2011.

---

601 In diese Richtung äußerte sich *M. Hat'apka* vom slowakischen Justizministerium bei einem Vortrag zur PartgüterVO anlässlich der 5. Konferenz der CEFL im August 2013 in Bonn; zur geplanten Streichung von Art. 18 Abs. 2 in der letzten Fassung des Verordnungsentwurfs vgl. *Kohler/Pintens*, FamRZ 2014, 1498, 1500. So wird erwogen, im Gegenzug zur Streichung von Art. 18 Abs. 2 in die Verordnung einen Erwägungsgrund aufzunehmen, der eine Berufung auf den *ordre-public* ablehnt, um die Anwendung des Rechts eines anderen Mitgliedstaats auszuschließen oder die Anerkennung, Annahme oder Vollstreckung einer Entscheidung, einer öffentlichen Urkunde oder eines gerichtlichen Vergleichs aus einem anderen Mitgliedstaat zu versagen, sofern die Anwendung des *ordre-public*-Vorbehalts gegen die Grundrechte-Charta, insb. Art. 12 GrCh, verstoßen würde.

602 Vgl. Art. 34 Abs. 1 lit. a ErbVO.

603 Jedenfalls enthält der Vermerk des zyprischen Vorsitzes und des künftigen irischen Vorsitzes v. 20.12.2012 (Ratsdok.-Nr. 18047/12, JUSTCIV 378) keinen dahingehenden Änderungsvorschlag.

So ist das Gericht eines Mitgliedstaates, das mit einem Antrag im Zusammenhang mit dem Nachlass eines Partners nach der ErbVO befasst ist, auch für die güterrechtlichen Fragen zuständig (Art. 3 Abs. 1 Partgüter-VO-E2011; Erwägungsgrund 14 Partgüter-VO-E2011). Eine Verbundszuständigkeit ist ebenso für den Fall der Aufhebung oder Ungültigerklärung einer eingetragenen Partnerschaft vorgesehen, sofern die Partner eine entsprechende Vereinbarung getroffen haben (Art. 4 Abs. 1 PartgüterVO-E2011; Erwägungsgrund 15 Partgüter-VO-E2011). Auffällig jedoch ist, dass Art. 4 PartgüterVO-E2011 keinen direkten Verweis auf die Brüssel IIa-VO enthält. Dies lässt sich darauf zurückführen, dass die Brüssel IIa-VO nach ganz überwiegender Ansicht nicht auf die Auflösung gleichgeschlechtlicher Partnerschaften anwendbar ist.[604] Insofern folgt die internationale Zuständigkeit aus dem autonomen Recht des mit der Aufhebung der Partnerschaft befassten Gerichts.[605]

Ergibt sich die Zuständigkeit weder aus Art. 3 noch aus Art. 4, so gibt Art. 5 PartgüterVO-E2011 eine hierarchisch gegliederte Zuständigkeitsliste vor, die grundsätzlich Art. 5 EhegüterVO-E2011 entspricht. Allerdings sind an letzter Stelle nicht die Gerichte des Mitgliedstaates zuständig, dessen Staatsangehörigkeit beide Partner haben, sondern in dem die Partnerschaft eingetragen wurde. Der Gerichtsstand im Registrierungsstaat wird vor allem dann relevant, wenn das an sich berufene Gericht gem. Art. 5 Abs. 2 PartgüterVO-E2011 seine Unzuständigkeit erklärt.

Anders als der EhegüterVO-E2011 sieht der Kommissionsvorschlag zu den eingetragenen Partnerschaften in bestimmten Fällen die Möglichkeit einer Unzuständigkeitserklärung vor. So kann das Gericht im Rahmen der Annexkompetenz im Falle des Todes eines Partners sowie der Zuständigkeit in anderen Fällen sich für unzuständig erklären, wenn sein Recht das Institut der eingetragenen Partnerschaft nicht kennt (Art. 3 Abs. 2 bzw. Art. 5 Abs. 2 PartgüterVO-E2011). Gemeint ist wohl, dass das Gericht eines Mitgliedstaates, dessen Sachrecht kein eigenes Rechtsinstitut einer eingetragenen Partnerschaft bereithält, sich für unzuständig erklären kann. Es ist nicht absehbar, dass die Möglichkeit der Unzuständigkeitserklärung in der künftigen PartgüterVO gestrichen wird.[606] Vielmehr ist sie als Zugeständnis an diejenigen Mitgliedstaaten zu werten, deren materielles Familienrecht traditionell ausgestaltet ist.

Die subsidiäre Zuständigkeit (Art. 6 PartgüterVO-E2011) enthält wie der EhegüterVO-E2011 den Gerichtsstand am Belegenheitsort der Vermögensgegenstände mindestens eines der Partner (lit. a). Zudem wird alternativ (»oder«) auf die Staatsangehörigkeit eines der Partner abgestellt (lit. b).

Die Notzuständigkeit (Art. 7 PartgüterVO-E2011) entspricht der Regelung im EhegüterVO-E2011. Auch im Rahmen des PartgüterVO-E2011 wurde zu Recht auf eine *forum non conveniens*-Klausel verzichtet.

---

604  S.o. Fn. 301.
605  *Hausmann*, Int. EhescheidungsR, Kap. R Rn. 25.
606  Vielmehr übernimmt der Thein-Bericht II die entsprechenden Regelungen.

Im Gegensatz zum EhegüterVO-E2011 sieht der Kommissionsvorschlag für eingetragene Partnerschaften keine Wahl des Gerichtsstandes vor. In der Literatur wird dieser vollständige Verzicht auf Gerichtsstandsvereinbarungen kritisiert: Um einen Gleichlauf von Zuständigkeit und anwendbarem Recht zu gewährleisten, sollte zumindest die Wahl des Registergerichtsstandes zugelassen werden.[607]

Sollte sich im Laufe der Beratungen zur PartgüterVO jedoch die Ansicht durchsetzen, eingetragenen Partnerschaften eine Wahl des auf den Güterstand anwendbaren Rechts einzuräumen, ist es nur konsequent, auch dahingehende Gerichtsstandsvereinbarungen zu gestatten. So schlägt auch der Thein-Bericht II vor, eine an die Rechtswahl anknüpfende Wahl des Gerichtsstandes zuzulassen.[608]

Weitere verfahrensrechtliche Regelungen finden sich in Art. 8 bis 14 PartgüterVO-E2011. Diese entsprechen im Wesentlichen den anderen Verordnungen[609] und werden daher hier nicht näher erörtert.

## 4. Anerkennung und Vollstreckung

Hinsichtlich der Anerkennung, Vollstreckbarkeit und Vollstreckung orientiert sich der PartgüterVO-E2011, wie auch der EhegüterVO-E2011, stark am Kommissionsentwurf zur ErbVO.

### a) Anerkennung und Vollstreckung von Entscheidungen

Hinsichtlich der Anerkennung und Vollstreckung von Entscheidungen und öffentlicher Urkunden folgt der PartgüterVO-E2011 dem Vorschlag zum Ehegüterkollisionsrecht. Die in einem Mitgliedstaat ergangenen Entscheidungen werden in anderen Mitgliedstaaten anerkannt, ohne dass es eines besonderen Verfahrens bedarf (Art. 21 Abs. 1 PartgüterVO-E2011). Auch hier darf kein Nichtanerkennungsgrund vorliegen (Art. 22 PartgüterVO-E2011). Die Vollstreckbarkeit gerichtlicher Entscheidungen richtet sich nach dem Vorbild der Brüssel I-VO (Art. 27 PartgüterVO-E2011).

Eine Besonderheit stellt Art. 24 PartgüterVO-E2011 dar. Diese Vorschrift trägt der unterschiedlichen Ausgestaltung der mitgliedstaatlichen Rechtsordnungen hinsichtlich eingetragener Partnerschaften Rechnung. So darf die Anerkennung und Vollstreckung einer Entscheidung zu den vermögensrechtlichen Aspekten einer eingetragenen Partnerschaft nicht allein deshalb versagt werden, weil das Sachrecht des ersuchten Mitgliedstaates das Rechtsinstitut der eingetragenen Partnerschaft nicht kennt oder nicht dieselben vermögensrechtlichen Wirkungen damit verbindet (Art. 24 PartgüterVO-E2011). Gerichte, deren

---

607  So etwa *Dutta/Wedemann*, in: FS Kaissis (2012), S. 133, 148.
608  Änderungsantrag 50 des Thein-Berichts II.
609  Vgl. Art. 9 ff. UnterhVO; Art. 14 ff. ErbVO.

Sachrecht das Institut der eingetragenen Partnerschaft nicht kennt, werden somit angehalten, zumindest die Rechtswirkungen einer in einem anderen Mitgliedstaat wirksam begründeten Partnerschaft anzuerkennen. Um Missverständnissen vorzubeugen wird in den Beratungen zur PartgüterVO erwogen, in einem Erwägungsgrund klarzustellen, dass die Anerkennung und Vollstreckung einer das Güterrecht einer eingetragenen Partnerschaft betreffenden Entscheidung in keiner Weise die Anerkennung der eingetragenen Partnerschaft selbst bewirkt.[610]

b) Anerkennung und Vollstreckung öffentlicher Urkunden und gerichtlicher Vergleiche

Im Rahmen des PartgüterVO-E2011 ist wie im Vorschlag zum Ehegüterkollisionsrecht die Anerkennung öffentlicher Urkunden vorgesehen (Art. 28 PartgüterVO-E2011). Die Bedenken gegen eine Anerkennung, die sich sowohl auf den Urkundeninhalt (*negotium*) als auch auf den Urkundsmantel (*instrumentum*) erstreckt, sind auch hier von Bedeutung. Im Rahmen der Beratungen zur PartgüterVO zeichnet sich jedoch ab, dass die »Anerkennung« nun durch eine »Annahme« (»*acceptation*«/»*acceptance*«) öffentlicher Urkunden ersetzt werden soll, die sich auf die formelle Beweiskraft bezieht.[611] Einwände mit Bezug auf die Authentizität der öffentlichen Urkunde sollen sich nach dem Recht des Ursprungsmitgliedstaates richten. Für Einwände hinsichtlich des in der öffentlichen Urkunde beurkundeten Rechtsgeschäfts soll das anhand der PartgüterVO zu ermittelnde Güterrechtsstatut maßgeblich sein.

Die Vollstreckbarkeit öffentlicher Urkunden richtet sich nach dem Verfahren der Brüssel I-VO (Art. 29 PartgüterVO-E2011). Gleiches gilt für die Vollstreckbarkeit gerichtlicher Vergleiche (Art. 30 PartgüterVO-E2011).

## IV. Bewertung der Kommissionsvorschläge

Mit den Kommissionsvorschlägen zum internationalen Güterrecht schreitet die Europäisierung des internationalen Familienrechts weiter voran. Seit der Veröffentlichung des Grünbuchs zu den Kollisionsnormen im Jahre 2006 sind inzwischen über acht Jahre vergangen, ohne dass eine endgültige Fassung der Güterrechtsverordnungen vorliegt. Ursprünglich sollte das Güterrechtsprojekt bereits 2011 abgeschlossen werden. Das langwierige Gesetzgebungsverfahren ist darauf zurückzuführen, dass dem Projekt um die ErbVO größere Priorität beigemessen wurde. Dies erweist sich für die Güterrechtsverordnungen jedoch nicht als Nachteil, da nun auf die Erkenntnisse aus dem Erbrechtsprojekt zurückgegriffen werden kann. Die Änderungsvorschläge des Parlaments zu den

---

610  Vermerk des zyprischen Vorsitzes v. 31.10.2012 (Ratsdok.-Nr. 15724/12, JUSTCIV 320), S. 3.
611  Änderungsantrag 100 des Thein-Berichts II.

Kommissionsvorschlägen orientieren sich in vielen Punkten an der inzwischen in Kraft getretenen ErbVO und verfolgen das Ziel, die Verordnungen kohärent zueinander auszugestalten. Die bedeutendste Adaption an die ErbVO stellt die nunmehr geplante Annahme und Vollstreckung öffentlicher Urkunden dar. Nun liegt es an der italienischen Ratspräsidentschaft, in der zweiten Jahreshälfte 2014 die beiden Verordnungsvorschläge voranzutreiben. Zwar schließen die beiden Entwürfe zu den Güterrechtsverordnungen eine weitere Lücke im Rahmen des europäischen internationalen Familienrechts. Dies darf aber nicht darüber hinwegtäuschen, dass es weiterhin bei einem »Flickenteppich des europäischen Einheitsrechts«[612] in Hinblick auf seinen örtlichen Anwendungsbereich bleibt. Denn Dänemark, das Vereinigte Königreich und Irland werden voraussichtlich nicht an den Güterrechtsverordnungen teilnehmen.

Auch wenn die endgültige Fassung der künftigen Güterrechtsverordnungen noch nicht feststeht, können die Entwürfe der Kommission bereits jetzt einer kritischen Würdigung unterzogen werden.

## 1. Bewertung des EhegüterVO-E2011

Der EhegüterVO-E2011 ordnet sich mit seiner Systematik in das Gefüge der bisherigen Verordnungen zum europäischen IPR ein. Die in der Literatur vereinzelt geäußerte Befürchtung, der EhegüterVO-E2011 würde eher zu einem Stückwerk als zu einem kohärenten Lösungsansatz führen,[613] hat sich nicht bestätigt. Der Verordnungsvorschlag lässt zwei Grundtendenzen in der Entwicklung des europäischen internationalen Familienrechts erkennen. Die erste Grundrichtung ist der Wechsel vom Staatsangehörigkeits- zum Aufenthaltsprinzip im Rahmen der objektiven Anknüpfung. Dies steht in Einklang mit der bisherigen französischen Regelung im HGA. Hingegen hat man sich erfreulicherweise gegen einen automatischen Statutenwechsel, wie ihn das französische Recht kennt, entschieden. Durch das Aufenthaltsprinzip wird den tatsächlichen Lebensverhältnissen der Ehegatten Rechnung getragen. Hat ein Ehegatte in einem anderen Mitgliedstaat seinen gewöhnlichen Aufenthalt, so liegt die Vermutung nahe, dass er sich dort integriert hat und dass er nach dem dortigen Recht behandelt werden will. Zudem entstehen ihm keine Kosten für Rechtsauskünfte in seinem Heimatland, zu dem er möglicherweise kaum noch Bindungen hat. Andererseits ist der gewöhnliche Aufenthalt nicht immer ein zuverlässiges Indiz für das Zugehörigkeitsgefühl zum Aufenthaltsstaat. So kann ein objektiv lang anhaltender Aufenthalt von den Ehegatten dennoch als bloß vorübergehend betrachtet werden. Ihnen kann es wichtig sein, ihre »kulturellen Wurzeln« nicht aufzugeben. Hier wird die zweite Grundtendenz, nämlich die Stärkung der Parteiautonomie relevant. So wird den Ehegatten etwa ermöglicht, eine Rechtswahl zugunsten des Rechts der Staatsangehörigkeit zu treffen. Die Möglichkeit einer

---

612  *Mansel/Thorn/Wagner*, IPRax 2013, 1.
613  *Harding*, JPIL 2011, 203, 216.

beschränkten Rechtswahl erscheint zwar aus deutsch-französischer Sicht wenig überraschend, doch sie ist bislang nicht in allen Mitgliedstaaten möglich. Einige Regelungen des EhegüterVO-E2011 sind noch unklar und bedürfen weiterer Überarbeitung im Laufe des Gesetzgebungsprozesses. Bedauerlich ist zunächst, dass der EhegüterVO-E2011, im Gegensatz zum deutschen und französischen Recht, keine Rechtswahlmöglichkeit zugunsten der *lex rei sitae* für Immobilien vorsieht. Ebenso ist der Ausschluss jedweder Rück- und Weiterverweisungen nicht sachgemäß. Sinnvoller wäre es, wenn die EhegüterVO einen *renvoi* für den Fall zulassen würde, dass das IPR des Drittstaates wiederum auf das Recht eines Mitgliedstaates verweist. Zur besseren Abgrenzung zum Ehewirkungsstatut empfiehlt es sich, im Rahmen eines Erwägungsgrundes klarzustellen, inwieweit der Anwendungsbereich der EhegüterVO auch Regelungen des *régime primaire* umfasst. Ebenso sollte der Begriff des gewöhnlichen Aufenthalts in einem Erwägungsgrund näher konkretisiert werden.

Weiterhin ungeklärt bleibt die Problematik der Vorfrageanknüpfung. Im europäischen Kontext liegt es nahe, die Vorfrage unselbständig anzuknüpfen. Sollten diese Korrekturen durch den Gesetzgeber ausbleiben, wird der EuGH sich mit den verbleibenden Unklarheiten auseinandersetzen müssen.

## 2. Bewertung des PartgüterVO-E2011

Die Ausarbeitung eines eigenen Verordnungsvorschlages zum Güterrecht eingetragener Partnerschaften ist aus rechtspolitischen Erwägungen nachvollziehbar. Die Regelungen des PartgüterVO-E2011 entsprechen weitestgehend den Regelungen zum Ehegüterkollisionsrecht. Hauptkritikpunkt bleibt der Ausschluss der Rechtswahl für eingetragene Partnerschaften. Das Registerprinzip ist zwar auch im bisherigen deutschen und französischen Recht vorgesehen. Allerdings stellt die Versagung der Rechtswahl für eingetragene Partnerschaften eine nicht zu rechtfertigende Diskriminierung, d.h. einen Verstoß gegen Art. 21 GrCh, dar. Der Änderungsvorschlag des Parlaments, eine beschränkte Rechtswahl auch für eingetragene Partnerschaften zuzulassen, ist daher begrüßenswert. Es bleibt abzuwarten, ob der Rat diesen unverbindlichen Vorschlag übernimmt. Sollte eine Rechtswahl für eingetragene Partnerschaften zugelassen werden, erscheint es konsequent, ebenso Gerichtsstandsvereinbarungen zu erlauben.

Da der Verordnungsentwurf den Kernbereich des Familienrechts betrifft, sind die Diskussionen im Rat extrem schwierig. Seit Anfang November 2013 sind die Diskussionen aufgrund von Meinungsverschiedenheiten zwischen den Delegationen praktisch blockiert.[614] Sollte es im Rahmen der Verhandlungen zur PartgüterVO zu keiner Einigung im Rat kommen, könnte allenfalls der Weg

---

614 Dies geht aus einem Schreiben des Generalsekretariats des Rates der Europäischen Union vom 5.5.2014 an den Verfasser hervor, mit dem ein Antrag auf Zugang zur Zwischenversion des Verordnungstextes von Oktober 2013 (Ratsdok.-Nr. 14756/13) abgelehnt wurde.

über eine Verstärkte Zusammenarbeit gewählt werden. Eine europaweite Harmonisierung wäre somit vorläufig nicht erreicht. Sollten einige Mitgliedstaaten die Beteiligung an der PartgüterVO ablehnen, dann wohl wegen der Befürchtung, dass ihr materielles Familienrecht angetastet werden könnte. In diesem Fall ist anzunehmen, dass die Entwicklung des Internationalen Privatrechts auf EU-Ebene leichter zu erreichen ist, wenn zuvor ein Mindestmaß an materiellem Recht der Mitgliedstaaten harmonisiert wurde.[615] Da die EU jedoch keine Kompetenz zur Vereinheitlichung des materiellen Familienrechts hat, müsste dies auf staatsvertraglicher Basis vollzogen werden.

---

615  In diese Richtung auch *González Beilfuss*, in: Boele-Woelki/Miles/Scherpe, The Future of Family Property in Europe, S. 329, 338.

# 2. Teil   Materielles Güterrecht im Rechtsvergleich

Bei der Beendigung ehelicher Güterstände mit Auslandsbezug stellt sich nicht nur die Frage der internationalen Zuständigkeit und des anwendbaren Rechts. Ist das Güterrechtstatut erst einmal ermittelt, ist zu klären, wie sich die Auseinandersetzung des Vermögens der Ehegatten vollzieht. Das materielle Güterrecht einer jeden Rechtsordnung stellt mehrere Grundtypen in Form von Güterständen zur Verfügung, die es den Ehegatten ermöglichen, ihre vermögensrechtlichen Beziehungen zueinander zu ordnen. In Deutschland ist der gesetzliche Güterstand die Zugewinngemeinschaft (§§ 1363 ff. BGB). Hingegen ist in Frankreich die *communauté réduite aux acquêts* der gesetzliche Güterstand (Art. 1400 ff. CC). Sie wird daher auch als *communauté légale* bezeichnet[616] und ist in Deutschland unter der Bezeichnung »Errungenschaftsgemeinschaft« geläufig. Neben dem gesetzlichen Güterstand sehen beide Rechtsordnungen Wahlgüterstände vor, die von den Ehegatten vereinbart werden können. In Deutschland zählen dazu die Gütertrennung (§ 1414 BGB) und die Gütergemeinschaft (§§ 1415 ff. BGB). In Frankreich können die Ehegatten zwischen der *communauté universelle* (Art. 1526 CC), der *séparation de biens* (Art. 1536 ff. CC) und der *participation aux acquêts* (Art. 1569 ff. CC) wählen. Seit Inkrafttreten des WZGA am 1.5.2013 ist zudem in beiden Rechtsordnungen die Wahl-Zugewinngemeinschaft als vertraglicher Güterstand vereinbar.

Um das derzeit geltende System der Güterstände in Deutschland und Frankreich besser zu verstehen, ist es erforderlich, vorab die rechtsgeschichtliche Entwicklung des materiellen Güterrechts in beiden Ländern nachzuzeichnen. Im Anschluss daran werden die verschiedenen ehelichen Güterstände als auch der Güterstand der eingetragenen Partnerschaft in Deutschland und Frankreich im Überblick dargestellt und miteinander verglichen. Hiernach wird der Schwerpunkt auf die Beendigung des Güterstandes gelegt. Dazu werden die Regelungen der deutschen Zugewinngemeinschaft einerseits und der französischen *participation aux acquêts* andererseits im Hinblick auf ihre Beendigung erörtert und verglichen. Dem deutschen gesetzlichen Güterstand wird bewusst der französische Wahlgüterstand der *participation aux acquêts* gegenübergestellt, da beide dem gleichen Grundprinzip folgen und somit einem Vergleich zugänglich sind. Beide Güterstände bilden auch den Ausgangspunkt für den in beiden Rechtsordnungen neu eingeführten Wahlgüterstand der Wahl-Zugewinngemeinschaft, der sodann erläutert und mithilfe der Erkenntnisse aus dem Rechtsvergleich analysiert wird.

---

616   Die Überschrift »*De la communauté légale*« des 1. Teils von Kapitel II innerhalb des Titels V ist den Art. 1400 ff. CC vorgelagert.

## A.  Rechtsgeschichtliche Entwicklung des Güterrechts

Die Entwicklung des Ehegüterrechts in Deutschland und Frankreich geht einher mit der geschichtlichen Fortentwicklung seiner Rechtsquellen. Für das deutsche Recht ist Ausgangspunkt der historischen Betrachtung das am 1.1.1900 in Kraft getretene BGB. Hingegen bildet in Frankreich der Code civil vom 21.3.1804 den Ursprung des heutigen französischen Ehegüterrechts.

### I.  Deutschland

Mit Inkrafttreten des BGB am 1.1.1900 wurde der Rechtszersplitterung des ehelichen Güterrechts ein Ende gesetzt und erstmalig ein einheitliches Güterrecht für das Deutsche Reich geschaffen.[617] In seiner ursprünglichen Fassung sah das BGB insgesamt fünf eheliche Güterstände vor: Der ordentliche gesetzliche Güterstand war die Verwaltungsgemeinschaft (§§ 1363 ff. BGB a.F.), bei der die Vermögensmassen der Ehegatten nach Eheschließung zwar grundsätzlich getrennt blieben, jedoch dem Mann die Verwaltung und Nutznießung wesentlicher Vermögensgegenstände der Ehefrau zukam. In Ausnahmefällen diente die Gütertrennung (§§ 1426 ff. BGB a.F.) als außerordentlicher gesetzlicher Güterstand. Zudem konnten die Ehegatten zwischen der allgemeinen Gütergemeinschaft (§§ 1437 ff. BGB a.F.), der Errungenschaftsgemeinschaft (§§ 1519 ff. BGB a.F.) sowie der Fahrnisgemeinschaft (§§ 1549 ff. BGB a.F.) wählen. Demgegenüber fand die bis dato nur in einzelnen Regionen verbreitete Zugewinngemeinschaft[618] keinen Eingang in das BGB. Über ein halbes Jahrhundert blieb dieses System des Güterrechts unverändert, obwohl gerade der gesetzliche Güterstand der ehemännlichen Verwaltung und Nutznießung der Kritik ausgesetzt war, der veränderten Stellung der Frau in der Gesellschaft nicht mehr gerecht zu werden.[619] Zwar sah Art. 119 Abs. 1 S. 2 WRV vor, dass die Ehe auf der Gleichberechtigung der Geschlechter beruht, allerdings wurde das Ehegüterrecht nicht an diesen programmatischen Grundsatz angepasst. Dies änderte sich erst mit der Gründung der Bundesrepublik Deutschland und dem Inkrafttreten des Grundgesetzes am 23.5.1949. Anlass dafür war die Einführung des besonderen Gleichheitsgrundsatzes von Mann und Frau in Art. 3 Abs. 2 GG, der als echte Rechtsnorm justiziabel und unmittelbar wirksam ist.[620] Die Vorschriften zur ehemännlichen Verwaltung und Nutznießung sowie weitere einfachgesetzli-

---

617   Zur Entwicklung des Güterrechts bis 1900 vgl. *Enneccerus/Kipp/Wolff*, Lehrbuch des Bürgerlichen Rechts, § 40 III, S. 145 ff.

618   Zur regionalen Verbreitung der Zugewinngemeinschaft vor 1900 vgl. *Berent*, Die Zugewinnstgemeinschaft der Ehegatten, S. 14 ff.

619   So etwa *Weber*, Ehefrau und Mutter in der Rechtsentwicklung, S. 486 ff., 495 ff.

620   BVerfGE 3, 225, 239 f. = JZ 1954, 32, 35.

che Regelungen erschienen jedoch unvereinbar mit diesem besonderen Diskriminierungsverbot. Aus diesem Grund wurde mit Art. 117 Abs. 1 GG eine Übergangsregelung geschaffen, wonach dem Gesetzgeber bis zum 31.3.1953 die Möglichkeit eingeräumt wurde, die dem besonderen Gleichheitssatz des Art. 3 Abs. 2 GG entgegenstehenden Gesetze anzupassen. Ein entsprechendes Gesetzesvorhaben der Bundesregierung zur Anpassung[621] wurde vom Bundestag jedoch nicht angenommen und ein Antrag zur Verlängerung der in Art. 117 Abs. 1 GG für die Fortgeltung entgegenstehenen Rechts festgesetzten Frist vom Bundestag abgelehnt.[622] Dies hatte zur Folge, dass die gleichheitswidrigen Rechtssätze und somit auch die Regelungen zur Verwaltungsgemeinschaft zum 1.4.1953 außer Kraft traten.[623] Diese Gesetzeslücke musste durch richterliches Gewohnheitsrecht geschlossen werden. Überwiegend wurde angenommen, dass sich die Gütertrennung als ersatzweiser Güterstand anbiete, da sie auch bisher als außerordentlicher gesetzlicher Güterstand fungiere und nach dem Wegfall des ehemännlichen Rechts auf Verwaltung und Nutznießung am eingebrachten Gut seiner Frau dem Grundsatz der Gleichberechtigung am ehesten entspreche.[624] Um den Zustand der Rechtsunsicherheit zu beenden, legte die Bundesregierung einen Gesetzesentwurf vor, der die Einführung der Zugewinngemeinschaft als gesetzlichen Güterstand vorsah und die Wahlgüterstände der Gütergemeinschaft und Gütertrennung vorschlug.[625] Dabei entschied sich der Gesetzgeber aus verschiedenen Gründen bewusst für die Zugewinngemeinschaft und somit gegen die anderen Güterstände als gesetzlichen Güterstand: Demnach führe die allgemeine Gütergemeinschaft zu Unbilligkeiten, wenn ein Ehegatte bei Eheschließung ein größeres Vermögen besitze als der andere, da das Gesamtgut für die Schulden eines jeden Ehegatten hafte und es bei Beendigung des Güterstandes zu einer Teilung des Gesamtgutes komme.[626] Die Fahrnisgemeinschaft habe ihre Berechtigung im Laufe der Zeit dadurch verloren, dass Grundstücke nicht mehr das wesentliche Vermögen der Ehegatten ausmachten und es oft vom Zufall abhinge, ob Vermögen in Grundstücken, Hypotheken oder Wertpapieren angelegt seien.[627] Die bisherige Errungenschaftsgemeinschaft entspreche nicht dem

---

621 Entwurf eines Gesetzes über die Gleichberechtigung von Mann und Frau auf dem Gebiete des bürgerlichen Rechts und über die Wiederherstellung der Rechtseinheit auf dem Gebiete des Familienrechts (Familienrechtsgesetz), BT-Drs. 1/3802, S. 1 ff.; zum Inhalt des Gesetzesentwurfes vgl. *Strauß*, JZ 1952, 449 ff.

622 *Strauß*, JZ 1954, 177 m.w.N.

623 BGHZ 10, 266, 280 = NJW 1953, 1342, 1345.

624 OLG Düsseldorf NJW 1953, 828, 829; OLG München NJW 1953, 829; OLG Neustadt/Weinstr. NJW 1953, 989; OLG Hamm NJW 1953, 1353; OLG Koblenz NJW 1954, 1161, 1162.

625 Entwurf eines Gesetzes über die Gleichberechtigung von Mann und Frau auf dem Gebiete des bürgerlichen Rechts, BT-Drs. 2/224, S. 5.

626 BT-Drs. 2/224, S. 33.

627 BT-Drs. 2/224, a.a.O.

Gleichberechtigungsgrundsatz, da Arbeitsverdienste der Ehefrau und Nutzungen des von ihr eingebrachten Gutes in das Gesamtgut fielen, welches allein vom Ehemann verwaltet werde.[628] Zudem seien die Regelungen zur Haftung der Gütermassen kompliziert und es lasse sich oftmals nicht feststellen, welche Vermögensgegenstände zu welcher Gütermasse gehörten, was besonders bei Beendigung des Güterstandes problematisch sei.[629] Schließlich sei auch die Gütertrennung als gesetzlicher Güterstand ungeeignet, da sie bei der Vermögensauseinandersetzung die nicht erwerbstätige Ehefrau benachteilige, die über kein eigenes Einkommen verfüge.[630] Nach langen Beratungen im Rechtsausschuss wurde der Gesetzesentwurf vom Bundestag im Jahre 1957 angenommen, so dass das Gleichberechtigungsgesetz am 1.7.1958 in Kraft treten konnte.[631] Seitdem ist die Zugewinngemeinschaft in der Bundesrepublik Deutschland der ordentliche gesetzliche Güterstand. Als außerordentlicher gesetzlicher Güterstand blieb die Gütertrennung bestehen. Als einziger Wahlgüterstand wurde die Gütergemeinschaft gesetzlich geregelt.

Anders als in der Bundesrepublik galt in der Deutschen Demokratischen Republik (DDR) der gesetzliche Güterstand der Eigentums- und Vermögensgemeinschaft, bei der es sich um eine Art der Errungenschaftsgemeinschaft handelte. Die während der Ehe durch Arbeit oder aus Arbeitseinkünften erworbenen Sachen, Vermögenswerte und Ersparnisse wurden gemeinschaftliches Eigentum der Ehegatten (§ 13 Abs. 1 S. 1 FGB). Hingegen standen im Alleineigentum eines jeden Ehegatten die vor der Eheschließung erworbenen, die ihm während der Ehe als Geschenk oder als Auszeichnung zugewendeten und die durch Erbschaft zugefallenen Sachen und Vermögensrechte (§ 13 Abs. 2 S. 1 FGB). Bei Beendigung der Ehe wurde das gemeinschaftliche Eigentum und Vermögen zu gleichen Anteilen geteilt (§ 39 Abs. 1 S. 1 FGB). Infolge der Wiedervereinigung und des Beitritts der DDR zur Bundesrepublik Deutschland zum 3.10.1990 wurden durch den Einigungsvertrag[632] die bestehenden Vermögensgemeinschaften in den Güterstand der Zugewinngemeinschaft übergeleitet, soweit die Ehegatten nichts anderes vereinbart haben (Art. 234 § 4 Abs. 1 EGBGB). Die Zugewinngemeinschaft wurde somit zum bundesdeutschen gesetzlichen Güterstand.

---

628   BT-Drs. 2/224, S. 34.
629   BT-Drs. 2/224, a.a.O.
630   BT-Drs. 2/224, S. 37.
631   Gesetz über die Gleichberechtigung von Mann und Frau auf dem Gebiete des bürgerlichen Rechts vom 18.6.1957 (BGBl. 1957 I, S. 609 ff.).
632   Vertrag zwischen der Bundesrepublik Deutschland und der Deutschen Demokratischen Republik über die Herstellung der Einheit Deutschlands – Einigungsvertrag – vom 31.8.1990 (BGBl. 1990 II, S. 889 ff.).

## II. Frankreich

Das Ehegüterrecht in Frankreich wurde durch den Code civil vom 21.3.1804 erstmals einheitlich geregelt. Somit wurde dem Dualismus eines *régime dotal* in den Gebieten des geschriebenen Rechts und einer *communauté de meubles et d'acquêts* in den Gebieten des Gewohnheitsrechts ein Ende gesetzt.[633] Der gesetzliche Güterstand war nunmehr die *communauté de meubles et d'acquêts* (Art. 1400 ff. CC a.F.), bei der es sich um eine Kombination von Fahrnis- und Errungenschaftsgemeinschaft handelte.[634] Dabei wurden unbewegliche Gegenstände, die vor der Ehe vorhanden waren oder durch eine nacheheliche Erbschaft oder Schenkung erlangt wurden, als Eigengut (*biens propres*) angesehen. Hingegen wurden bewegliche Gegenstände sowie nacheheliche Einkünfte als Gemeinschaftsgüter (*biens communs*) betrachtet, die bei Beendigung der Ehe zwischen den Ehegatten aufzuteilen waren.[635] Die Unterscheidung zwischen Fahrnis und Liegenschaften sollte zur Erhaltung des Familiengutes beitragen (*pater paternis, mater maternis*). So ging der Gesetzgeber von 1804 noch davon aus, dass die Grundstücke die wesentlichen Vermögenswerte bildeten, die infolge der Teilung des Gesamtgutes nicht in fremden Familienbesitz gelangen sollten, während die ohnehin nicht wertvolle Fahrnis (*res mobiles, res vilis*) getrost hälftig geteilt werden könne.[636] Dem Ehemann kam eine Vormachtstellung bei der Verwaltung des Vermögens zu. Während die Ehefrau als geschäftsunfähig angesehen wurde (Art. 1124 CC a.F.), wurde dem Ehemann die Verfügungsbefugnis über das Gesamtgut sowie das Verwaltungsrecht über das von der Ehefrau eingebrachte Vermögen zugesprochen.[637] Doch die Stellung der Ehefrau wandelte sich nur langsam: Das Gesetz vom 13.7.1907[638] führte eine partielle Geschäftsfähigkeit ein, die es der berufstätigen Ehefrau erlaubte, ihren Arbeitslohn allein zu verwalten und darüber zu verfügen. Durch das Gesetz vom 18.2.1938[639] wurde die *puissance martiale* des Ehemannes (Art. 213 CC. a.F.) beseitigt und die Ehefrau formell für geschäftsfähig erklärt. Allerdings blieben die sich aus dem gesetzlichen Güterstand ergebenden Beschränkungen der Geschäftsfähigkeit weiterhin bestehen (Art. 215 CC a.F.), so dass die Geschäftsfähigkeit nur theoretisch bestand.[640] Daran änderte auch das Gesetz vom

---

633  *Cabrillac*, Droit des régimes matrimoniaux, Rn. 11.
634  *Ferid/Sonnenberger*, FrzZR III, Rn. 4 B 203.
635  *Terré/Simler*, Les régimes matrimoniaux, Rn. 29.
636  *Sper*, Der neue gesetzliche Güterstand in Frankreich, S. 2.
637  *Zajtay*, in: FS Ficker (1967), S. 473, 474.
638  Loi du 13 juillet sur le libre salaire de la femme mariée et la contribution aux charges du ménage (JO 16 juill. 1907).
639  Loi du 18 février 1938 portant modification des textes du code civil relatifs à la capacité de la femme mariée (JO 19 févr. 1938).
640  *Lincke*, Entwicklungslinien im frz. gesetzlichen Güterrecht, S. 59 f.

22.9.1942[641] nichts, das eine gegenseitige Bevollmächtigung der Ehegatten einführte (Art. 218 CC a.f., Art. 220 CC a.f). Erst in den 1950er Jahren kam es zu wesentlichen Reformbestrebungen. Ein Regierungsentwurf aus dem Jahre 1959 schlug als gesetzlichen Güterstand die Errungenschaftsgemeinschaft (*communauté réduite aux acquêts*) und als vertragsmäßigen Güterstand die *participation aux acquêts* vor.[642] Allerdings zog die Regierung ihren Entwurf 1961 wieder zurück, nachdem im Parlament keine Einigung über die Verwaltung des von der Ehefrau eingebrachten Vermögens erzielt werden konnte.[643] Erfolgreicher war der Regierungsentwurf vom 17.3.1965, der zwar stark an den früheren Entwurf angelehnt war, allerdings die Gleichberechtigung der Ehefrau deutlicher betonte, indem er die Verwaltung, Nutzziehung und Verfügung über das Eigengut jedem Ehegatten allein überließ.[644] Der Gesetzesentwurf wurde am 30.6.1965 angenommen und das Gesetz am 13.7.1965 verkündet, so dass es zum 1.2.1966 in Kraft treten konnte.[645] Das Gesetz von 1965 führte in Frankreich als gesetzlichen Güterstand die Errungenschaftsgemeinschaft (*communauté réduite aux acquêts*) sowie als Wahlgüterstand die *participation aux acquêts* ein. Letztere entsprach in ihren wesentlichen Zügen der deutschen Zugewinngemeinschaft.[646] Die Gründe, weshalb die Errungenschaftsgemeinschaft als gesetzlicher Güterstand und die *participation aux acquêts* lediglich als Wahlgüterstand eingeführt wurden, sind traditionsbedingt.[647] Während die *communauté* über Jahrhunderte in Frankreich galt und so das Bild der Ehe in der Bevölkerung als vermögensrechtliche Gemeinschaft prägte, wurde die *participation aux acquêts* als eine komplizierte Neuerung wahrgenommen, die auf ein Auseinanderleben der Ehegatten angelegt ist.[648] Doch auch die Reform von 1965 beseitigte nicht alle Ungleichheiten zwischen den Geschlechtern. So oblag die Verwaltung des Gesamtgutes in der Errungenschaftsgemeinschaft immer noch allein dem Ehemann (Art. 1421 CC a.F.). Erst das Gesetz vom 23.12.1985[649] führte ein gleichrangiges Verwaltungsrecht beider Ehegatten hinsichtlich der Gegenstände des Gemeinschaftsguts ein.

---

641  Loi du 22 septembre sur les effets du mariage quant aux droits et devoirs des époux (JO 3 nov. 1942).
642  Eingehend zum Regierungsentwurf von 1959 *Lincke*, Entwicklungslinien im frz. gesetzlichen Güterrecht, S. 108 ff.
643  *Sonnenberger*, FamRZ 1965, 357, 358; *Zajtay*, in: FS Ficker (1967), S. 473, 482.
644  Kritisch zum Regierungsentwurf von 1965 *Sonnenberger*, FamRZ 1965, 357, 361 ff.
645  Loi n° 65-570 du 13 juillet 1965 portant réforme des régimes matrimoniaux (JO 14 juill. 1965); ausführlich zum Inhalt des Gesetzes *Colomer*, RIDC 1966, 61 ff. sowie *Zajtay*, AcP 166 (1966), 481 ff.
646  *Sturm*, FamRZ 1966, 161, 167; *Zajtay*, in: FS Ficker (1967), S. 473, 496.
647  *Frenzen*, Zugewinngemeinschaft und participation aux acquêts, S. 15 m.w.N.
648  *Lincke*, Entwicklungslinien im frz. gesetzlichen Güterrecht, S. 105 ff.
649  Loi n° 85-1372 du 23 décembre 1985 relative à l'égalité des époux dans les régimes matrimoniaux et des parents dans la gestion des biens de l'enfant mineurs (JO 26 déc. 1985).

## III. Rechtsvergleich

Mit der Kodifikation des Zivilrechts in Deutschland und Frankreich erfuhr auch das Ehegüterrecht eine landeseinheitliche Regelung. Die Entwicklung des Ehegüterrechts war in beiden Ländern stark mit der sich wandelnden Stellung der Frau in der Gesellschaft und Familie verbunden. In der Bundesrepublik Deutschland war die Ablösung der Verwaltungsgemeinschaft als gesetzlicher Güterstand nach dem Zweiten Weltkrieg bereits verfassungsrechtlich durch das Diskriminierungsverbot in Art. 3 Abs. 2 GG vorprogrammiert. In Frankreich hingegen blieb die Diskrepanz zwischen dem patriarchalischen Eheverständnis des Code civil und der sozialen Wirklichkeit über lange Zeit bestehen. Nur langsam folgte der französische Gesetzgeber den Bestrebungen nach Gleichberechtigung in der Gesellschaft. Zwar wurde in beiden Rechtsordnungen eine Abkehr vom patriarchalisch geprägten Ehebild vollzogen. Allerdings entwickelten sich in Deutschland und Frankreich unterschiedliche Vorstellungen davon, wie sich der Grundsatz der Gleichberechtigung am ehesten im ehelichen Güterrecht verwirklichen lassen könnte. Während der deutsche Gesetzgeber der Ansicht war, die Zugewinngemeinschaft werde am ehesten der Gleichberechtigung der Geschlechter gerecht, ging man in Frankreich davon aus, die Errungenschaftsgemeinschaft entspreche dem Wesen der Ehe als persönliche und vermögensrechtliche Gemeinschaft. Allerdings wurde im französischen Recht das Modell der deutschen Zugewinngemeinschaft rezipiert, indem die *participation aux acquêts* als Wahlgüterstand eingeführt wurde. Hingegen hat man sich in der Bundesrepublik im Jahre 1958 durch die Abschaffung der Errungenschaftsgemeinschaft als Wahlgüterstand sowie durch die Überführung der Eigentums- und Vermögensgemeinschaft in die Zugewinngemeinschaft im Jahre 1990 vom Modell des französischen gesetzlichen Güterstandes entfernt.

## B. Die Ehegüterstände im Überblick

Bevor die Beendigung der ehelichen Güterstände näher untersucht wird, ist es erforderlich, sich einen Überblick zu den existierenden Ehegüterständen im deutschen und französischen Recht zu verschaffen.

## I. Deutschland

Das deutsche Recht kennt drei Güterstände, nämlich die Zugewinngemeinschaft (§§ 1363–1390 BGB), die Gütertrennung (§ 1414 BGB) sowie die Gütergemeinschaft (§§ 1415–1482 BGB). Der gesetzliche Güterstand ist die Zugewinngemeinschaft. Die anderen Güterstände kommen nur zur Anwendung, wenn und soweit die Ehegatten dies durch Ehevertrag vereinbart haben. Da das bürgerliche Recht allein die Eheschließung von Mann und Frau zulässt (vgl. § 1355 Abs. 2 BGB), finden die Vorschriften zum Ehegüterrecht keine direkte Anwendung auf gleichgeschlechtliche Partnerschaften. Das Güterrecht eingetragener Lebenspartnerschaften ist im LPartG geregelt.[650]

## 1. Gesetzlicher Güterstand: Zugewinngemeinschaft

Sofern die Ehegatten keinen anderen Güterstand durch Ehevertrag vereinbart haben, leben sie im gesetzlichen Güterstand der Zugewinngemeinschaft (§ 1363 Abs. 1 BGB). Die Bezeichnung als Zugewinn*gemeinschaft* ist jedoch irreführend, da sie suggeriert, es handele sich um eine Art Gütergemeinschaft, bei der das während der Ehe erworbene Vermögen zum gemeinschaftlichen Eigentum beider Ehegatten werde. Tatsächlich bleibt das Vermögen der Ehegatten aber während des Bestehens der Ehe getrennt (§ 1363 Abs. 2 S. 1 BGB). Das vor und während der Ehe erworbene Vermögen eines jeden Ehegatten bleibt im Alleineigentum des jeweiligen Ehegatten, so dass dieser frei darüber verfügen kann. Eine dingliche Berechtigung am Vermögen des anderen Ehegatten besteht nicht. Im Gegenzug haftet jeder Ehegatte allein mit seinem Vermögen für die von ihm begründeten Verbindlichkeiten. Erst bei Beendigung des Güterstandes wird der erwirtschaftete Zugewinn der Ehegatten ausgeglichen (§ 1363 Abs. 2 S. 2 BGB).[651]

## 2. Wahlgüterstände

Die Regelungen über das vertragliche Güterrecht (§§ 1408–1563 BGB) erlauben es den Ehegatten sowohl vor als auch nach der Eheschließung, ihre vermögensrechtlichen Verhältnisse in gewissen Grenzen abweichend vom gesetzlichen Güterstand der Zugewinngemeinschaft zu gestalten. Hierzu bedarf es eines notariell beurkundeten Ehevertrages (§ 1410 BGB). Das BGB stellt den Ehegatten zwei güterrechtliche Modelle zur Verfügung, die als Wahlgüterstände bezeichnet werden: Die Gütertrennung und die Gütergemeinschaft.

### a)   Gütertrennung

Im Güterstand der Gütertrennung (§ 1414 BGB) bleibt jeder Ehegatte Eigentümer seiner vorehelichen Vermögensgüter sowie jener Vermögenswerte, die er während der Ehe durch Arbeit oder aus seinem Vermögen erwirbt. Jeder Ehegatte verwaltet selbständig sein Vermögen und haftet für seine Verbindlichkei-

---

650   S.u. 2. Teil C. I.
651   Ausführlich zur Beendigung des Güterstandes der Zugewinngemeinschaft s.u. 2. Teil D.

ten ausschließlich mit seinem eigenen Vermögen.[652] Bei Beendigung des Güterstandes kommt es zu keinerlei Ausgleich des Vermögens der Ehegatten.

### b) Gütergemeinschaft

Schließlich können die Ehegatten gem. § 1415 BGB durch Ehevertrag den Güterstand der Gütergemeinschaft (§§ 1415–1482 BGB) vereinbaren. Dabei verschmelzen die vorehelichen Vermögensmassen beider Ehegatten sowie das von ihnen während der Ehe erworbene Vermögen zu einem Gesamtgut (§ 1416 Abs. 1 BGB). Hinsichtlich des Gesamtgutes bilden die Ehegatten eine Gesamthandsgemeinschaft, so dass ein Ehegatte allein weder über seinen Anteil am Gesamtgut noch über einzelne Gegenstände des Gesamtgutes verfügen kann (§ 1419 Abs. 1 BGB). Bestimmte Vermögenspositionen gehören jedoch nicht zum Gesamtgut. So sind Gegenstände, die nicht durch Rechtsgeschäft übertragen werden können, als Sondergut eines Ehegatten anzusehen, das von diesem selbständig verwaltet wird (§ 1417 BGB). Davon zu unterscheiden ist das Vorbehaltsgut eines jeden Ehegatten, zu dem die Gegenstände gehören, die durch Ehevertrag zum Vorbehaltsgut erklärt worden sind (§ 1418 Abs. 2 Nr. 1 BGB), die ein Ehegatte von Todes wegen oder durch unentgeltliche Zuwendung erworben hat, sofern der Erblasser oder Zuwender bestimmt hat, dass der Erwerb Vorbehaltsgut sein soll (§ 1418 Abs. 2 Nr. 2 BGB) sowie jene Gegenstände, die kraft Surrogation ins Vorbehaltsgut fallen (§ 1418 Abs. 2 Nr. 3 BGB). Auch das Vorbehaltsgut wird von jedem Ehegatten selbständig verwaltet (§ 1418 Abs. 3 S. 1 BGB).

## II. Frankreich

Das französische Recht kennt vier Güterstände, nämlich die *communauté réduite aux acquêts*, die *communauté conventionelle*, die *séparation de biens* sowie die *participation aux acquêts*. Der gesetzliche Güterstand ist die *communauté réduite aux acquêts*, bei der es sich nach deutschem Verständnis um eine Errungenschaftsgemeinschaft handelt. Die anderen Güterstände kommen nur zur Anwendung, wenn und soweit die Ehegatten dies durch Ehevertrag vereinbart haben.

Seit der Öffnung der Ehe für gleichgeschlechtliche Paare[653] finden die französischen Regelungen zum Ehegüterrecht auch Anwendung auf gleichgeschlecht-

---

652  Johannsen/Henrich/*Jaeger*, § 1414 BGB Rn. 3; BeckOK-BGB/*J. Mayer*, § 1414 Rn. 8.

653  Loi n° 2013-404 du 17 mai 2013 ouvrant le mariage aux couples de personnes de même sexe (JO 18 mai 2013).

liche Ehen.[654] Da dem gesetzlichen Güterstand der Errungenschaftsgemeinschaft in der französischen Rechtspraxis eine besonders große Bedeutung zukommt, wird er im Folgenden ausführlicher dargestellt als die Wahlgüterstände.

## 1. Gesetzlicher Güterstand: *La communauté réduite aux acquêts*

Der gesetzliche Güterstand in Frankreich ist die Errungenschaftsgemeinschaft
(*communauté réduite aux acquêts,* Art. 1400–1491 CC). Sie ist dadurch gekennzeichnet, dass drei Vermögensmassen unterschieden werden: Das Eigengut
des einen Ehegatten, das Eigengut des anderen Ehegatten (*les biens propres*)
sowie das Gemeingut beider Ehegatten (*les biens communs*). Grundsätzlich gilt
eine gesetzliche Vermutung, dass die beweglichen und unbeweglichen Vermögensgegenstände der Ehegatten zum Gemeingut gehören (Art. 1402 al. 1 CC).
Zum Eigengut eines Ehegatten gehören jene Vermögenswerte, die bei Eheschließung in seinem Eigentum standen oder die er während der Ehe durch Erbschaft, Schenkung oder Vermächtnis erworben hat (Art. 1405 al. 1 CC). Weiter
gehören bestimmte Vermögenspositionen kraft ihrer Eigenart zum Eigengut
(*propres par leur nature*) wie etwa Kleidungsstücke, Arbeitsgeräte und Ansprüche auf Schadensersatz für Personenschäden oder immaterielle Schäden
(Art. 1404 CC). Jeder Ehegatte verwaltet selbständig sein Eigengut und kann
frei darüber verfügen (Art. 1428 CC). Ein Mitspracherecht über das Eigengut
des anderen gibt es nicht (*gestion exclusive*).[655] Das Gemeingut besteht aus den
Errungenschaften (*acquêts*), die die Eheleute getrennt oder gemeinsam während
der Ehe erworben haben. Dabei kann es sich um aus eigener Arbeit erwirtschaf-
tetes Vermögen oder Ersparnisse handeln, die aus den Früchten und Einkünften
des Eigengutes herrühren (Art. 1401 CC). Die Wertsteigerungen des Eigengutes
selbst sind jedoch nicht als *acquêts* anzusehen und fallen somit nicht in das
Gemeingut. Grundsätzlich ist es jedem Ehegatten gestattet, selbständig das Gemeingut zu verwalten und darüber zu verfügen (Art. 1421 al. 1 S. 1 CC). Es
handelt sich damit um eine konkurrierende Verwaltung des Gemeingutes (*gestion concurrente*).[656] Hingegen dürfen bestimmte Rechtsgeschäfte mit besonderer
Tragweite nur von beiden Ehegatten gemeinschaftlich vorgenommen werden
(*cogestion*).[657] Da hier die Mitwirkung beider Ehegatten erforderlich ist, kann
man von einer beiderseitigen Gesamtverwaltung sprechen.[658] Dazu gehören

---

654 Davon zu unterscheiden ist der Güterstand des *PACS*, der sowohl zwischen ver-
schieden- als auch gleichgeschlechtlichen Partnern geschlossen werden kann, s.u.
2. Teil C. II.
655 *Malaurie/Aynès*, Les régimes matrimoniaux, Rn. 454.
656 *Cabrillac*, Droit des régimes matrimoniaux, Rn. 222.
657 *Cabrillac*, Droit des régimes matrimoniaux, Rn. 227; *Jacoby*, in: Brudermüller/
Dauner-Lieb/Meder, Angst vor der Errungenschaftsgemeinschaft, S. 67, 73.
658 *Ferid/Sonnenberger*, FrzZR III, Rn. 4 B 227b spricht gar von einer »Gesamthands-
verwaltung«.

etwa unentgeltliche Verfügungen zu Lebzeiten über Gegenstände des Gemeingutes (Art. 1422 al. 1 CC), die Verpfändung solcher Gegenstände zugunsten Dritter (Art. 1422 al. 2 CC) sowie die Veräußerung oder Belastung mit dinglichen Rechten von Immobilien, Handelsunternehmen, unübertragbaren Gesellschaftsrechten und beweglichen Gegenständen, deren Veräußerung der Publizität bedürfen (Art. 1424 S. 1 CC). Beim Gemeingut der Ehegatten handelt es also sich um gemeinschaftliches Eigentum der Ehegatten, das mit der *gestion concurrente* im Grundsatz (Art. 1421 al. 1 S. 1 CC) und der *cogestion* in Ausnahmefällen (Art. 1422, 1424 CC) eigenen Regeln der Verwaltung folgt. Das Gemeingut der Ehegatten unterliegt demzufolge einem eigenen Verwaltungsregime. Hiervon abzugrenzen ist die sog. *indivision*, bei der es sich um eine Miteigentumsgemeinschaft eigener Art handelt.[659] Die *indivision* ist zum einen dadurch gekennzeichnet, dass der betroffene Gegenstand den Miteigentümern zu Anteilen zusteht, die regelmäßig nicht abtrennbar sind.[660] Zum anderen zeichnet sich die *indivision* dadurch aus, dass die Miteigentümer nicht selbständig über den Gegenstand oder ihren Anteil daran verfügen können.[661] Die Verwaltung der *biens indivis* folgt besonderen Regelungen.[662] Somit ist festzuhalten, dass Gemeingut und *indivision* in keinerlei Zusammenhang stehen.

Die Auseinandersetzung der Errungenschaftsgemeinschaft vollzieht sich nach Art. 1467 ff. CC. Zunächst nimmt jeder Ehegatte wieder das Vermögen an sich, das nicht Gemeingut geworden ist (*les reprises des propres*)[663], sofern es noch *in natura* vorhanden oder als Surrogat an dessen Stelle getreten ist (Art. 1467 al. 1 CC). Sodann kommt es zur Liquidierung der Gemeinschaft (Art. 1467 al. 2 CC). Die Auseinandersetzung erfolgt nach der Theorie der Ausgleichsleistungen (*théorie des récompenses*)[664], derzufolge die Verbindlichkeiten der Gemeinschaft gegenüber den Ehegatten sowie die Verbindlichkeiten eines jeden Ehegatten gegenüber der Gemeinschaft zu ermitteln und auszugleichen sind. Zum einen können Ansprüche des Gemeingutes gegen einen Ehegatten auf Wieder-

---

659 Vgl. Sonnenberger/Classen/Sonnenberger, Einführung in das frz. Recht, Nr. 111, S. 22.

660 Insofern ähnelt die *indivision* der deutschen Bruchteilsgemeinschaft und unterscheidet sich von der deutschen Gesamthandsgemeinschaft, bei der die Sache jedem Gesamthänder jeweils im Ganzen gehört.

661 Insofern besteht wiederum eine Ähnlichkeit zur deutschen Gesamthandsgemeinschaft, bei die Gesamthänder nur gemeinschaftlich über die Sache verfügen können.

662 Es ist zu differenzieren: Notwendige Maßnahmen zur Erhaltung des Gegenstandes können von jedem Miteigentümer selbständig vorgenommen werden (Art. 815-2 CC); Maßnahmen der allgemeinen Verwaltung bedürfen einer 2/3-Mehrheit der Anteilseigner an dem Gegenstand (Art. 815-3 al. 1 n° 1 CC); Maßnahmen zur Veräußerung des Gegenstandes bedürfen der Einstimmigkeit der Miteigentümer (Art. 815-3 al. 3 CC).

663 *Malaurie/Aynès*, Les régimes matrimoniaux, Rn. 588.

664 *Cabrillac*, Droit des régimes matrimoniaux, Rn. 281; *Malaurie/Aynès*, Les régimes matrimoniaux, Rn. 594.

einbringung bestehen, bspw. wenn aus dem Gemeingut ein Beitrag aufgewendet wurde, um persönliche Schulden eines Ehegatten zu bezahlen (Art. 1437 CC). Zum anderen können Ausgleichsansprüche eines Ehegatten gegen die Gemeinschaft bestehen, bspw. wenn sie aus dessen Eigengut Vorteile gezogen hat (Art. 1433 al. 1 CC). Zur Abwicklung der Liquidierung wird für jeden Ehegatten ein Konto eingerichtet (Art. 1468 CC). Bei einer negativen Bilanz des Ehegatten hat dieser seine Verbindlichkeit an das Gemeingut zu zahlen (Art. 1470 al. 1 CC). Bei einer positiven Bilanz des Ehegatten hat dieser ein Wahlrecht zwischen Auszahlung oder Entnahme von Gütern aus dem Gemeingut (Art. 1470 al. 2 CC), wobei er an eine bestimmte Reihenfolge (zunächst Bargeld, dann Mobilien, nur ersatzweise Immobilen) gebunden ist (Art. 1471 al. 1 CC). Sofern danach noch etwas vom Gemeingut übrig bleibt, wird dieses hälftig zwischen den Ehegatten aufgeteilt (Art. 1475 al. 1 CC).

## 2. Wahlgüterstände

Wollen die Ehegatten von der Vermögenszuordnung der *communauté réduite aux acquêts* abweichen, müssen sie dies mittels eines notariell beurkundeten Ehevertrages (Art. 1394 al. 1 CC) vereinbaren. Grundsätzlich ist der Ehevertrag vor der Eingehung der Ehe abzuschließen (Art. 1395 CC). Nur ausnahmsweise kann der Güterstand nach der Eheschließung geändert werden (Art. 1396 al. 3 CC). So ist eine Änderung des Güterstandes während der Ehe erst zwei Jahre nach Eheschließung gestattet (Art. 1397 al. 1 CC), wobei in gewissen Fällen eine gerichtliche Genehmigung des Ehevertrages erforderlich ist, wie etwa bei Vorhandensein minderjähriger Kinder (Art. 1397 al. 5 CC). Etwa 10 % aller Ehegatten haben in Frankreich einen Ehevertrag abgeschlossen.[665]

### a)  *La communauté conventionelle*

Eine Möglichkeit für abweichende Regelungen in gewissen Grenzen bietet Art. 1497 CC. In diesen Fällen kann man von einer vertraglichen Gütergemeinschaft sprechen (*communauté conventionelle,* Art. 1497–1527 CC). Den Ehegatten ist es insbesondere gestattet, abweichende Regelungen hinsichtlich der Zusammensetzung des Gemeingutes zu treffen. Zwei Anwendungsfälle sind in diesem Zusammenhang besonders erwähnenswert.

### aa)  *La communauté de meubles et acquêts*

Zum einen können die Ehegatten gem. Art. 1498 CC vereinbaren, dass zwischen Ihnen die *communauté de meubles et acquêts* (Art. 1498–1501 CC) gilt. In diesem Fall umfasst das Gemeingut außer dem Vermögen, das unter dem

---

665  *Letellier*, GdP, rec. juillet/août 2010, 2063, 2064 m.w.N.

gesetzlichen Güterstand dazu gehören würde, jenes bewegliche Vermögen, das den Ehegatten bei Eheschließung gehörte oder das ihnen während der Ehe durch Erbschaft oder Schenkung zugekommen ist, sofern nicht der Schenker oder Erblasser Gegenteiliges bestimmt hat (Art. 1498 al. 1 CC). Dieser Vertragsgüterstand entspricht also grundsätzlich dem gesetzlichen Güterstand der Errungenschafts- und Fahrnisgemeinschaft, der bis zum 1.2.1966 galt, allerdings mit der Ausnahme, dass Nutzungen des Eigengutes nicht zum Gemeingut gehören.[666]

bb) *La communauté universelle*

Zum anderen ist es den Ehegatten gem. Art. 1526 al. 1 S. 1 CC gestattet, durch Ehevertrag die *communauté universelle* zu vereinbaren, bei der grundsätzlich sämtliche Vermögensgegenstände der Ehegatten zum Gemeingut werden. Doch auch im Güterstand dieser allgemeinen Gütergemeinschaft existiert Eigengut der Ehegatten. Zum Eigengut gehören diejenigen Vermögenswerte, die im gesetzlichen Güterstand gem. Art. 1404 CC kraft ihrer Eigenart (*propres par leur nature*) als Eigengut angesehen werden (Art. 1526 al. 1 S. 2 CC).

b) *La séparation de biens*

Wollen die Ehegatten, dass ihre Vermögen während der Ehe jeweils getrennt bleiben und es auch bei Beendigung des Güterstandes zu keinem Ausgleich kommen soll, können sie durch Ehevertrag gem. Art. 1536 al. 1 CC den Güterstand der Gütertrennung (*séparation de biens*, Art. 1536–1543 CC) vereinbaren. In diesem Fall behält jeder Ehegatte die Verwaltung, das Nutzungsrecht sowie die Befugnis zur freien Verfügung über sein persönliches Vermögen (Art. 1536 al. 1 CC). Nach der gesetzlichen Eigentumsvermutung des Art. 1538 al. 3 CC gilt für alle Vermögenswerte, für die keiner der Ehegatten Alleineigentum beweisen kann, dass sie zu gleichen Teilen der *indivision*[667] der Ehegatten unterliegen. Die Ehegatten können jedoch davon abweichende Eigentumsvermutungen durch Ehevertrag vereinbaren, die sowohl im Verhältnis der Ehegatten zueinander als auch gegenüber Dritten gelten (Art. 1538 al. 2 S. 1 CC). Sofern ein Ehegatte sein Vermögen nicht selbst verwalten will, kann dem anderen Ehegatten die Verwaltung überlassen werden (Art. 1539 ff. CC).

c) *La participation aux acquêts*

Schließlich können die Ehegatten gem. Art. 1569 al. 1 S. 1 CC durch Ehevertrag den Güterstand der *participation aux acquêts* (Art. 1569–1581 CC) vereinbaren. Während der Ehe bleiben die Vermögen der Ehegatten jeweils getrennt,

---

666  *Ferid/Sonnenberger*, FrzZR III, Rn. 4 B 313.
667  Zum Begriff der *indivision* s.o. 2. Teil B. II. 1.

so dass jeder Ehegatte die freie Verfügung über sein persönliches Vermögen behält, unabhängig davon, ob es bereits bei Eheschließung vorhanden war oder erst während der Ehe durch Erbschaft oder Schenkung erworben wurde. Bei Beendigung des Güterstandes hat jeder Ehegatte ein Recht auf hälftige Beteiligung an den Errungenschaften des anderen (Art. 1569 al. 1 S. 3 CC).[668] Der Güterstand der *participation aux acquêts* ist in Frankreich nicht sehr verbreitet. Während im Jahre 1974 gerade einmal 1,5 % aller in Frankreich geschlossenen Eheverträge die *participation aux acquêts* vorsahen, waren es im Jahre 1978 nur 2 % und im Jahre 1983 marginale 3 % aller Eheverträge.[669] Damit vereinbarten schätzungsweise nur 0,1 bis 0,3 % aller Ehegatten in Frankreich die *participation aux acquêts*.

## III. Rechtsvergleich

Die gesetzlichen Güterstände in Deutschland und Frankreich folgen unterschiedlichen Grundkonzepten. Während die deutsche Zugewinngemeinschaft bei Bestehen der Ehe dem Prinzip der Vermögenstrennung folgt, sieht die französische Errungenschaftsgemeinschaft grundsätzlich eine Vergemeinschaftung der im Laufe der Ehe erworbenen Vermögensgegenstände vor. Indem die Zugewinngemeinschaft während ihres Bestehens eine Vermögenstrennung vollzieht, fördert sie die Eigenverantwortung, die Unabhängigkeit sowie die Gleichberechtigung der Ehegatten. Allerdings besteht in der Zugewinngemeinschaft ein gewisses »dingliches Gefälle«[670], da der eine Ehegatte während des Bestehens des Güterstandes nicht automatisch dinglich am Zugewinn des anderen Ehegatten berechtigt wird. Erst bei Beendigung des Güterstandes erhält der eine Ehegatte einen schuldrechtlichen Ausgleichsanspruch gegen den anderen Ehegatten.

Demgegenüber verhilft die Errungenschaftsgemeinschaft beiden Ehegatten von Beginn an zur dinglichen Berechtigung am gemeinschaftlichen Vermögen und stärkt somit die Solidarität zwischen den Ehegatten. Zudem hat jeder Ehegatte bei Beendigung der Errungenschaftsgemeinschaft einen sachenrechtlichen Anspruch auf Übereignung der Hälfte des Gemeinguts. Allerdings gestaltet sich die Auseinandersetzung der Gemeinschaft aufgrund der unterschiedlichen Vermögensmassen und Ausgleichsansprüche zwischen den Ehegatten und der Gemeinschaft kompliziert.

---

668 Ausführlich zur Beendigung des Güterstandes der *participation aux acquêts* s.u. 2. Teil D.

669 *Letellier*, GdP, rec. juillet/août 2010, 2063, 2064 m.w.N.; *ders.*, in: Baldus/Müller-Graff, Europäisches Privatrecht in Vielfalt geeint, S. 141, 146.

670 *Röthel*, in: Lipp/Schumann/Veit, Zugewinngemeinschaft, S. 57, 65; *dies.*, FPR 2009, 273, 275; *Meder*, Gesetzliches Güterrecht und sozialer Wandel, S. 34 f.

Zur Präferenz eines schuldrechtlichen Ausgleichs im deutschen Recht sowie zum Vorrang eines dinglichen Ausgleichs im französischen Recht passt es ins Bild, dass das deutsche Recht im Gegensatz zum französischen Recht das Abstraktionsprinzip kennt.[671]

Letztlich haben beide Güterstände gemein, dass gemeinschaftliches Vermögen nur dasjenige sein soll, zu dessen Erwerb beide Ehegatten unmittelbar oder mittelbar beigetragen haben. Insofern fördern beide Güterstände die Solidarität und Fairness zwischen den Ehegatten.

Dem Grundprinzip der deutschen Zugewinngemeinschaft entspricht der französische Wahlgüterstand der *participation aux acquêts*. In beiden Güterständen bleiben die Vermögen der Ehegatten getrennt und erst nach Beendigung des Güterstandes kommt es zu einem Ausgleich der während der Ehe erwirtschafteten Vermögensgüter.[672]

Mit der deutschen Gütergemeinschaft und der französischen *communauté universelle* kennen beide Rechtsordnungen einen Güterstand, in dem sowohl die vorehelichen als auch die während der Ehe erworbenen Vermögensgüter in eine gemeinsame Gütermasse der Ehegatte übergeleitet werden. Doch beide Güterstände sehen Ausnahmen vor, bei denen bestimmte Vermögensgegenstände der alleinigen Verwaltung des einzelnen Ehegatten vorbehalten bleiben.

Ebenfalls vergleichbar sind die deutsche Gütertrennung und die französische *séparation de biens*. In beiden Güterständen bleiben die Vermögen der Ehegatten während der Ehe getrennt und auch nach Beendigung des Güterstandes kommt es zu keinem Ausgleich der Vermögen.

Ebensowenig wie der gesetzliche Güterstand der *communauté réduite aux acquêts* eine Entsprechung im deutschen Recht findet, ist auch der Wahlgüterstand der *communauté de meubles et acquêts* in vergleichbarer Weise in der deutschen Rechtsordnung zu finden. Das System der Fahrnis- und Errungenschaftsgemeinschaft ist dem heutigen deutschen Recht fremd.

## C. Der Güterstand der eingetragenen Partnerschaft

Vom Ehegüterrecht ist das Güterrecht der eingetragenen Partnerschaft zu unterscheiden. Das deutsche Recht stellt gleichgeschlechtlichen Partnern mit dem LPartG das Rechtsinstitut der eingetragenen Lebenspartnerschaft zur Verfügung. Hingegen kennt das französische Recht das Rechtsinstitut des *PACS* (*Pacte civil de solidarité*), der sowohl von gleich- als auch verschiedengeschlechtlichen Partnern abgeschlossen werden kann.

---

671 Zum Fehlen des Abstraktionsprinzips im französischen Recht vgl. *Ferid/Sonnenberger*, FrzZR II, Rn. 3 A 20.

672 Zum ausführlichen Rechtsvergleich zwischen der Beendigung der Zugewinngemeinschaft und der *participation aux acquêts* s.u. 2. Teil D.

## I. Deutschland

Mit Inkrafttreten des LPartGÜG am 1.1.2005[673] wurde das Güterrecht eingetragener Lebenspartner dem der Eheleute weitgehend angeglichen.[674] Nach § 6 S. 1 LPartG leben die Lebenspartner im Güterstand der Zugewinngemeinschaft, wenn sie nicht durch Lebenspartnerschaftsvertrag etwas anderes vereinbaren. Die Normen des § 1363 Abs. 2 und der §§ 1364–1390 BGB sind entsprechend auf eingetragene Partnerschaften anzuwenden (§ 6 S. 2 LPartG). Der gesetzliche Güterstand eingetragener Lebenspartnerschaften ist somit die Zugewinngemeinschaft des BGB. Dabei bleibt das Vermögen der Partner während der Lebenspartnerschaft getrennt (§ 1363 Abs. 2 S. 1 BGB analog). Das vor und während der Lebenspartnerschaft erworbene Vermögen bleibt im Alleineigentum des jeweiligen Lebenspartners, so dass dieser frei darüber verfügen kann. Eine dingliche Berechtigung am Vermögen des anderen Lebenspartners besteht nicht. Im Gegenzug haftet jeder Lebenspartner allein mit seinem Vermögen für die von ihm begründeten Verbindlichkeiten. Erst bei Beendigung des Güterstandes wird der erwirtschaftete Zugewinn der Lebenspartner ausgeglichen (§ 1363 Abs. 2 S. 2 BGB analog).

Den Lebenspartnern ist es jedoch gestattet, ihre güterrechtlichen Verhältnisse vertraglich mittels Lebenspartnerschaftsvertrag zu regeln (§ 7 S. 1 LPartG). Die Regelungen über das vertragliche Güterrecht in den §§ 1409–1563 finden entsprechende Anwendung auf den Lebenspartnerschaftsvertrag (§ 7 S. 2 LPartG). Demnach können die Lebenspartner auch den Güterstand der Gütertrennung (§ 1414 BGB) und der Gütergemeinschaft (§§ 1415 ff. BGB) vereinbaren.

## II. Frankreich

Bei dem mit Gesetz vom 15.11.1999[675] eingeführten *PACS* (*Pacte civil de solidarité*) handelt es sich um einen Vertrag, den zwei verschieden- oder gleichge-

---

673  Gesetz zur Überarbeitung des Lebenspartnerschaftsrechts vom 15.12.2004 (BGBl. 2004 I, S. 3396 ff.).

674  Bis zum Inkrafttreten des LPartGÜG im Jahre 2005 waren die Lebenspartner verpflichtet, sich vor der Begründung ihrer Partnerschaft über ihren Vermögensstand zu erklären (§ 1 Abs. 1 S. 4 LPartG a.F. i.V.m § 6 Abs. 1 S. 1 LPartG a.F.). Sie mussten entweder erklären, den Vermögensstand der Ausgleichsgemeinschaft (Synonym für Zugewinngemeinschaft) vereinbart oder aber einen Lebenspartnerschaftsvertrag i.S.d. § 7 LPartG a.F. abgeschlossen zu haben (§ 6 Abs. 1 S. 2 LPartG a.F.); zum Vermögensrecht eingetragener Lebenspartnerschaften vor der Reform von 2005 vgl. *Rieger*, FamRZ 2001, 1497 ff.; *Rosenzweig*, Eingetr. LP und PACS, S. 115 ff.

675  Loi n° 99-944 du 15 novembre 1999 relative au pacte civil de solidarité (JO 16 nov. 1999).

schlechtliche Partner abschließen, um ihr gemeinsames Leben zu organisieren (Art. 515-1 CC). In seiner ursprünglichen Konzeption wurde der *PACS* als Vertrag konzipiert, dessen Rechtswirkungen sich auf den vermögensrechtlichen Bereich beschränken.[676] Durch das Gesetz vom 23.6.2006,[677] das am 1.1.2007 in Kraft trat, wurde der *PACS* jedoch dem Eherecht teilweise angenähert.[678] Auch das Güterrecht des *PACS* hat in diesem Zusammenhang wesentliche Änderungen erfahren.[679] Der gesetzliche Güterstand[680] des *PACS* ist die Gütertrennung: Nach Art 515-5 al. 1 S. 1 CC behält jeder Partner im Hinblick auf sein persönliches Vermögen die Verwaltung, das Nutzungsrecht sowie die Befugnis zur freien Verfügung, es sei denn, durch Vereinbarung (*convention*) wurde etwas anderes bestimmt. Anders als bei der Errungenschaftsgemeinschaft (vgl. Art. 1401 CC) gibt es beim *PACS* kein Gemeingut der Partner. Zudem bleibt jeder Partner hinsichtlich seiner vor oder während der Partnerschaft entstandenen persönlichen Verbindlichkeiten alleine verpflichtet (Art. 515-5 al. 1 S. 2 CC). Nach der gesetzlichen Eigentumsvermutung des Art. 515-5 al. 2 CC gilt für alle Vermögenswerte, für die keiner der Partner Alleineigentum beweisen kann, dass sie zu gleichen Teilen der *indivision*[681] der Partner unterliegen. Eine konkurrierende

676  *Frucht*, Der PACS im frz. und dt. IPR, S. 16 ff.; *Granet-Lambrechts/Hilt*, JCl. Civil Code, Art. 515-1 à 515-7-1, fasc. unique, Rn. 10.

677  Loi n° 2006-728 du 23 juin 2006 portant réforme des successions et des libéralités (JO 24 juin 2006).

678  *Sauvage*, RLDC 2007, n° 34, 36; *Terré/Fenouillet*, La famille, Rn. 349; *Rochfeld*, RTDciv. 2006, 624, 625 spricht gar von einer »*mariage patrimonial*«.

679  Bis zum Inkrafttreten des Reformgesetzes am 1.1.2007 konnten Partner eines *PACS* für Haushaltsgegenstände (*meubles meublants*) den Vermögensstand der *indivision* vereinbaren. Zudem galten zwei gesetzliche Vermutungen: Zum einen galten Haushaltsgegenstände, die nach Abschluss des *PACS* entgeltlich erworben wurden oder deren Erwerbsdatum nicht ermittelbar ist, als hälftig der *indivision* unterfallend (Art. 515-5 al. 1 CC a.F.). Zum anderen galt die Vermutung, dass sonstige Vermögensgegenstände (*autres biens*) ebenfalls hälftig der *indivision* unterfielen, sofern in der Erwerbsurkunde nichts anderes bestimmt wurde und sie erst nach Abschluss des *PACS* entgeltlich erworben wurden (Art. 515-5 al. 2 CC a.F.); näher dazu *Rosenzweig*, Eingetr. LP und PACS, S. 123 ff. sowie *Frucht*, Der PACS im frz. und dt. IPR. S. 19 f.

680  Im frz. Schrifttum wird im Zusammenhang mit dem *PACS* zwar nicht von »Güterstand« (*régime matrimonial*), sondern von »Vermögensstand« (*régime patrimonial*) gesprochen, so etwa *Cabrillac*, Droit des régimes matrimoniaux, Rn. 6; *Terré/Simler*, Les régimes matrimoniaux, Rn. 896; ebenso *Simler/Hilt*, JCP G., 26 juill. 2006, n° 30, 1495, 1498; *Granet-Lambrechts/Hilt*, JCl. Civil Code, Art. 515-1 à 515-7-1, fasc. unique, Rn. 122 (*statut patrimonial*). Da jedoch beide Begriffe die vermögensrechtlichen Beziehungen zwischen rechtlich verbundenen Partnern umfassen, kommt dieser sprachlichen Differenzierung keine inhaltliche Bedeutung zu. Aus diesem Grund sprechen *Malaurie/Aynès*, Les régimes matrimoniaux, Rn. 2, 925 auch von einem »*quasi régime quasi matrimonial*«.

681  Zum Begriff der *indivision* s.o. 2. Teil B. II. 1.

Verwaltung (*gestion concurrente*) im Grundsatz sowie eine beiderseitige Gesamtverwaltung in Ausnahmefällen (*cogestion*), wie sie die Errungenschaftsgemeinschaft kennt, ist dem *PACS* fremd. Die Regelungen zur Gütertrennung im *PACS* entsprechen vielmehr dem ehelichen Wahlgüterstand der *séparation de biens* in Art. 1536 CC.[682]

Wollen die Partner keine Gütertrennung, sondern gemeinsames Vermögen, so können sie den Wahlgüterstand der *indivision des acquêts*[683] vereinbaren: Gem. Art. 515-5-1 CC können die Partner in der ursprünglichen oder einer abändernden Vereinbarung bestimmen, dass das von ihnen gemeinschaftlich oder einzeln erworbene Vermögen ab dem Zeitpunkt der Eintragung der Vereinbarung je hälftig der *indivision* unterliegt. In diesem Fall bleiben dennoch gem. Art. 515-5-2 CC bestimmte Vermögenswerte, wie etwa persönliche Gegenstände, im Alleineigentum eines jeden Partners. Die vertragliche Miteigentumsgemeinschaft der *indivision des acquêts* ähnelt somit dem gesetzlichen Güterstand der Errungenschaftsgemeinschaft.[684] Die Ähnlichkeiten halten sich jedoch in Grenzen: Bei der *indivision* handelt es sich um eine Miteigentumsgemeinschaft eigener Art, die sich von der Errungenschaftsgemeinschaft deutlich unterscheidet. In der Errungenschaftsgemeinschaft gilt hinsichtlich des Gemeinguts grundsätzlich die konkurrierenden Verwaltung (*gestion concurrente*) und in Ausnahmefällen die beiderseitige Gesamtverwaltung (*cogestion*). Demgegenüber können in der *indivision* notwendige Maßnahmen zur Erhaltung des betroffenen Gegenstandes von jedem Miteigentümer selbständig vorgenommen werden (Art. 815-2 CC), wohingegen Maßnahmen der allgemeinen Verwaltung einer 2/3-Mehrheit der Anteilseigner an dem Gegenstand (Art. 815-3 al. 1 n° 1 CC) und Maßnahmen zur Veräußerung des Gegenstandes der Einstimmigkeit der Miteigentümer bedürfen (Art. 815-3 al. 3 CC).

Schließlich steht den Partnern die Möglichkeit zu, die *indivision de droit commun*, d.h. die Miteigentumsgemeinschaft nach den allgemeinen Vorschriften des Code civil (Art. 1873-1 ff. CC) zu vereinbaren.[685]

## III. Rechtsvergleich

Während im deutschen Recht das System der Güterstände der eingetragenen Lebenspartnerschaft parallel zum Ehegüterrecht ausgestaltet ist, kann im fran-

682  *Delecraz*, AJ Famille 2007, 12, 13; *Lemouland/Vigneau*, D. 2007, 1561.
683  Ausführlich dazu *Dauriac*, Les régimes matrimoniaux et le PACS, Rn. 715 ff.
684  *Ferrand/Francoz-Terminal*, FamRZ 2007, 1499, 1501; *Revel*, Les régimes matrimoniaux, Rn. 602.
685  *Terré/Simler*, Les régimes matrimoniaux, Rn. 901; *Simler/Hilt*, JCP G., 26 juill. 2006, n° 30, 1495, 1500; *Delecraz*, AJ Famille 2007, 12, 13 f.; allgemein zum vertraglich vereinbarten Miteigentum i.S.d. Art. 1873-1 ff. CC vgl. *Ferid/Sonnenberger*, FrzZR II, Rn. 3 C 223 ff.

zösischen Recht eine umgekehrte Systematik festgestellt werden. In Deutschland entspricht der gesetzliche Güterstand der eingetragenen Lebenspartner dem der Ehegatten (Zugewinngemeinschaft). Zudem stimmen auch die Wahlgüterstände für eingetragene Lebenspartner und Ehegatten (Gütertrennung und Gütergemeinschaft) überein. Hingegen ist in Frankreich der gesetzliche Güterstand der eingetragenen Partnerschaft dem ehelichen Wahlgüterstand der *séparation de biens* (Gütertrennung) nachempfunden. Als Wahlgüterstand kommt für eingetragene Partner die *indivision des acquêts* in Betracht, die Ähnlichkeit zum gesetzlichen Ehegüterstand der *communauté réduite aux acquêts* (Errungenschaftsgemeinschaft) aufweist. Somit kommt es bei eingetragenen Partnern in Deutschland und Frankreich grundsätzlich nicht zu einer Vergemeinschaftung des partnerschaftlichen Vermögens. Während der Partnerschaft bleiben die Vermögen der Partner getrennt. In Deutschland kommt es nach Beendigung des Güterstandes zusätzlich zu einem Ausgleich des Zugewinns. In Frankreich hingegen bleibt es auch nach Beendigung der Partnerschaft bei einer Trennung der Vermögen ohne Ausgleichsmechanismus. Dies macht deutlich, dass in Deutschland die eingetragene Lebenspartnerschaft als echtes *aliud* zur Ehe ausgestaltet ist, während der *PACS* in Frankreich als eine schwächere Verrechtlichung der partnerschaftlichen Gemeinschaft anzusehen ist. Sofern verschieden- oder gleichgeschlechtliche Partner in Frankreich eine Paarbeziehung mit weitergehenden Rechten und Pflichten eingehen wollen, können sie die Ehe schließen.

## D. Die Beendigung der Zugewinngemeinschaft und der *participation aux acquêts* im Rechtsvergleich

Der Vergleich der Ehegüterstände in Deutschland und Frankreich im Überblick hat gezeigt, dass der deutsche gesetzliche Güterstand der Zugewinngemeinschaft und der französische Wahlgüterstand der *participation aux acquêts* den gleichen Grundprinzipien folgen: In beiden Güterständen bleiben die Vermögen der Ehegatten während des Bestehens der Ehe getrennt. Nach Beendigung des Güterstandes kommt es jeweils zu einem Ausgleich der während der Ehe erwirtschafteten Vermögensgüter. Somit stellt der Ausgleich des Zugewinns bei Beendigung des Güterstandes ein bedeutsames Wesensmerkmal beider Güterstände dar. Gerade im Zeitpunkt ihrer Beendigung zeigen beide Güterstände ihre eigentliche Bedeutung. Aus diesem Grund sollen die Ausgleichsmechanismen bei Beendigung des Güterstandes im Rahmen der Zugewinngemeinschaft und der *participation aux acquêts* eingehend miteinander verglichen werden. Sofern im Folgenden pauschal vom »deutschen Recht« bzw. »französischen Recht« gesprochen wird, sind jeweils die Regelungen zur deutschen Zugewinngemeinschaft bzw. zur französischen *participation aux acquêts* gemeint. Zunächst sind die Gründe für die Beendigung des Güterstandes gegenüber zu stellen. In einem weiteren Schritt ist zu klären, nach welchen Maßstäben der

Zugewinn in beiden Güterständen zu ermitteln ist. Sodann sind die Regelungen zur Zugewinnausgleichsforderung selbst zu vergleichen. Abschließend sind die Vorschriften zu Auskunftspflichten und vorzeitigem Zugewinn im Rahmen der Zugewinngemeinschaft und der *participation aux acquêts* einem Rechtsvergleich zu unterziehen.

## I.   Gründe für die Beendigung des Güterstandes

Sowohl im Rahmen der Zugewinngemeinschaft als auch im Rahmen der *participation aux acquêts* ist die Beendigung des Güterstandes anlassbezogen. Es bedarf stets eines bestimmten Ereignisses, das zur Beendigung des Güterstandes führt.

### 1.   Zugewinngemeinschaft

Der Güterstand der Zugewinngemeinschaft wird entweder zu Lebzeiten oder im Todesfall beendet. Zur Beendigung des Güterstandes zu Lebzeiten kommt es bei der Scheidung der Ehe (§ 1564 BGB) sowie bei der vorzeitigen Aufhebung der Zugewinngemeinschaft (§ 1385 BGB). Ebenso findet bei der Aufhebung der Ehe (§§ 1313, 1318 Abs. 3 BGB), die *ex nunc* wirkt, ein Zugewinnausgleich statt, soweit dies nicht im Hinblick auf die Umstände der Eheschließung oder bei Verstoß gegen § 1306 BGB im Hinblick auf die Belange des Ehegatten der Erstehe grob unbillig wäre. Auch ein Güterstandswechsel (§ 1408 BGB) führt zur Beendigung des Güterstandes. Schließlich kommt es im Falle des Todes eines Ehegatten zur Beendigung der Zugewinngemeinschaft (§ 1371 BGB).

### 2.   *participation aux acquêts*

Der Güterstand der *participation aux acquêts* wird beendet bei der Scheidung der Ehe (Art. 228 CC), bei einem vorzeitigen Zugewinnausgleich (*liquidation anticipée de la créance de participation*, Art. 1580 CC) sowie bei einem Güterstandswechsel (Art. 1397 CC). Zudem kommt es bei der gerichtlichen Trennung von Tisch und Bett (*séparation de corps*, Art. 296 CC) zu einer Beendigung des Güterstandes. Die *séparation de corps* kann auf Antrag eines Ehegatten in den gleichen Fällen und unter den gleichen Voraussetzungen ausgesprochen werden wie die Ehescheidung. Zwar löst die *séparation de corps* die Ehe nicht auf, sie beendet aber die Pflicht zum Zusammenleben (Art. 299 CC). Zudem hat sie die Gütertrennung zur Folge (Art. 302 CC), so dass der Güterstand der *participation aux acquêts* beendet wird.

Die Nichtigkeit der Ehe wird zwar nicht als Beendigungsgrund angesehen, da ihre Auflösung (*l'annulation*) in Frankreich *ex tunc* wirkt[686], mit der Folge, dass

---

686   *Courbe/Gouttenoire*, Droit de la famille, Rn. 219 f.

die Ehe als niemals geschlossen gilt.[687] Dennoch erzeugt eine für nichtig erklärte Ehe rechtliche Wirkungen zwischen den Ehegatten, wenn sie gutgläubig geschlossen wurde (Art. 201 al. 1 CC). In diesem Fall wird von einer Putativehe[688] (*mariage putatif*) gesprochen.[689] Somit kommt es zur güterrechtlichen Abwicklung, wenn beide Ehegatten hinsichtlich der Nichtigkeitsgründe gutgläubig waren. War hingegen nur ein Ehegatte gutgläubig, so erzeugt die Ehe nur zugunsten dieses Ehegatten ihre Wirkungen (Art. 201 al. 2 CC). Der gutgläubige Ehegatte kann nach seiner Wahl die güterrechtliche Abwicklung oder aber die Beendigung der Gemeinschaft nach den Regeln der faktischen Gesellschaft (*société de fait*) verlangen.[690] Schließlich kommt es im Falle des Todes eines Ehegatten zur Beendigung der *participation aux acquêts*.

## 3. Rechtsvergleich

Die Gründe für die Beendigung der Zugewinngemeinschaft und der *participation aux acquêts* ähneln sich sehr. Unterschiede sind allerdings bei der Nichtigkeit der Ehe festzustellen. Während die Auflösung in Deutschland *ex nunc* wirkt, hat sie in Frankreich *ex tunc*-Wirkung. Dennoch kommt es in beiden Rechtsordnungen zu einer güterrechtlichen Auseinandersetzung, wobei in Deutschland eine Billigkeitsbeurteilung stattfindet, in Frankreich hingegen nach Gut- und Bösgläubigkeit der Ehegatten differenziert wird. Mit der *séparation de corps* enthält das französische Recht einen der deutschen Rechtsordnung unbekannten Beendigungsgrund.

## II. Die Ermittlung des Zugewinns

Das »Herzstück« der Zugewinngemeinschaft und der *participation aux acquêts* stellt die Ermittlung des Zugewinns dar. Beide Rechtsordnungen enthalten präzise Regelungen, nach denen der Vermögenszuwachs eines jeden Ehegatten während der Ehe zu berechnen ist. Dazu wird in beiden Rechtsordnungen das Anfangsvermögen eines Ehegatten seinem Endvermögen gegenübergestellt.

## 1. Begriff des Zugewinns

Bereits in ihrer Bezeichnung weisen der deutsche gesetzliche Güterstand der *Zugewinn*gemeinschaft und der französische Güterstand der *participation aux*

---

687  *Malaurie/Aynès*, Les régimes matrimoniaux, Rn. 571.
688  *Ferid/Sonnenberger*, FrzZR III, Rn. 4 B 292.
689  *Courbe/Gouttenoire*, Droit de la famille, Rn. 222.
690  *Malaurie/Aynès*, Les régimes matrimoniaux, Rn. 571; *Cabrillac*, Droit des régimes matrimoniaux, Rn. 257; *Courbe/Gouttenoire*, Droit de la famille, Rn. 229.

*acquêts* auf jene Vermögensgröße hin, die für beide Güterstände charakteristisch ist. Der Begriff des Zugewinns bildet für beide Güterstände die Berechnungsbasis für die Auseinandersetzung des Vermögens.

a)  Zugewinngemeinschaft

Übersteigt der Zugewinn des einen Ehegatten den Zugewinn des anderen, so steht die Hälfte des Überschusses dem anderen Ehegatten als Ausgleichsforderung zu (§ 1378 Abs. 1 BGB). Nach der Legaldefinition des § 1373 BGB ist Zugewinn der Betrag, um den das Endvermögen eines Ehegatten dessen Anfangsvermögen übersteigt.

b)  *participation aux acquêts*

Haben die Ehegatten den Güterstand der *participation aux acquêts* vereinbart, so hat jeder Ehegatte gem. Art. 1569 al. 1 S. 3 CC bei Beendigung des Güterstandes das Recht auf hälftige Beteiligung am Wert der durch Schätzung des Anfangs- und Endvermögens zu ermittelnden Nettoerrungenschaft (*acquêts nets*) im Vermögen des anderen Ehegatten.

c)  Rechtsvergleich

Der Begriff des Zugewinns wird im Rahmen der Zugewinngemeinschaft und der *participation aux acquêts* deckungsgleich verwendet. So bildet der Betrag, um den das Endvermögen das Anfangsvermögen übersteigt, den Zugewinn bzw. die *acquêts* eines jeden Ehegatten. In beiden Güterständen erhält derjenige Ehegatte, der den geringeren Zugewinn erwirtschaftet, das Recht auf hälftige Beteiligung am Zugewinn des anderen Ehegatten. Beide Güterstände folgen somit dem Grundsatz der Halbteilung.

Um den Zugewinn eines jeden Ehegatten zu berechnen, ist es erforderlich, sein Anfangs- und Endvermögen zu ermitteln.

2.  Anfangsvermögen

Den Ausgangspunkt der Berechnung des Zugewinns im Rahmen der Zugewinngemeinschaft und der *participation aux acquêts* bildet die Ermittlung des Anfangsvermögens (*patrimoine originaire*).

a)  Zugewinngemeinschaft

Das Anfangsvermögen setzt sich aus verschiedenen Bestandteilen zusammen, deren Wert sich nach bestimmten Maßstäben berechnet.

### aa) Zusammensetzung des Anfangsvermögens

Das Anfangsvermögen ist das Vermögen, das einem Ehegatten nach Abzug der Verbindlichkeiten beim Eintritt des Güterstandes gehört (§ 1374 Abs. 1 BGB). Bei der Berechnung des Anfangsvermögens sind Verbindlichkeiten über die Höhe des Vermögens hinaus abzuziehen (§ 1374 Abs. 3 BGB). Das Anfangsvermögen kann somit auch negativ sein.[691] Modifiziert wird die Berechnung des Anfangsvermögens durch die Hinzurechnung von nach Eintritt des Güterstandes unentgeltlich erworbenen Vermögensgegenständen, die keinen Bezug zur ehelichen Gemeinschaft aufweisen. Zu diesem privilegierten Erwerb gehört dasjenige Vermögen, das ein Ehegatte nach Eintritt des Güterstandes von Todes wegen oder mit Rücksicht auf ein künftiges Erbrecht, durch Schenkung oder als Ausstattung erwirbt (§ 1374 Abs. 2 BGB). Umstritten ist, ob § 1374 Abs. 2 BGB auf weitere Erwerbsvorgänge analog angewendet werden kann, die nicht auf der gemeinsamen Lebensleistung der Ehegatten beruhen. Die Rechtsprechung[692] sowie weite Teile der Literatur[693] lehnen eine analoge Anwendung auf weitere Fallgruppen ab.

So seien die in § 1374 Abs. 2 BGB aufgezählten Zuwendungen dadurch gekennzeichnet, dass sie auf persönlichen Beziehungen zwischen Zuwendendem und Ehegatten beruhen. Zudem habe der Gesetzgeber mit § 1374 Abs. 2 BGB eine abschließende Regelung treffen wollen.[694] Allerdings wird im Schrifttum zunehmend eine analoge Anwendung von § 1374 Abs. 2 BGB auf weitere Erwerbsarten befürwortet, die in keinerlei Zusammenhang mit der ehelichen Lebens- und Wirtschaftsgemeinschaft stehen.[695] Da der Gesetzgeber bei der Reform des Güterrechts 2009[696] trotz Forderungen der Literatur eine Erweiterung der Privilegierungstatbestände des § 1374 Abs. 2 BGB unterließ, kann nicht von einer planwidrigen, sondern muss vielmehr von einer bewussten Regelungslücke ausgegangen werden. Daher ist mit der herrschenden Ansicht eine analoge

---

691  MüKo-BGB/*Koch*, § 1374 Rn. 11; Johannsen/Henrich/*Jaeger*, § 1374 BGB Rn. 17.

692  BGHZ 68, 43, 44; BGH FamRZ 2014, 24, 25 (Lottogewinn); BGHZ 80, 384, 388 (Schmerzensgeld); 157, 379, 386 f. (Restitutionsanspruch); 170, 324, 333 (Wohnrecht).

693  MüKo-BGB/*Koch*, § 1374 Rn. 15; Soergel/*Kappler/Kappler*, § 1374 BGB Rn. 24; Erman/*Heckelmann*, § 1374 BGB Rn. 7; BeckOK-BGB/*J. Mayer*, § 1374 BGB Rn. 23; *Kogel*, Strategien beim Zugewinnausgleich, Rn. 178.

694  BGHZ 68, 43, 44; 80, 384, 388; 130, 377, 381 f.; MüKo-BGB/*Koch*, § 1374 Rn. 15; Staudinger/*Thiele*, § 1374 Rn. 40; *Gernhuber/Coester-Waltjen*, FamR, § 36 III Rn. 27.

695  So etwa *Meder*, Grundprobleme und Geschichte der Zugewinngemeinschaft, S. 30 ff. m.w.N.; Johannsen/Henrich/*Jaeger*, § 1374 BGB Rn. 36; *Schwab*, FamR, Rn. 277; *Schröder*, FamRZ 1997, 1, 3 f.; ähnlich *Herr*, NJW 2008, 262, 266 (Anwendung von § 1374 Abs. 2 BGB auf Schmerzensgeld über ein »sinnhaftes Gesetzesverständnis«); *Brudermüller*, NJW 2010, 401, 402 f. (»ausdehnende Auslegung«).

696  Gesetz zur Änderung des Zugewinnausgleichs- und Vormundschaftsrechts v. 6.7.2009 (BGBl. 2009 I, S. 1696).

Anwendung von § 1374 Abs. 2 BGB auf weitere Fälle, in denen der Vermögenserwerb eheneutral erfolgt, abzulehnen. Allerdings bleibt es den Ehegatten unbenommen, durch Ehevertrag bestimmte Vermögenswerte, die nach den gesetzlichen Vorschriften nicht zum Anfangsvermögen gehören, zum nicht ausgleichspflichtigen Vermögen eines Ehegatten zu erklären.

Da die Ermittlung des Anfangsvermögens vor allem nach langjähriger Ehe oftmals schwierig ist, können die Ehegatten gem. § 1377 Abs. 1 BGB ein Vermögensverzeichnis erstellen, in das sie den Bestand und den Wert des einem Ehegatten gehörenden Anfangsvermögens aufnehmen. Nach erfolgter Inventarisierung gilt eine positive Richtigkeitsvermutung.[697] Hinsichtlich der Form verweist § 1377 Abs. 2 S. 2 BGB auf die Vorschrift des § 1035 BGB, so dass das Verzeichnis mit der Angabe des Tages der Aufnahme zu versehen und von beiden Ehegatten zu unterzeichnen ist. Haben die Ehegatten hingegen kein Vermögensverzeichnis erstellt, so wird vermutet, dass kein Anfangsvermögen vorhanden ist (§ 1377 Abs. 3 BGB).

bb) Bewertung des Anfangsvermögens

Bei der Berechnung des Anfangsvermögens wird grundsätzlich der Wert zugrunde gelegt, den das beim Eintritt in den Güterstand vorhandene Vermögen in diesem Zeitpunkt hatte (§ 1376 Abs. 1 Hs. 1 BGB). Für das dem Anfangsvermögen hinzuzurechnende Vermögen ist hingegen auf den Zeitpunkt des Erwerbs abzustellen (§ 1376 Abs. 1 Hs. 2 BGB). Die Wertermittlung zum Zeitpunkt des Beginns des Güterstandes bringt es mit sich, dass der Ehegatte, dem der Gegenstand nicht gehört, von Wertsteigerungen profitiert, die ohne seine Mitwirkung eintreten, wie folgendes Beispiel zeigt:

**Fall 7:**

M und F leben im Güterstand der Zugewinngemeinschaft. M bringt ein Ackergrundstück in die Ehe mit ein, F hingegen verfügt über kein Anfangsvermögen. Obwohl das Grundstück an sich unverändert bleibt, gewinnt es während der Ehe an Wert, da es zu Bauland erklärt wird.

| | |
|---|---|
| Wert des Grundstücks bei Beginn des Güterstandes: | 150.000 € |
| Wert des Grundstücks bei Beendigung des Güterstandes: | 200.000 € |
| Bewertung des Anfangsvermögen des M (§ 1376 Abs. 1 Hs. 1 BGB): | 150.000 € |
| Zugewinn des M: | 50.000 € |
| Zugewinnausgleichsforderung der F: | 25.000 € |

697   MüKo-BGB/*Koch*, § 1377 Rn. 1.

Nach der Rechtsprechung ist bei der Bewertung des Anfangsvermögens der Kaufkraftschwund des Geldes zu berücksichtigen und eine durch Geldentwertung eingetretene nominale Wertsteigerung des Anfangsvermögens (sog. scheinbarer Zugewinn) vom Zugewinnausgleich auszunehmen.[698] Dazu wird zunächst der Wert des Anfangsvermögens mit dem Verbraucherpreisindex zum Zeitpunkt der Beendigung des Güterstandes multipliziert und anschließend dividiert durch den Verbraucherpreisindex zum Zeitpunkt des Beginns des Güterstandes.[699]

### b) *participation aux acquêts*

Auch im Rahmen der französischen *participation aux acquêts* kann hinsichtlich des Anfangsvermögens (*patrimoine originaire*) zwischen Zusammensetzung (*composition*) und Bewertung (*évaluation*) unterschieden werden.

### aa) Zusammensetzung des Anfangsvermögens

Nach Art. 1570 al. 1 S. 1 CC umfasst das Anfangsvermögen das Vermögen, das einem Ehegatten am Tag der Eheschließung gehörte sowie dasjenige, das er seitdem durch Erbschaft oder Schenkung erworben hat. Zudem werden zum Anfangsvermögen diejenigen Vermögenswerte gezählt, die im gesetzlichen Güterstand der Errungenschaftsgemeinschaft kraft ihrer Eigenart zum Eigengut gehören (*propres par leur nature*). Somit nimmt Art. 1570 al. 1 S. 1 CC Bezug auf die Vorschrift des Art. 1404 CC, wonach bestimmte Vermögenspositionen, wie etwa Kleidungsstücke, Arbeitsgeräte und Ansprüche auf Schadensersatz für Personenschäden[700] oder immaterielle Schäden kraft ihrer Eigenart als Eigengut anzusehen sind. Hingegen nimmt Art. 1570 al. 1 S. 2 CC wiederum bestimmte Vermögensgegenstände aus dem Anfangsvermögen heraus: Es werden weder die Früchte noch solche Vermögenswerte berücksichtigt, die die Eigenschaft von Früchten haben oder über die der Ehegatte während der Ehe durch Schenkung unter Lebenden verfügt hat. Zudem können die Ehegatten durch Ehevertrag vereinbaren, dass bestimmte Vermögenspositionen vom Anfangsvermögen ausgenommen bzw. diesem hinzuzurechnen sind.[701]

Vom Anfangsvermögen sind die Schulden abzuziehen, mit denen es belastet war (Art. 1571 al. 2 S. 1 CC). Überschreiten die Passiva die Aktiva, wird dieser

---

698  BGHZ 61, 385, 389 ff.

699  BeckOK-BGB/*J. Mayer*, § 1376 Rn. 39; Hk-BGB/*Kemper*, § 1376 Rn. 7.

700  Davon erfasst wird auch die Entschädigung für eine dauerhafte Teilarbeitsunfähigkeit (*incapacité permanente partielle*), Cass. 1$^{re}$ civ., 28 févr. 2006, n° 03-11.767, JurisData n° 2006-032404, RTDciv. 2006, 364.

701  *Cabrillac*, Droit des régimes matrimoniaux, Rn. 386; *Pillebout*, La participation aux acquêts, Rn. 111.

Mehrbetrag dem Endvermögen fiktiv hinzugerechnet (Art. 1571 al. 2 S. 2 CC). Die Erhöhung des Endvermögens hat zur Folge, dass die Schuldentilgung eines Ehegatten einen Vermögenszuwachs darstellt, der ausgleichpflichtig ist.[702]

Als Nachweis über die Zusammensetzung des Anfangsvermögens dient ein Verzeichnis, das auch privatschriftlich in Gegenwart des anderen Ehegatten und mit dessen Gegenzeichnung errichtet wird (Art. 1570 al. 2 CC). Ist kein Verzeichnis vorhanden oder ist dieses unvollständig, so kann der Nachweis über die Zusammensetzung des Vermögens gem. Art. 1570 al. 3 CC nur durch die Beweismittel des Art. 1402 CC geführt werden, d.h. durch ein Schriftstück oder im Falle der Unmöglichkeit der Beschaffung eines Schriftstückes durch Zeugenbeweis oder durch Vermutung.[703] Gelingt es einem Ehegatten nicht, die Beschaffenheit seines Anfangsvermögens zu beweisen, so wird es als nicht existent angesehen.[704]

## bb) Bewertung des Anfangsvermögens

Das französische Recht unterscheidet bei der Bewertung des Anfangsvermögens einerseits die Beurteilung des Zustands (*l'état*) und andererseits die Beurteilung des Wertes (*la valeur*) der zum Anfangsvermögen gehörenden Gegenstände. Hinsichtlich des Zustands eines Vermögensgegenstands wird auf den Zeitpunkt der Eheschließung, d.h. den Beginn des Güterstandes abgestellt (Art. 1571 al. 1 Hs. 1 CC). Dies hat zur Folge, dass der Ehegatte, dem der Gegenstand nicht gehört, an *Zustands*änderungen des Gegenstandes während der Ehe (z.B. Sanierung, Bebauung eines Grundstücks) partizipiert[705], wie folgendes Beispiel zeigt:

**Fall 8:**

M und F leben im Güterstand der *participation aux acquêts*. M bringt ein bebaubares Grundstück in die Ehe mit ein, F hingegen verfügt über kein Anfangsvermögen. Während der Ehe wird auf dem Grundstück ein Haus errichtet.

---

702  So gilt das Sprichwort « *Qui paye ses dettes, s'enrichit.* », übersetzt: »Wer seine Schulden zahlt, bereichert sich.«, zitiert nach *Naudin*, in: Putman/Agresti/Siffrein-Blanc, Le droit patrimonial, S. 57, 66; *dies.*, RLDC 2013, n° 100, 45, 48.

703  *Malaurie/Aynès*, Les régimes matrimoniaux, Rn. 866; *Piedelièvre*, JCl. Civil Code, Art. 1569 à 1581, fasc. unique, Rn. 34.

704  *Cabrillac*, Droit des régimes matrimoniaux, Rn. 387; Grimaldi/*Farge*, Droit patrimonial de la famille, Rn. 172.122.

705  Rép. civ./*David/Jault*, V° participation aux acquêts, Rn. 149; *Flour/Champenois*, Les régimes matrimoniaux, Rn. 778; *Cornu*, Les régimes matrimoniaux, Rn. 125.

| Wert des Grundstücks bei Beginn des Güterstandes: | 150.000 € |
|---|---|
| Wert des Grundstücks bei Beendigung des Güterstandes: | 200.000 € |
| Bewertung des Anfangsvermögen des M (Art. 1571 al. 1 Hs. 1 CC): | 150.000 € |
| Zugewinn des M: | 50.000 € |
| Zugewinnausgleichsforderung der F: | 25.000 € |

Hingegen ist für den Wert des Gegenstandes der Zeitpunkt der Beendigung des Güterstandes (*la date de la liquidation*) maßgeblich (Art. 1571 al. 1 Hs. 2 CC). Hierzu ist die Wertentwicklung eines zum Anfangsvermögen gehörenden Vermögensgegenstandes nachzuverfolgen und schließlich eine Neubewertung (*réévaluation*[706]/*revalorisation*[707]/*principe du valorisme*[708]) des Gegenstandes zum Zeitpunkt der Beendigung des Güterstandes vorzunehmen. Dieser Ansatz bewirkt, dass der Ehegatte, dem der Gegenstand nicht gehört, nicht an *Wert*steigerungen beteiligt wird, die auf eheunabhängigen Faktoren (z.B. geänderte Bauleitplanung bei einem Grundstück) beruhen[709], wie folgendes Beispiel illustriert:

**Fall 9:**

M und F leben im Güterstand der *participation aux acquêts*. M bringt ein Ackergrundstück in die Ehe mit ein, F hingegen verfügt über kein Anfangsvermögen. Obwohl das Grundstück an sich unverändert bleibt, gewinnt es während der Ehe an Wert, da es zu Bauland erklärt wird.

| Wert des Grundstücks bei Beginn des Güterstandes: | 150.000 € |
|---|---|
| Wert des Grundstücks bei Beendigung des Güterstandes: | 200.000 € |
| Bewertung des Anfangsvermögen des M (Art. 1571 al. 1 Hs. 2 CC): | 200.000 € |
| Zugewinn des M: | 0 € |
| Zugewinnausgleichsforderung der F: | 0 € |

706  *Letellier*, GdP, rec. juillet-août 2010, 2063, 2064; *ders.*, in: Baldus/Müller-Graff, Europäisches Privatrecht in Vielfalt geeint, S. 141, 142.
707  *Tisserand-Martin*, in: Bosse-Platière/Damas/Dereu, L'avenir européen du droit des successions internationales, S. 141, 143, 150.
708  *Simler*, JCP N., 21 mai 2010, n° 20, 9, 12.
709  *Malaurie/Aynès*, Les régimes matrimoniaux, Rn. 866 m. Fn. 49; *Flour/Champenois*, Les régimes matrimoniaux, Rn. 778; *Revel*, Les régimes matrimoniaux, Rn. 565.

Sofern ein zum Anfangsvermögen gehörender Gegenstand während der Ehe veräußert wurde, ist sein Wert zum Zeitpunkt der Veräußerung festzustellen (Art. 1571 al. 1 S. 2 CC). Wurde ein zum Anfangsvermögen gehörender Gegenstand veräußert und durch einen anderen Gegentand ersetzt, so ist der Wert dieses neuen Gegenstandes zur Ermittlung des Wertes heranzuziehen (Art. 1571 al. 1 S. 3 CC). Es findet also eine Surrogation (*subrogation*) statt.[710]

c) Rechtsvergleich

Die Zusammensetzung des Anfangsvermögens bestimmt sich in Deutschland und Frankreich nach weitgehend parallelen Maßstäben. Bei der Zusammensetzung des Anfangsvermögens stellen beide Rechtsordnungen auf das Vermögen eines jeden Ehegatten bei Eintritt in den Güterstand ab (§ 1374 Abs. 1 BGB bzw. Art. 1570 al. 1 S. 1 CC). Während in Deutschland das Anfangsvermögen negativ sein kann (§ 1374 Abs. 3 BGB), wird in Frankreich der Wert, um den die Passiva die Aktiva überschreiten, dem Endvermögen hinzugerechnet (Art. 1571 al. 2 S. 2 CC). Somit wird in beiden Rechtsordnungen, allerdings auf unterschiedliche Weise, zum Ausdruck gebracht, dass die ehezeitliche Schuldentilgung als eine gemeinsame Leistung der Ehegatten anzusehen und daher im Ergebnis ausgleichspflichtig ist. Zudem enthalten beide Rechtsordnungen Regelungen zum privilegierten Erwerb, etwa durch Schenkung oder Erbschaft (§ 1374 Abs. 2 BGB bzw. Art. 1570 al. 1 S. 1 CC). Allerdings sind auch Unterschiede bei der Zusammensetzung des Anfangsvermögens festzustellen. So werden Ansprüche auf Schmerzensgeld zwar nach französischem Recht (Art. 1570 al. 1 S. 1 CC i.V.m. Art. 1404 al. 1 CC), nicht jedoch nach h.M. im deutschen Recht beim Anfangsvermögen berücksichtigt. Beruht ein Vermögenserwerb nicht auf der Mitwirkung oder Leistung eines Ehegatten, ist es nur konsequent, diesen Erwerb dem Anfangsvermögen hinzuzurechnen, so dass er nicht ausgleichspflichtig ist. Daher ist die französische Regelung zu der Berücksichtigung von Schmerzensgeldansprüchen im Anfangsvermögen folgerichtig. Ein weiterer Unterschied besteht darin, dass Zuwendungen aus dem Anfangsvermögen unter Lebenden während des Bestehens des Güterstandes nach französischem Recht vom Anfangsvermögen ausgenommen werden (Art. 1570 al. 1 S. 2), jedoch nach deutschem Recht durchaus zum Anfangsvermögen gehören (Art. 1374 Abs. 1 BGB).

Schließlich können die Ehegatten sowohl nach deutschem als auch nach französischem Recht ein Vermögensverzeichnis über das Anfangsvermögen erstellen. Ist dieses von beiden Ehegatten unterzeichnet, gilt die Vermutung, dass das Vermögensverzeichnis korrekt ist (§ 1377 Abs. 1 BGB bzw. Art. 1570 al. 2 CC). Ist kein Vermögensverzeichnis errichtet worden, wird nach beiden Rechtsordnungen vermutet, dass kein Anfangsvermögen vorhanden ist.

---

710 Grimaldi/*Farge*, Droit patrimonial de la famille, Rn. 172.151; *Revel*, Les régimes matrimoniaux, Rn. 566.

Während bei der Zusammensetzung des Anfangsvermögens weitgehend ähnliche Maßstäbe in Deutschland und Frankreich gelten, unterscheiden sich beide Rechtsordnungen wesentlich bei der Bewertung des Anfangsvermögens. In Deutschland ist für den Wert eines zum Anfangsvermögen gehörenden Gegenstandes grundsätzlich der Zeitpunkt des Eintritts in den Güterstand heranzuziehen (§ 1376 Abs. 1 Hs. 1 BGB). Demgegenüber wird in Frankreich dazu auf den Zeitpunkt der Beendigung des Güterstandes abgestellt (Art. 1571 al. 1 Hs. 2 CC). Die Wertermittlung zum Zeitpunkt der Beendigung des Güterstandes nach französischem Recht bringt zwar mit sich, dass allein der Ehegatte von der inflationsbedingten Wertsteigerung profitiert, dem der Gegenstand zu Beginn des Güterstandes gehört. Somit bedarf es nach französischem Recht keiner Inflationsbereinigung des Wertes des Anfangsvermögens. Jedoch ist die Wertermittlung zum Beendigungszeitpunkt nicht praktikabel, da der Wert eines zum Anfangsvermögen gehörenden Gegenstandes insoweit nachzuverfolgen ist, dass eine Neubewertung (*révalorisation*) möglich ist. Zudem ist nach französischem Recht für den Zustand eines zum Anfangsvermögen gehörenden Gegenstandes der Zeitpunkt des Eintritts in den Güterstand maßgebend (Art. 1571 al. 1 Hs. 1 CC). Daher muss für jeden einzelnen Gegenstand ermittelt werden, ob seine Wertsteigerung auf eheunabhängigen Faktoren beruht oder aber auf Zustandsänderungen während der Ehe zurückzuführen ist. Dies kann im Einzelfall sehr kompliziert sein. Dies mag mitunter ein Grund dafür sein, dass der Güterstand der *participaction aux acquêts* in Frankreich bislang keine Verbreitung gefunden hat.[711]

3. Endvermögen

Das Endvermögen ist die zweite Vergleichsgröße, die zur Berechnung des Zugewinnausgleichs heranzuziehen ist. Wie beim Anfangsvermögen handelt es sich nicht um eine bestimmte Vermögensmasse, sondern eine Rechengröße.

a) Zugewinngemeinschaft

Hinsichtlich des Endvermögens empfiehlt es sich, ebenfalls zwischen seinen Bestandteilen und seiner rechnerischen Bewertung zu differenzieren.

aa) Zusammensetzung des Endvermögens

Unter dem Endvermögen ist das Vermögen zu verstehen, das einem Ehegatten nach Abzug der Verbindlichkeiten bei der Beendigung des Güterstandes gehört (§ 1375 Abs. 1 S. 1 BGB). Dabei sind die Verbindlichkeiten über die Höhe des

---

711 *Braeuer*, Zugewinnausgleich, Rn. 786; *Naudin*, in: Putman/Agresti/Siffrein-Blanc, Le droit patrimonial, S. 57, 69.

Vermögens hinaus abzuziehen (§ 1375 Abs. 1 S. 2 BGB). Somit kann das Endvermögen auch einen Minussaldo aufweisen.[712] Dem Endvermögen werden gem. § 1375 Abs. 2 S. 1 BGB die Vermögensbeträge hinzugerechnet, um die das Endvermögen dadurch vermindert ist, dass ein Ehegatte nach Eintritt des Güterstandes unentgeltliche Zuwendungen gemacht hat, durch die er nicht einer sittlichen Pflicht oder einer auf den Anstand zu nehmenden Rücksicht entsprochen hat (Nr. 1), Vermögen verschwendet hat (Nr. 2) oder Handlungen in der Absicht vorgenommen hat, den anderen Ehegatten zu benachteiligen (Nr. 3). Eine Hinzurechnung der Vermögensminderung ist allerdings ausgeschlossen, wenn der andere Ehegatte mit der unentgeltlichen Zuwendung oder der Verschwendung einverstanden gewesen ist oder wenn die Vermögensminderung mindestens zehn Jahre vor Güterstandsbeendigung eingetreten ist (§ 1375 Abs. 3 BGB).

### bb) Bewertung des Endvermögens

Bei der Berechnung des Endvermögens wird jener Wert zugrunde gelegt, den das bei Beendigung des Güterstandes vorhandene Vermögen in diesem Zeitpunkt hat (§ 1376 Abs. 2 Hs. 1 BGB). Bei der Bewertung der dem Endvermögen hinzuzurechnenden Vermögensminderungen ist hingegen auf den Zeitpunkt des Eintritts des jeweiligen Ereignisses abzustellen (§ 1376 Abs. 2 Hs. 2 BGB).

Wird der Ehegüterstand durch Scheidung beendet oder durch gerichtliche Entscheidung vorzeitig aufgehoben, so ist nicht der Zeitpunkt der Beendigung des Güterstandes, sondern der Zeitpunkt der Rechtshängigkeit des entsprechenden Antrags maßgeblich (§ 1384 BGB bzw. § 1387 BGB).

### b) *participation aux acquêts*

Im Rahmen der *participation aux acquêts* kann hinsichtlich des Endvermögens (*patrimoine final*) ebenso zwischen der Zusammensetzung (*composition*) und der Bewertung (*évaluation*) unterschieden werden.

### aa) Zusammensetzung des Endvermögens

Zum Endvermögen gehören alle Vermögenswerte, die dem Ehegatten an dem Tag gehören, an dem der Ehegüterstand aufgelöst wird (Art. 1572 al. 1 S. 1 CC). Von dem Aktivvermögen werden alle noch nicht beglichenen Verbindlichkeiten abgezogen, einschließlich derjenigen Beträge, die dem anderen Ehegatten geschuldet werden (Art. 1574 al. 2 CC). Ist jedoch das Endvermögen eines Ehegatten geringer als sein Anfangsvermögen, so ist der Verlust ausschließlich von diesem Ehegatten zu tragen (Art. 1575 al. 1 S. 1 CC). So wird

---

712 MüKo-BGB/*Koch*, § 1375 Rn. 19; Johannsen/Henrich/*Jaeger*, § 1375 BGB Rn. 23.

zum Ausdruck gebracht, dass das Endvermögen in diesem Fall nicht negativ sein kann, sondern Null beträgt.[713]

Dem Endvermögen werden die Gegenstände fiktiv hinzugerechnet, die nicht zum Anfangsvermögen gehören und über die der Ehegatte durch Schenkung unter Lebenden ohne Zustimmung seines Ehegatten verfügt oder die er in Benachteiligungsabsicht veräußert hat (Art. 1573 S. 1 CC). Zudem wird dem Endvermögen der Wert hinzugerechnet, den am Tag der Veräußerung jene Verbesserungen hatten, die während der Ehe Gegenständen des Anfangsvermögens hinzugefügt wurden, die von einem der Ehegatten ohne die Zustimmung des anderen vor der Auflösung des Ehegüterstandes veräußert wurden (Art. 1574 al. 3 CC).

### bb) Bewertung des Endvermögens

Nach Art. 1574 al. 1 S. 1 CC werden die vorhandenen Vermögensgegenstände hinsichtlich ihres Zustands zum Zeitpunkt der Auflösung des Ehegüterstandes (*d'après leur état à l'époque de la dissolution du régime matrimonial*) und bezüglich ihres Werts zum Zeitpunkt der Abwicklung desselben (*d'après leur valeur à l'époque de la liquidation de celui-ci*) beurteilt.

### c) Rechtsvergleich

Während nach deutschem Recht das Endvermögen einen Minussaldo aufweisen kann (§ 1375 Abs. 1 S. 2 BGB), ist nach französischem Recht ein negatives Endvermögen nicht möglich (Art. 1575 al. 1 S. 1 CC).

Sowohl das deutsche als auch das französische Recht enthalten Regelungen, nach denen bestimmte Vermögensminderungen dem Endvermögen hinzugerechnet werden, etwa für den Fall der Schenkung ohne Zustimmung des anderen Ehegatten oder der Veräußerung in Benachteilungsabsicht (§ 1375 Abs. 2 S. 1 Nr. 1 und Nr. 3 BGB bzw. Art. 1573 S. 1 CC). Die Hinzurechnung von Vermögensverbesserungen der zum Anfangsvermögen gehörenden und während des Güterstandes veräußerten Gegenstände findet allein nach französischen Recht statt (Art. 1574 al. 3 CC). Hingegen kennt das französische Recht keine Ausschlussfrist für die Hinzurechnung von Vermögensminderungen, wie sie das deutsche Recht vorsieht (§ 1375 Abs. 3 BGB). Eine solche Ausschlussfrist erleichtert jedoch die Berechnung des Zugewinnausgleichs und dient der Rechtssicherheit.

Schließlich wird nach deutschem Recht für die Bewertung des Endvermögens grundsätzlich auf den Zeitpunkt der Beendigung des Güterstandes abgestellt (§ 1376 Abs. 2 BGB), wohingegen nach französischem Recht der Zeitpunkt der Abwicklung des Güterstandes maßgebend ist (Art. 1574 al. 1 S. 1 CC). Das

---

713 Grimaldi/*Farge*, Droit patrimonial de la famille, Rn. 172.203; *Revel*, Les régimes matrimoniaux, Rn. 573.

Abstellen auf den Zeitpunkt der Abwicklung hat den Vorteil, dass Änderungen des Vermögenswerts zwischen dem Zeitpunkt der Einreichung des Antrags und der Beendigung des Güterstandes berücksichtigt werden.

### III. Die Zugewinnausgleichsforderung

Im Anschluss an die Berechnung des Zugewinns eines jeden Ehegatten ist zu ermitteln, ob und falls ja, in welcher Höhe dem einen Ehegatten gegen den anderen Ehegatten ein Anspruch auf Zugewinnausgleich zusteht. Eine Zugewinnausgleichsforderung besteht jedoch nur in den durch das Gesetz festgelegten Grenzen. So kann es im Einzelfall der Billigkeit entsprechen, die Höhe der Zugewinnausgleichsforderung zu beschränken oder sie ganz zu versagen. Der Anspruch auf Zugewinnausgleich unterliegt schließlich der Verjährung und kann gestundet werden.

### 1. Zugewinngemeinschaft

Steht fest, dass der Zugewinn des einen Ehegatten den Zugewinn des anderen übersteigt, so hat Letzterer grundsätzlich einen Anspruch auf Zugewinnausgleich.

#### a) Der Anspruch auf Zugewinnausgleich

Bei der Berechnung der Zugewinnausgleichsforderung im Rahmen der Zugewinngemeinschaft ist zunächst hinsichtlich des Anlasses der Beendigung des Güterstandes zu unterscheiden.

#### aa) Grundsatz des rechnerischen Zugewinnausgleichs

Wird die Zugewinngemeinschaft zu Lebzeiten der Ehegatten beendet, kommt es zu einem rechnerischen Zugewinnausgleich nach §§ 1373–1390 BGB (sog. »güterrechtliche Lösung«). Ebenso findet ein rechnerischer Zugewinnausgleich statt, wenn der Güterstand durch den Tod eines Ehegatten beendet und der überlebende Ehegatte weder Erbe noch Vermächtnisnehmer wird (§ 1371 Abs. 2 BGB).

Übersteigt der Zugewinn des einen Ehegatten den Zugewinn des anderen, so steht Letzterem die Hälfte des Überschusses als Ausgleichsforderung zu (§ 1378 Abs. 1 BGB). Der rechnerische Zugewinnausgleich folgt somit dem Halbteilungsgrundsatz.[714]

---

714  BeckOK-BGB/*J. Mayer*, § 1378 Rn. 2.

Bei der Zugewinnausgleichsforderung handelt es sich grundsätzlich um einen Geldanspruch.[715] Dies ist zwar nicht gesetzlich geregelt, ergibt sich jedoch aus den Voraussetzungen der §§ 1372 ff. BGB. Eine Abgeltung *in natura* kommt nur ausnahmsweise in Betracht. So kann das Familiengericht auf Antrag des Gläubigers anordnen, dass der Schuldner bestimmte Gegenstände seines Vermögens dem Gläubiger unter Anrechnung auf die Ausgleichsforderung zu übertragen hat, wenn dies erforderlich ist, um eine grobe Unbilligkeit zu vermeiden, und wenn dies dem Schuldner zugemutet werden kann (§ 1383 Abs. 1 Hs. 1 BGB).

Die Zugewinnausgleichforderung entsteht mit Beendigung des Güterstandes und ist ab diesem Zeitpunkt vererblich und übertragbar (§ 1378 Abs. 3 S. 1 BGB).

### bb) Pauschalierter Zugewinnausgleich im Todesfall

Kommt es zur Beendigung des Güterstandes durch den Tod eines Ehegatten, so wird der Zugewinn grundsätzlich nicht nach güterrechtlichen Maßstäben (§§ 1373–1390 BGB) ausgeglichen. Vielmehr wird der Zugewinnausgleich nach der sog. »erbrechtlichen Lösung« dadurch verwirklicht, dass der gesetzliche Erbteil des überlebenden Ehegatten (§ 1931 BGB) um ein Viertel erhöht wird (§ 1371 Abs. 1 BGB). Die Erhöhung des gesetzlichen Erbteils findet unabhängig davon statt, ob tatsächlich ein Zugewinn erwirtschaftet wurde (§ 1371 Abs. 1 Hs. 2 BGB). Dieser pauschalierte Ausgleich verfolgt den Zweck, Schwierigkeiten bei der Ermittlung des Anfangs- und Endvermögens sowie Streitigkeiten zwischen dem überlebenden Ehegatten und den Miterben zu vermeiden.[716]

Tritt mangels Verfügung von Todes wegen die gesetzliche Erbfolge ein, so erhält der überlebende Ehegatte als gesetzlicher Erbe neben Verwandten der ersten Ordnung (vgl. § 1924 BGB) ein Viertel, neben Verwandten der zweiten Ordnung (vgl. § 1925 BGB) sowie neben Großeltern die Hälfte des Nachlasses (§ 1931 Abs. 1 S. 1 BGB).[717] Dieser gesetzliche Erbteil ist nun gem. § 1371 Abs. 1 BGB jeweils um ein Viertel zu erhöhen. Somit erhält der überlebende Ehegatte neben Verwandten der ersten Ordnung die Hälfte des Nachlasses bzw. neben Verwandten der zweiten Ordnung sowie Großeltern drei Viertel des Nachlasses. Die pauschalierte Erhöhung des gesetzlichen Erbteils kann der überlebende Ehegatte dadurch vermeiden, dass er die Erbschaft ausschlägt (§§ 1942 ff. BGB). In diesem Fall kommt es zum Zugewinnausgleich nach güterrechtlichen Maßstäben (§§ 1373–1390 BGB), wobei der überlebende Ehegatte daneben den »kleinen« Pflichtteil erhält (§ 1371 Abs. 3 BGB).

---

715 Staudinger/*Thiele*, § 1378 Rn. 1; MüKo-BGB/*Koch*, § 1378 Rn. 3.
716 MüKo-BGB/*Koch*, § 1371 Rn. 1; BeckOK-BGB/*J. Mayer*, § 1371 Rn. 1.
717 MAH Erbrecht/*Ridder* § 11 Rn. 4–6.

## b) Kappungsgrenze

Die volle Ausgleichspflicht kann zu einer schweren finanziellen Belastung des ausgleichspflichtigen Ehegatten führen. Aus diesem Grund wird die Höhe der Zugewinnausgleichsforderung gem. § 1378 Abs. 2 S. 1 BGB durch den Wert des Vermögens begrenzt, das nach Abzug der Verbindlichkeiten bei Beendigung des Güterstands vorhanden ist. Die Kappungsgrenze bewirkt, dass der Schuldner unter Umständen sein gesamtes Vermögen zur Erfüllung der Ausgleichsforderung einsetzen muss. Zugleich wird jedoch sichergestellt, dass sein Vermögensstand durch die Schuldentilgung nicht negativ wird. In Fällen illoyaler Vermögensminderungen i.S.d. § 1375 Abs. 2 S. 1 BGB erhöht sich die Kappungsgrenze um den dem Endvermögen hinzuzurechnenden Betrag (§ 1378 Abs. 2. S. 2 BGB).

Bei der Reform des Güterrechts 2009[718] blieb die Begrenzung der Höhe der Zugewinnausgleichsforderung gem. § 1378 Abs. 2 S. 1 BGB auf den *vollen* Wert des vorhandenen Vermögens letztlich unverändert. Allerdings sah der ursprüngliche Gesetzesentwurf vor, die Höhe der Ausgleichsforderung durch den *hälftigen* Wert des Vermögens des ausgleichspflichtigen Ehegatten zu begrenzen.[719] Dadurch sollte, nach Einführung eines negativen Anfangs- und Endvermögens, eine gerechtere Belastung des ausgleichspflichtigen Ehegatten herbeigeführt werden. Die Begrenzung auf den hälftigen Wert hätte dazu geführt, dass dem Ehegatten, der seinen Zugewinn durch Abbau seines negativen Anfangsvermögens erwirtschaftete, jedenfalls die Hälfte seines Endvermögens erhalten geblieben wäre. Allerdings wurde dieser Änderungsvorschlag im Gesetzgebungsverfahren wieder verworfen. Denn man da erachtete es für ausreichend, dass der Ausgleichsschuldner zur Erfüllung der Ausgleichsforderung grundsätzlich keine Verbindlichkeiten eingehen muss, die über den Wert seines vorhandenen Vermögens hinausgehen.[720] Somit blieb es bei der Begrenzung der Ausgleichsforderung auf den vollen Wert des Nettovermögens des Ausgleichspflichtigen zum Zeitpunkt der Beendigung des Güterstandes.

## c) Härteklausel

Da die pauschalierte Berechnung des Zugewinns im Einzelfall zu ungerechten Ergebnissen führen kann, sieht § 1381 Abs. 1 BGB unter bestimmten Voraussetzungen ein Leistungsverweigerungsrecht des ausgleichspflichtigen Ehegatten vor. So kann der Schuldner die Erfüllung der Ausgleichsforderung verweigern, soweit der Ausgleich des Zugewinns nach den Umständen des Einzelfalles grob

---

718  Gesetz zur Änderung des Zugewinnausgleichs- und Vormundschaftsrechts v. 6.7.2009 (BGBl. 2009 I, S. 1696).

719  Entwurf eines Gesetzes zur Änderung des Zugewinnausgleichs- und Vormundschaftsrechts, Art. 1 Nr. 7 (BT-Drs. 16/10798, S. 5).

720  Beschlussempfehlung und Bericht des Rechtsausschusses (BT-Drs. 16/13027, S. 7).

unbillig wäre. Eine solche grobe Unbilligkeit ist insbesondere dann anzunehmen, wenn der ausgleichsberechtigte Ehegatte über einen längeren Zeitraum seinen wirtschaftlichen Verpflichtungen, die sich aus dem ehelichen Verhältnis ergeben, nicht nachgekommen ist (§ 1381 Abs. 2 BGB).

### d) Verjährung

Die Verjährungsfrist für die Zugewinnausgleichsforderung bestimmt sich seit dem 1.1.2010[721] nach der Regelverjährung des § 195 BGB und beträgt somit drei Jahre. Die Verjährung beginnt mit dem Schluss des Jahres, in dem der Zugewinnausgleichsanspruch entstanden ist und der Gläubiger von den anspruchsbegründenden Umständen, d.h. jenen Umständen, die zur Beendigung des Güterstandes führen[722], sowie der Person des Schuldners Kenntnis erlangt hat oder ohne grobe Fahrlässigkeit hätte erlangen müssen. Da zwischen der Beendigung des Güterstandes und der Kenntnisnahme unter Umständen mehrere Jahre liegen können, sieht § 199 Abs. 4 BGB eine kenntnisunabhängige Verjährungshöchstdauer von zehn Jahren ab dem Zeitpunkt der Entstehung des Ausgleichsanspruchs vor.

### e) Stundung

Die Zugewinnausgleichsforderung kann vom Familiengericht gem. § 1382 Abs. 1 BGB auf Antrag des Schuldners gestundet werden, soweit sie von diesem nicht bestritten wird und wenn die sofortige Zahlung auch unter Berücksichtigung der Interessen des Gläubigers zur Unzeit erfolgen würde. Durch das Tatbestandsmerkmal »zur Unzeit« wird klargestellt, dass nicht nur wirtschaftliche, sondern auch persönliche Umstände zu berücksichtigen sind, die über das Maß hinausgehen, das regelmäßig mit einer Beendigung des Güterstandes verbunden ist.[723] Eine gestundete Forderung ist stets zu verzinsen (§ 1382 Abs. 2 BGB). Hierbei entscheidet das Familiengericht nach billigem Ermessen über die Höhe und Fälligkeit der Zinsen (§ 1382 Abs. 4 BGB), wobei der gesetzliche Zinssatz nach § 246 BGB zwar nicht bindend ist, jedoch als Indiz dienen kann.[724] Auf Antrag des Gläubigers kann das Familiengericht anordnen, dass der Schuldner eine Sicherheitsleistung für die gestundete Forderung zu erbringen hat (§ 1382 Abs. 3 BGB).

---

721 Gesetz zur Änderung des Erb- und Verjährungsrechts v. 24.9.2009 (BGBl. 2009 I, S. 3142).

722 BeckOK-BGB/*J. Mayer*, § 1378 Rn. 20; MüKo-BGB/*Koch*, § 1378 Rn. 29; Johannsen/Henrich/*Jaeger*, § 1378 BGB Rn. 19.

723 MüKo-BGB/*Koch*, § 1382 Rn. 5; Staudinger/*Thiele*, § 1382 Rn. 12.

724 BeckOK-BGB/*J. Mayer*, § 1382 Rn. 12; Johannsen/Henrich/*Jaeger*, § 1382 BGB Rn. 8.

## 2. *participation aux acquêts*

Auch im Rahmen der *participation aux acquêts* besteht der Anspruch auf Zugewinnausgleich nur in den durch das Gesetz festgelegten Grenzen.

### a)   Der Anspruch auf Zugewinnausgleich

Bei Auflösung des Güterstandes hat jeder Ehegatte das Recht auf hälftige Beteiligung am Wert der Nettoerrungenschaften im Vermögen des anderen, die durch Schätzung des Anfangs- und Endvermögens ermittelt werden (Art. 1569 al. 1 S. 3 CC). Somit folgt der rechnerische Ausgleich in der *participation aux acquêts* dem Halbteilungsgrundsatz.

Die Ausgleichsforderung ist grundsätzlich auf Zahlung in Geld gerichtet (Art. 1576 al. 1 S. 1 CC). Allerdings kann die Ausgleichsforderung Anlass zu einer Abgeltung in Natur geben, sofern die Ehegatten dies vereinbart haben oder eine richterliche Entscheidung in diesem Sinne ergeht, wenn der ausgleichspflichtige Ehegatte ernsthafte Schwierigkeiten nachweist, die ihn hindern, mit Geld zu zahlen (Art. 1576 al. 2 CC).

### b)   Kappungsgrenze

Eine Begrenzung der Ausgleichsforderung auf einen bestimmten Betrag des bei Beendigung des Güterstandes vorhandenen Vermögens kennt das französische Recht nicht.[725] Dies kann dazu führen, dass sich der ausgleichspflichtige Ehegatte unter Umständen verschulden muss, um die Ausgleichsforderung begleichen zu können. Allerdings steht es den Ehegatten offen, ehevertraglich zu vereinbaren, dass die Höhe der Ausgleichsforderung auf einen bestimmten Wert des bei Beendigung des Güterstandes vorhandenen Vermögens begrenzt wird.[726]

### c)   Härteklausel

Da die Berechnung des Zugewinns im Einzelfall zu ungerechten Ergebnissen führen kann, sieht das französische Recht ein Billigkeitskorrektiv vor. Sofern die Anwendung der Bewertungsregeln der Art. 1571 und Art. 1574 CC zu einem offensichtlich der Billigkeit widersprechenden Ergebnis (*à un résultat manifestement contraire à l'équité*) führen sollten, kann das Gericht auf Antrag eines Ehegatten von deren Anwendung absehen (Art. 1579 CC). Dies führt dazu, dass der Richter vom Ergebnis der Bewertung des Anfangs- bzw. Endvermögens, nicht aber von deren Zusammensetzung abweichen kann.[727] Nach

---

725   *Frentzen*, Zugewinngemeinschaft und participation aux acquêts, S. 165.
726   *Pillebout*, La participation aux acquêts, Rn. 228, 389.
727   *Flour/Champenois*, Les régimes matrimoniaux, Rn. 798 m. Fn. 6.

überwiegender Auffassung im Schrifttum[728] sowie nach Ansicht der Rechtsprechung[729] ist Art. 1579 CC restriktiv auszulegen.

### d) Verjährung

Der auf Abwicklung der *participation aux acquêts* gerichtete Klageanspruch (*l'action en liquidation*) verjährt nach drei Jahren ab dem Zeitpunkt der Beendigung (*dissolution*) des Güterstandes (Art. 1378 al. 4 S. 1 CC). Dies gilt auch für den Fall der Scheidung der Ehegatten, so dass die Verjährungsfrist ab dem Tag der Verkündung des Urteils beginnt, das die Auflösung des Güterstandes anordnet.[730]

### e) Stundung

Hat der schuldende Ehegatte ernste Schwierigkeiten, die Ausgleichsforderung vollständig bei Abschluss der Abwicklung des Güterstandes zu begleichen, so kann ihm das Gericht Zahlungsfristen einräumen, die fünf Jahre nicht übersteigen dürfen, mit der Auflage, Sicherheiten zu leisten und Zinsen zu entrichten (Art. 1576 al. 1 S. 2 CC). Allerdings ist im Schrifttum umstritten, ob die Richter über die Höhe des Zinssatzes frei nach billigem Ermessen zu entscheiden haben[731] oder dabei an den gesetzlichen Zinssatz gebunden sind[732]. Mangels entgegenstehender gesetzlicher Regelung ist mit der ersten Ansicht davon auszugehen, dass die Festlegung des Zinssatzes im Ermessen des Gerichts liegt.

### 3. Rechtsvergleich

Sowohl im deutschen als auch im französischen Recht wird der Güterstand zu Lebzeiten der Ehegatten rechnerisch ausgeglichen. Beide Rechtsordnungen folgen dabei dem Halbteilungsgrundsatz (§ 1378 Abs. 1 BGB bzw. Art. 1569 al. 1

---

728  *Cabrillac*, Droit des régimes matrimoniaux, Rn. 389 m.w.N.; Rép. civ./*David/Jault*, V° participation aux acquêts, Rn. 112; *David/Jault*, Liquidation des régimes matrimoniaux, Rn. 412.08; hingegen befürworten *Malaurie/Aynès*, Les régimes matrimoniaux, Rn. 861, eine extensive Auslegung, wonach das Gericht auch die gegenseitige Verwaltung des Vermögens sowie das Verhalten der Ehegatten im Laufe der Ehe zu berücksichtigen habe.

729  Nach Ansicht der *Cour de Cassation* erlaubt die Billigkeitsklausel des Art. 1579 CC dem Gericht nicht, von den in einem Ehevertrag vereinbarten Bewertungsregeln abzuweichen, Cass. 1re civ., 26 sept. 2007, n° 06-10.930, JurisData n° 2007-040504, JCP G., 2007, IV, 2931.

730  Cass. 1re civ., 14 mai 1996, n° 94-11.338, JurisData n° 1996-001841, JCP G., 1996, I, 3962; *Malaurie/Aynès*, Les régimes matrimoniaux, Rn. 863 m. Fn. 39.

731  In diesem Sinne *Morin/Morin*, La réforme des régimes matrimoniaux, Rn. 545.

732  So *Cornu*, Les régimes matrimoniaux, Rn. 128; *Terré/Simler*, Les régimes matrimoniaux, Rn. 850 m. Fn. 4.

S. 3 CC). Allerdings kennt das deutsche Recht für den Fall der Beendigung des Güterstandes durch den Tod eines Ehegatten den pauschalierten Zugewinnausgleich, der dadurch verwirklicht wird, dass der gesetzliche Erbteil des überlebenden Ehegatten um ein Viertel erhöht wird (§ 1371 Abs. 1 BGB). Der pauschalierte Zugewinnausgleich hat den Vorteil, dass er einfach zu handhaben ist und die Abrechnung wesentlich erleichtert.

In beiden Rechtsordnungen stellt der Ausgleichsanspruch grundsätzlich einen Geldanspruch dar. Eine Abgeltung *in natura* kommt nur ausnahmsweise aufgrund einer richterlichen Entscheidung in Betracht. Während in Deutschland das Gericht die Übertragung eines konkreten Gegenstandes auf Antrag des Gläubigers anordnen kann (§ 1383 Abs. 1 Hs. 1 BGB), ist dies in Frankreich allein auf Antrag des Schuldners möglich (Art. 1576 al. 2 CC).

Das deutsche Recht enthält in § 1378 Abs. 2 S. 1 BGB eine Begrenzung der Höhe der Zugewinnausgleichsforderung. Demgegenüber kennt das französische Recht eine solche Kappungsgrenze nicht. Somit ist in Frankreich der ausgleichspflichtige Ehegatte unter Umständen nicht nur dazu verpflichtet, sein gesamtes Vermögen einzusetzen, sondern sich darüber hinaus noch zu verschulden, um die Ausgleichsforderung erfüllen zu können. Es ist zwar anzuerkennen, dass die Tilgung von Schulden während der Ehe als Zugewinn anzusehen ist. Allerdings darf dies nicht dazu führen, dass sich der Ehegatte mit negativem Anfangsvermögen, der während der Ehe seine Schulden tilgt, im Rahmen des Zugewinnausgleichs erneut verschuldet. Aus diesem Grund ist eine Begrenzung der Zugewinnausgleichsforderung auf den vollen Wert seines nach Abzug der Verbindlichkeiten bei Beendigung des Güterstandes vorhandenen Vermögens vorzugswürdig.

Sowohl die deutsche als auch die französische Rechtsordnung enthalten jeweils eine Härteklausel für Fälle, in denen die schematische Berechnung des Zugewinns zu einem der Gerechtigkeit widersprechenden Ergebnis führt. Während es sich bei § 1381 Abs. 1 BGB um eine dauernde Einrede des Schuldners handelt, gewährt Art. 1579 CC dem Richter die Möglichkeit, auf Antrag des einen oder des anderen Ehegatten von dem Ergebnis der Bewertung des Anfangs- oder Endvermögen abzuweichen. Aus Billigkeitsgründen ist es dem Richter daher gestattet, den Ausgleichsanspruch entweder zu senken oder ihn zu erhöhen. Somit ist nicht auszuschließen, dass die französische Härteklausel auch dem Gläubiger zugute kommen kann.[733]

Die Zugewinnausgleichsforderung verjährt sowohl im deutschen als auch im französischen Recht nach drei Jahren (§ 195 BGB bzw. Art. 1578 al. 4 CC). Allerdings unterscheiden sich die beiden Rechtsordnungen hinsichtlich des Fristbeginns. Während nach deutschem Recht die Verjährungsfrist mit dem Schluss des Jahres beginnt, in dem der Ausgleichsanspruch entstanden ist und der Gläubiger von den Umständen, die zur Beendigung des Güterstandes führen, sowie der Person des Schuldners Kenntnis erlangt hat oder ohne grobe

---

733 *Ferid/Sonnenberger*, FrzZR III, Rn. 4 B 338.

Fahrlässigkeit hätte erlangen können (§ 199 Abs. 1 BGB), ist nach französischem Recht schlicht der Zeitpunkt der Beendigung des Güterstandes maßgeblich (Art. 1578 al. 4 CC). Dieser Unterschied zwischen dem deutschen und dem französischen Recht tritt in der Rechtspraxis selten hervor, da davon auszugehen ist, dass die Scheidung der Ehe als häufigster Grund für die Beendigung des Güterstandes den Ehegatten allgemein bekannt ist. Aufgrund der Komplexität der gesetzlichen Regeln ist jedoch nicht auszuschließen, dass ein Ehegatte keine sofortige Kenntnis vom Eintritt der Rechtskraft des Scheidungsausspruchs erlangt. Indem das deutsche Recht den Fristbeginn kenntnisabhängig und variabel bestimmt, wird der ausgleichsberechtigte Ehegatte geschützt. Die starre Festlegung des Fristbeginns auf den Beendigungszeitpunkt nach französischem Recht bringt hingegen Rechtssicherheit für den ausgleichspflichtigen Ehegatten. Dem wird im deutschen Recht allerdings durch die kenntnisunabhängige Verjährungshöchstfrist von zehn Jahren Rechnung getragen (§ 199 Abs. 4 BGB).

Sowohl nach deutschem als auch nach französischem Recht kann das Gericht auf Antrag des Schuldners anordnen, dass die Zugewinnausgleichsforderung gestundet wird (§ 1382 Abs. 1 BGB bzw. Art. 1576 al. 1 S. 2 CC). Das Erfordernis der »sofortigen Zahlung zur Unzeit« auf deutscher Seite sowie das Merkmal der »ernsthaften Schwierigkeiten« in der französischen Vorschrift entsprechen einander hinsichtlich ihrer Bedeutung. In beiden Fällen soll der Schuldner davor bewahrt werden, dass solche Vermögensgegenstände, die Grundlage seiner Existenz sind und seinem Lebensunterhalt dienen, nur zum Zweck der Erfüllung des Ausgleichsanspruchs zu veräußern. Nach beiden Rechtsordnungen ist eine gestundete Ausgleichsforderung zu verzinsen, wobei das Gericht über die Höhe und Fälligkeit der Zinsen nach billigem Ermessen entscheidet. Während nach deutschem Recht eine Sicherheitsleistung nur auf Antrag des Gläubigers angeordnet wird (§ 1382 Abs. 3 BGB), muss der Schuldner nach französischem Recht stets eine Sicherheitsleistung für eine gestundete Ausgleichsleistung erbringen (Art. 1576 al. 1 S. 2 CC).

## IV. Auskunftspflicht

Damit jeder Ehegatte selbständig die Höhe einer etwaigen Ausgleichsforderung berechnen kann, benötigt er die für die Rechenoperation erforderlichen Informationen. Allerdings kann es dazu kommen, dass sich ein Ehegatte weigert, die entsprechenden Auskünfte freiwillig zu erteilen. Aus diesem Grund enthalten sowohl die deutsche als auch die französische Rechtsordnung Regelungen, aus denen der Ehegatte einen Anspruch auf Auskunft bzw. Erstellung eines Vermögensverzeichnisses herleiten kann.

### 1. Zugewinngemeinschaft

Bei Beendigung des Güterstandes hat jeder Ehegatte gem. § 1379 Abs. 1 S. 1 BGB gegen den anderen Ehegatten einen Anspruch auf Auskunft über das

Vermögen zum Zeitpunkt der Trennung (Nr. 1) sowie über den Bestand des Vermögens, soweit es zur Berechnung des Anfangs- und Endvermögens maßgeblich ist (Nr. 2). Ergänzt wird der Auskunftsanspruch durch einen Anspruch auf Vorlage von Belegen (§ 1379 Abs. 1 S. 2 BGB). Zudem hat der auskunftsberechtigte Ehegatte einen Anspruch auf Erstellung eines Bestandsverzeichnisses, bei dessen Aufnahme er auf seinen Wunsch hinzugezogen werden muss (§ 1379 Abs. 1 S. 3 BGB). Schließlich kann der Ehegatte verlangen, dass das Verzeichnis auf seine Kosten amtlich oder notariell aufgenommen wird (§ 1379 Abs. 1 S. 4 BGB).

### 2. *participation aux acquêts*

Um zu gewährleisten, dass jeder Ehegatte eigenständig die Höhe der Zugewinnausgleichsforderung berechnen kann, sieht Art. 1572 al. 2 S. 1 CC vor, dass jeder Ehegatte im Beisein oder nach ordnungsgemäßer Einladung des anderen Ehegatten ein gegebenenfalls privatschriftliches Bestandsverzeichnis über das Endvermögen zu errichten hat. Das Verzeichnis ist innerhalb von neun Monaten nach der Beendigung des Ehegüterstandes zu errichten, wobei der Gerichtspräsident im Eilverfahren eine Fristverlängerung anordnen kann (Art. 1572 al. 2 S. 2 CC). Im Rahmen des gerichtlichen Verfahrens zur Abwicklung des Güterstandes sind die Parteien gehalten, sich gegenseitig und den vom Richter bezeichneten Sachverständigen alle für die Abwicklung zweckdienlichen Auskünfte und Urkunden zur Verfügung zu stellen (Art. 1578 al. 3 CC).

### 3. Rechtsvergleich

Die Auskunftsansprüche des Ehegatten sind im deutschen und im französischen Recht ähnlich umfangreich ausgestaltet. Nach beiden Rechtsordnungen besteht ein Anspruch auf Vorlage eines Bestandsverzeichnisses bei dessen Errichtung der andere Ehegatte auf eigenen Wunsch hinzuzuziehen ist (§ 1379 Abs. 1 S. 3 BGB bzw. Art. 1572 al. 2 S. 1 CC.). Ebenso kennen beide Rechtsordnungen einen Anspruch auf Vorlage von Belegen (§ 1379 Abs. 1 S. 2 BGB bzw. Art. 1578 al. 3 CC). Somit gewährleisten beide Rechtsordnungen einen ausreichenden Schutz des ausgleichsberechtigten Ehegatten.

### V. *Vorzeitiger Zugewinnausgleich*

Unter bestimmten Voraussetzungen ist es den Ehegatten möglich, den Güterstand zu beenden, ohne dass damit gleichzeitig die Ehe aufgelöst wird. In diesem Fall kommt es zu einem vorzeitigen Zugewinnausgleich, der sowohl im Rahmen der Zugewinngemeinschaft als auch im Rahmen der *participation aux acquêts* möglich ist.

## 1. Zugewinngemeinschaft

Der ausgleichsberechtigte Ehegatte kann gem. § 1385 BGB einen Antrag auf vorzeitigen Zugewinnausgleich sowie vorzeitige Aufhebung der Zugewinngemeinschaft stellen bei mindestens dreijährigem Getrenntleben der Ehegatten (Nr. 1), bei Gefährdung der Ausgleichsforderung durch ein nachteiliges Gesamtvermögensgeschäft (Nr. 2 Alt. 1) oder eine illoyale Vermögensminderung (Nr. 2 Alt. 2), bei schuldhafter Nichterfüllung der wirtschaftlichen Verpflichtungen (Nr. 3) oder bei Verweigerung der Auskunft über das Vermögen (Nr. 4). Bei dem Antrag nach § 1385 BGB handelt es sich um einen kombinierten Gestaltungs- und Leistungsantrag, der es allein dem Ausgleichsberechtigten gestattet, die Aufhebung des Güterstandes bereits mit Geltendmachung der Ausgleichsforderung zu verbinden.[734]

Unter den gleichen Voraussetzungen kann jeder Ehegatte, d.h. sowohl der ausgleichsberechtigte als auch der -verpflichtete Ehegatte, gem. § 1386 BGB die vorzeitige Aufhebung der Zugewinngemeinschaft verlangen. Hierbei handelt es sich um einen reinen Gestaltungsantrag zur Beendigung des Güterstandes.[735]

## 2. *participation aux acquêts*

Im Güterstand der *participation aux acquêts* kann der Ehegatte den vorzeitigen Zugewinnausgleich verlangen, wenn die Unordnung (*désordre*) der Angelegenheiten des anderen Ehegatten, seine schlechte Verwaltung (*mauvaise administation*) oder sein schlechter Lebenswandel (*inconduite*) Anlass zu der Befürchtung geben (*donnent lieu de craindre*), dass die Fortsetzung des Ehegüterstandes seine Interessen verletzen würden (Art. 1580 al. 1 CC). Hierbei genügt das einfache Risiko, dass die Fortsetzung des Güterstandes die Ausgleichsansprüche des Ausgleichsberechtigten gefährden könnte.[736] Auf die Klage, die auf den vorzeitigen Zugewinnausgleich gerichtet ist, sind die Regelungen über die gerichtlich angeordnete Gütertrennung (vgl. Art. 1444 ff. CC), anzuwenden (Art. 1580 al. 2 CC).[737] Es handelt sich somit um einen kombinierten Leistungs- und Gestaltungsantrag.

---

734  BT-Drs. 16/10798, S. 19; MüKo-BGB/*Koch*, § 1386 Rn. 3; BeckOK-BGB/*J. Mayer*, § 1385 Rn. 2.

735  BT-Drs. 16/10798, S. 20; MüKo-BGB/*Koch*, § 1386 Rn. 4.

736  Rép. civ./*David/Jault*, V° participation aux acquêts, Rn. 93; *Terré/Simler*, Les régimes matrimoniaux, Rn. 823; *Piedelièvre*, JCl. Civil Code, Art. 1569 à 1581, fasc. unique, Rn. 22.

737  *Malaurie/Aynès*, Les régimes matrimoniaux, Rn. 859.

## 3.  Rechtsvergleich

Beide Rechtsordnungen ermöglichen dem ausgleichsberechtigten Ehegatten unter bestimmten Voraussetzungen, die vorzeitige Aufhebung des Güterstandes und gleichzeitig den vorzeitigen Zugewinnausgleich zu verlangen (§ 1385 BGB bzw. Art. 1580 al. 1 CC). Zwar enthält das deutsche Recht mehr Gründe, die den Ehegatten zum vorzeitigen Zugewinnausgleich berechtigen. Allerdings stimmen die beiden Rechtsordnungen in dem wohl bedeutendsten Beendigungsgrund überein: Sowohl nach deutschem als auch nach französischem Recht hat der Ehegatte einen Anspruch auf vorzeitigen Zugewinnausgleich, wenn die nicht ordnungsgemäße Vermögensverwaltung des anderen Ehegatten befürchten lässt, dass seine Rechte bei der Berechnung des Zugewinnausgleichs beeinträchtigt werden (§ 1385 Nr. 2 BGB bzw. Art. 1580 al. 1 CC). Dies ist vor allem dann anzunehmen, wenn illoyale Vermögensminderungen (vgl. § 1375 Abs. 2 S. 1 BGB bzw. Art. 1573 CC) die Befürchtung nahe legen, der Zugewinnausgleichsanspruch des ausgleichsberechtigten Ehegatten sei gefährdet. Beide Rechtsordnungen stellen mithin auf die Besorgnis einer Gefährdung der künftigen Ausgleichsforderung ab. Hierbei ist nicht erforderlich, dass es bereits zu einer illoyalen Vermögensminderung gekommen ist. Es genügt bereits die naheliegende Möglichkeit der Gefährdung.

## VI.  Abschließende Zusammenfassung des Rechtsvergleichs

Das Ehegüterrecht in Deutschland und Frankreich hat sich seit seiner Kodifikation im BGB und Code civil stark gewandelt. In beiden Rechtsordnungen vollzog sich eine Abkehr vom patriarchalisch geprägten Ehebild. Während man in Deutschland davon ausging, die Zugewinngemeinschaft werde am ehesten der Gleichberechtigung der Geschlechter gerecht, nahm man in Frankreich an, die Errungenschaftsgemeinschaft entspreche dem Wesen der Ehe. Dies ist der Grund dafür, weshalb auch heute in Deutschland und Frankreich ein unterschiedliches System ehelicher Güterstände existiert. So folgt der deutsche gesetzliche Güterstand der Zugewinngemeinschaft während des Bestehens der Ehe dem Prinzip der Vermögenstrennung. Hingegen sieht der französische gesetzliche Güterstand der *communauté réduite aux acquêts* eine Vergemeinschaftung des während der Ehe erwirtschafteten Vermögens vor. Allerdings kennt das französische Recht mit dem Wahlgüterstand der *participation aux acquêts* ein mit der deutschen Zugewinngemeinschaft vergleichbares Rechtsinstitut. Während die Zusammensetzung des Anfangsvermögens in beiden Güterständen ähnlichen Maßstäben folgt, sind wesentliche Unterschiede bei der Bewertung des Anfangsvermögens festzustellen. In der Zugewinngemeinschaft ist für den Wert eines zum Anfangsvermögen gehörenden Vermögens grundsätzlich der Zeitpunkt des Eintritts in den Güterstand maßgeblich. Demgegenüber wird in der *participation aux acquêts* auf den Zeitpunkt der Beendigung des Güterstandes abgestellt. Hinsichtlich der Zusammensetzung des Endvermögens fällt auf, dass zwar in beiden Güterständen eine Hinzurechnung bestimmter Vermögensminderungen stattfindet, aber nur in der Zugewinngemeinschaft die Hinzurechnung nach Ablauf einer Zehnjahresfrist ausgeschlossen ist. Der Zugewinnausgleich zu Lebzeiten vollzieht sich in beiden Güterständen auf rechnerische Weise. Im Falle des Todes eines Ehegatten kennt die Zugewinngemeinschaft jedoch den pauschalierten Zugewinnausgleich, bei dem der gesetzliche Erbteil des überlebenden Ehegatten um ein Viertel erhöht wird. Während in der Zugewinngemeinschaft die Höhe der Ausgleichsforderung auf den vollen Wert des bei Beendigung des Güterstandes vorhandenen Vermögens begrenzt wird, sieht das französische Recht eine solche Kappungsgrenze nicht vor. Die Regelungen zur Verjährung des Ausgleichsanspruchs und zur Stundung der Ausgleichsforderung verlaufen wiederum weitgehend parallel in der Zugewinngemeinschaft und der *participation aux acquêts*. Der Rechtsvergleich hat gezeigt, dass trotz der unterschiedlichen Güterrechtssysteme in Deutschland und Frankreich dennoch ähnliche Strukturen bei den Güterständen der Zugewinngemeinschaft und *participation aux acquêts* bestehen. Die Unterschiede zwischen diesen beiden Güterständen sind nicht unüberwindbar. Eine Vereinheitlichung auf Basis der deutschen Zugewinngemeinschaft und der französischen *participation aux acquêts* könnte somit am ehesten in der Politik auf Konsens und in der Bevölkerung auf Akzeptanz stoßen. In diese Richtung weist auch das Vorhaben zur Einführung des Güterstandes der Wahl-Zugewinngemeinschaft.

## E.  Der dt.-frz. Güterstand der Wahl-Zugewinngemeinschaft
### (*régime matrimonial optionel de participation aux acquêts*)

Mit dem am 4.2.2010 unterzeichneten Abkommen zwischen der Bundesrepublik Deutschland und der Französischen Republik über den Güterstand der Wahl-Zugewinngemeinschaft (nf.: WZGA) wurde erstmalig ein identischer Ehegüterstand in beiden Staaten geschaffen.

### I.  Allgemeines zum WZGA

Mit der Einführung der Wahl-Zugewinngemeinschaft wurden unterschiedliche Zielsetzungen verfolgt.

### 1.  Zweckmäßigkeit der bilateralen Vereinheitlichung eines Teilbereichs des materiellen Ehegüterrechts

Zunächst ist darzulegen, aus welchen Beweggründen sich Deutschland und Frankreich dazu entschlossen haben, einen Teilbereich ihres materiellen Güterrechts zu vereinheitlichen. In einem weiteren Schritt ist zu klären, ob die Schaffung eines zusätzlichen Wahlgüterstands in Form einer Wahl-Zugewinngemeinschaft ein geeignetes Mittel darstellt, um die angestrebten Ziele zu erreichen.

### a) Probleme infolge einer unterschiedlichen Ausgestaltung des Ehegüterrechts

Die unterschiedliche Ausgestaltung des Güterrechts in Deutschland und Frankreich führt in der Rechtspraxis oftmals zu Problemen, wenn ein grenzüberschreitender Sachverhalt vorliegt. Exemplarisch lässt sich dies am Beispiel des Erwerbs von Grundeigentum veranschaulichen[738]: Leben französische Ehegatten im Güterstand der *communauté réduite aux acquêts*, kann es zu Schwierigkeiten kommen, wenn die Ehegatten gemeinsam eine Immobilie in Deutschland erwerben möchten. Nach § 47 GBO ist das für die Gemeinschaft maßgebende Rechtsverhältnis, d.h. der Güterstand, im Grundbuch einzutragen. Da nun aber der französische Güterstand der Errungenschaftsgemeinschaft dem deutschen Recht unbekannt ist, fällt es Dritten schwer, den Umfang der den Ehegatten zustehenden Rechte einzuschätzen. Dies kann etwa dazu führen, dass deutsche Kreditinstitute eine Finanzierung des Grundstückskaufs ablehnen.[739] Um diesem Hindernis zu entgehen, wird für das in Deutschland belegene Grundstück häufig eine Rechtswahl zugunsten der *lex rei sitae* vorgenommen, so dass hinsichtlich der in Deutschland belegenen Immobilie deutsches Güterrecht anwendbar ist. Dies hat allerdings zur Folge, dass es zu einer Statutenspaltung (*dépeçage*) kommt, die anlässlich der Beendigung des Güterstandes die Vermögensauseinandersetzung kompliziert gestaltet. Mit Inkrafttreten der EhegüterVO wird den Ehegatten selbst der Weg über die beschränkte Rechtswahl verwehrt bleiben, da die geplante Verordnung keine Rechtswahlmöglichkeit zugunsten des Belegenheitsrechts des unbeweglichen Vermögens vorsieht.[740]

### b) Schaffung eines gemeinsamen Wahlgüterstandes als Lösungsansatz

Um die sich aus der unterschiedlichen Ausgestaltung des materiellen Güterrechts in Deutschland und Frankreich ergebenden Schwierigkeiten zu beseitigen, bietet sich vor allem die Vereinheitlichung des Sachrechts beider Länder in diesem Bereich an. Durch die Schaffung eines einheitlichen Sachrechts entfallen Rechtsverschiedenheiten auf materiell-rechtlicher Ebene. Da das IPR die Verschiedenheit im materiellen Recht der Staaten voraussetzt[741], führt die Schaffung von internationalem Einheitsrecht auch dazu, dass die Ermittlung des anwendbaren Rechts in diesem Bereich entbehrlich ist.

---

738 Das nachfolgende Beispiel ist dem Erläuternden Bericht zum WZGA entlehnt (BT-Drs. 5126, S. 23).
739 *Meier-Bourdeau*, JCP G., 24 juin 2013, n° 26, 1302.
740 S.o. 1. Teil B. II. 3. a) aa).
741 *Kropholler*, Int. Einheitsrecht, S. 179.

Allerdings ist eine vollständige Vereinheitlichung des Ehegüterrechts in beiden Ländern nur schwer vorstellbar, da die existierenden Güterstände nicht unerheblich von einander abweichen. Hingegen lässt sich eine teilweise Vereinheitlichung rechtlich einfacher gestalten. So könnte ein einheitlicher gesetzlicher Güterstand oder aber ein identischer Wahlgüterstand eingerichtet werden. Mit dem WZGA haben sich Deutschland und Frankreich dazu entschlossen, einen optionalen Güterstand zu schaffen, der neben die übrigen Wahlgüterstände tritt. Von den Ehegatten wird somit ein *opt-in* durch Ehevertrag verlangt. Dies ist begrüßenswert, da der neue Güterstand den Ehegatten nicht aufgezwungen wird, sondern nur dann zur Anwendung kommt, wenn sich die Ehegatten bewusst für ihn entschieden haben.

c)  Zugewinngemeinschaft als Grundprinzip eines optionalen Güterstandes

Das WZGA sieht als neuen Wahlgüterstand die sog. Wahl-Zugewinngemeinschaft vor. Diese beruht auf den Grundsätzen der deutschen Zugewinngemeinschaft und wird ergänzt durch Elemente der französischen *participation aux acquêts*. Im Kern handelt es sich also um eine Gütertrennung während des Bestehens der Ehe, die bei Beendigung des Güterstandes um eine Beteiligung am Zugewinn ergänzt wird. Die Bezeichnung als Wahl-Zugewinn*gemeinschaft* mag zwar irreführend[742] sein, da es sich um eine Kombination von Gütertrennung und Partizipation (*régime de séparation et de participation*) handelt. Allerdings ist der deutsche Begriff der Wahl-Zugewinngemeinschaft darauf zurückzuführen, dass man die Nähe zur Bezeichnung des deutschen gesetzlichen Güterstandes herausstellen wollte, der ebenso eine Kombination aus Gütertrennung während der Ehe und Partizipation nach Beendigung des Güterstandes darstellt.[743]

Allerdings ist fraglich, weshalb die Verantwortlichen gerade das Grundprinzip der Zugewinngemeinschaft bzw. der *participation aux acquêts* gewählt haben, um einen gemeinsamen Güterstand zu entwickeln. So wäre es auch denkbar gewesen, die *communauté réduite aux acquêts*, d.h. die Errungenschaftsgemeinschaft französischen Rechts, als Basis eines in beiden Ländern identischen Wahlgüterstandes auszuwählen. Immerhin ist die Errungenschaftsgemeinschaft in 15 Mitgliedstaaten der EU als gesetzlicher Güterstand normiert[744] und somit der meistverbreitete Güterstand in Europa. Mit der Gütergemeinschaft existiert auch im deutschen Recht eine Art »*communauté*«.

---

742  Kritisch zur Bezeichnung *Martiny*, ZEuP 2011, 577, 578. Vereinzelt wird daher die Bezeichnung »Wahl-Zugewinnbeteiligung« vorgeschlagen, so etwa *Jäger*, DNotZ 2010, 804, 824; *Martiny*, ZEuP 2011, 577, 578 m. Fn. 3.

743  *Becker*, ERA Forum 2011, 103, 110 spricht insofern von einem »Wiedererkennungseffekt«.

744  So etwa in Belgien, Frankreich, Luxemburg, Portugal, Italien, Spanien, Bulgarien, Kroatien, Lettland, Litauen, Polen, Slowenien, Slowakei, Tschechien und Ungarn, vgl. *Pintens*, in: Lipp/Schumann/Veit, Zugewinngemeinschaft, S. 23, 24 f.

Hingegen ist die Zugewinngemeinschaft nur vereinzelt als gesetzlicher Güterstand in den Rechtsordnungen anderer europäischer Länder zu finden.[745] Die Verhandlungen zum WZGA hatten in ihrer Ausgangslage jedoch nicht das Ziel, einen europäischen Güterstand[746] zu schaffen. Zwar kann jeder Mitgliedstaat der EU gem. Art. 21 Abs. 1 S. 1 WZGA dem Abkommen beitreten, doch diese Beitrittsmöglichkeit wurde erst gegen Ende der Verhandlungen in das Abkommen aufgenommen.[747] Dies zeigt, dass es in den Verhandlungen vielmehr darum ging, einen spezifisch deutsch-französischen Güterstand zu entwickeln. Die Zugewinngemeinschaft existiert in beiden Staaten bereits, nämlich in Deutschland als gesetzlicher Güterstand und in Frankreich als Wahlgüterstand in Form der *participation aux acquêts*. Zudem gingen die Verantwortlichen in den Verhandlungen zum WZGA davon aus, die Zugewinngemeinschaft stelle ein einfacheres« und somit auch exportierfähigeres System dar als die »*communauté*«.[748] Dieser Analyse ist insofern zuzustimmen, als dass sich die vermögensrechtliche Auseinandersetzung in der Errungenschaftsgemeinschaft kompliziert gestaltet: Bei der Liquidierung sind die unterschiedlichen Vermögensmassen aufzulösen und Vermögensverschiebungen zwischen Eigengut und Gemeingut durch Ausgleichszahlungen zu korrigieren (*théorie des récompenses*).[749]

Zudem wird im Schrifttum angeführt, die »*communauté*« sei eng verbunden mit anderen Rechtsgebieten, wie etwa dem Sachenrecht, dem Erbrecht sowie dem Kreditsicherungsrecht und dem Zwangsvollstreckungsrecht, so dass es in diesen Bereichen ebenfalls zu Anpassungen kommen müsste.[750] Aus diesen Gründen wurden Zugewinngemeinschaft sowie *participation aux acquêts* konsequenterweise als Basis des WZGA ausgewählt. Wie es zu den Beratungen über das WZGA gekommen ist, wird im Folgenden nachgezeichnet.

## 2. Entstehungsgeschichte des WZGA

Das WZGA ist das Ergebnis einer kontinuierlichen Zusammenarbeit beider Länder im Bereich der Justiz.

---

745 So etwa in Griechenland und Katalonien, vgl. *Martiny*, ZEuP 2011, 577, 578 m.w.N.

746 Einen Beitrag zur Schaffung eines europäischen Güterstandes leisten die von der CEFL entwickelten Prinzipen zum europäischen Familienrecht betreffend vermögensrechtliche Beziehungen zwischen Ehegatten, vgl. *Boele-Woelki/Ferrand/ González Beilfuss/u.a.*, Principles of European Family Law Regarding Property Relations Between Spouses (2013). Der Frage, ob die Wahl-Zugewinngemeinschaft ein Modell für einen europäischen Güterstand darstellt, wird im Rahmen der Schlussbetrachtung nachgegangen, s.u. Schlussbetrachtung.

747 *Becker*, ERA Forum 2011, 103, 112.

748 Entretien avec Béatrice Weiss-Gout, GdP, 4 mars 2010, S. 7.

749 S.o. 2. Teil B. II. 1.

750 *Simler*, JCP N., 24 janv. 2014, n° 4, 25, 26.

a) Gemeinsame Erklärung zum 40. Jahrestag des Elysée-Vertrages

Mit dem Elysée-Vertrag vom 22.1.1963[751] schufen Staatspräsident Charles de Gaulle und Bundeskanzler Konrad Adenauer die Grundlage für die deutsch-französische Zusammenarbeit. Zum 40. Jahrestag des Elysée-Vertrages am 22.1.2003 unterzeichneten ihre Nachfolger, Jacques Chirac und Gerhard Schröder, eine gemeinsame Erklärung, in der eine Harmonisierung der nationalen Gesetzgebung in wesentlichen Bereichen in Aussicht gestellt wurde, um neue Fortschritte auf europäischer Ebene zu verwirklichen. So seien Gesetzesvorhaben erstrebenswert, die auf eine Annäherung im Zivilrecht, insbesondere im Familienrecht, zielen.[752]

b) Vorarbeiten der binationalen Arbeitsgruppe

Auf Initiative der deutschen Justizministerin Herta Däubler-Gmelin und ihres französischen Amtskollegen Dominique Perben wurde daraufhin eine Arbeitsgruppe eingesetzt, die sich mit der Schaffung eines deutsch-französischen Güterstandes befassen sollte. Die siebenköpfige Kommission setzte sich aus Vertretern der Wissenschaft und Rechtspraxis beider Länder zusammen.[753] In einem Zeitraum von zwei Jahren (2006–2008) tagte die Arbeitsgruppe insgesamt sechsmal, abwechselnd in Paris und Berlin. Im Laufe des Jahres 2008 erfolgte die Übermittlung des vorgeschlagenen Entwurfstextes an die Justizministerien beider Länder. Anlässlich des 9. deutsch-französischen Ministerrates am 9.6.2008 wurde die Erarbeitung des gemeinsamen Wahlgüterstandes als gemeinsames Projekt aus dem Bereich Justiz gewürdigt und eine Zeichnung des internationalen Übereinkommens bis Ende 2008 in Aussicht gestellt.[754]

---

751 Vgl. Gesetz zu der Gemeinsamen Erklärung und zu dem Vertrag vom 22. Januar 1963 zwischen der Bundesrepublik Deutschland und der Französischen Republik über die deutsch-französische Zusammenarbeit (BGBl. 1963 II, S. 705).

752 Vgl. Punkt 22 »Harmonisierung von Recht und Gesetz« der Gemeinsamen Erklärung zum 40. Jahrestag des Elysée-Vertrags, abrufbar unter: http://www.deutschland-frankreich.diplo.de/Gemeinsame-Erklarung-zum-40,1129.html (Abruf: 22.10.2015).

753 Zur Zusammensetzung der Kommission vgl. *Simler*, JCP N., 21 mai 2010, n° 20, 9 Fn. 1. Von deutscher Seite gehörten der Kommission an: Thomas Meyer (Ministerialrat im Bundesministerium der Justiz), Eva Becker (Rechtsanwältin und Vorsitzende des Geschäftsführenden Ausschusses der Arbeitsgemeinschaft Familienrecht des DAV) sowie Max Braeuer (Rechtsanwalt und Notar sowie Vorsitzender des Ausschusses Familienrecht der BNotK). Von französischer Seite aus nahmen an den Sitzungen der Kommission teil: Christelle Hilpert (Richterin und *Chef du bureau du droit des personnes et de la famille au Ministère de la Justice*), Béatrice Weiss-Gout (Rechtsanwältin), Jean-Marie Ohnet (Notar) sowie Philippe Simler (emeritierter Professor an der Universität Straßburg).

754 9. dt.-frz. Mintisterrat – Projekte der allgemeinen deutsch-französischen Zusammenarbeit, abrufbar unter: http://www.deutschland-frankreich.diplo.de/9-dt-fr-Ministerrat-Projekte-der,3447.html#Justiz (Abruf: 22.10.2015).

c)   Unterzeichnung und Ratifikation des WZGA

Anlässlich des 12. deutsch-französischen Ministerrates am 4.2.2010 unterzeichneten Bundesjustizministerin Sabine Leutheusser-Schnarrenberger und ihre französische Amtskollegin Michèle Alliot-Marie das bilaterale Abkommen zur Einführung des Güterstands der Wahl-Zugewinngemeinschaft.

Auf deutscher Seite musste die Ratifikation des Abkommens gem. Art. 59 Abs. 2 GG durch ein Bundesgesetz erfolgen.[755] Zudem bedurfte das Bundesgesetz der Zustimmung des Bundesrates, da mit ihm Änderungen im Bereich der Erbschafts- und Schenkungssteuer einhergingen (Art. 105 Abs. 3, 106 Abs. 2 Nr. 2 GG).[756] Das Zustimmungsgesetz wurde am 15.3.2012 erlassen und stellvertretend für den Bundespräsidenten vom Präsidenten des Bundesrates ausgefertigt.[757]

In Frankreich richtet sich die Ratifizierung völkerrechtlicher Verträge nach Art. 52 und 53 der französischen Verfassung.[758] Zuständig für die Ratifizierung ist der Präsident der Französischen Republik, der diese jedoch nur vornehmen darf, wenn zuvor das Parlament (*Assemblée nationale* und *Sénat*) seine Zustimmung zum jeweiligen Vertrag erteilt hat. Das vom Parlament verabschiedete Zustimmungsgesetz wurde vom Präsidenten am 28.1.2013 verkündet[759] und die Ratifikationsurkunde von ihm unterzeichnet. Der Austausch der Ratifikationsurkunden erfolgte am 18.4.2013. Nach Art. 20 Abs. 2 WZGA tritt das Abkommen am ersten Tag des Monats in Kraft, der dem Austausch der Ratifikationsurkunden folgt. Somit ist das WZGA am 1.5.2013 in Kraft getreten.[760]

---

755   Dies ist darauf zurückzuführen, dass die Gesetzgebungskompetenz für das bürgerliche Recht (Art. 74 Abs. 1 Nr. 1 GG), die auswärtigen Angelegenheiten (Art. 73 Abs. 1 Nr. 1 GG) sowie das Steuerrecht (Art. 105 Abs. 2 i.V.m. Art. 72 Abs. 2 GG) beim Bund liegt.

756   Beschluss des Bundesrates vom 10.2.2012, BR-Drs. 12/12 (B).

757   Gesetz zu dem Abkommen vom 4. Februar 2010 zwischen der Bundesrepublik Deutschland und der Französischen Republik über den Güterstand der Wahl-Zugewinngemeinschaft vom 15.3.2012 (BGBl. 2012 II, S. 178).

758   Constitution du 4 octobre 1958.

759   Loi n° 2013-98 du 28 janv. 2013 autorisant la ratification de l'accord entre la République française et la République fédérale d'Allemagne instituant un régime matrimonial optionnel de la participation aux acquêts (JO 29 janv. 2013).

760   Bekanntmachung über das Inkrafttreten des deutsch-französischen Abkommens über den Güterstand der Wahlzugewinngemeinschaft vom 22.4.2013 (BGBl. 2013 II, S. 431); Décret n° 2013-488 du 10 juin 2013 portant publication de l'accord entre la République française et la République fédérale d'Allemagne instituant un régime matrimonial optionnel de la participation aux acquêts, signé à Paris le 4 févr. 2010 (JO 12 juin 2013).

3. Stellung des WZGA in der Systematik des BGB und des Code civil

Zur Umsetzung des Übereinkommens in deutsches Recht wurde das sechste
Buch des BGB (Familienrecht, §§ 1297–1921 BGB), Abschnitt 1 (Bürgerliche
Ehe), Titel 6 (Eheliches Güterrecht), Untertitel 2 (Vertragliches Güterrecht) um
ein neues Kapitel 4 (Wahl-Zugewinngemeinschaft) ergänzt, das aus einer einzigen Norm besteht: § 1519 BGB. Nach § 1519 S. 1 BGB gelten, sofern die Ehegatten durch Ehevertrag den Güterstand der Wahl-Zugewinngemeinschaft vereinbaren, die Vorschriften des WZGA. Nach § 1519 S. 2 BGB gilt die Regelung
des § 1368 BGB entsprechend. § 1519 S. 3 BGB erklärt § 1412 BGB für nicht
anwendbar. Die Regelungen des WZGA wurden somit nicht wortwörtlich ins
BGB übernommen, sondern kommen über die Verweisungsnorm des § 1519
S. 1 BGB zur Anwendung. Zwar wäre die Regelung der Wahl-Zugewinngemeinschaft innerhalb der Systematik des BGB durchaus möglich gewesen und
würde beim Rechtsanwender für Vorhersehbarkeit, Normenklarheit und somit
auch mehr Akzeptanz sorgen.[761] Immerhin ist die Gütergemeinschaft mit über
hundert Paragraphen ebenfalls im BGB geregelt. Allerdings hat man sich bewusst gegen eine explizite Aufnahme der Vorschriften zur Wahl-Zugewinngemeinschaft in das BGB entschieden, da das WZGA einige sprachliche Besonderheiten aufweist, die von der Terminologie des BGB abweichen. Dies lässt
sich darauf zurückführen, dass eine Sprachfassung gefunden werden musste, die
sowohl der deutschen als auch der französischen Rechtssprache gerecht wird.[762]

Im französischen Code civil sucht man vergeblich nach einer Norm zur Wahl-
Zugewinngemeinschaft. Dies lässt sich damit erklären, dass in Frankreich ordnungsgemäß ratifizierte und veröffentlichte völkerrechtliche Verträge unmittelbar anwendbar sind, ohne dass es einer weitergehenden Transformation in nationales Recht bedarf.[763] Bislang wird im französischen Recht nicht hinreichend
deutlich, dass es sich bei der Wahl-Zugewinngemeinschaft um einen den anderen Wahlgüterständen gleichwertigen Güterstand handelt. Das französische
Recht lässt somit Normenklarheit und Vorhersehbarkeit noch mehr vermissen
als das deutsche Recht. Daher ist davon auszugehen, dass französische Ehegatten sich vor allem aufgrund einer rechtlichen Beratung für die Wahl-Zugewinngemeinschaft entscheiden werden. Um diesen unbefriedigenden Zustand zu
beheben, ist es wünschenswert, dass der französische Gesetzgeber den Code
civil entsprechend anpasst. Es bietet sich an, im Anschluss an die Regelungen
der *participation aux acquêts* (Art. 1569–1581 CC) ein neues Kapitel V (*Du
régime optionnel de participation aux acquêts*) einzuführen. Darin kann ein
neuer Art. 1581-1 CC eingefügt werden, welcher auf die Regelungen des

---

761 *Braun*, MittBayNot 2012, 89, 90 befürwortet daher eine vollständige Übernahme
der materiellen Vorschriften des WZGA in das BGB.
762 *Klippstein*, FPR 2010, 510, 514 (»fremde[r] Sprachduktus«); *Braeuer*, Zugewinnausgleich, Rn. 773.
763 *Favoreu/Gaïa/Ghevontian*, Droit constitutionnel, Rn. 217.

WZGA verweist. Eine wortwörtliche Übernahme sämtlicher Vorschriften des Abkommens in den Code civil ist nicht zu empfehlen, da sich der Sprachduktus des WZGA auch von dem des Code civil unterscheidet.

Dennoch trägt die Schaffung von Verweisungsnormen in den nationalen Rechtsordnungen dazu bei, dass die Vorschriften des Abkommens als ein Regelungssystem wahrgenommen werden, das einheitlich auszulegen ist.

### 4. Auslegungsfragen im Rahmen WZGA

Um sicherzustellen, dass die Wahl-Zugewinngemeinschaft in der Rechtspraxis tatsächlich einen in Deutschland und Frankreich identischen Güterstand darstellt, ist es erforderlich, dass das WZGA von den Rechtspraktikern beider Länder einheitlich angewendet wird. Da das Abkommen sowohl in deutscher als auch französischer Sprache abgefasst ist, sind Auslegungsfragen vorprogrammiert. Das Abkommen selbst enthält keine Auslegungsklausel. Daher ist auf die klassischen Auslegungsmethoden zurückzugreifen. Hierbei ist zu beachten, dass es sich beim WZGA um einen völkerrechtlichen Vertrag zwischen der Bundesrepublik Deutschland und der Französischen Republik handelt. Aus diesem Grund ist auf die Auslegungsregeln der Wiener Vertragsrechtskonvention (nf.: WVK)[764] zurückzugreifen.[765] Zwar hat Frankreich die WVK nicht ratifiziert. Allerdings ist anerkannt, dass viele ihrer Bestimmungen bereits bestehendes Völkergewohnheitsrecht kodifizieren und daher auch Nichtvertragsstaaten binden.[766] Da der Text des WZGA sowohl in deutscher als auch französischer Sprache als authentisch festgelegt wurde, sind für seine Auslegung beide Sprachfassungen in gleicher Weise maßgebend (Art. 33 Abs. 1 WVK). Das Abkommen ist mithin nach Treu und Glauben in Übereinstimmung mit der gewöhnlichen, seinen Bestimmungen in ihrem Zusammenhang zukommenden Bedeutung und im Lichte seines Zieles und Zweckes auszulegen (Art. 31 Abs. 1 WVK). Für das WZGA empfiehlt sich also eine vertragsautonome Auslegung.[767] Nicht nur der Vertragswortlaut ist zu berücksichtigen, sondern auch seine Präambel und Anlagen (Art. 31 Abs. 2 WVK). In diesem Zusammenhang erlangt der Erläuternde Bericht zum WZGA (nf.: Erläuternder Bericht) besondere Bedeutung, der als Anlage zur Denkschrift des Abkommens ebenfalls in

---

764  Wiener Übereinkommen über das Recht der Verträge v. 23.5.1969 (BGBl. 1985 II, S. 927).

765  *Klippstein*, FPR 2010, 510, 512; *Martiny*, ZEuP 2011, 577, 596; *Stürner*, JZ 2011, 545, 553 Fn. 99; eine entsprechende Anwendung der WVK befürwortet Erman/ *Heinemann*, § 1519 BGB Rn. 2; BeckOGK/*Jäger*, WahlZugAbk-F, Art. 1 Rn. 44.

766  *Herdegen*, VölkerR, § 15 Rn. 4; *Stein/Buttlar*, VölkerR, Rn. 35.

767  *Martiny*, Rev. crit. DIP 2013, 843, 848; *Amann*, DNotZ 2013, 252, 253 mit der Einschränkung, die Auslegung einer Norm des Abkommens solle sich an dem Verständnis jener Rechtsordnung orientieren, die jeweils rezipiert werde.

deutscher und französischer Sprache abgefasst ist.[768] Dieser Erläuternde Bericht ist als Auslegungshilfe heranzuziehen.[769] Bei Rechtsfragen, die weder im Abkommen selbst noch im Erläuternden Bericht geregelt sind, ist davon auszugehen, dass sie sich nach der Rechtsordnung richten, die durch das maßgebliche Kollisionsrecht berufen wird.[770]

Da künftig sowohl deutsche als auch französische Gerichte mit dem WZGA befasst sein werden, ist nicht auszuschließen, dass sich dennoch eine unterschiedliche Auslegungspraxis entwickelt. Um dies zu vermeiden, bieten sich mehrere Optionen an. Vereinzelt wird vorgeschlagen, die Vertragsparteien sollten ein Protokoll über die einheitliche Auslegung des Abkommens abschließen.[771] Eine einheitliche Auslegung könnte auch durch eine institutionalisierte Kooperation der Vertragsstaaten erreicht werden. So wird im Schrifttum angeregt, eine gemeinsame Datenbank einzurichten, in der Rechtsprechung aus den Vertragsstaaten zum WZGA gesammelt wird.[772] Eine solche Datenbank könnte auch Literaturhinweise zum WZGA enthalten. Als Vorbild könnten Datenbanken zum CISG dienen[773] sowie das Europäische Justizielle Netz für Zivil- und Handelssachen (EJN)[774], das künftig in das Europäische Justizportal[775] integriert wird. Solch eine Plattform würde zumindest die Informationsbeschaffung für Rechtspraktiker erleichtern. Es ist auch vorstellbar, dass die Standesvertretungen der Notare und Anwälte im Rahmen ihrer binationalen oder europäischen Zusammenarbeit selbst eine solche Informationsplattform einrichten.[776] Eine weitere Möglichkeit wäre es, einen gemeinsamen Revisionssenat einzurichten, der eine umstrittene Rechtsfrage im konkreten Fall höchstrichterlich klären

---

768 Erläuternder Bericht/ *Rapport explicatif* (BT-Drs. 17/5126, S. 20).

769 *Klippstein*, FPR 2010, 510, 511 f.; *Braeuer*, Zugewinnausgleich, Rn. 774; *Martiny*, ZEuP 2011, 577, 596; *Dethloff*, RabelsZ 76 (2012), 509, 533; *Jünemann*, ZEV 2013, 353, 354.

770 *Klippstein*, FPR 2010, 510, 512; *Martiny*, ZEuP 2011, 577, 596; *Dethloff*, RabelsZ 76 (2012), 509, 534.

771 *Jäger*, DNotZ 2010, 804, 826 mit dem Hinweis auf das Protokoll Nr. 2 über die einheitliche Auslegung des Luganer Übereinkommens von 1988.

772 *Stürner*, JZ 2011, 545, 553; *Dethloff*, RabelsZ 76 (2012), 509, 534; *Derichs*, ErbR 2013, 306, 307; auch die *BRAK*, Stellungnahme v. Sept. 2008, S. 3 spricht sich für einen Informations- und Erfahrungsaustausch zwischen Gerichten und Behörden aus.

773 Vgl. etwa http://www.cisg.law.pace.edu (Abruf: 22.10.2015) sowie http://www.cisg-online.de (Abruf: 22.10.2015).

774 European Judicial Network in civil and commercial matters, abrufbar unter: http://ec.europa.eu/civiljustice (Abruf: 22.10.2015).

775 European e-Justice Portal, abrufbar unter: https://e-justice.europa.eu (Abruf: 22.10.2015).

776 Vgl. etwa http://www.coupleseurope.eu/ (Abruf: 22.10.2015), einer vom Rat der Notariate der Europäischen Union (CNUE) eingerichteten Website zum Eherecht in den Mitgliedstaaten.

könnte.[777] Die Einrichtung eines gerichtlichen Revisionssenates wurde zwar von der Arbeitsgruppe erwogen, jedoch nicht weiter verfolgt.[778] Die Integration eines gemeinsamen Revisionssenates in die jeweiligen Gerichtsverfassungs- und Verfahrensgesetze wäre auch schwierig zu realisieren. Letztlich wird die Akzeptanz des WZGA davon abhängen, ob die mit ihm befassten Gerichte und Behörden zu einer einheitlichen Auslegung gelangen.

## II. Anwendungsbereich

Die Frage, in welchen Konstellationen und Fällen der neue Güterstand der Wahl-Zugewinngemeinschaft vereinbart werden kann, betrifft den Anwendungsbereich des WZGA. So ist im Folgenden zu erörtern, inwiefern das Abkommen in räumlicher, persönlicher, sachlicher und zeitlicher Hinsicht anwendbar ist.

### 1. Räumlicher Anwendungsbereich

Die Wahl-Zugewinngemeinschaft kann von allen Ehegatten vereinbart werden, deren Güterstand dem Sachrecht eines Vertragsstaates unterliegt (Art. 1 S. 1 WZGA). In räumlicher Hinsicht ist das WZGA somit anwendbar, wenn nach dem maßgeblichen Kollisionsrecht deutsches oder französisches Güterrecht anzuwenden ist. Die Anwendbarkeit des WZGA ist also der Berufung des Güterstatuts eines Vertragsstaates durch das Kollisionsrecht untergeordnet.[779] Da die Regelungen des WZGA das Kollisionsrecht unberührt lässt, kommt dem Abkommen selbst keine internationalprivatrechtliche Dimension zu.[780]

Mangels derzeitiger Harmonisierung auf europäischer Ebene sind für das Güterkollisionsrecht auf deutscher Seite Art. 15 i.V.m. Art. 14 EGBGB und auf französischer Seite die Regelungen des HGA maßgeblich. Somit kann die Wahl-Zugewinngemeinschaft von deutschen Ehegatten mit gewöhnlichem Aufenthalt in Frankreich und französischen Ehegatten mit gewöhnlichem Aufenthalt in Deutschland ebenso gewählt werden wie von deutsch-französischen Ehegatten mit gewöhnlichem Aufenthalt in Deutschland oder Frankreich. Ein

---

777  So befürwortet *Rolland*, in: FS Brudermüller (2014), S. 571, 578 die Schaffung einer einheitlichen Instanz zur abschließenden Entscheidung im Falle divergierender Auslegungen.

778  *Braeuer*, FF 2010, 113, 115; dies bedauernd *Lerch/Lerch/Junkov*, FuR 2012, 639, 643.

779  *Lagarde*, in: Mél. H. v. Loon, S. 287, 290 f.

780  A.A. *Boele-Woelki/Jänterä-Jareborg*, in: Boele-Woelki/Miles/Scherpe, The Future of Family Property in Europe, S. 47, 53 f.

grenzüberschreitender Bezug ist allerdings nicht erforderlich.[781] Die Wahl-Zugewinngemeinschaft steht somit auch in Deutschland lebenden Ehegatten deutscher Staatsangehörigkeit und in Frankreich lebenden Ehegatten französischer Staatsangehörigkeit offen. Zudem ist es möglich, dass ausländische Ehegatten mit gewöhnlichem Aufenthalt in Deutschland oder Frankreich die Wahl-Zugewinngemeinschaft vereinbaren.

Da das Güterkollisionsrecht in Deutschland und Frankreich voneinander abweicht, kann es allerdings zu unterschiedlichen Ergebnissen bei der Bestimmung des Güterstatuts kommen.[782] Bei abweichender Beurteilung des Güterstatuts ist es ausreichend, wenn das Kollisionsrecht eines Vertragsstaates zur Anwendung des Sachrechts eines Vertragsstaates führt.[783] Bis zu einer Harmonisierung des Güterkollisionsrechts auf europäischer Ebene empfiehlt sich für die Ehegatten, soweit dies zulässig ist, eine Rechtswahl zugunsten des deutschen oder französischen Güterrechts zu treffen, um Unklarheiten zu vermeiden.[784]

Für die Anwendbarkeit des Abkommens ist nicht einmal erforderlich, dass ein spezifischer Bezug zu einem Vertragsstaat besteht.[785] So kann sich die Anwendbarkeit des deutschen oder französischen Güterrechts auch aus dem Kollisionsrecht eines Nichtvertragsstaates ergeben.[786] Gestattet das IPR eines Nichtvertragsstaates seinen Staatsangehörigen, eine Rechtswahl zugunsten des deutschen oder französischen Güterrechts, so können die Ehegatten ebenfalls die Wahl-Zugewinngemeinschaft vereinbaren.

Auch eine gegenständlich beschränkte Rechtswahl[787] zugunsten des Güterrechts eines Vertragsstaates kann zur Anwendung des Abkommens führen.[788]

---

781  *Dethloff,* in: FS v. Hoffmann (2011), S. 73, 81; *dies.,* RabelsZ 76 (2012), 509, 514; *dies.,* FamR, Rn. 193; *Avena-Robardet,* AJ Famille 2011, 175; *Martiny,* ZEuP 2011, 577, 584; *Mecke,* AcP 211 (2011), 886, 901; *Kohler,* NotBZ 2012, 1, 3; *Hoischen,* RNotZ 2015, 317, 319.

782  *Lagarde,* in: Mél. H. v. Loon, S. 287, 292.

783  *Schaal,* ZNotP 2010, 162; *Martiny,* ZEuP 2011, 577, 584.

784  Ebenso *Perrotin,* LPA, 16 avr. 2010, n° 76, 4; *Jäger,* DNotZ 2010, 804, 805.

785  *Martiny,* ZEuP 2011, 577, 585.

786  *Fötschl,* YPIL 2009, 395, 402; *Simler,* JCP N., 21 mai 2010, n° 20, 9, 10; *Klippstein,* FPR 2010, 510, 512; *Jäger,* DNotZ 2010, 804, 805; *Stürner,* JZ 2011, 545, 548; *Heinemann,* FamRB 2012, 129, 131; *González Beilfuss,* in: Liber Amicorum Pintens (2012), S. 623, 625; *Keller/Schrenck,* JA 2014, 87, 89; *Kemper,* in: Liber Amicorum Seul (2015), S. 225, 227. Hingegen gehen *Schaal,* ZNotP 2010, 162 sowie *Süß,* ZErb 2010, 281, 282 und *Dörner,* in: Liber Amicorum Seul (2015), S. 107, 110 ff. davon aus, das Abkommen nehme allein Bezug auf die Kollisionsrechte der Vertragsstaaten. Eine solche Einschränkung enthält das WZGA jedoch nicht. Maßgeblich ist allein, dass der Güterstand dem Sachrecht eines der Vertragsstaaten unterliegt, unabhängig davon, ob sich dies aus dem jeweils anzuwendenden deutschen bzw. französischen Kollisionsrecht oder aber dem IPR eines Nichtvertragsstaates ergibt.

787  Vgl. Art. 15 Abs. 2 Nr. 3 EGBGB bzw. Art. 3 Abs. 4 HGA und Art. 6 Abs. 4 HGA.

788  *Schaal,* ZNotP 2010, 162, 164; *Martiny,* ZEuP 2011, 577, 584; *ders.,* Rev. crit. DIP 2013, 843, 854; *Lerch/Lerch/Junkov,* FuR 2012, 639, 640.

Somit kann hinsichtlich der in Deutschland oder Frankreich belegenen unbeweglichen Vermögenswerte, für die das Belegenheitsrecht anwendbar ist, die Wahl-Zugewinngemeinschaft vereinbart werden. Zwar ist es gerade Zweck des WZGA, eine Statutenspaltung zu vermeiden.[789] Allerdings tritt diese als Folge der Parteiautonomie im Güterkollisionsrecht ein und ist daher hinzunehmen. Sofern es zur Harmonisierung des Güterkollisionsrechts auf europäischer Ebene kommt, fällt diese Schwierigkeit weg, da die EhegüterVO eine gegenständlich beschränkte Rechtswahl zugunsten der *lex rei sitae* voraussichtlich nicht enthalten wird.[790]

Vereinbaren die Ehegatten die Wahl-Zugewinngemeinschaft, ohne explizit das auf den Güterstand anzuwendende Recht zu bezeichnen, stellt sich die Frage, ob darin eine stillschweigende Rechtswahl gesehen werden kann. Teilweise wird eine konkludente Rechtswahl mit dem Hinweis abgelehnt, die Vereinbarung der Wahl-Zugewinngemeinschaft lasse gerade offen, ob deutsches oder französisches Recht gelten solle.[791] Eine andere Ansicht nimmt hingegen an, die Vereinbarung der Wahl-Zugewinngemeinschaft lasse auf eine konkludente Rechtswahl schließen.[792] Für die zweite Ansicht spricht, dass die Ehegatten durch Vereinbarung der Wahl-Zugewinngemeinschaft zumindest eine einheitliche Regelung anstreben. Es ist lediglich zweifelhaft, ob in diesem Fall deutsches oder französisches Güterrecht anzuwenden ist.[793] Dies muss das zuständige Gericht im Einzelfall aus den Umständen ermitteln.[794]

### 2. Persönlicher Anwendungsbereich

Während in Deutschland die Ehe nur verschiedengeschlechtlichen Partnern offen steht, können in Frankreich auch gleichgeschlechtliche Partner eine Ehe schließen und damit auch die Wahl-Zugewinngemeinschaft vereinbaren.[795] Dem Wortlaut des Abkommens nach können lediglich »Ehegatten«/»*époux*« die Wahl-Zugewinngemeinschaft vereinbaren (Art. 1 S. 1 WZGA). Daraus wird vereinzelt geschlossen, die Wahl-Zugewinngemeinschaft sei eingetragenen Lebenspartnern und Partnern eines *PACS* von vornherein nicht zugänglich.[796] Ganz überwiegend wird jedoch angenommen, dass zumindest eingetragene

---

789   Erläuternder Bericht (BT-Drs. 17/5126, S. 23).
790   S.o. 1. Teil B. II. 3. a) aa).
791   *Süß*, ZNotP 2011, 282, 291.
792   *Martiny*, ZEuP 2011, 577, 584; *ders.*, Rev. crit. DIP 2013, 843, 853.
793   Offen gelassen bei *Basedow*, Rec. cours La Haye 360 (2012), 9, 237.
794   *Martiny*, ZEuP 2011, 577, 584; *ders.*, Rev. crit. DIP 2013, 843, 853; *Andrae*, IntFamR, § 3 Rn. 269.
795   So auch Hk-BGB/*Kemper*, § 1519 Rn. 4; *Kemper*, in: Liber Amicorum Seul (2015), S. 225, 227; BeckOGK/*Jäger*, BGB, § 1519 Rn. 53; BeckOGK/*Jäger*, WahlZugAbk-F, Art. 1 Rn. 6.
796   So etwa *Schaal*, ZNotP 2010, 162, 163; *Delerue*, FamRBint 2010, 70, 71; *Coester-Waltjen*, ZEuP 2012, 225, 227.

Lebenspartner die Wahl-Zugewinngemeinschaft vereinbaren können.[797] Die Beschränkung der Wahl-Zugewinngemeinschaft auf Ehegatten im Rahmen des WZGA hindert die Vertragsstaaten nicht, im innerstaatlichen Recht die Regelungen des Abkommens auf weitere Paarbeziehungen zu erstrecken.[798] So können in Deutschland eingetragene Lebenspartner gem. § 7 S. 1 LPartG ihre güterrechtlichen Verhältnisse vertraglich regeln. Dazu erklärt § 7 S. 2 LPartG die Regelungen der §§ 1409–1563 BGB für entsprechend anwendbar. Somit ist auch § 1519 S. 1 BGB entsprechend anzuwenden, der auf die Regelungen des WZGA verweist. Daher ist mit der überwiegenden Auffassung davon auszugehen, dass auch eingetragene Lebenspartner die Wahl-Zugewinngemeinschaft durch Lebenspartnerschaftsvertrag vereinbaren können. Hingegen enthält das französische Recht in den Art. 515-5 CC ff. keinen Verweis auf das Abkommen, so dass Partner eines *PACS* die Wahl-Zugewinngemeinschaft nicht unmittelbar als Güterstand vereinbaren können. Allerdings ist es den Partnern möglich, durch Vereinbarung (*convention*) dem WZGA entsprechende Ausgleichsregelungen für den Fall der Beendigung des *PACS* festzulegen (vgl. Art. 515-7 al. 11 CC).[799]

## 3. Sachlicher Anwendungsbereich

In sachlicher Hinsicht regelt das WZGA die Funktionsweise des neuen Güterstandes der Wahl-Zugewinngemeinschaft. Es enthält somit güterstandspezifische Regelungen. Dazu zählen zunächst Regelungen zur Vermögensverwaltung und -nutzung sowie Verfügungsbeschränkungen während des Bestehens der Wahl-Zugewinngemeinschaft. Aus deutscher Sicht verwundert es allerdings, dass das WZGA auch Regelungen enthält, die mit den allgemeinen Ehewirkungen des BGB vergleichbar sind. So enthält Art. 6 Abs. 1 WZGA etwa eine Mitverpflichtung des anderen Ehegatten bei Haushaltsführungsgeschäften, die der »Schlüsselgewalt« nach § 1357 BGB funktional ähnelt. Letztere zählt in Deutschland jedoch zu den »Wirkungen der Ehe im Allgemeinen«, die in der Systematik des BGB den einzelnen Güterständen vorangestellt sind und somit

---

797 *Klippstein*, FPR 2010, 510, 512, 514 f.; *Braeuer*, Zugewinngemeinschaft, Rn. 776; *Martiny*, ZEuP 2011, 577, 587; *ders.*, Rev. crit. DIP 2013, 843, 849; *Mecke*, AcP 211 (2011) 886, 901; *Braun*, MittBayNot 2012, 89, 90; *Heinemann*, FamRB 2012, 129; *Dethloff*, RabelsZ 76 (2012), 509, 514 f.; *Becker*, FF 2012, 199; *Lerch/Lerch/Junkov*, FuR 2012, 639, 640; *Amann*, DNotZ 2013, 252 m. Fn. 6; *Keller/Schrenck*, JA 2014, 87, 89; Klein/*Schwolow*, Hdb. FamilienvermögensR, Rn. 2766; Erman/*Heinemann*, § 1519 BGB Rn. 3; BeckOK-BGB/*J. Mayer*, § 1519 Rn. 4; HK-BGB/*Kemper*, § 1519 Rn. 4; Palandt/*Brudermüller*, § 1519 BGB Rn. 4; NK-BGB/*Junggeburth*, § 1519 Rn. 3; i.E. auch *Dörner*, in: Liber Amicorum Seul (2015), S. 107, 109.
798 *Jäger*, DNotZ 2010, 804, 822 spricht in diesem Zusammenhang von einer »überschießenden Umsetzung des völkerrechtlichen Abkommens«.
799 *Delerue*, FamRBint 2010, 70.

güterstandsunabhängig gelten. Die Normierung dieser allgemeinen Ehewirkungen im neuen Güterstand der Wahl-Zugewinngemeinschaft ist darauf zurückzuführen, dass sie dem *régime primaire* französischen Rechts entlehnt sind.[800]

Ein Großteil der Vorschriften des WZGA beschäftigt sich mit dem Ausgleichsmechanismus bei Beendigung der Wahl-Zugewinngemeinschaft. Hingegen wird der Versorgungsausgleich deutschen Rechts nicht vom WZGA erfasst.[801] Auch die *prestation compensatoire* französischen Rechts hat im WZGA keine Regelung erfahren.

### 4.   Zeitlicher Anwendungsbereich

In zeitlicher Hinsicht ist das WZGA auf Eheverträge anwendbar, die die Ehegatten nach seinem Inkrafttreten, d.h. seit dem 1.5.2013, geschlossen haben (Art. 19 WZGA).

Das Abkommen gilt zunächst für zehn Jahre, also bis zum 1.5.2023 (Art. 20 Abs. 3 S. 1 WZGA). Nach Ablauf dieser Zeit wird es stillschweigend auf unbestimmte Zeit verlängert (Art. 20 Abs. 3 S. 2 WZGA). Allerdings kann jeder Vertragsstaat das Abkommen frühestens zehn Jahre nach seinem Inkrafttreten kündigen (Art. 20 Abs. 4 S. 1 WZGA). In diesem Fall tritt das Abkommen außer Kraft.

Fraglich ist, wie sich die Kündigung des Abkommens durch einen Vertragsstaat auf eine wirksam vereinbarte Wahl-Zugewinngemeinschaft auswirkt. So könnte man von einem Fortbestehen der Wahl-Zugewinngemeinschaft bis zur tatsächlichen Beendigung des Güterstandes nach Art. 7 WZGA ausgehen.[802] Wird das Abkommen von deutscher Seite gekündigt und ist deutsches Güterrecht anwendbar, spricht jedoch gegen ein Fortbestehen der Wahl-Zugewinngemeinschaft die Regelung des § 1409 BGB, wonach der Güterstand nicht durch Verweisung auf nicht mehr geltendes Recht bestimmt werden kann.[803] Eine Fortgeltung der materiellen Vorschriften des WZGA kommt dann nur in Betracht, wenn durch ein anlässlich der Kündigung erlassenes Begleitgesetz der materielle Gehalt des Abkommens aufrechterhalten wird.[804] Somit ist anzunehmen, dass die Kündigung des Abkommens von deutscher Seite zur automatischen Beendigung der Wahl-Zugewinngemeinschaft führt, so dass die Ehegatten fortan im gesetzlichen Güterstand der Zugewinngemeinschaft leben.[805] Ist deutsches Sachrecht anwendbar, können die Ehegatten für den Fall der Kündi-

---

800   *Simler*, JCP N., 21 mai 2010, n° 20, 9, 11.
801   *Martiny*, ZEuP 2011, 577, 585.
802   Angedeutet von *Schaal*, ZNotP 2010, 162, 165.
803   *Stürner*, JZ 2011, 545, 549.
804   BT-Drs. 17/5126, S. 9.
805   *Lerch/Lerch/Junkov*, FuR 2012, 639.

gung des Abkommens jedoch vorsorglich durch Ehevertrag eine modifizierte Zugewinngemeinschaft vereinbaren, die hinsichtlich der Ausgleichsregeln der Wahl-Zugewinngemeinschaft entspricht.[806]

Wird das Abkommen von französischer Seite gekündigt und ist deutsches Güterrecht anwendbar, so könnte man zwar annehmen, die Wahl-Zugewinngemeinschaft bleibe aufgrund der statischen Verweisung des § 1519 S. 1 BGB auf die Vorschriften des Abkommens bestehen, so dass es sich in diesem Fall um einen rein deutschen Güterstand handele.[807] Diese Ansicht ist jedoch nicht unproblematisch. Durch die Kündigung eines völkerrechtlichen Vertrages wird dem innerstaatlichen Umsetzungsakt insoweit der Boden entzogen.[808] Es ist somit keine normative Grundlage für den innerstaatlichen Umsetzungsakt mehr vorhanden, so dass der Verweis des § 1519 S. 1 BGB »ins Leere« geht. Auch hier ist eine Fortgeltung der materiellen Vorschriften des WZGA nur dann möglich, wenn durch ein innerstaatliches Gesetz der materielle Gehalt des Abkommens in nationales Recht überführt wird.

Bemerkenswert ist, dass im französischen Schrifttum eine parallele Diskussion zu den Auswirkungen einer Kündigung des WZGA nicht geführt wird. Dies ist wohl darauf zurückzuführen, dass ein ordnungsgemäß ratifizierter und veröffentlichter völkerrechtlicher Vertrag im französischen Recht unmittelbar anwendbar ist, ohne dass es eines innerstaatlichen Umsetzungsaktes bedarf. Wird das Abkommen nun von einer Vertragspartei gekündigt, so entfällt automatisch die innerstaatliche Geltung des Vertrages. Somit stellt sich im französischen Recht gar nicht erst die Frage nach der Zukunft eines innerstaatlichen Umsetzungsaktes.

### III. Begründung der Wahl-Zugewinngemeinschaft

Die Wahl-Zugewinngemeinschaft kann von den Ehegatten durch Ehevertrag vereinbart werden (Art. 3 Abs. 1 WZGA). Der Ehevertrag, mit dem die Wahl-Zugewinngemeinschaft begründet wird, kann vor der Eheschließung oder während des Bestehens der Ehe geschlossen werden (Art. 3 Abs. 2 S. 1 WZGA). Wirksam wird der Güterstand mit Abschluss des Ehevertrages, frühestens jedoch mit dem Tag der Eheschließung (Art. 3 Abs. 2 WZGA). Besondere Formvorschriften für den Ehevertrag enthält das Abkommen nicht. Für die Form ist vielmehr das nach dem jeweiligen Kollisionsrecht berufene

---

806 *Jäger*, DNotZ 2010, 804, 806; *Stürner*, JZ 2011, 545, 549; hingegen von vorsorglichen Regelungen abratend Erman/*Heinemann*, Anh. § 1519 BGB, WZGA, Rn. 40; *Hoischen*, RNotZ 2015, 317, 320.

807 In diesem Sinne BT-Drs. 17/5126, S. 9; Palandt/*Brudermüller*, § 1519 BGB, Art. 20 Rn. 1.

808 *Kunig*, in: Vitzthum/Proelß, Völkerrecht, 2. Abschnitt, Rn. 117.

Recht maßgeblich.[809] Aus deutscher Sicht ist somit entweder das am Ort des Vertragsschlusses anwendbare Recht (lex loci actus) oder das auf den Güterstand anwendbare innerstaatliche Recht (lex causae) maßgebend (Art. 11 EGBGB). Sowohl nach deutschem als auch nach französischem Recht bedarf der Ehevertrag der notariellen Beurkundung bei gleichzeitiger Anwesenheit der Ehegatten.[810]

Nach Art. 3 Abs. 2 WZGA bleiben die Vorschriften über die Änderung eines bis dahin bestehenden Güterstandes unberührt. Damit nimmt das WZGA Rücksicht auf etwaige innerstaatliche Sonderregelungen der Vertragsstaaten. Zwar ist nach deutschem Recht ein Wechsel oder eine Änderung des Güterstandes ohne Einschränkungen möglich. Allerdings können Ehegatten nach französischem Recht frühestens zwei Jahre nach Beginn ihres Güterstandes im Interesse der Familie (dans l'intérêt de la famille) den Güterstand durch notariellen Vertrag ändern oder wechseln (Art. 1397 al. 2 CC). Zudem bedarf der Ehevertrag zur Änderung bzw. zum Wechsel des Güterstandes grundsätzlich einer gerichtlichen Genehmigung (homologation), es sei denn, keiner der Ehegatten hat minderjährige Kinder (Art. 1397 al. 5 CC) oder die volljährigen Kinder sowie die Gläubiger widersprechen dem Vertragsschluss nicht innerhalb einer Frist von drei Monaten (Art. 1397 al. 4 CC). Gilt für die Ehegatten also französisches Güterrecht und wollen sie in den Güterstand der Wahl-Zugewinngemeinschaft wechseln, so sind die besonderen Genehmigungserfordernisse des Art. 1397 CC einzuhalten. Damit der Güterstandswechsel gegenüber Dritten wirkt, ist die Änderung in der Heiratsurkunde einzutragen (Art. 1397 al. 6 CC).

Fraglich ist jedoch, ob die Ehegatten durch eine kollisionsrechtliche Rechtswahl (vgl. Art. 6 HGA) zugunsten des deutschen Güterrechts die weitergehenden materiellrechtlichen Voraussetzungen eines Güterstandswechsels wirksam umgehen können. Im Gegensatz zum Wechsel des Güterstandes auf materiellrechtlicher Ebene bedarf nämlich eine Rechtswahl auf kollisionsrechtlicher Ebene weder einer gerichtlichen Genehmigung noch der Einhaltung von Fristen.[811] Haben beispielsweise französische Ehegatten, die im Güterstand der Errungenschaftsgemeinschaft leben, bei Eheschließung ihren gewöhnlichen Aufenthalt zunächst in Frankreich und verlegen sie diesen später nach Deutschland, so können sie gem. Art. 6 Abs. 2 Nr. 2 HGA deutsches Recht als Güterstatut wählen. Nunmehr gilt für die Ehegatten deutsches Güterrecht, so dass sie ohne weitere Einschränkungen durch Ehevertrag zur Wahl-Zugewinngemeinschaft wechseln können. Überwiegend wird diese Möglichkeit der Umgehung materiellrechtlicher Vorschriften auf kollisions-

---

809   Erläuternder Bericht (BT-Drs. 17/5126, S. 24).
810   § 1410 BGB bzw. Art. 1394 al. 1 CC.
811   S.o. 1. Teil A. IV. 2. b) bb).

rechtlichem Wege als zulässig erachtet.[812] Damit jedoch der Wechsel des Güterstandes in Frankreich gegenüber Dritten Wirkung entfalten kann, sind zusätzlich Publizitätserfordernisse einzuhalten: So ist die Rechtswahl auf der Heiratsurkunde festzuhalten bzw. im *répertoire civil annexe* einzutragen (Art. 1303-1 CPC).[813]

Nach Art. 3 Abs. 3 WZGA kann der Ehevertrag von den Vorschriften des Kapitels V abweichen. Daraus folgt im Umkehrschluss, dass von den übrigen Bestimmungen des WZGA nicht abgewichen werden kann. Somit sind vor allem diejenigen Vorschriften, die dem französischen *régime primaire* entlehnt sind, wie etwa Art. 5 (Verfügungsbeschränkungen) und Art. 6 (Geschäfte zur Führung des Haushalts) WZGA, nicht disponibel.

## IV. Grundprinzipien der Wahl-Zugewinngemeinschaft

Die Wahl-Zugewinngemeinschaft zeichnet sich dadurch aus, dass während des Bestehens des Güterstandes grundsätzlich das Vermögen der Ehegatten jeweils getrennt bleibt und dass es bei Beendigung des Güterstandes zu einem Ausgleich des Zugewinns kommt, wobei dem ausgleichsberechtigten Ehegatten die Hälfte des Überschusses zusteht.

### 1. Trennungsprinzip

Während des Bestehens des Güterstandes bleiben die Vermögensmassen der Ehegatten in der Wahl-Zugewinngemeinschaft getrennt (Art. 2 S. 1 WZGA). Die Wahl-Zugewinngemeinschaft folgt somit, wie auch die Zugewinngemeinschaft und die *participation aux acquêts*, dem sog. Trennungsprinzip.[814] Eine gemeinschaftliche Vermögensmasse besteht nicht.[815] Die Eigentumsverhältnisse der Ehegatten bleiben unabhängig von einander, so dass jeder Ehegatte grundsätzlich allein über sein Vermögen verfügen kann, ohne dass er der Zustimmung des anderen Ehegatten bedarf (Art. 4 WZGA). Allerdings enthält Art. 5 Abs. 1

---

812  *Süß*, ZErb 2010, 281, 283; *Jäger*, DNotZ 2010, 804, 807; *Krauß*, notar 2011, 326, 332 Fn. 82; *Braun*, MittBayNot 2012, 89, 90; *Heinemann*, FamRB 2012, 129, 132; *Dethloff*, RabelsZ 76 (2012), 509, 515; *Jünemann*, ZEV 2013, 353, 357; *Erman/ Heinemann*, Anh. § 1519 BGB, WZGA, Rn. 4; *Collard*, JCP N., 24 janv. 2014, n° 4, 35, 36; *Rolland*, in: FS Brudermüller (2014), S. 571, 573; BeckOGK/*Jäger*, WahlZugAbk-F, Art. 3 Rn. 8; a.A. *Andrae*, IntFamR, § 3 Rn. 270; auch *Schaal*, ZNotP 2010, 162, 165 sowie *Lerch/Lerch/Junkov*, FuR 2012, 639, 640 f. zweifeln daran, dass französische Gerichte die Umgehung nationaler Genehmigungserfordernisse und Wartefristen gestatten werden.

813  *Delerue*, FamRBint 2010, 70, 71.

814  Vgl. Art. 1363 Abs. 2 S. 1 BGB bzw. Art. 1569 al. 1 S. 2 CC.

815  Erläuternder Bericht (BT-Drs. 17/5126, S. 24).

WZGA eine Verfügungsbeschränkung: Ohne Zustimmung des anderen Ehegatten sind Rechtsgeschäfte[816] über Haushaltsgegenstände oder über Rechte, durch die die Familienwohnung sichergestellt wird, unwirksam. Die gerichtliche Geltendmachung der Unwirksamkeit wird durch das WZGA nicht geregelt. Die prozessuale Durchsetzung richtet sich somit nach nationalem Recht.[817] Ist deutsches Güterrecht anwendbar, kann der betroffene Ehegatte gem. § 1519 S. 2 i.V.m § 1368 BGB entsprechend im Wege der gesetzlichen Prozessstandschaft die *ipso iure* eintretende Unwirksamkeit im eigenen Namen geltend machen. Ist französisches Güterrecht anwendbar, so muss die Unwirksamkeit mittels Nichtigkeitsklage geltend gemacht werden (vgl. Art. 215 Abs. 3 CC).[818] Ein gutgläubiger Erwerb von Haushaltsgegenständen oder Rechten an der Familienwohnung durch Dritte kommt bei Anwendbarkeit des deutschen Sachrechts nicht in Betracht, da gem. § 1519 S. 3 BGB die Vorschrift des § 1412 BGB nicht anzuwenden ist. Bei Anwendbarkeit des französischen Güterrechts ist umstritten, ob über Art. 16 Abs. 1 EGBGB die Vorschrift des § 1412 BGB entsprechend anzuwenden ist, wenn ein Ehegatte seinen gewöhnlichen Aufenthalt im Inland hat oder hier ein Gewerbe betreibt. Dafür wird zwar angeführt, dass die Ehegatten bei Anwendbarkeit französischen Sachrechts die Wahl-Zugewinngemeinschaft gerade auf Grundlage der französischen Rechtsordnung vereinbarten und die Verfügungsbeschränkung daher auf dem »Recht eines anderen Staates« beruhe.[819] Von der Gegenansicht wird eingewendet, bei der Wahl-Zugewinngemeinschaft handele es sich um einen durch Staatsvertrag geschaffenen und daher innerstaatlichen Güterstand.[820] Für die zweite Ansicht spricht, dass infolge der Transformation des Staatsvertrages in innerstaatliches Recht die Wahl-Zugewinngemeinschaft zu einem inländischen Güterstand erhoben wurde. Indem die

---

816  Der Begriff »Rechtsgeschäfte« umfasst sowohl Verpflichtungs- als auch Verfügungsgeschäfte, *Schaal*, ZNotP 2010, 162, 167; *Klippstein*, FPR 2010, 510, 513; *Schöner/Stöber*, Grundbuchrecht, Rn. 3385 f.
817  *Meyer*, FamRZ 2010, 612, 614.
818  Erläuternder Bericht (BT-Drs. 17/5126, S. 27); *Meier-Bourdeau/Mikalef-Toudic*, in: CSN/Univ.Dauphine, Journées notariales du patrimoine 2010, S. 1, 5; *Sengl*, Rpfleger 2011, 125, 127 m. Fn. 30; a.A. *Amann*, DNotZ 2013, 252, 267 ff. Zur Frist, innerhalb derer die Unwirksamkeit mittels Nichtigkeitsklage geltend zu machen ist, vgl. *Sauvage*, RJPF, avril 2014, 6, 8.
819  *Jäger*, DNotZ 2010, 804, 810; BeckOGK/*Jäger*, WahlZugAbk-F, Art. 5 Rn. 88; *Martiny*, ZEuP 2011, 577, 590; *Krauß*, notar 2011, 326, 332; *Heinemann*, FamRB 2012, 129, 130; Erman/*Heinemann*, § 1519 BGB Rn. 3, Anh. § 1519, WZGA, Rn. 10.
820  *Schaal*, ZNotP 2010, 162, 176; *Amann*, DNotZ 2013, 252, 273; Münch/*Everts*, § 2 Rn. 181 m. Fn. 197; *Andrae*, IntFamR, § 3 Rn. 273; im Ergebnis auch Soergel/*Gaul/Althammer*, Vor §§ 1558–1563 BGB Rn. 9; Palandt/*Brudermüller*, § 1519 BGB, Art. 5 Rn. 6.; Würzburger Notarhandbuch/*Hertel*, Teil 7 Kap. 4 Rn. 225; *Münch*, Ehebezogene Rechtsgeschäfte, Rn. 490; *Hoischen*, RNotZ 2015, 317, 335 f.

Wahl-Zugewinngemeinschaft über die kollisionsrechtliche Verweisung des Art. 16 Abs. 1 EGBGB auf das französische Güterrecht zur Anwendung gelangt, wird sie jedoch nicht zu einem ausländischen Güterstand. Daher ist es unerheblich, welche Rechtsordnung der Vereinbarung der Ehegatten zugrunde liegt. Zudem würde eine unterschiedliche Rechtspraxis zum gutgläubigen Erwerb dem Gedanken der Rechtsvereinheitlichung zuwiderlaufen. Folglich ist mit der zweiten Ansicht davon auszugehen, dass § 1412 BGB nicht entsprechend über Art. 16 Abs. 1 EGBGB anzuwenden ist. Ein gutgläubiger Erwerb von Haushaltsgegenständen oder Rechten an der Familienwohnung kommt somit auch bei Anwendbarkeit des französischen Sachrechts nicht in Betracht.

Dem Trennungsprinzip entsprechend bleiben die Verbindlichkeiten der Ehegatten unabhängig voneinander. Jeder Ehegatte kann allein Verträge zur Führung des Haushalts und für den Bedarf der Kinder (*éducation des enfants*) schließen (Art. 6 Abs. 1 S. 1 WZGA). Allerdings besteht für die daraus entstandenen Verbindlichkeiten eine gesamtschuldnerische Mithaftung beider Ehegatten (Art. 6 Abs. 1 S. 2 WZGA). Dies gilt jedoch nicht, wenn die Verbindlichkeiten nach der Lebensführung der Ehegatten offensichtlich unangemessen sind und dieser Umstand dem Vertragspartner bekannt oder erkennbar war (Art. 6 Abs. 2 WZGA).

Auf die Vorschriften zur Vermögensverwaltung und -nutzung wird wegen der Fokussierung auf die Beendigung des ehelichen Güterstandes nicht weiter eingegangen.[821]

## 2. Ausgleichsprinzip und Halbteilungsgrundsatz

Bei Beendigung des Güterstandes wird der während der Ehe erzielte Zugewinn zwischen den Ehegatten ausgeglichen (vgl. Art. 2 S. 3 WZGA). Die Wahl-Zugewinngemeinschaft folgt somit, wie auch die Zugewinngemeinschaft und die *participation aux acquêts*, dem Ausgleichsprinzip.[822] Übersteigt der Zugewinn des einen Ehegatten den Zugewinn des anderen, so hat der andere Ehegatte einen Ausgleichsanspruch in Höhe der Hälfte des Überschusses (Art. 12 Abs. 1 WZGA). Der Wahl-Zugewinngemeinschaft liegt somit, wie auch der Zugewinngemeinschaft und der *participation aux acquêts*, der Halbteilungsgrundsatz zugrunde.[823]

## V. Die Beendigung der Wahl-Zugewinngemeinschaft

Im Zentrum des WZGA stehen die Vorschriften zur Beendigung der Wahl-Zugewinngemeinschaft. Sie regeln den besonderen Ausgleichsmechanismus,

---

821 Zu den Eigentumsverhältnissen in der Wahlzugewinngemeinschaft vgl. *Coester-Waltjen*, JURA 2011, 341, 342 f.

822 Vgl. § 1363 Abs. 2 S. 2 BGB bzw. Art. 1569 al. 1 S. 3 CC.

823 Vgl. § 1378 Abs. 1 BGB bzw. Art. 1569 al. 1 S. 3 CC.

durch den sich der neue Wahlgüterstand auszeichnet. Aus diesem Grund soll im Folgenden der Ausgleich des Zugewinns bei Beendigung der Wahl-Zugewinngemeinschaft näher erörtert werden. Dazu sind zunächst die Gründe für die Beendigung des Güterstandes zu erläutern. Anschließend ist zu klären, nach welchen Maßstäben der Zugewinn in der Wahl-Zugewinngemeinschaft ermittelt wird. Sodann ist auf die Regelungen zur Zugewinnausgleichsforderung selbst einzugehen. Abschließend sind die Vorschriften zu Auskunftspflichten und vorzeitigem Zugewinn im Rahmen der Wahl-Zugewinngemeinschaft zu analysieren.

1. Gründe für die Beendigung der Wahl-Zugewinngemeinschaft

Nach Art. 7 WZGA endet der Güterstand der Wahl-Zugewinngemeinschaft durch Tod oder Todeserklärung eines Ehegatten (Nr. 1), durch Wechsel des Güterstandes (Nr. 2) oder mit Rechtskraft der Ehescheidung oder jeder anderen gerichtlichen Entscheidung, die den Güterstand beendet (Nr. 3). Fraglich ist, welche Art von gerichtlichen Entscheidungen, die den Güterstand beenden, von Art. 7 Nr. 3 WZGA erfasst werden. Dazu zählen jedenfalls Entscheidungen über den vorzeitigen Zugewinnausgleich im Rahmen der Wahl-Zugewinngemeinschaft (vgl. Art. 18 WZGA). In Frankreich fallen darunter zudem Entscheidungen über die Trennung ohne Auflösung des Ehebandes (*séparation de corps*) nach Art. 296 ff. CC sowie die Ungültigerklärung der Ehe (*annulation du mariage*) bei gutgläubigen Ehegatten (Art. 201 CC). In Deutschland wird die Aufhebung der Ehe durch gerichtliche Entscheidung infolge ihrer Nichtigkeit erfasst (§ 1313 S. 1 BGB).

2. Die Ermittlung des Zugewinns

Die Besonderheiten der Wahl-Zugewinngemeinschaft treten vor allem bei ihrer Beendigung zum Vorschein. Zu diesem Zeitpunkt kommt es zum Ausgleich des Zugewinns. Hier stellt sich die Frage, was unter dem Begriff »Zugewinn« im Rahmen des WZGA zu verstehen ist.

a) Begriff des Zugewinns

Zugewinn ist gem. Art. 2 S. 2 WZGA der Betrag, um den das Endvermögen eines Ehegatten sein Anfangsvermögen übersteigt. Die Höhe der Zugewinnausgleichsforderung ergibt sich bei Beendigung des Güterstandes aus dem Vergleich der erzielten Zugewinne der Ehegatten (Art. 2 S. 3 WZGA). Somit findet stets ein rechnerischer Zugewinnausgleich statt. Einen pauschalierten Zugewinnausgleich, wie ihn § 1371 Abs. 1 BGB vorsieht, kennt das WZGA nicht.[824]

---

824 Zu den Auswirkungen auf das Pflichtteilsrecht s.u. 2. Teil E. V. 3. a).

Zur Ermittlung des Zugewinns ist es zunächst erforderlich, das Anfangsvermögen eines jeden Ehegatten zu berechnen.

## b) Anfangsvermögen

Das Anfangsvermögen ist keine eigene Vermögensmasse, sondern eine der beiden Rechnungsgrößen zur Ermittlung des Zugewinns.

### aa) Zusammensetzung des Anfangsvermögens

Unter dem Anfangsvermögen ist das Vermögen eines jeden Ehegatten zu verstehen, das am Tag des Eintritts des Güterstandes in seinem Eigentum steht (Art. 8 Abs. 1 S. 1 WZGA). Es ist also auf die Eigentumsverhältnisse am Tag der Eheschließung bzw. auf den Zeitpunkt des Abschlusses des Ehevertrages abzustellen, sofern dieser nach der Eingehung der Ehe abgeschlossen wurde (Art. 3 Abs. 2 S. 1 WZGA). Indem auch Verbindlichkeiten im Anfangsvermögen berücksichtigt werden, die das Aktivvermögen übersteigen (Art. 8 Abs. 1 S. 2 WZGA), wird verdeutlicht, dass das Anfangsvermögen, wie im deutschen Recht[825], auch negativ sein kann. Das WZGA folgt somit dem in beiden Rechtsordnungen verankerten Grundsatz, dass die Begleichung von Schulden durch einen Ehegatten einen Vermögenszuwachs darstellt, der ausgleichspflichtig ist. Die Anerkennung eines negativen Anfangsvermögens ist interessengerecht, da die ehezeitliche Schuldentilgung regelmäßig auf einer gemeinsamen Leistung der Ehegatten beruht und daher als Zugewinn anzusehen ist.

Weiter gehören zum Anfangsvermögen eines Ehegatten die Vermögenswerte, die dieser später durch Erbschaft oder Schenkung erwirbt (Art. 8 Abs. 2 WZGA). Diese Regelung zum privilegierten Erwerb findet ihre Entsprechung sowohl im deutschen als auch im französischen Recht.[826] Dem Anfangsvermögen wird zudem das Vermögen zugerechnet, das ein Ehegatte als Schmerzensgeld (*les indemnités perçues en réparation d'un dommage corporel ou moral*)[827] erwirbt (Art. 8 Abs. 2 WZGA). Dies geht auf die französische Regelung zurück, nach der dem Anfangsvermögen auch solche Vermögenswerte zugehörig sind, die im gesetzlichen Güterstand kraft ihrer Eigenart zum Eigengut gehören (*propres par leur nature*), wie etwa Schmerzensgeld.[828] Die Hinzurechnung des Schmerzensgeldes zum Anfangsvermögen im Rahmen der Wahl-Zugewinn-

---

825 § 1374 Abs. 3 BGB.

826 § 1374 Abs. 2 BGB bzw. Art. 1570 al. 1 S. 1 CC.

827 Zurecht weisen *Erger/Kaesling*, NZFam 2014, 631, 635 auf den terminologischen Unterschied in der deutschen und französischen Sprachfassung des WZGA hin und begründen instruktiv, dass Art. 8 Abs. 2 WZGA dahingehend auszulegen sei, dass allein der Ersatz immaterieller Schäden dem Anfangsvermögen hinzuzurechnen sei, nicht jedoch Ersatzzahlungen wirtschaftlicher Art.

828 Art. 1570 al. 1 S. 1 i.Vm. Art. 1404 al. 1 CC.

gemeinschaft wird im Schrifttum überwiegend begrüßt.[829] Da der Zugewinn den von beiden Ehegatten während der Wirksamkeit des Güterstandes erwirtschafteten Vermögenszuwachs ausgleichen soll, ist es gerechtfertigt, Zuwächse, die unabhängig von der Mitwirkung oder Leistung der Ehegatten erworben wurden, nicht auszugleichen. Daher ist es angemessen, dass nicht nur Schenkungen und Erbschaften, sondern auch Schmerzensgeld zum Anfangsvermögen gerechnet wird. Zwar ist fraglich, ob der Privilegierungstatbestand des Art. 8 Abs. 2 WZGA analog auf andere Fälle angewendet werden kann, in denen der Erwerb nicht auf der Leistung des anderen Ehegatten beruht, wie etwa bei einem Lottogewinn.[830] Dies ist jedoch aus Gründen der Rechtssicherheit abzulehnen.[831] Vielmehr können die Ehegatten weitere Zurechnungstatbestände ehevertraglich vereinbaren (vgl. Art. 3 Abs. 3 WZGA).

Gewisse Vermögenswerte werden nicht dem Anfangsvermögen hinzugerechnet. Ausgenommen sind zunächst Früchte des Anfangsvermögens (Art. 8 Abs. 3 Nr. 1 WZGA). Dass Früchte des Anfangsvermögens, wie etwa Mieteinnahmen aus einer Immobilie, zugewinnausgleichspflichtig sind, entspricht auch der Rechtslage in Deutschland und Frankreich.[832] Ebensowenig hinzugerechnet werden die Gegenstände des Anfangsvermögens, die ein Ehegatte während des Güterstandes an Verwandte in gerader Linie geschenkt hat (Art. 8 Abs. 3 Nr. 2 WZGA). Dies bedeutet jedoch nicht, dass diese Zuwendungen ausgleichspflichtig sind. Vielmehr werden sie auch bei der Berechnung des Endvermögens außer Acht gelassen (vgl. Art. 10 Abs. 2 Nr. 1 lit. b WZGA), so dass sie sich vollständig zugewinnneutral verhalten.[833] Bei dieser Lösung handelt es sich um einen Kompromiss zwischen dem deutschen und französischen Recht: Während nach französischem Recht sämtliche Zuwendungen unter Lebenden unabhängig von der Person des Beschenkten vom Anfangsvermögen ausgenommen werden[834], sind nach deutschem Recht Zuwendungen unter Lebenden durchaus beim Anfangsvermögen zu berücksichtigen.[835] Die Herausnahme von unentgelt-

---

829 *Martiny*, ZEuP 2011, 577, 599; *Becker*, ERA Forum 2011, 103, 111; *Dethloff*, FamR, Rn. 197; *Rolland*, in: FS Brudermüller (2014), S. 571, 575 (»vertretbar«); *Krause*, FamRB 2014, 64, 65; *Derichs*, ErbR 2013, 306, 310; kritisch hingegen *Steer*, notar 2010, 119, 122, demzufolge eine allgemeine Regelung zu Erwerbstatbeständen, die keine Beziehung zur ehelichen Wirtschaftsgemeinschaft haben, sinnvoller gewesen wäre.

830 Offen gelassen bei *Steer*, notar 2010, 119, 122 sowie *Keller/Schrenck*, JA 2014, 87, 91.

831 Ebenso *Braun*, MittBayNot 2012, 89, 91.

832 § 1374 Abs. 2 Hs. 2 BGB bzw. Art. 1570 al. 1 S. 2 CC.

833 Hingegen sind etwaige Wertverbesserungen, die an einem solchen zugewendeten Vermögensgegenstand vorgenommen werden und nicht aus dem Anfangsvermögen stammen, im Endvermögen zu berücksichtigen (Art. 10 Abs. 2 Nr. 1 lit. b S. 2 WZGA), s.u. 2. Teil E. V. 2. c) aa).

834 Art. 1570 al. 1 S. 2 CC.

835 § 1374 Abs. 1 BGB.

lichen Zuwendungen aus dem Anfangsvermögen sowie die damit einhergehende Nichtberücksichtigung im Endvermögen ist sachgerecht, da es sich dabei regelmäßig um Zuwendungen an eheliche Abkömmlinge handeln wird, die im Interesse beider Ehegatten erfolgen, so dass kein Ausgleich gerechtfertigt ist.

Um Schwierigkeiten bei der nachträglichen Bezifferung des Anfangsvermögens zu vermeiden, können die Ehegatten bei Abschluss des Ehevertrages ein Vermögensverzeichnis über das Anfangsvermögen erstellen (Art. 8 Abs. 4 WZGA). Mangels Formvorschriften genügt dafür eine privatschriftliche Urkunde. Wird diese von beiden Ehegatten unterzeichnet, so gilt die Vermutung, dass das Verzeichnis richtig ist (Art. 8 Abs. 4 S. 2 WZGA). Durch Nachweis der Unrichtigkeit kann die Vermutung widerlegt werden. Wurde hingegen kein Verzeichnis erstellt, so gilt die Vermutung, dass kein Anfangsvermögen vorhanden ist (Art. 8 Abs. 5 WZGA).[836] Doch auch diese Vermutung kann durch entsprechenden Nachweis widerlegt werden. Vergleichbare Regelungen zum Vermögensverzeichnis sind auch im deutschen und französischen Recht zu finden.[837]

### bb) Bewertung des Anfangsvermögens

Die Bewertungsregeln zum Anfangsvermögen stellen einen Kompromiss zwischen den deutschen und französischen Bewertungsmaßstäben dar.[838]

Nach Art. 9 Abs. 1 Nr. 1 WZGA ist für die Bewertung der am Tag des Eintritts des Güterstandes vorhandenen Gegenstände jener Wert maßgeblich, den die Gegenstände zu diesem Zeitpunkt haben. Somit ist grundsätzlich auf den Wert der Gegenstände zu Beginn des Güterstandes abzustellen. Für die nach Eintritt des Güterstandes erworbenen Gegenstände, die nach Art. 8 Abs. 2 WZGA dem Anfangsvermögen zuzurechnen sind, wie etwa Erbschaften, ist der Wert zum Zeitpunkt des Erwerbs maßgebend (Art. 9 Abs. 1 Nr. 2 WZGA). Somit folgt das WZGA grundsätzlich dem deutschen Recht, demzufolge für die Bewertung des Anfangsvermögens der Eintritt des Güterstandes und für die Bewertung des dem Anfangsvermögen hinzuzurechnenden Vermögens der Erwerbszeitpunkt entscheidend ist.[839] Dieser Ansatz hat zur Folge, dass jener Ehegatte, dem der Gegenstand nicht gehört, an dessen Wertsteigerungen partizipiert, auch wenn diese ohne seine Mitwirkung eintreten, wie folgendes Beispiel zeigt:

---

836  Kritisch *Finger*, FuR 2010, 481, 485.
837  § 1377 Abs. 1 BGB bzw. Art. 1570 al. 2 und 3 CC.
838  *Simler*, JCP N., 21 mai 2010, n° 20, 9, 12.
839  § 1376 Abs. 1 BGB.

**Fall 10:**

M und F leben im Güterstand der Wahl-Zugewinngemeinschaft. M bringt ein Aktiendepot in die Ehe mit ein, F hingegen verfügt über kein Anfangsvermögen. Während der Ehe steigt der Wert des Aktiendepots aufgrund der positiven Entwicklung an der Börse.

| | |
|---|---|
| Wert des Aktiendepots bei Beginn des Güterstandes: | 150.000 € |
| Wert des Aktiendepots bei Beendigung des Güterstandes: | 200.000 € |
| Bewertung des Anfangsvermögen des M (Art. 9 Abs. 1 Nr. 1 WZGA): | 150.000 € |
| Zugewinn des M: | 50.000 € |
| Zugewinnausgleichsforderung der F: | 25.000 € |

Von dem Grundsatz der Bewertung zum Zeitpunkt des Beginns des Güterstandes wird eine bedeutsame Ausnahme für Grundstücke gemacht. So werden Grundstücke und grundstücksgleiche Rechte des Anfangsvermögens mit Ausnahme des Nießbrauchs und des Wohnrechts mit dem Wert angesetzt, den sie am Tag der Beendigung des Güterstandes (*date de la dissolution du régime*) haben (Art. 9 Abs. 2 S. 1 WZGA). Unter dem Begriff der grundstücksgleichen Rechte (*droit réels immobiliers*) sind alle wesentlichen dinglichen Rechte zu verstehen, die nicht auf Lebenszeit angelegt sind.[840] Hinsichtlich der Bewertung von Immobilien folgt das WZGA somit dem französischen Recht, wonach für den Wert der Gegenstände des Anfangsvermögens auf den Zeitpunkt der Beendigung des Güterstandes abzustellen ist.[841] Die Bewertung von Grundbesitz des Anfangsvermögens zum Zeitpunkt der Beendigung des Güterstandes hat zur Konsequenz, dass dieser sich zugewinnneutral verhält. Diese Regelung ist darauf zurückzuführen, dass Immobilien oftmals den wesentlichen Teil des Vermögens eines Ehegatten ausmachen und Wertschwankungen unterliegen, die nicht auf der Leistung oder Mitwirkung der Ehegatten beruhen.[842] So können sich Wertsteigerungen von Immobilien aus eheunabhängigen externen Faktoren ergeben, wie etwa einer verstärkten Nachfrage am Markt, einer geänderten Bauleitplanung oder einer verbesserten Infrastruktur. Diese Lösung des WZGA trägt dem Prinzip der Zugewinngemeinschaft Rechnung, dass die Ehegatten allein an gemeinsam erwirtschafteten Vermögenswerten teilhaben. Zudem entspricht es auch dem Gerechtigkeitsempfinden der Ehegatten, dass zufällige Wertschwankungen bei der Berechnung des Zugewinns unberücksichtigt blei-

---

840 Erläuternder Bericht (BT-Drs. 17/5126, S. 32); kritisch zum Begriff *Jäger*, DNotZ 2010, 804, 812 f.
841 Art. 1571 al. 1 S. 1 Hs. 2 CC.
842 Erläuternder Bericht (BT-Drs. 17/5126, S. 32).

ben. Aus diesem Grund ist es interessengerecht, den Wert von Immobilien aus dem Zugewinn herauszuhalten.[843] Zudem erleichtert die Regelung die Berechnung des Zugewinns, da Immobilienwerte unberücksichtigt bleiben. Der Ehegatte, zu dessen Anfangsvermögen eine Immobilie gehört, trägt somit allein das Risiko von Wertminderungen und -steigerungen, wie folgendes Beispiel verdeutlicht:

**Fall 11:**

M und F leben im Güterstand der Wahl-Zugewinngemeinschaft. M bringt ein Ackergrundstück in die Ehe mit ein, F hingegen verfügt über kein Anfangsvermögen. Obwohl das Grundstück an sich unverändert bleibt, gewinnt es während der Ehe an Wert, da es zu Bauland erklärt wird.

| | |
|---|---|
| Wert des Grundstücks bei Beginn des Güterstandes: | 150.000 € |
| Wert des Grundstücks bei Beendigung des Güterstandes: | 200.000 € |
| Bewertung des Anfangsvermögen des M (Art. 9 Abs. 2 S. 1 WZGA): | 200.000 € |
| Zugewinn des M: | 0 € |
| Zugewinnausgleichsforderung der F: | 0 € |

Kommt es während der Ehe zur Veräußerung oder Ersetzung eines Grundstücks oder grundstücksgleichen Rechts, so ist der Wert zum Zeitpunkt dieses Ereignisses zugrunde zu legen (Art. 9 Abs. 2 S. 2 WZGA). Somit findet, in Abweichung vom französischen Recht[844], keine Surrogation (*subrogation réelle*) statt.[845] Die Wertsteigerung des Grundstücks, das durch ein anderes ersetzt wird, nimmt somit nicht am Zugewinnausgleich teil.

Von dieser Ausnahme hinsichtlich der Bewertung des Grundbesitzes macht das WZGA allerdings eine weitere Ausnahme. So werden Änderungen des *Zustands* der Grundstücke, die während der Ehe vorgenommen wurden, bei der Bewertung des Anfangsvermögens nicht berücksichtigt (Art. 9 Abs. 2 S. 3

---

843 A.A. *Süß*, ZErb 2010, 281, 284, der die Bewertung von Grundstücken zum Zeitpunkt der Beendigung des Güterstandes als »anachronistisch und ungerecht« ansieht; ähnlich *Tisserand-Martin*, in: Bosse-Platière/Damas/Dereu, L'avenir européen du droit des successions internationales, S. 141, 151, die in der Differenzierung zwischen Grundstücken und sonstigen Vermögensgegenständen keine abstrakte Logik erkennt; ebenso *González Beilfuss*, AEDIPr 2010, 397, 408; *dies.*, in: Liber Amicorum Pintens (2012), S. 623, 627; *Rolland*, in: FS Brudermüller (2014), S. 571, 576.

844 Art. 1571 al. 1 S. 3 CC.

845 *Meier-Bourdeau/Mikalef-Toudic*, in: CSN/Univ.Dauphine, Journées notariales du patrimoine 2010, S. 1, 8; *Simler*, JCP N., 21 mai 2010, n° 20, 9, 12.

WZGA). Die Nichtberücksichtigung von während der Ehe vorgenommenen *Zustands*änderungen an Immobilien bringt mit sich, dass diese zugewinnausgleichspflichtig sind, wie folgendes Beispiel illustriert:

**Fall 12:**

M und F leben im Güterstand der Wahl-Zugewinngemeinschaft. M bringt ein bebaubares Grundstück in die Ehe mit ein, F hingegen verfügt über kein Anfangsvermögen. Während der Ehe wird auf dem Grundstück ein Haus errichtet.

| | |
|---|---|
| Wert des Grundstücks bei Beginn des Güterstandes: | 150.000 € |
| Wert des Grundstücks bei Beendigung des Güterstandes: | 200.000 € |
| Bewertung des Anfangsvermögen des M (Art. 9 Abs. 2 S. 1 und 3 WZGA): | 150.000 € |
| Zugewinn des M: | 50.000 € |
| Zugewinnausgleichsforderung der F: | 25.000 € |

Auch hier orientiert sich das WZGA an der französischen Regelung, nach der Gegenstände des Anfangsvermögens hinsichtlich ihres Zustands zum Zeitpunkt des Beginns des Güterstandes bewertet werden.[846] So beruhen Verwendungen auf ein Grundstück (z.b. Bebauung, Sanierung) regelmäßig auf der gemeinsamen Leistung der Ehegatten, so dass es gerechtfertigt ist, sie in den Zugewinn miteinzubeziehen. Zwar mag es interessengerecht sein, Zustandsänderungen an Immobilien während der Ehe im Zugewinn zu berücksichtigen. Allerdings kann es im Einzelfall schwierig sein, festzustellen, ob eine Wertveränderung gerade auf Zustandsänderungen während der Ehe oder aber auf externen Faktoren, wie etwa der Entwicklung auf dem Immobilienmarkt, zurückzuführen ist. In der französischen Rechtspraxis wird diesem Problem mit der Bestellung eines Sachverständigen begegnet, der eine Expertise über die Wertveränderung anfertigt. Die Einholung von Expertenrat verursacht den Ehegatten jedoch Kosten. Daher wird die Differenzierung zwischen Wert- und Zustandsänderungen zu Recht in der Literatur kritisiert.[847] Bei Vorhandensein von Grundeigentum ist es künftig unvermeidlich, ein Gutachten einzuholen, in dem die Gründe der Wertentwicklung analysiert werden.

Die Bewertung von Vermögensgegenständen zum Zeitpunkt des Beginns des Güterstandes führt dazu, dass es aufgrund von Geldentwertung zu scheinbaren

---

846 Art. 1571 al. 1 S. 1 Hs. 1 CC.
847 So etwa *Steer*, notar 2010, 119, 122; *Schaal*, ZNotP 2010, 162, 170 (»sehr streitanfällig«); *Meyer*, FamRZ 2010, 612, 616 (»Streitpotential wegen der Notwendigkeit genauer Berechnung und Differenzierung«); *Martiny*, ZEuP 2011, 577, 593; *Braun*, MittBayNot 2012, 89, 93; *Rolland*, in: FS Brudermüller (2014), S. 571, 576.

Zugewinnen kommen kann. Aus diesem Grund ist eine Inflationsbereinigung notwendig.[848] Werden die Vermögensgegenstände zu einem Zeitpunkt vor der Beendigung des Güterstandes bewertet, so ist ihr Wert von diesem Zeitpunkt an um den Betrag anzupassen, der sich aus den gemittelten Preisänderungsraten für allgemeine Verbraucherpreise der Vertragsstaaten ergibt (Art. 9 Abs. 3 WZGA). Somit wird sichergestellt, dass inflationsbedingte Wertänderungen nicht dem Zugewinnausgleich unterliegen, sondern rechnerisch kompensiert werden. Damit steht das WZGA eigentlich im Widerspruch zum französischen Recht, das gem. Art. L. 112-1-2 al. 1 *Code monétaire et financier* grundsätzlich jede automatische Indexierung von Vermögenswerten verbietet. Allerdings hat das WZGA als völkerrechtliches Abkommen gem. Art. 55 der französischen Verfassung[849] Vorrang gegenüber innerstaatlichen Gesetzen. Somit ist bei der Indexierung ein Mittelwert des deutschen und des französischen Verbraucherpreisindexes zugrunde zu legen. Von Teilen des Schrifttums wird das Indexierungsmodell begrüßt.[850] Vereinzelt wird jedoch kritisiert, die Festlegung auf einen Mittelwert der Vertragsstaaten sei, insbesondere beim Beitritt weiterer Staaten zu dem Abkommen (vgl. Art. 21 WZGA), in Einzelfällen nicht sachgerecht.[851] Zu kritisieren ist, dass es bislang keine Regelung gibt, wie der Index gemittelt und durch welche Institution er festgelegt und veröffentlicht wird.[852] Es ist vorstellbar, dass der Index durch eine Absprache des Statistischen Bundesamtes und des *Institut national de la statistique et des études économiques (INSEE)* zustande kommt.

Die Bestimmung des Anfangsvermögens ist nur der erste Schritt bei der Berechnung des Zugewinnausgleichs im Rahmen der Wahl-Zugewinngemeinschaft. In einem weiteren Schritt ist das Endvermögen eines jeden Ehegatten zu ermitteln.

c) Endvermögen

Dem Anfangsvermögen eines jeden Ehegatten ist sein Endvermögen gegenüber zu stellen. Hierbei handelt es sich ebenfalls um eine Rechengröße, die sich aus

---

848 Gegen eine Indexierung, sondern eine Bewertung der Vermögensgegenstände zum Zeitpunkt der Beendigung des Güterstandes im Sinne des *principe du valorisme* befürwortend, *Tisserand-Martin*, in: Bosse-Platière/Damas/Dereu, L'avenir européen du droit des successions internationales, S. 141, 154 f.

849 Constitution du 4 octobre 1958.

850 So etwa *Martiny*, ZEuP 2011, 577, 599 (»innovativ«).

851 So *Krause*, ZFE 2010, 247, 249; *Finger*, FuR 2010, 481, 486; für eine ehevertragliche Abänderung des Art. 9 Abs. 3 WZGA zugunsten der Preisänderungsrate eines einzigen Vertragsstaates *Heinemann*, FamRB 2012, 129, 133.

852 Kritisch auch *Jäger*, DNotZ 2010, 804, 813; BeckOGK/*Jäger,* WahlZugAbk-F, Art. 9 Rn. 44.

bestimmten Vermögensgegenständen zusammensetzt und nach festgelegten Maßstäben bewertet wird.

### aa) Zusammensetzung des Endvermögens

Unter dem Endvermögen ist das Vermögen jedes Ehegatten am Tag der Beendigung des Güterstandes zu verstehen (Art. 10 Abs. 1 S. 1 WZGA). Hierbei sind auch die bestehenden Verbindlichkeiten eines Ehegatten zu berücksichtigen, auch wenn sie das Aktivvermögen übersteigen (Art. 10 Abs. 1 S. 2 WZGA). Das Endvermögen kann somit, wie im deutschen Recht,[853] negativ sein. Die Anerkennung eines Minussaldo im Endvermögen entspricht dem Teilhabegedanken der Zugewinngemeinschaft.

Um zu vermeiden, dass ein Ehegatte durch Vermögensverfügungen seinen Zugewinn reduziert und so seinen Partner benachteiligt, werden bestimmte, nicht mehr vorhandene Vermögenswerte dem Endvermögen hinzugerechnet. Nach Art. 10 Abs. 2 WZGA ist dem Endvermögen der Wert der Gegenstände hinzuzurechnen, die ein Ehegatte verschenkt (Nr. 1), in Benachteiligungsabsicht veräußert (Nr. 2) oder verschwendet hat (Nr. 3). Allerdings sind Schenkungen, die nach der Lebensführung der Ehegatten angemessen[854] sind (Art. 10 Abs. 2 Nr. 1 lit. a WZGA), sowie Schenkungen aus dem Anfangsvermögen an Verwandte in gerader Linie (Art. 10 Abs. 2 Nr. 1 lit. b S. 1 WZGA) bei der Zusammensetzung des Endvermögens nicht zu berücksichtigen. Da Schenkungen aus dem Anfangsvermögen an Verwandte in gerader Linie auch im Anfangsvermögen außer Betracht bleiben (vgl. Art. 8 Abs. 3 Nr. 2 WZGA), sind sie zugewinnneutral. Die Hinzurechnung von Gegenständen zum Endvermögen, die ohne Zustimmung des anderen Ehegatten verschenkt oder mit dem Ziel veräußert wurden, die Rechte des anderen Ehegatten zu beeinträchtigen, findet sich sowohl im deutschen als auch im französischen Recht.[855] Hingegen ist die Berücksichtigung von Vermögensgegenständen, die ein Ehegatte verschwendet hat, allein dem deutschen Recht entlehnt.[856]

Der Wertzuwachs durch Verbesserungen an einem aus dem Anfangsvermögen stammenden Gegenstand, der an Verwandte in gerader Linie verschenkt

---

853 § 1375 Abs. 1 S. 2 BGB; hingegen kennt das französische Recht kein negatives Endvermögen.

854 Angemessenheit ist anzunehmen, wenn die Schenkung nicht erheblich den geldlichen Rahmen übersteigt, den die Ehegatten zum täglichen Leben haben, Erläuternder Bericht (BT-Drs. 17/5126, S. 34); kritisch zum Begriff der Angemessenheit *Letellier*, GdP, rec. juillet-août 2010, 2063, 2065; *ders.*, in: Baldus/Müller-Graff, Europäisches Privatrecht in Vielfalt geeint, S. 141, 149; *Naudin*, in: Putman/Agresti/Siffrein-Blanc, Le droit patrimonial, S. 57, 65; *Derichs*, ErbR 2013, 306, 311.

855 § 1375 Abs. 2 S. 1 Nr. 1 und Nr. 3 BGB bzw. Art. 1573 S. 1 CC.

856 § 1375 Abs. 2 S. 1 Nr. 2 BGB.

wurde, ist dem Endvermögen zuzurechnen, wenn dieser Wertzuwachs während der Dauer des Güterstandes durch vom Anfangsvermögen unabhängige Mittel erzielt wurde (Art. 10 Abs. 2 Nr. 1 lit. b S. 2 WZGA). Dies entspricht dem französischen Recht.[857] Zwar ist es nachvollziehbar, den Gegenwert einer solchen Wertverbesserung im Zugewinn anzurechnen, sofern die Verbesserung mit Mitteln bewirkt wird, die während des Güterstandes erwirtschaftet wurden. Dies macht es allerdings erforderlich, die Wertentwicklung des Gegenstandes während des Güterstandes zu beobachten sowie zu ermitteln, inwiefern der Gegenstand durch die Mitwirkung des einen oder anderen Ehegatten verbessert wurde. Die Berechnung des Zugewinns kann sich somit als schwierig erweisen.[858]

Abweichend von Art. 10 Abs. 2 Nr. 1 bis 3 WZGA findet keine Hinzurechnung zum Endvermögen statt, wenn die Schenkung, Veräußerung in Benachteiligungsabsicht oder Verschwendung mehr als zehn Jahre vor der Beendigung des Güterstandes erfolgt ist oder der andere Ehegatte damit einverstanden gewesen ist (Art. 10 Abs. 2 S. 2 WZGA). Dieser Ausschluss der Hinzurechnung geht auf das deutsche Recht zurück, wonach ebenfalls eine Hinzurechnung unterbleibt, wenn die Vermögensminderung mindestens zehn Jahre vor Beendigung des Güterstandes erfolgt ist.[859] Im Schrifttum wird der Ausschluss der Hinzurechnung teilweise befürwortet.[860] Eine solche Ausschlussfrist erleichtert die Berechnung des Zugewinnausgleichs und dient der Rechtssicherheit. Denn nach Ablauf von zehn Jahren kann davon ausgegangen werden, dass die vermögensmindernde Handlung nicht vorgenommen wurde, um den anderen Ehegatten zu benachteiligen. Vielmehr kann angenommen werden, dass der andere Ehegatte mit ihr einverstanden gewesen ist.[861]

bb) Bewertung des Endvermögens

Bei der Bewertung des Endvermögens wird sowohl hinsichtlich des Aktivvermögens als auch der Verbindlichkeiten jener Wert zugrunde gelegt, den das Vermögen bei Beendigung des Güterstandes hatte (Art. 11 Abs. 1 WZGA). Wird die Ehe geschieden oder der Güterstand durch eine andere gerichtliche Entscheidung aufgelöst, so bestimmen sich die Zusammensetzung sowie der Wert des Vermögens des Ehegatten zum Zeitpunkt der Einreichung des Antrags bei Gericht (*à la date de l'introduction de la demande en justice*) (Art. 13 WZGA).

---

857 Art. 1574 al. 3 CC.
858 *Jäger*, DNotZ 2010, 804, 815; *Martiny*, ZEuP 2011, 577, 594; *Derichs*, ErbR 2013, 306, 311.
859 § 1375 Abs. 3 Alt. 1 BGB.
860 So etwa *Simler*, JCP N., 21 mai 2010, n° 20, 9, 12; *ders.*, JCP N., 24 janv. 2014, n° 4, 25, 32; kritisch hingegen *Letellier*, GdP, rec. juillet-août 2010, 2063, 2065; *ders.* in: Baldus/Müller-Graff, Europäisches Privatrecht in Vielfalt geeint, S. 141, 149.
861 Erläuternder Bericht (BT-Drs. 17/5126, S. 35).

Der Stichtag ist somit der Zeitpunkt der Anhängigkeit des Verfahrens. Dies unterscheidet sich nur geringfügig vom deutschen Recht, wonach im Falle der Scheidung bzw. im Falle des vorzeitigen Zugewinnausgleichs der Zeitpunkt der Rechtshängigkeit des entsprechenden Antrags maßgeblich ist.[862] Die Änderungen des Vermögenswerts zwischen dem Zeitpunkt der Einreichung des Antrags bei Gericht und der Beendigung des Güterstandes werden somit im WZGA, anders als nach französischem Recht[863], nicht berücksichtigt.

Der Wert der dem Endvermögen nach Art. 10 Abs. 2 WZGA hinzuzurechnenden Vermögensgegenstände wird zum Zeitpunkt der Schenkung, Veräußerung in Benachteiligungsabsicht oder Verschwendung ermittelt (Art. 11 Abs. 2 S. 1 WZGA). Die Wertverbesserung nach Art. 10 Abs. 2 Nr. 1 lit. b WZGA wird zum Zeitpunkt der Schenkung des Gegenstandes bewertet (Art. 11 Abs. 2 S. 2 WZGA).

Schließlich sind die nach Art. 11 Abs. 2 WZGA ermittelten Werte ab dem Berechnungszeitpunkt um die inflationsbedingte Wertänderung zu bereinigen (Art. 11 Abs. 3 WZGA).

3. Die Zugewinnausgleichsforderung

Nach der Berechnung des Zugewinns eines jeden Ehegatten, ist festzustellen, ob und falls ja, in welcher Höhe ein Anspruch auf Zugewinnausgleich des einen Ehegatten gegen den anderen im Rahmen der Wahl-Zugewinngemeinschaft besteht.

a) Der Anspruch auf Zugewinnausgleich

Übersteigt der Zugewinn des einen Ehegatten den Zugewinn des anderen, so hat Letzterer einen Anspruch auf Zugewinnausgleich in Höhe der Hälfte des Überschusses (Art. 12 Abs. 1 WZGA). Es findet somit stets ein rein rechnerischer Ausgleich statt.

Bei der Zugewinnausgleichsforderung handelt es sich grundsätzlich, wie im deutschen und französischen Recht[864], um einen Geldanspruch (Art. 12 Abs. 2 S. 1 WZGA). Allerdings kann das Gericht auf Antrag eines Ehegatten anordnen, dass Gegenstände des Schuldners dem Gläubiger zum Zweck des Ausgleichs übertragen werden, wenn dies der Billigkeit (*principe de l'équité*[865]) entspricht (Art. 12 Abs. 2 S. 2 WZGA). Zur Abgeltung *in natura* kommt es also nur auf

---

862 § 1384 BGB bzw. § 1387 BGB.

863 Art. 1574 al. 1 S. 1 CC.

864 Dass der Zugewinnausgleichsanspruch nach deutschem Recht ein Zahlungsanspruch ist, ergibt sich aus den Voraussetzungen der §§ 1372 ff. BGB; in Frankreich bestimmt dies ausdrücklich Art. 1576 al. 1 S. 1 CC.

865 Kritisch zum Begriff *Letellier*, GdP, rec. juillet-août 2010, 2063, 2064; *ders.*, in: Baldus/Müller-Graff, Europäisches Privatrecht in Vielfalt geeint, S. 141, 148.

Antrag des einen oder des anderen Ehegatten, sofern das Gericht dies unter Abwägung der gegenseitigen Interessen entschieden hat. Somit enthält das WZGA eine Kombination des deutschen Rechts, wonach die Übertragung eines konkreten Gegenstands durch richterliche Anordnung auf Antrag des Gläubigers möglich ist,[866] sowie des französischen Rechts, das eine solche richterliche Anordnung allein auf Antrag des Schuldners gestattet.[867]

Nach Beendigung des Güterstandes ist die Zugewinnausgleichsforderung, wie im deutschen und französischen Recht[868], vererblich und übertragbar (Art. 12 Abs. 3 WZGA).

## aa) Verzicht auf einen pauschalierten Zugewinnausgleich

Nach Art. 12 Abs. 1 WZGA findet stets ein rechnerischer Ausgleich des Zugewinns statt. Einen pauschalierten Zugewinnausgleich im Fall der Beendigung des Güterstandes durch den Tod eines Ehegatten, wie ihn § 1371 Abs. 1 BGB vorsieht, sucht man im WZGA vergebens. Nach § 1371 Abs. 1 BGB wird der gesetzliche Erbteil des überlebenden Ehegatten (§ 1931 Abs. 1 BGB), unabhängig vom tatsächlich erzielten Zugewinn, um ein Viertel erhöht. Auf die Schaffung einer vergleichbaren Vorschrift hat man im Rahmen des WZGA bewusst verzichtet. Dies wurde damit begründet, dass die Anwendung von § 1371 Abs. 1 BGB dem Zweck widerspreche, einen einheitlichen Güterstand zu schaffen. Ansonsten stünde dem überlebenden Ehegatten, für den deutsches Recht gilt, materiellrechtlich ein anderer Zugewinnausgleich zu als dem überlebenden Ehegatten, für den französisches Recht gilt.[869] Im Schrifttum wird der Verzicht auf einen pauschalierten Zugewinnausgleich im Rahmen des WZGA vereinzelt begrüßt.[870] Zwar habe der pauschalierte Zugewinnausgleich den Vorteil, dass er einfach zu ermitteln sei. Allerdings werde in der Literatur kritisiert, dass er ein Gerechtigkeitsdefizit mit sich bringe.[871] Der Verzicht auf den pauschalierten Zugewinnausgleich hat vor allem den Vorteil, dass sich künftig die Frage nach der internationalprivatrechtlichen Qualifikation eines solchen Rechtsinstituts, das anderen Rechtsordnungen fremd ist, erübrigt. Daher ist die Vornahme eines stets rechnerischen Ausgleichs, auch im Falle des Todes eines Ehegatten, zu befürworten.

---

866 § 1383 Abs. 1 Hs. 1 BGB

867 Art. 1576 al. 2 CC.

868 § 1378 Abs. 3 S. 1 BGB bzw. Art. 1569 al. 2 CC.

869 BT-Drs. 17/5126, S. 9.

870 So etwa *Dethloff*, in: FS v. Hoffmann (2011), S. 73, 83; *dies.*, RabelsZ 76 (2012), 509, 528 f.; *dies.*, FamR, § 5 Rn. 201; NK-BGB/*Junggeburth*, § 1519 Rn. 18; a.A. *Schaal*, ZNotP 2010, 162 172 (»entscheidender Nachteil«).

871 *Dethloff*, in: FS v. Hoffmann (2011), S. 73, 83 mit Verweis auf *Gernhuber/Coester-Waltjen*, FamR, § 37 I Rn. 3; *dies.*, RabelsZ 76 (2012), 509, 528 f.

Wird die Wahl-Zugewinngemeinschaft durch Tod oder Todeserklärung eines Ehegatten beendet (Art. 7 Nr. 1 WZGA), kommt es zur konkreten Berechnung der Zugewinnausgleichsforderung nach Art. 12 Abs. 1 WZGA. Ist deutsches Erbrecht anwendbar, so bestimmt sich das gesetzliche Erbrecht des überlebenden Ehegatten ausschließlich nach § 1931 Abs. 1 und 2 BGB. Der überlebende Ehegatte erhält demnach neben Abkömmlingen ein Viertel bzw. neben den Eltern des verstorbenen Ehegatten die Hälfte des Nachlasses. Da der Zugewinnausgleichsanspruch gem. Art. 12 Abs. 3 WZGA vererblich ist, erhält der überlebende Ehegatte neben seiner gesetzlichen Erbquote auch die Zugewinnausgleichsforderung. Der Verzicht auf den pauschalierten Zugewinn im Rahmen des WZGA kann somit Auswirkungen auf das Pflichtteilsrecht mit sich bringen.

bb) Auswirkungen auf das Pflichtteilsrecht

Im Schrifttum wird hervorgehoben, dass die Wahl-Zugewinngemeinschaft aufgrund ihres stets rechnerischen Ausgleichs, als erbrechtliches Gestaltungsmittel genutzt werden könne, um Pflichtteilsansprüche zu reduzieren.[872] Dies soll anhand einiger Beispielsrechnungen[873] untersucht werden.

**Fall 13:**

Die Ehegatten M und F unterliegen dem deutschen Güter- und Erbrecht. Beide verfügen über kein Anfangsvermögen. Zum Zeitpunkt seines Todes hat M ein Endvermögen von 120.000 €. Das Endvermögen der F beträgt 20.000 €. Gemeinsame Kinder sind nicht vorhanden. Jedoch hat M einen nichtehelichen Sohn (S), der möglichst wenig erhalten soll. In seinem Testament hat M die F zur Alleinerbin bestimmt und S enterbt. Dies bedeutet:

| | |
|---|---|
| Zugewinn des M: | 120.000 € |
| Zugewinn der F: | 20.000 € |
| Zugewinnausgleichsanspruch der F: | 50.000 € |

---

872  *Süß*, ZErb 2010, 281, 285; *Jäger*, DNotZ 2010, 804, 824; BeckOGK/*Jäger*, BGB, § 1519 Rn. 72 ff.; *Martiny*, ZEuP 2011, 577, 591; *Stürner*, JZ 2011, 545, 550; *Dutta*, FamRZ 2011, 1829, 1838; *Braun*, MittBayNot 2012, 89, 93; *Heinemann*, FamRB 2012, 129, 131; *Gottwald*, in: Liber Amicorum Pintens (2012), S. 651, 660; *Jünemann*, ZEV 2013, 353, 359; *Keller/Schrenck*, JA 2014, 87, 93; MüKo-BGB/*Koch*, § 1519 Rn. 4; Erman/*Heinemann*, § 1519 BGB Rn. 3; *Derichs*, ErbR 2013, 306, 308.

873  In Anlehnung an die Rechenbeispiele von *Süß*, ZErb 2010, 281, 285 f.; *Jäger*, DNotZ 2010, 804, 824 f. sowie *Jünemann*, ZEV 2013, 353, 359 ff.

**Fallvariante 13a: Geltung der Zugewinngemeinschaft (erbrechtliche Lösung)**

Bei Geltung der Zugewinngemeinschaft wird die gesetzliche Erbquote der F gem. § 1371 Abs. 1 BGB um ein weiteres 1/4 erhöht, unabhängig vom tatsächlich erzielten Zugewinn, so dass ihre gesetzliche Erbquote 1/2 beträgt. Daraus ergibt sich:

| | |
|---|---|
| Erbschaft (testamentarisch): | 120.000 € |
| Gesetzliche Erbquote der F: (§§ 1931 Abs. 1, Abs. 3, 1371 Abs. 1 BGB) | 1/2 |
| Gesetzliche Erbquote des S: (§ 1931 Abs. 1 BGB) | 1/2 |
| Pflichtteilsquote des S: (§ 2303 BGB) | 1/4 |
| Pflichtteilsanspruch des S: | 30.000 € |
| **Somit ergibt sich für F:** Erbschaft (testamentarisch): – Pflichtteilsanspruch des S: **= Ergebnis :** | 120.000 € – 30.000 € **= 90.000 €** |

**Fallvariante 13b: Geltung der Zugewinngemeinschaft (güterrechtliche Lösung)**

Sofern F von ihrem Wahlrecht gem. § 1371 Abs. 3 BGB Gebrauch macht und die Erbschaft ausschlägt (§ 1953 BGB), kann sie den Pflichtteil (1/8) aus dem um die Zugewinnausgleichsforderung reduzierten Nachlass verlangen. Dies bedeutet:

| | |
|---|---|
| Erbschaft (testamentarisch): | 120.000 € |
| – Zugewinnausgleichsanspruch der F: | – 50.000 € |
| = Differenz (Nettonachlass): | = 70.000 € |
| Gesetzliche Erbquote der F: (§ 1931 Abs. 1 BGB) | 1/4 |
| Pflichtteilsquote der F: (§ 2303 BGB) | 1/8 |
| Pflichtteilsanspruch der F: | 8.750 € |
| **Somit ergibt sich für F:** Zugewinnausgleichsanspruch: + Pflichtteilsanspruch: **= Ergebnis:** | 50.000 € + 8.750 € **= 58.750 €** |

**Fallvariante 13c: Geltung der Wahl-Zugewinngemeinschaft**

Im Rahmen der Wahl-Zugewinngemeinschaft muss F nicht die Erbschaft ausschlagen, um den Zugewinnausgleich geltend zu machen. Aufgrund der fehlenden Erhöhung der Ehegattenerbquote ist die Pflichtteilsquote des S (3/8) höher als bei der erbrechtlichen Lösung im Rahmen Zugewinngemeinschaft (dort 1/4). Allerdings wird der Pflichtteilsanspruch des S aus dem um die Zugewinnausgleichsverbindlichkeit reduzierten Nettonachlass berechnet. Denn nach § 2311 BGB sind von dem Wert, auf den die Pflichtteilsquote anzuwenden ist, vorrangige Verbindlichkeiten abzuziehen. Dazu zählt auch die Zugewinnausgleichsforderung der Wahl-Zugewinngemeinschaft. Daraus folgt:

| | |
|---|---|
| Erbschaft (testamentarisch): | 120.000 € |
| – Zugewinnausgleichsanspruch der F: | – 50.000 € |
| = Differenz (Nettonachlass): | = 70.000 € |
| Gesetzliche Erbquote des S: (§ 1931 Abs. 1 BGB) | 3/4 |
| Pflichtteilsquote des S: (§ 2303 BGB) | 3/8 |
| Pflichtteilsanspruch des S: | 26.250 € |
| **Somit ergibt sich für F:** Erbschaft (testamentarisch) netto: | 70.000 € |
| + Zugewinnausgleichsanspruch: | + 50.000 € |
| – Pflichtteilsanspruch des S: | – 26.250 € |
| **= Ergebnis für F:** | **= 93.750 €** |

Somit steht F in der Wahl-Zugewinngemeinschaft im Vergleich zur erbrechtlichen Lösung der Zugewinngemeinschaft um 3.750 € und im Vergleich zur güterrechtlichen Lösung der Zugewinngemeinschaft sogar um 35.000 € besser dar.

Die Nutzenschwelle (sog. *break even point*) der Wahl-Zugewinngemeinschaft hinsichtlich der Pflichtteilsreduzierung wird überschritten, wenn der aus reinem Zugewinn bestehende Nachlass des verstorbenen Ehegatten dreimal so groß ist wie der Zugewinn des überlebenden Ehegatten.[874] In diesem Fall kommt es zu identischen Ergebnissen zwischen der erbrechtlichen Lösung der Zugewinngemeinschaft und der WZG, wie folgendes Beispiel verdeutlicht:

---

874   *Jünemann*, ZEV 2013, 353, 359 mit Rechenbeispiel.

**Fall 14:**

Wie Fall 13. Allerdings beträgt der aus reinem Zugewinn bestehende Nachlass des M 120.000 € und der Zugewinn der F 40.000 €.

| | |
|---|---|
| Zugewinn des M: | 120.000 € |
| Zugewinn der F: | 40.000 € |
| Zugewinnausgleichsanspruch der F: | 40.000 € |

**Fallvariante 14a: Geltung der Zugewinngemeinschaft (erbrechtliche Lösung)**

| | |
|---|---|
| Erbschaft (testamentarisch): | **120.000 €** |
| Gesetzliche Erbquote der F: <br> (§§ 1931 Abs. 1, Abs. 3, 1371 Abs. 1 BGB) | **1/2** |
| Gesetzliche Erbquote des S: <br> (§ 1931 Abs. 1 BGB) | **1/2** |
| Pflichtteilsquote des S: (§ 2303 BGB) | **1/4** |
| Pflichtteilsanspruch des S: | **30.000 €** |
| **Somit ergibt sich für F:** <br> Erbschaft (testamentarisch): <br> – Pflichtteilsanspruch des S: <br> **= Ergebnis :** | **120.000 €** <br> **– 30.000 €** <br> **= 90.000 €** |

**Fallvariante 14b: Geltung der Wahl-Zugewinngemeinschaft**

| | |
|---|---|
| Erbschaft (testamentarisch): | 120.000 € |
| – Zugewinnausgleichsanspruch der F: | – 40.000 € |
| = Differenz (Nettonachlass): | = 80.000 € |
| Gesetzliche Erbquote des S: <br> (§ 1931 Abs. 1 BGB) | 3/4 |
| Pflichtteilsquote des S: (§ 2303 BGB) | 3/8 |
| Pflichtteilsanspruch des S: | 30.000 € |
| **Somit ergibt sich für F:** <br> Erbschaft (testamentarisch) netto: <br> + Zugewinnausgleichsanspruch: <br> – Pflichtteilsanspruch des S: <br> **= Ergebnis für F:** | 80.000 € <br> + 40.000 € <br> – 30.000 € <br> **= 90.000 €** |

Wird die Nutzenschwelle nicht erreicht, so kommt es bei Vereinbarung der Wahl-Zugewinngemeinschaft im Vergleich zur Zugewinngemeinschaft zu einer Erhöhung der Pflichtteilsansprüche der Kinder.[875] Dies führt dazu, dass der überlebende Ehegatte in der Wahl-Zugewinngemeinschaft schlechter steht als in der Zugwinngemeinschaft, wie folgendes Beispiel zeigt:

**Fall 15:**

Wie Fall 13. Allerdings erzielen sowohl M als auch F einen Zugewinn von jeweils 120.000 €.

| | |
|---|---|
| Zugewinn des M: | 120.000 € |
| Zugewinn der F: | 120.000 € |
| Zugewinnausgleichsanspruch der F: | 0 € |

**Fallvariante 15a: Geltung der Zugewinngemeinschaft (erbrechtliche Lösung)**

| | |
|---|---|
| Erbschaft (testamentarisch): | 120.000 € |
| Gesetzliche Erbquote der F: <br> (§§ 1931 Abs. 1, Abs. 3, 1371 Abs. 1 BGB) | 1/2 |
| Gesetzliche Erbquote des S: <br> (§ 1931 Abs. 1 BGB) | 1/2 |
| Pflichtteilsquote des S: <br> (§ 2303 BGB) | 1/4 |
| Pflichtteilsanspruch des S: | 30.000 € |
| **Somit ergibt sich für F:** <br> Erbschaft (testamentarisch): <br> – Pflichtteilsanspruch des S: <br> **= Ergebnis :** | 120.000 € <br> − 30.000 € <br> **= 90.000 €** |

---

875 *Braun*, MittBayNot 2012, 89, 93; *Jünemann*, ZEV 2013, 353, 357.

**Fallvariante 15b: Geltung der Wahl-Zugewinngemeinschaft**

| | |
|---|---|
| Erbschaft (testamentarisch): | 120.000 € |
| – Zugewinnausgleichsanspruch der F: | – 0 € |
| = Differenz (Nettonachlass): | = 120.000 € |
| Gesetzliche Erbquote des S:<br>(§ 1931 Abs. 1 BGB) | 3/4 |
| Pflichtteilsquote des S:<br>(§ 2303 BGB) | 3/8 |
| Pflichtteilsanspruch des S: | 45.000 € |
| **Somit ergibt sich für F:**<br>Erbschaft (testamentarisch) netto:<br>+ Zugewinnausgleichsanspruch:<br>– Pflichtteilsanspruch des S:<br>**= Ergebnis für F:** | 120.000 €<br>+ 0 €<br>– 45.000 €<br>**= 75.000 €** |

Die vorstehenden Rechenbeispiele haben gezeigt, dass die Wahl-Zugewinngemeinschaft durchaus als erbrechtliches Instrument zur Reduzierung von Pflichtteilsansprüchen genutzt werden kann. Die Wahl-Zugewinngemeinschaft ist daher als Güterstand attraktiv, wenn die Ehegatten die Pflichtteilsansprüche von enterbten Abkömmlingen möglichst gering halten wollen. Allerdings setzt dies voraus, dass der überlebende Ehegatte einen geringeren Zugewinn ausweist als der verstorbene Ehegatte. Rechtspolitische Bedenken gegen die Wahl-Zugewinngemeinschaft als erbrechtliches Gestaltungsmittel ergeben sich nicht, da mit der Reduzierung von Pflichtteilsansprüchen jedenfalls keine unangemessene Benachteiligung der enterbten Abkömmlinge einhergeht.

b)  Kappungsgrenze

Die Zugewinnausgleichsforderung wird gem. Art. 14 S. 1 WZGA auf den halben Wert des Vermögens des Ausgleichpflichtigen begrenzt, das nach Abzug der Verbindlichkeiten zum maßgeblichen Berechnungsstichtag vorhanden ist. Somit darf der zugewinnausgleichspflichtige Ehegatte mindestens die Hälfte seines Vermögens behalten. Allerdings erhöht sich die Begrenzung der Zugewinnausgleichsforderung um die Hälfte des dem Endvermögen hinzuzurechnenden Betrags für den Fall, dass der Ehegatte sein Vermögen i.S.d Art. 10 Abs. 2 WZGA illoyal vermindert hat (Art. 14 S. 2 WZGA). Zu einer Erhöhung der Begrenzung kommt es jedoch nicht im Falle von Schenkungen an Verwandte in gerader Linie, da hier grundsätzlich nicht angenommen werden kann, dass der Ehegatte sein Vermögen illoyal vermindern wollte.

Die Begrenzung der Zugewinnausgleichsforderung auf den *halben* Wert des zum maßgeblichen Berechnungszeitpunkt vorhandenen Vermögens erscheint sowohl aus deutscher als auch französischer Perspektive zunächst befremdlich. So kennt das deutsche Recht lediglich die Begrenzung auf den *vollen* Wert des bei Beendigung des Güterstandes vorhandenen Vermögens[876], wohingegen das französische Recht gar keine Kappungsgrenze vorsieht.[877] Allerdings ist die Regelung des Art. 14 S. 1 WZGA darauf zurückzuführen, dass die Beratungen zum WZGA zu einem Zeitpunkt stattfanden, als in Deutschland eine Reform der deutschen Zugewinngemeinschaft diskutiert wurde. So sah der ursprünglicher Regierungsentwurf des Gesetzes zur Änderung des Zugewinnausgleichs- und Vormundschaftsrechts vor, die Regelung des § 1378 Abs. 2 S. 1 BGB dahingehend zu ändern, dass die Höhe der Ausgleichsforderung durch den *hälftigen* Wert des Vermögens des ausgleichspflichtigen Ehegatten begrenzt wird.[878] In den Beratungen zum WZGA ging man davon aus, dass sich dieser Entwurf letztlich durchsetzen würde. Aus diesem Grund entspricht Art. 14 S. 1 WZGA dem ursprünglichen Regierungsentwurf zu § 1378 Abs. 2 S. 1 BGB. Im Gesetzgebungsverfahren wurde jedoch auf eine Änderung des § 1378 Abs. 2 S. 1 BGB verzichtet.[879] Somit blieb es im deutschen Recht bei der Begrenzung auf den vollen Wert des bei Beendigung des Güterstandes vorhandenen Vermögens. Dies konnte im Rahmen der Verhandlungen zum WZGA nicht mehr berücksichtigt werden.[880] Somit enthält das WZGA nunmehr eine Begrenzung auf den halben Wert des Vermögens des ausgleichpflichtigen Ehegatten. Diese hälftige Begrenzung wird im Schrifttum teilweise begrüßt.[881] Allerdings gibt es auch kritische Stimmen, die zu bedenken geben, dass die ehezeitliche Schuldentilgung wirtschaftlich einen Zugewinn darstelle, so dass es gerechtfertigt sei, mehr als die Hälfte des noch vorhandenen Vermögens zur Sicherstellung des Ausgleichs herzugeben.[882] Zwar vermeidet die hälftige Begrenzung, dass der ausgleichspflichtige Ehegatte mit negativem Anfangsvermögen sein gesamtes Vermögen hingeben muss, um die Ausgleichsforderung zu begleichen. Allerdings wird der Ausgleichspflichtige durch eine Begrenzung auf das volle Ver-

---

876 § 1378 Abs. 2 S. 1 BGB.

877 Insofern überrascht die Aussage, die Begrenzung auf den halben Wert des Vermögens sei gerade für die französische Seite von Bedeutung gewesen, vgl. *Meyer*, FamRZ 2010, 612, 614.

878 Entwurf eines Gesetzes zur Änderung des Zugewinnausgleichs- und Vormundschaftsrechts, Art. 1 Nr. 7 (BT-Drs. 16/10798, S. 5).

879 Beschlussempfehlung und Bericht des Rechtsausschusses (BT-Drs. 16/13027, S. 7).

880 *Braeuer*, Zugewinnausgleich, Rn. 791.

881 *Becker*, ERA Forum 2011, 103, 112; *Keller/Schrenck*, JA 2014, 87, 92; Hk-BGB/ *Kemper*, § 1519 Rn. 46; *Kemper*, in: Liber Amicorum Seul (2015), S. 225, 245.

882 *Dethloff*, in: FS v. Hoffmann (2011), S. 73, 83 f.; *dies.*, RabelsZ 76 (2012), 509, 530; *dies.*, FamR, Rn. 200; kritisch auch *Finger*, FuR 2010, 481, 487; *Krause*, ZFE 2010, 247, 251; *Mecke*, AcP 211 (2011), 886, 911; Klein/*Schwolow*, Hdb. FamilienvermögensR, Rn. 2795.

mögen ausreichend geschützt, da so gewährleistet wird, dass er sich im Rahmen des Zugewinnausgleichs nicht neu verschulden braucht. Zudem wird durch die Begrenzung auf das volle Vermögen des Ausgleichspflichtigen der Grundsatz der gleichmäßigen Aufteilung des erzielten Zugewinns besser verwirklicht. Aus diesem Grund wäre es nur konsequent, auch im Rahmen des WZGA eine Begrenzung auf den gesamten Wert des Vermögens des ausgleichpflichtigen Ehegatten vorzusehen und Art. 14 S. 1 WZGA dahingehend zu ändern.

## c) Verzicht auf eine Härteklausel

Die pauschalierte Berechnung des Zugewinns kann dazu führen, dass im Einzelfall ungerechte Ergebnisse erzielt werden. Eine Härteklausel, wie etwa im deutschen Recht[883], die dem ausgleichspflichtigen Ehegatten in Fällen grober Unbilligkeit ein Leistungsverweigerungsrecht zugesteht, wurde nicht ins WZGA aufgenommen. Ebensowenig ist im WZGA eine Vorschrift nach Vorbild des französischen Rechts[884] zu finden, die dem zuständigen Gericht gestattet, auf Antrag eines Ehegatten von der schematischen Berechnung des Zugewinns abzuweichen. Der Grund des Verzichts auf eine solche Härteklausel ist darin zu sehen, dass diese oftmals Konfliktpotential in sich trägt und zur Berücksichtigung von Eheverfehlungen führen kann, die keinerlei Bezug aufweisen zum Prinzip der Zugewinngemeinschaft, die während des Güterstandes erwirtschafteten Zugewinne auszugleichen. Der Verzicht auf eine Härteklausel ist aus Gründen der Rechtssicherheit zu begrüßen.[885] Dass es im Einzelfall Konstellationen geben kann, in denen eine Ausgleichspflicht unbillig erscheint, ist hinzunehmen.

## d) Verjährung

Nach Art. 15 WZGA verjährt der Zugewinnausgleichsanspruch in drei Jahren, wobei die Verjährungsfrist mit dem Zeitpunkt beginnt, in dem der Ehegatte von der Beendigung des Güterstandes erfährt. Die dreijährige Verjährungsfrist entspricht im Grundsatz dem deutschen und französischen Recht.[886] Indem das WZGA hinsichtlich des Fristbeginns auf die Kenntnis des Ehegatten von der Beendigung des Güterstandes abstellt, folgt es ansatzweise dem deutschen Recht.[887] Somit wird der ausgleichsberechtigte Ehegatte im Rahmen des WZGA

---

883  § 1381 Abs. 1 BGB.

884  Art. 1579 CC.

885  A.A. *Mecke*, AcP 211 (2011), 886, 916, der eine Abweichungsmöglichkeit vom strikten Grundsatz der Halbteilung zugunsten einer individualisierenden Wertung befürwortet.

886  § 195 BGB bzw. Art. 1578 al. 4 CC.

887  § 199 Abs. 1 BGB; maßgeblich ist nach deutschem Recht der Schluss des Jahres, in dem der Ehegatte Kenntnis von der Beendigung des Güterstandes erlangt.

stärker geschützt als im französischen Recht, wonach invariabel der Zeitpunkt der Beendigung des Güterstandes maßgeblich ist.[888] Allerdings kann nicht ausgeschlossen werden, dass zwischen der Beendigung und der Kenntniserlangung mehrere Jahre liegen. Um Rechtssicherheit für den ausgleichspflichtigen Ehegatten herbeizuführen, bestimmt Art. 15 WZGA daher eine maximale kenntnisunabhängige Verjährungsfrist von zehn Jahren. Die Zehnjahresfrist beginnt nach überwiegender Ansicht ab dem Zeitpunkt der Beendigung des Güterstandes.[889] Den Ehegatten ist es nicht gestattet, durch Ehevertrag eine von Art. 15 WZGA abweichende Verjährungsfrist zu vereinbaren, da nach Art. 3 Abs. 3 WZGA lediglich die Vorschriften des Kapitel V (Art. 8 – Art. 14 WZGA) disponibel sind.[890]

e) Stundung

Die Zugewinnausgleichsforderung kann auf Antrag des Schuldners unter bestimmten Voraussetzungen durch das Gericht gestundet werden (Art. 17 Abs. 1 WZGA). Eine Stundung kommt nur in Betracht, wenn die sofortige Zahlung für den Schuldner eine unbillige Härte wäre, insbesondere wenn sie ihn zur Aufgabe eines Gegenstandes zwingen würde, der seine wirtschaftliche Lebensgrundlage bildet. So wäre es etwa unbillig, dem ausgleichspflichtigen Ehegatten zuzumuten, das von ihm bewohnte Haus zu veräußern, in dem er auch ein Geschäft zur Bestreitung seines Lebensunterhaltes betreibt und das seinen einzigen Vermögenswert darstellt.[891] Mit dem Merkmal der »unbilligen Härte« knüpft das WZGA die Stundung an vergleichbare Voraussetzungen wie das deutsche und französische Recht.[892]

Zum Schutz des ausgleichsberechtigten Ehegatten sieht das WZGA die Möglichkeit vor, für eine gestundete Zugewinnausgleichsforderung die Leistung von Sicherheiten zu verlangen (Art. 17 Abs. 3 WZGA). So kann das Gericht auf Antrag des Gläubigers anordnen, dass der Schuldner für eine gestundete Forderung eine Sicherheitsleistung zu erbringen hat, über deren Art und Umfang das Gericht nach billigem Ermessen entscheidet.

---

888  Art. 1578 al. 4 CC.
889  Erläuternder Bericht (BT-Drs. 17/5126, S. 38); *Jäger*, DNotZ 2010, 804, 817; *Braun*, MittBayNot 2012, 89, 94 m. Fn. 43; a.A. *Fötschl*, YPIL 2009, 395, 400 m. Fn. 40 sowie *Jünemann*, ZEV 2013, 353, 356, die Art. 15 WZGA dahingehend interpretieren, dass die dreijährige Verjährungsfrist spätestens zehn Jahre nach Beendigung des Güterstandes beginnt. Allerdings ergäbe sich somit eine kenntnisunabhängige Verjährungshöchstfrist von insgesamt 13 Jahren.
890  *Schaal*, ZNotP 2010, 162, 172; a.A. Erman/*Heinemann*, Anh. § 1519 BGB, WZGA, Rn. 35; *ders.*, FamRB 2012, 129, 134.
891  Erläuternder Bericht (BT-Drs. 17/5126, S. 38).
892  § 1382 Abs. 1 BGB bzw. Art. 1576 al. 1 S. 2 CC.

Zudem ist die gestundete Forderung gem. Art. 17 Abs. 2 WZGA zu verzinsen. Fraglich ist allerdings, welcher Zinssatz für eine gestundete Zugewinnausgleichsforderung zugrunde zu legen ist. Weder das WZGA noch der Erläuternde Bericht erhalten hierzu einen Anhaltspunkt. Aus diesem Grund ist davon auszugehen, dass das Gericht über die Höhe des Zinssatzes nach billigem Ermessen zu entscheiden hat. Dies entspricht der Lösung im Rahmen der Zugewinngemeinschaft sowie der *participation aux acquêts*.[893] Als Indiz für die Verzinsung der Ausgleichsforderung böte sich der gesetzliche Zinssatz der auf den Güterstand anwendbaren Rechtsordnung an. Wäre deutsches Güterrecht anwendbar, so wäre die gestundete Forderung stets mit 4 % zu verzinsen (§ 246 BGB). Bei Anwendbarkeit des französischen Güterrechts wäre der gesetzliche Zinssatz (*taux de l'intérêt légal*) maßgeblich, der jährlich durch Dekret festgelegt wird (Art. 1907 al. 1 CC i.V.m. Art. L. 313-2 *Code monétaire et financier*). Im Jahr 2014 beträgt dieser lediglich 0,04 %.[894] Somit wäre die Zinslast einer gestundeten Ausgleichsforderung bei Anwendbarkeit des deutschen Güterrechts derzeit um ein Hundertfaches höher als bei Anwendbarkeit des französischen Güterrechts. Da dies nicht sachgerecht ist, empfiehlt es sich, Art. 17 Abs. 2 WZGA dahingehend zu erweitern, dass sich der maßgebliche Zinssatz für gestundete Ausgleichsforderungen aus den gemittelten gesetzlichen Zinssätzen der Vertragsstaaten ergibt. Würde man einen solchen gemittelten Maßstab anwenden, ergäbe sich für das Jahr 2014 ein akzeptabler Zinssatz von 2,02 %. Schließlich würde eine solche ausdrückliche Regelung für mehr Rechtssicherheit und Vorhersehbarkeit sorgen.

## 4. Auskunftspflicht

Um den Ehegatten eine korrekte Berechnung des Zugewinns und der Ausgleichsforderung zu ermöglichen, enthält das WZGA mehrere Auskunftsansprüche. Zunächst hat jeder Ehegatte nach Beendigung des Güterstandes einen generellen Anspruch gegen den anderen Ehegatten auf Auskunft über den Bestand seines Anfangs- und Endvermögens (Art. 16 Abs. 1 S. 1 WZGA). Der Auskunftsanspruch wird ergänzt durch einen Anspruch auf Vorlage von Belegen (Art. 16 Abs. 1 S. 2 WZGA). Schließlich sieht das Abkommen einen Anspruch auf Aufnahme eines Bestandsverzeichnisses (Art. 16 Abs. 1 S. 3 WZGA) sowie einen Anspruch auf Hinzuziehung bei der Erstellung des Verzeichnisses (Art. 16 Abs. 1 S. 4 WZGA) vor. Wie im deutschen Recht[895] kann der auskunftsberechtigte Ehegatte verlangen, dass das Verzeichnis auf seine Kosten durch einen Notar aufgenommen wird (Art. 16 Abs. 1 S. 5 WZGA). Dieselben Auskunftsansprüche stehen dem Ehegatten zu, der die Auflösung der

---

893  S.o. 2. Teil D. III. 3.
894  Décret n° 2014-98 du 4 février 2014 fixant le taux de l'intérêt légal pour l'année 2014 (JO 6 févr. 2014).
895  § 1379 Abs. 1 S. 4 BGB.

Ehe oder den vorzeitigen Zugewinnausgleich beantragt hat (Art. 16 Abs. 2 WZGA). Zwar enthält auch das französische Recht einen Anspruch auf Vorlage eines Verzeichnisses über das Endvermögen[896], allerdings ist die ausführliche Regelung der Auskunftsansprüche im WZGA an das deutsche Recht angelehnt.[897] Im Unterschied zum deutschen Recht[898] enthält das WZGA jedoch keinen Anspruch auf Wertermittlung. Die ehevertragliche Vereinbarung eines Wertermittlungsanspruchs kommt nicht in Betracht, da Art. 16 WZGA indisponibel ist (vgl. Art. 3 Abs. 3 WZGA).[899] Zudem bezieht sich der Auskunftsanspruch im WZGA, anders als im deutschen Recht[900], nicht auf den Zeitpunkt der Trennung sondern lediglich auf den Zeitpunkt der Beendigung des Güterstandes. Gewiss kann es schwierig sein, den genauen Trennungszeitpunkt zu ermitteln.[901] Zum Schutz vor illoyalen Vermögensminderungen des anderen Ehegatten zwischen dem Zeitpunkt der Trennung und der Beendigung des Güterstandes ist es jedoch angebracht, Art. 16 Abs. 1 S. 1 WZGA dahingehend zu ergänzen, dass der auskunftspflichtige Ehegatte auch über den Bestand seines Vermögens zum Zeitpunkt der Trennung Auskunft zu erteilen hat.

## 5. Vorzeitiger Zugewinnausgleich

Im Rahmen der Wahl-Zugewinngemeinschaft ermöglicht Art. 18 Abs. 1 S. 1 WZGA jedem Ehegatten unter bestimmten Voraussetzungen den vorzeitigen Ausgleich des Zugewinns zu verlangen, ohne dass es zur Auflösung der Ehe kommen muss. Wie im deutschen und französischen Recht[902] handelt es sich um einen kombinierten Gestaltungs- und Leistungsantrag. Voraussetzung ist, dass ein Ehegatte sein Vermögen so verwaltet, dass er dadurch die Rechte des anderen bei der Berechnung der Zugewinnausgleichsforderung beeinträchtigt (*de nature de compromettre les droits de l'autre*). Dies ist gem. Art. 18 Abs. 1 S. 2 WZGA insbesondere in den Fällen anzunehmen, die zur fiktiven Hinzurechnung des Endvermögens nach Art. 10 Abs. 2 WZGA führen.[903] Fraglich ist allerdings, ob der vorzeitige Zugewinnausgleich nach Art. 18 WZGA voraussetzt,

---

896  Art. 1572 al. 2 CC.
897  § 1379 BGB.
898  § 1379 Abs. 1 S. 3 Hs. 2 BGB.
899  So auch *Jäger*, DNotZ 2010, 804, 817 f.; Erman/*Heinemann*, Anh. § 1519 BGB, WZGA, Rn. 36; MüKo-BGB/*Koch*, WahlZugAbk, Art. 16 Rn. 11; a.A. *Braun*, MittBayNot 2012, 89, 94.
900  § 1379 Abs. 1 S. 1 Nr. 1 BGB; hingegen plädiert *Jünemann*, ZEV 2013, 353, 355 f. für einen aus § 242 BGB herzuleitenden Wertermittlungsanspruch.
901  *Keller/Schrenck*, JA 2014, 87, 92.
902  § 1385 BGB bzw. Art. 1580 al. 1 CC.
903  Ausgenommen sind die Fälle der Schenkung an Verwandte in gerader Linie nach Art. 10 Abs. 2 Nr. 1 lit. b WZGA, da hierbei nicht von einer illoyalen Vermögensminderung ausgegangen werden kann, vgl. Erläuternder Bericht (BT-Drs. 17/5126, S. 39).

dass eine konkrete Handlung des einen Ehegatten vorliegt, die zur Beeinträchtigung der Rechte des anderen Ehegatten führt, oder ob die Befürchtung einer solchen Beeinträchtigung bereits ausreicht. Vereinzelt wird angenommen, die bloße Befürchtung einer Gefährdungshandlung sei ausreichend, um den vorzeitigen Zugewinnausgleich fordern zu können.[904] Überwiegend wird jedoch angenommen, dass eine konkrete Gefährdungshandlung bereits erfolgt sein muss.[905] Dem Wortlaut nach verlangt Art. 18 Abs. 1 S. 1 WZGA eine tatsächliche Beeinträchtigung der Rechte des anderen Ehegatten, so dass der zweiten Ansicht zuzustimmen ist. Allerdings bleibt das Abkommen somit hinter dem Schutzstandard des deutschen und französischen Rechts zurück. Beide Rechtsordnungen lassen nämlich eine bloße Besorgnis der Gefährdung der künftigen Ausgleichsforderung ausreichen.[906] Aus diesem Grund ist es angebracht, den Schutz des Ehegatten vorzuverlagern und Art. 18 Abs. 1 S. 1 WZGA dahingehend zu ändern, dass die Befürchtung einer Handlung, die zu einer Beeinträchtigung der Rechte des anderen Ehegatten führen kann, ausreichend ist.

## VI. Bewertung der Wahl-Zugewinngemeinschaft

In der Literatur wird die Einführung der Wahl-Zugewinngemeinschaft als neuer Wahlgüterstand im deutschen und französischen Recht sehr unterschiedlich aufgenommen. Teilweise wird die Einführung des neuen Wahlgüterstandes befürwortet. So stelle die Wahl-Zugewinngemeinschaft in vielen Bereichen einen gerechten und ausgewogenen Kompromiss zwischen beiden Rechtsordnungen dar.[907] Gerade für Ehegatten, die sowohl in Deutschland als auch in Frankreich ihren Lebensmittelpunkt haben, sei die Wahl-Zugewinngemeinschaft empfehlenswert.[908]

---

904 *Speer*, notar 2010, 119, 123.
905 *Schaal*, ZNotP 2010, 162, 171; *Krause*, ZFE 2010, 247, 250; *Dethloff*, in FS v. Hoffmann (2011), S. 73, 84; *dies.*, RabelsZ 76 (2012), 509, 532; *Mecke*, AcP 211 (2011), 886, 913 f.; *Heinemann*, FamRB 2012, 129, 135; *Jünemann*, ZEV 2013, 353, 356; Erman/*Heinemann*, Anh. § 1519 BGB, WZGA, Rn. 38.
906 § 1385 Nr. 2 BGB bzw. Art. 1580 al. 1 CC.
907 So etwa *Meier-Bourdeau*, JCP N., 12 mars 2010, n° 10, 3, 5; *dies.*, JCP G., 7 févr. 2013, n° 7, 294, 296; *Dethloff*, in: FS v. Hoffmann (2011), S. 73, 86; *Martiny*, ZEuP 2011, 577, 600 (»schlüssiges Regelwerk«); *Meder*, in: Brudermüller/Dauner-Lieb/Meder, Angst vor der Errungenschaftsgemeinschaft, S. 13, 15 Fn. 5 erblickt in der Wahl-Zugewinngemeinschaft eine »modernere« Variante der Zugewinngemeinschaft, die dem Wandel der allgemeinen Lebensbedingungen besser gerecht werde; für einen fallgruppengerechten Einsatz der Wahl-Zugewinngemeinschaft, die interessante Gestaltungsoptionen biete, plädiert Langenfeld/Milzer/*Milzer*, Eheverträge, § 4 Rn. 378; ebenso optimistisch *Zensus*, NZFam 2014, 529, 536 (»echte Gestaltungsoption«).
908 *Braeuer*, FF 2010, 113, 115; *Klippstein*, FPR 2010, 510, 515; Münch/*Everts*, § 2 Rn. 186.

Es gibt jedoch auch kritische Stimmen. Vereinzelt wird bemängelt, die dem französischen Recht entlehnten Merkmale der Wahl-Zugewinngemeinschaft beruhten auf einem überholten Verständnis der Ehe und ließen Bewertungsschwierigkeiten erwarten.[909] Teilweise wird argumentiert, die Wahl-Zugewinngemeinschaft sei keine sinnvolle Alternative zur deutschen Zugewinngemeinschaft.[910] Denn auch sie folge während des Bestehens der Ehe dem Prinzip der Gütertrennung und behebe nicht die Defizite des deutschen Güterrechts.[911]

Die Analyse der Wahl-Zugewinngemeinschaft hat ergeben, dass es sich bei dem neuen Wahlgüterstand in vielerlei Hinsicht um eine gelungene Kombination der Zugewinngemeinschaft des deutschen Rechts und der *participation aux acquêts* des französischen Rechts handelt. In der Wahl-Zugewinngemeinschaft wird die Unabhängigkeit der Ehegatten dadurch verwirklicht, dass das Vermögen der Partner während der Ehe getrennt bleibt. Andererseits sorgt der differenzierte Ausgleichsmechanismus für eine gerechte Teilhabe des einen Ehegatten an den Zugewinnen des anderen.

Es ist jedoch fraglich, ob sich die Wahl-Zugewinngemeinschaft als ein zukunftsfähiger Güterstand erweisen wird, der sich in Deutschland und Frankreich durchsetzt. In Deutschland lassen sich die meisten Regelungen der Wahl-Zugewinngemeinschaft ohnehin ehevertraglich vereinbaren. Viele Defizite des deutschen Rechts wurden bereits bei der Reform des Güterrechts im Jahre 2009 behoben. Insofern könnte man das Bedürfnis für den neuen Güterstand verneinen. Allerdings ist in ihm auch ein Mehrwert zu sehen. Durch den Verzicht auf einen pauschalierten Zugewinnausgleich im Fall der Beendigung durch den Tod eines Ehegatten erübrigt sich künftig die internationalprivatrechtliche Qualifikation eines solchen Rechtsinstituts, das anderen Rechtsordnungen fremd ist. Zudem bringt der Verzicht auf einen pauschalierten Zugewinnausgleich mit sich, dass die Wahl-Zugewinngemeinschaft als ein gestalterisches Mittel zur Pflichtteilsreduzierung bei nichtbedachten Abkömmlingen genutzt werden kann. Darüber hinaus verbessern die Hinzurechnung von Schmerzensgeld zum Anfangsvermögen sowie die differenzierten Bewertungsregeln die Teilhabegerechtigkeit zwischen den Ehegatten. In Frankreich ist der Nutzen des WZGA möglicherweise sogar noch größer als in Deutschland. Schließlich fristet dort der Güterstand der *participation aux acquêts* bislang nur ein Schattendasein. So ist es vorstellbar, den kaum verbreiteten Güterstand der *participation aux acquêts*

---

909 In diesem Sinne *Steer*, notar 2010, 119, 124.

910 *Krause*, ZFE 2010, 247, 251; *Jäger*, DNotZ 2010, 804, 823 bezweifelt, dass die Wahl-Zugewinngemeinschaft ein güterrechtlicher »Kassenschlager« wird; ähnlich *Heinemann*, FamRB 2012, 129, 135; MüKo-BGB/*Koch*, § 1519 Rn. 7; MüKo-BGB/*Koch*, WahlZugAbk, Vorbem. Rn. 6 f.; *Kemper*, in: Liber Amicorum Seul (2015), S. 225, 247; *Münch*, Ehebezogene Rechtsgeschäfte, Rn. 511 rät von einer Empfehlung der Wahl-Zugewinngemeinschaft ab.

911 *Brudermüller*, in: Brudermüller/Dauner-Lieb/Meder, Angst vor der Errungenschaftsgemeinschaft, S. 41, 42.

durch den neuen Güterstand der Wahl-Zugewinngemeinschaft vollständig zu ersetzen.[912] Bis zur vollständigen Ersetzung der *participation aux acquêts* durch die Wahl-Zugewinngemeinschaft sollte eine Verweisungsnorm in den Code civil aufgenommen werden, die auf die Vorschriften des WZGA verweist.

Zwar stellt die Wahl-Zugewinngemeinschaft grundsätzlich einen interessengerechten Kompromiss zwischen dem deutschen und dem französischen Recht dar. Allerdings sind vereinzelt Änderungen des WZGA erforderlich, um einen gerechten Ausgleich zwischen den Ehegatten zu gewährleisten. So ist anzuraten, die Zugewinnausgleichsforderung auf den vollen Wert des Vermögens des ausgleichspflichtigen Ehegatten zu beschränken sowie den Zinssatz für gestundete Ausgleichsforderungen aus den gemittelten Zinssätzen der Vertragsstaaten zu berechnen. Ebenso sollte die Auskunftspflicht auf den Bestand des Vermögens zum Zeitpunkt der Trennung erweitert und der vorzeitige Zugewinnausgleich bereits bei einer befürchteten Beeinträchtigung der Rechte des anderen Ehegatten ermöglicht werden.

Inwieweit sich der neue Güterstand der Wahl-Zugewinngemeinschaft in der Praxis bewähren wird, bleibt abzuwarten. Bislang wird der neue Güterstand wohl nur sehr selten vereinbart.[913] Damit sich die Wahl-Zugewinngemeinschaft in Deutschland und Frankreich zunehmend verbreitet, ist es erforderlich, dass beide Staaten ihre Bürger verstärkt auf den neuen Wahlgüterstand aufmerksam machen. Zwar ist das Abkommen im juristischen Schrifttum umfassend besprochen worden, so dass davon auszugehen ist, dass zumindest Rechtspraktiker im Bereich des Familienrechts vom Inhalt des WZGA Kenntnis erlangt haben. Bei Notaren wird in gesteigertem Maße anzunehmen sein, dass sie sich mit dem neuen Wahlgüterstand befasst haben. Denn den Notar trifft bei bei der Beurkundung von Eheverträgen eine umfassende Belehrungs- und Aufklärungspflicht (§ 17 Abs. 1 S. 1 BeurkG).[914] Allerdings sind die meisten Ehegatten dennoch oftmals unzureichend über die vermögensrechtlichen Wirkungen der Ehe informiert.[915] Daher empfiehlt es sich, gezielte Informationspolitik zu betreiben, um (künftige) Ehegatten über den rechtlichen Rahmen der Ehe und die vermögensrechtlichen Gestaltungsmöglichkeiten aufzuklären. So könnte den künftigen Ehegatten im Rahmen der Anmeldung der Eheschließung beim Standesamt eine Informationsbroschüre über die Rechtsfolgen der Eheschließung und die

---

912 Ebenso Entretien avec Béatrice Weiss-Gout, GdP, 4 mars 2010, S. 7; *Meyer*, FamRZ 2010, 612, 616.

913 Nach *Hoischen*, RNotZ 2015, 317, 318 m. Fn. 15 habe dies jedenfalls eine nicht repräsentative und strichprobenartig erhobene Umfrage im rheinischen Notariat ergeben.

914 Näher hierzu BeckOK-BGB/*Litzenburger*, § 17 BeurkG Rn. 3 ff.

915 So glauben 89 % aller Ehegatten, die im Güterstand der Zugewinngemeinschaft leben bzw. diese wählen wollen, dass alles, was während einer Ehe erworben wird, beiden Partnern gleichermaßen gehört, s. *BMFSJ*, Partnerschaft und Ehe – Entscheidungen im Lebenslauf, S. 50 sowie *Wippermann*, in: Brudermüller/Dauner-Lieb/Meder, Angst vor der Errungenschaftsgemeinschaft, S. 23, 35.

vermögensrechtlichen Gestaltungsmöglichkeiten durch Ehevertrag ausgehändigt werden. Schließlich ist das WZGA im Hinblick auf die weitere deutsch-französische Zusammenarbeit im Zivilrecht von Bedeutung. Die Wahl-Zugewinngemeinschaft kann den Anstoß für eine weitere Annäherung beider Staaten im Familienrecht geben. So ist es vorstellbar, als weiteren Wahlgüterstand eine deutsch-französische Wahl-Errungenschaftsgemeinschaft zu erarbeiten.[916]

---

916 *Meyer*, FamRZ 2010, 612, 617 hält ein solches Vorhaben für »durchaus sinnvoll«; *Meder*, Gesetzliches Güterrecht und sozialer Wandel, S. 39; ähnlich *Fongaro*, JCP N., 12 avr. 2013, n° 15, 27, 30; Fongaro/*ders.*, Droit patrimonial européen de la famille, Rn. 18; *Dethloff*, RabelsZ 76 (2012), 509, 536 f.

# Schlussbetrachtung

Die Entwicklung des europäischen Binnenmarktes führt zu steigender Mobilität der Bürger in der EU. Die Migration der Menschen bringt es mit sich, dass zunehmend Ehen und Partnerschaften geschlossen werden, die einen Auslandsbezug aufweisen. In der Rechtspraxis stellt sich daher immer häufiger die Frage, welches Recht auf die güterrechtliche Auseinandersetzung der grenzüberschreitenden Ehe bzw. Partnerschaft anzuwenden und welches Gericht für die Auseinandersetzung international zuständig ist. Doch die Antwort auf diese Frage fällt von Staat zu Staat unterschiedlich aus, da die Regelungen des internationalen Privatrechts im Bereich des Güterrechts in den mitgliedstaatlichen Rechtsordnungen nicht unerheblich voneinander abweichen. Infolge des mangelnden internationalen Entscheidungseinklangs kann es zu hinkenden Rechtsverhältnissen sowie zu *forum shopping* kommen. Diese Rechtsunsicherheit lässt sich durch die Vereinheitlichung des internationalen Güterrechts sowie des materiellen Güterrechts vermeiden.

Die Vereinheitlichung des internationalen Güterrechts durch die geplanten Güterrechtsverordnungen sowie die Schaffung des Güterstandes der Wahl-Zugewinngemeinschaft durch das WZGA sind Ausdruck der zunehmenden Europäisierung des Familienrechts. Dabei sind die Bedenken gegen eine Harmonisierung des (internationalen) Familienrechts nicht außer Acht zu lassen.[917] So ist das Familienrecht der Mitgliedstaaten in besonderer Weise durch unterschiedliche kulturelle Traditionen und Wertvorstellungen geprägt. Entscheidungen im Bereich des Familienrechts gelten als besonders sensibel.[918] Insofern stellt die Kollisionsrechtsvereinheitlichung auf europäischer Ebene gewiss ein milderes Mittel der Integration dar als die Vereinheitlichung des Sachrechts. Die geplanten Güterrechtsverordnungen passen sich mit ihrer Systematik in das Gefüge der bisherigen Verordnungen zum europäischen IPR ein. Der EhegüterVO-E2011 zeichnet sich vor allem durch seinen Wechsel vom Staatsangehörigkeits- zum Aufenthaltsprinzip sowie durch die Stärkung der Parteiautonomie aus. Allerdings bedarf der Verordnungsentwurf noch weiterer Überarbeitung im Rahmen des Gesetzgebungsprozesses. Förderlich wäre die Einführung einer Rechtswahlmöglichkeit zugunsten der *lex rei sitae* für Immobilien, die Zulassung eines begrenzten *renvois*, eine Konkretisierung des Anwendungsbereichs der Verordnung in Bezug auf Regelungen des *régime primaire* sowie eine Präzisierung des Begriffs des gewöhnlichen Aufenthalts. Auch der PartgüterVO-E2011 bedarf

---

917 Kritisch zur Europäisierung des internatonalen Familienrechts zuletzt *Barrière-Brousse*, in: Mél. J.-M. Jacquet, S. 347 ff.; *dies.*, JCP G., 3 févr. 2014, n° 5, 178 ff.

918 *»Als besonders sensibel für die demokratische Selbstgestaltungsfähigkeit eines Verfassungsstaates gelten seit jeher (...) kulturell besonders bedeutsame Entscheidungen etwa im Familienrecht (...).«*, BVerfGE 123, 267 = NJW 2009, 2267, 2274 (Lissabon).

einiger Änderungen. So verstößt die vorgesehene Versagung der Rechtswahl für eingetragene Partnerschaften gegen Art. 21 GrCh. Damit es nicht zu einer Diskriminierung kommt, sollten im Rahmen der Verhandlungen zur PartgüterVO eine Rechtswahl für eingetragene Partnerschaften sowie Gerichtsstandsvereinbarungen zugelassen werden. Da der Verordnungsentwurf allerdings den Kernbereich des Familienrechts berührt, erweisen sich die Diskussionen im Rat als besonders schwierig. Es ist zu hoffen, dass die derzeit festgefahrenen Verhandlungen im Rat in der zweiten Jahreshälfte 2014 fortgesetzt werden. Sollte es im Rahmen der Verhandlungen zur PartgüterVO zu keiner Einigung im Rat kommen, sollte der Weg über eine Verstärkte Zusammenarbeit gewählt werden.

Trotz aller Kulturgebundenheit unterliegt das nationale Familienrecht dem sozialen Wandel in der Gesellschaft, wie die Einführung der »*mariage pour tous*« in Frankreich sowie die sukzessive Gleichstellung der eingetragenen Lebenspartnerschaft mit der Ehe in Deutschland zeigen.

Mit der Schaffung eines gemeinsamen Güterstandes in Form der Wahl-Zugewinngemeinschaft nehmen Deutschland und Frankreich eine Vorreiterposition bei der Vereinheitlichung des Familienrechts in Europa ein. Mit der Einführung der Wahl-Zugewinngemeinschaft, die in beiden Rechtsordnungen gleichermaßen gilt, könnten sich Deutschland und Frankreich einmal mehr als Motor der europäischen Integration erweisen. Doch noch ist ungeklärt, welche Bedeutung die Wahl-Zugewinngemeinschaft im europäischen Kontext tatsächlich erlangen wird. So ermöglicht Art. 21 WZGA den Mitgliedstaaten der EU einen Beitritt zum Abkommen. Zudem appellierten Deutschlands und Frankreichs Justizministerinnen im Juli 2010 in einem gemeinsamen Brief an ihre Amtskollegen in den anderen Mitgliedstaaten, dem Abkommen beizutreten.[919] Allerdings ist es zweifelhaft, ob die Wahl-Zugewinngemeinschaft weitere Verbreitung in Europa finden wird. Zwar wird im Schrifttum teilweise die Ansicht vertreten, die Wahl-Zugewinngemeinschaft könne als Basis für die Schaffung eines einheitlichen europäischen Wahlgüterstandes dienen (»28. Regime«).[920] Dem ist jedoch entgegenzuhalten, dass die EU nicht über die Kompetenz zur Sachrechtsvereinheitlichung im Bereich des Familienrechts verfügt.[921] Zudem waren die anderen Mitgliedstaaten nicht an den Verhandlungen zum WZGA beteiligt, so dass deren Rechtstraditionen nicht in den Verhandlungsprozess miteinfließen konnten.[922] Immerhin haben Luxemburg[923],

---

919  Das Schreiben in französischer Sprache ist abrufbar unter http://www.justice. gouv.fr/art_pix/gds_regime_matrimonial_20100722.pdf (Abruf: 22.10.2015).
920  In diesem Sinne *Martiny*, ZEuP 2011, 577, 598; *Rolland*, in: FS Brudermüller (2014), S. 571, 578.
921  S.o. 1. Teil B. I. 1. b).
922  Kritisch auch *Naudin*, LPA, 29 juin 2012, n° 130, 47; Hk-BGB/*Kemper*, § 1519 Rn. 2; *Kemper*, in: Liber Amicorum Seul (2015), S. 225, 226; *Dörner*, in: Liber Amicorum Seul (2015), S. 107, 119.
923  *Meyer*, FamRZ 2010, 612, 617; *Klippstein*, FPR 2010, 510, 511.

Bulgarien[924] und Ungarn[925] ihr Interesse bekundet, dem Abkommen beizutreten. So ist es allenfalls vorstellbar, dass weitere Staaten, deren Rechtsordnungen einen der Zugewinngemeinschaft vergleichbaren Güterstand kennen, wie etwa Griechenland, Spanien[926] und Polen, dem Abkommen beitreten.[927] Das WZGA ist nicht nur ein Zeichen der deutsch-französischen Freundschaft, dem reine Symbolkraft zukommt.[928] Vielmehr zeigt das Abkommen, dass eine staatsvertragliche Vereinheitlichung des materiellen Familienrechts[929] trotz der Unterschiede in den betroffenen Rechtsordnungen durchaus zweckmäßig und realisierbar ist.[930] Dass das WZGA andere Mitgliedstaaten dazu antreiben könnte, ihrerseits binationale Abkommen im Bereich des materiellen Ehegüterrechts zu schließen, so dass es zu einem Wettlauf der Vereinheitlichungsmodelle oder gar zu einem unkontrollierten Chaos bilateraler Kooperation kommen könnte[931], ist jedoch nicht zu erwarten. Vielmehr ist das deutsch-französische Abkommen als ein weiterer Meilenstein der Europäisierung des Familienrechts anzusehen. Insofern bestätigt sich, was der französische Außenminister Robert Schuman am 9.5.1950 in seiner für die Zukunft Europas bedeutsamen sowie die deutschfranzösischen Beziehungen prägenden Erklärung prophezeite:

*»Europa lässt sich nicht mit einem Schlage herstellen und auch nicht durch eine einfache Zusammenfassung: es wird durch konkrete Tatsachen entstehen, die zunächst eine Solidarität der Taten schaffen. Die Vereinigung der europäischen Nationen erfordert, dass der Jahrhunderte alte Gegensatz zwischen Frankreich und Deutschland ausgelöscht wird. Das begonnene Werk muss in erster Linie Deutschland und Frankreich erfassen.«*[932]

---

924  *Simler*, JCP N., 24 janv. 2014, n° 4, 25, 28.

925  *Hoischen*, RNotZ 2015, 317, 318 m. Fn. 14.

926  Zur Zweckmäßigkeit eines Beitritts Spaniens zum WZGA mit Wirkung allein für die autonome Gemeinschaft Katalonien vgl. *González Beilfuss*, AEDIPr 2010, 397, 410 ff.; *dies.*, in: Liber Amicorum Pintens (2012), S. 623, 629 ff.

927  *Dethloff*, in: FS v. Hoffmann (2011), S. 73, 87.

928  So aber *Lerch/Lerch/Junkov*, FuR 2012, 639, 643.

929  Die Einführung eines optionalen materiellen Familienrechts auf staatsvertraglicher Basis befürwortet *Boele-Woelki*, in: FS Martiny (2014), S. 27, 36 ff.

930  In diesem Sinne auch *Weinreich*, in: FS Wegen (2015), S. 557, 565.

931  *Fötschl*, YPIL 2009, 395, 403; auch *Kemper*, in: Liber Amicorum Seul (2015), S. 225, 226 warnt vor einer »Zersplitterung des Familienrechts«.

932  *»L'Europe ne se fera pas d'un coup, ni dans une construction d'ensemble: elle se fera par des réalisations concrètes créant d'abord une solidarité de fait. Le rassemblement des nations européennes exige que l'opposition séculaire de la France et de l'Allemagne soit éliminée. L'action entreprise doit toucher au premier chef la France et l'Allemagne.«*, Robert Schuman, Erklärung vom 9.5.1950, frz. Originalfassung abgedruckt in: *Möller/Hildebrand*, Die Bundesrepublik Deutschland und Frankreich: Dokumente 1949–1963, Dok. Nr. 52, S. 225, deutsche Übersetzung abrufbar unter: http://europa.eu/about-eu/basic-information/symbols/europe-day/schuman-declaration/index_de.htm (Abruf: 22.10.2015).

# Abkürzungen

| | |
|---|---|
| a.A. | andere Ansicht |
| a.a.O. | am angegebenen Ort |
| abl. | ablehnend |
| ABl. EG | Amtsblatt der Europäischen Gemeinschaften |
| ABl. EU | Amtsblatt der Europäischen Union |
| Abs. | Absatz |
| AcP | Archiv für die civilistische Praxis |
| a.E. | am Ende |
| AEDIPr | Anuario español de derecho internactional privado |
| AEUV | Vertrag über die Arbeitsweise der Europäischen Union |
| a.F. | alte Fassung |
| AJ Famille | Actualité Juridique Famille |
| al. | alinéa |
| Alt. | Alternative |
| Anh. | Anhang |
| Anm. | Anmerkung |
| Art. | Artikel |
| avr. | avril |
| | |
| Beschl. | Beschluss |
| BeurkG | Beurkundungsgesetz |
| BGB | Bürgerliches Gesetzbuch |
| BGBl. | Bundesgesetzblatt |
| BGH | Bundesgerichtshof |
| BGHZ | Entscheidungen des Bundesgerichtshofs in Zivilsachen |
| BLJ | Bucerius Law Journal |
| BMJ | Bundesministerium der Justiz |
| BNotK | Bundesnotarkammer |
| BOMJ | Bulletin Officiel du Ministère de la Justice |
| BR-Drs. | Bundesratsdrucksache |
| Brüssel I-VO | Verordnung (EG) Nr. 44/2001 vom 22.12.2000 über die gerichtliche Zuständigkeit und Anerkennung und Vollstreckung von Entscheidungen in Zivil- und Handelssachen |
| Brüssel IIa-VO | Verordnung (EG) Nr. 2201/2003 vom 27.11.2003 über die Zuständigkeit und die Anerkennung und Vollstreckung von Entscheidungen in Ehesachen und in Verfahren betreffend die elterliche Verantwortung und zur Aufhebung der Verordnung (EG) Nr. 1347/2000 |
| BT-Drs. | Bundestagsdrucksache |
| BVerfG | Bundesverfassungsgericht |
| BVerfGE | Entscheidungen des Bundesverfassungsgerichts |
| bzw. | beziehungsweise |
| | |
| ca. | circa |

| | |
|---|---|
| Cass. 1re civ. | Cour de cassation, première chambre civile |
| Cass. req. | Cour de cassation, chambre des requêtes |
| CC | Code civil |
| CCBE | Conseil des barreaux européens |
| CEFL | Commission on European Family Law |
| CNUE | Conseil des Notaires de l'Union Européenne |
| CPC | Code de procédure civile |
| | |
| D. | Recueil Dalloz |
| DDR | Deutsche Demokratische Republik |
| d.h. | das heißt |
| ders. | derselbe |
| dies. | dieselbe |
| Diss. | Dissertation |
| DNotI | Deutsches Notar Institut |
| DNotZ | Deutsche Notar Zeitschrift |
| dt. | deutsch |
| | |
| EG | Europäische Gemeinschaften |
| EGBGB | Einführungsgesetz zum Bürgerlichen Gesetzbuch |
| EGMR | Europäischer Gerichtshof für Menschenrechte |
| EGV | Vertrag zur Gründung der Europäischen Gemeinschaft |
| EhegüterVO-E2011 | Vorschlag für eine Verordnung des Rates über die Zuständigkeit, das anzuwendende Recht, die Anerkennung und die Vollstreckung von Entscheidungen im Bereich des Ehegüterrechts (KOM[2011] 126 endg.) vom 16.3.2011 |
| Einl. | Einleitung |
| EMRK | Konvention zum Schutz der Menschenrechte und Grundfreiheiten vom 4.11.1950 |
| endg. | endgültig |
| engl. | englisch |
| ErbVO | Verordnung (EU) Nr. 650/2012 des Europäischen Parlaments und des Rates vom 4.7.2012 über die Zuständigkeit, das anzuwendende Recht, die Anerkennung und Vollstreckung von Entscheidungen und die Annahme und Vollstreckung öffentlicher Urkunden in Erbsachen sowie zur Einführung eines europäischen Nachlasszeugnisses |
| ERPL | European Review of Private Law |
| EU | Europäische Union |
| EuGH | Europäischer Gerichtshof |
| EUV | Vertrag über die Europäische Union |
| | |
| f., ff. | folgend(e), fortfolgend(e) |
| Fam. Law | Family Law |
| FamRB | Familien-Rechts-Berater |
| FamRBint | Familien-Rechts-Berater international |
| FamRZ | Zeitschrift für das gesamte Familienrecht |
| fasc. | fascicule |

| | |
|---|---|
| févr. | février |
| FF | Forum Familien- und Erbrecht |
| FGB | Familiengesetzbuch der Deutschen Demokratischen Republik |
| FGG-RG | Gesetz zur Reform des Verfahrens in Familiensachen und in den Angelegenheiten der freiwilligen Gerichtsbarkeit |
| Fn. | Fußnote |
| FPR | Familie, Partnerschaft, Recht |
| frz. | französisch |
| FS | Festschrift |
| FuR | Familie und Recht (deutsche Zeitschrift) |
| F&R | Familie & Recht (niederländische Zeitschrift) |
| | |
| GdP | Gazette du Palais |
| gem. | gemäß |
| GG | Grundgesetz |
| GPR | Zeitschrift für das Gemeinschaftsprivatrecht |
| GS | Gedächtnisschrift |
| | |
| HGA | Haager Übereinkommen über das auf Ehegüterstände anzuwendende Recht vom 14.3.1978 |
| h.M. | herrschende Meinung |
| Hrsg. | Herausgeber |
| Hs. | Halbsatz |
| HUP | Haager Protokoll über das auf Unterhaltspflichten anzuwendende Recht vom 23.11.2007 |
| | |
| ICLQ | International and Comparative Law Quarterly |
| i.d.F. | in der Fassung |
| IFL | International Family Law |
| Insee | Institut national de la statistique et des études économiques |
| IPR | Internationales Privatrecht |
| IPRax | Praxis des internationalen Privat- und Verfahrensrecht |
| i.S.d. | im Sinne des/ der |
| i.V.m. | in Verbindung mit |
| IZVR | Internationales Zivilverfahrensrecht |
| | |
| JA | Juristische Arbeitsblätter |
| janv. | janvier |
| JCl. Civil Code | JurisClasseur Code civil |
| JCl. Dr. int. | JurisClasseur Droit international |
| JCP G. | Semaine juridique, édition générale |
| JCP N. | Semaine juridique, édition notariale |
| JDI | Journal du droit international |
| JO | Journal Officiel de la République française |
| JPIL | Journal of Private International Law |
| JZ | Juristenzeitung |
| | |
| Kap. | Kapitel |

| | |
|---|---|
| KOM | Dokumentenkennung der Europäischen Kommission |
| | |
| lit. | litera |
| LG | Landgericht |
| LPA | Les Petites Affiches |
| LPartG | Lebenspartnerschaftsgesetz |
| LPartGÜG | Gesetz zur Überarbeitung des Lebenspartnerschaftsrechts |
| | |
| m. | mit |
| MittBayNot | Mitteilungen des Bayerischen Notarvereins |
| MPI | Max-Planck-Institut für ausländisches und internationales Privatrecht |
| MüKo | Münchener Kommentar |
| m.w.N. | mit weiteren Nachweisen |
| | |
| nf. | nachfolgend |
| NJW | Neue Juristische Wochenschrift |
| NJW-RR | NJW-Rechtsprechungs-Report Zivilrecht |
| NotBZ | Zeitschrift für die notarielle Beratungs- und Beurkundungspraxis |
| Nr. | Nummer |
| | |
| OLG | Oberlandesgericht |
| | |
| PACS | Pacte civil de solidarité |
| PartGüterVO-E2011 | Vorschlag für eine Verordnung des Rates über die Zuständigkeit, das anzuwendende Recht, die Anerkennung und die Vollstreckung von Entscheidungen im Bereich des Güterrechts eingetragener Partnerschaften (KOM[2011] 127 endg.) vom 16.3.2011 |
| | |
| RabelsZ | Rabels Zeitschrift für ausländisches und internationales Privatrecht |
| Ratsdok-Nr. | Ratsdokumentennummer |
| RdA | Recht der Arbeit |
| rec. | recueil |
| Rec. cours La Haye | Recueil des cours de l'Académie de droit international de La Haye |
| Rép. civ. | Répertoire de droit civil |
| Rép. internat. | Répertoire de droit international |
| Rev. crit. DIP | Revue critique de droit international privé |
| RHDI | Revue hellénique de droit international |
| RLDC | Revue Lamy Droit Civil |
| RIDC | Revue internationale de droit comparé |
| RJPF | Revue juridique personnes & famille |
| Rn. | Randnummer |
| RNotZ | Rheinische Notar-Zeitschrift |
| Rom I-VO | Verordnung (EG) Nr. 593/2008 des Europäischen Parlaments und des Rates vom 17.06.2008 über das auf vertragliche Schuldverhältnisse anzuwendende Recht |
| Rom II-VO | Verordnung (EG) Nr. 864/2007 des Europäischen Parlaments und des Rates vom 11.07.2007 über das auf außervertragliche Schuldverhältnisse anzuwendende Recht |

| | |
|---|---|
| Rom III-VO | Verordnung (EU) Nr. 1259/2010 des Rates vom 20.12.2010 zur Durchführung einer Verstärkten Zusammenarbeit im Bereich des auf die Ehescheidung und Trennung ohne Auflösung des Ehebandes anzuwendenden Rechts |
| Rpfleger | Der Deutsche Rechtspfleger |
| RTDciv. | Revue trimestrielle de droit civil |
| RTDeur. | Revue trimestrielle de droit européen |
| | |
| s. | siehe |
| S. | Seite |
| sept. | septembre |
| Slg. | Sammlung |
| s.o. | siehe oben |
| sog. | so genannte |
| s.u. | siehe unten |
| | |
| u.a. | unter anderem/ und andere |
| UnterhVO | Verordnung (EG) Nr. 4/2009 des Rates vom 18.12.2008 über die Zuständigkeit, das anwendbare Recht, die Anerkennung und Vollstreckung von Entscheidungen und die Zusammenarbeit in Unterhaltssachen |
| unveröff. | unveröffentlicht |
| | |
| V° | verbo |
| v. | vom |
| vgl. | vergleiche |
| VO | Verordnung |
| | |
| WVK | Wiener Übereinkommen über das Recht der Verträge vom 23.5.1969 |
| WZGA | Abkommen zwischen der Bundesrepublik Deutschland und der Französischen Republik über den Güterstand der Wahl-Zugewinngemeinschaft vom 4.2.2010 |
| | |
| YPIL | Yearbook of Private International Law |
| | |
| ZErb | Zeitschrift für die Steuer- und Erbrechtspraxis |
| ZEuP | Zeitschrift für Europäisches Privatrecht |
| ZEV | Zeitschrift für Erbrecht und Vermögensnachfolge |
| ZFE | Zeitschrift für Familien- und Erbrecht |
| ZfRV | Zeitschrift für Rechtsvergleichung, internationales Privatrecht und Europarecht |
| zit. | zitiert |
| ZPO | Zivilprozessordnung |
| zust. | zustimmend |

# Literatur

| | |
|---|---|
| *Albrecht, Jörn* | Invarianz, Äquivalenz, Adäquatheit, in: Arntz, Reiner/ Thome, Gisela (Hrsg.), Übersetzungswissenschaft. Ergebnisse und Perspektiven. Festschrift für Wolfram Wilss zum 65. Geburtstag, Tübingen 1990, S. 71–81 (zit.: *Albrecht*, in: FS Wilss (1990), S.) |
| *Alio, Tarec* | Die Neufassung der Brüssel I-Verordnung, in: NJW 2014, S. 2395–2400 |
| *Althammer, Christoph* | Das europäische Scheidungskollisionsrecht der Rom III-VO unter Berücksichtigung aktueller deutscher Judikatur, in: NZFam 2015, S. 9–15 |
| *Amann, Hermann* | Die Verfügungsbeschränkung über die Familienwohnung im Güterstand der Wahl-Zugewinngemeinschaft, in: DNotZ 2013, S. 252–282 |
| *Ancel, Bertrand/ Muir Watt, Horatia* | Annotations sur la consultation 53 de Du Moulin traduite en français, in: Courbe, Patrick/Demeester, Marie-Luce/ u.a. (Hrsg.), Le monde du droit – Écrits rédigés en l'honneur de Jacques Foyer, Paris 2008, S. 1–19 (zit.: *Ancel/Muir Watt*, in: Courbe/Demeester, Le monde du droit, S.) |
| *Andrae, Marianne* | Internationales Familienrecht, 3. Aufl., Baden-Baden 2014 (zit.: *Andrae*, IntFamR, § Rn.) |
| *Andrae, Marianne* | Zur Form der Rechtswahl für eheliche Beziehungen, in: Witzleb, Normann/Ellger, Reinhard/Mankowski, Peter/ Merkt, Hanno/Remien, Oliver (Hrsg.), Festschrift für Dieter Martiny zum 70. Geburtstag, Tübingen 2014, S. 3–26 (zit.: *Andrae*, in: FS Martiny (2014), S.) |
| *Aubart, Andrea* | Die Behandlung der dépeçage im europäischen Internationalen Privatrecht, Tübingen 2013, zugl.: Trier, Univ., Diss., 2013 (zit.: *Aubart*, Die Behandlung der dépeçage im europäischen IPR, S.) |
| *Audit, Bernard/ d'Avout Louis* | Droit international privé, 7. Aufl., Paris 2013 (zit.: Audit/ d'Avout, DIP, Rn.) |
| *Avena-Robardet, Valérie* | Régime matrimonial franco-allemand commun de participation aux acquêts, in: AJ Famille 2011, S. 175–176 |
| *Bamberger, Heinz Georg/ Roth, Herbert (Hrsg.)* | Beck'scher Online-Kommentar, BGB, München, Stand: 01.08.2015, Edition: 36 (zit.: BeckOK-BGB/*Bearbeiter*, § Rn.) |

| | |
|---|---|
| *Bar, Christian von* | Die eherechtlichen Konventionen der Haager Konferenz(en), in: RabelsZ 57 (1993), S. 63–123 |
| *Bar, Christian von* | Internationales Privatrecht, Band 2: Besonderer Teil, München 1991 (zit: *v.Bar*, IPR II, § Rn.) |
| *Basedow, Jürgen* | The Law of Open Societies – Private Ordering and Public Regulation of International Relations. General Course on Private International Law, in: Rec. cours La Haye 360 (2012), S. 9–516 |
| *Barrière-Brousse, Isabelle* | Anm. zu Cass. 1re civ.,12 avr. 2012, n° 10-27.016, in: JDI 2012, S. 950–959 |
| *Barrière-Brousse, Isabelle* | Le droit international privé de la famille à l'heure européenne, in: Mélanges en l'honneur du professeur Jean-Michel Jacquet, Paris 2013, S. 347–365 (zit.: *Barrière-Brousse*, in: Mél. J.-M. Jacquet, S.) |
| *Barrière-Brousse, Isabelle* | L'improbable européanisation du droit international privé de la famille, in: JCP G., 3 février 2014, n° 5, S. 178–180 |
| *Batiffol, Henri* | La treizième session de la conférence de La Haye de droit international privé, in: Rev. crit. DIP 1977, S. 451–484 |
| *Batiffol, Henri/ Lagarde, Paul* | Traité de droit international privé, tome 1, 8. Aufl., Paris 1993; (zit.: *Batiffol/Lagarde*, Traité de DIP, Rn.) |
| *Beaumel, Catherine/ Bellamy, Vanessa* | Insee Résultats: La situation démographique en 2011 – Mouvement de la population, Paris 2012, abrufbar unter: http://www.insee.fr/fr/ppp/bases-de-donnees/irweb/sd2011/dd/pdf/sd2011_brochure.pdf (Abruf: 22.10.2015) |
| *Becker, Eva* | Ein Europäischer Güterstand? Der deutsch-französische Wahlgüterstand, in: ERA Forum, Volume 12, Issue 1 (2011), S. 103–118 |
| *Becker, Eva* | Auf dem Weg ins BGB: Die deutsch-französische Wahl-Zugewinngemeinschaft, in: FF 2012, S. 199–200 |
| *Beier, Robert* | Die gesetzlichen Rechte des überlebenden Ehegatten nach dem deutschen und spanischen Kollisionsrecht. Unter besonderer Berücksichtigung der viudedad aragonesa, Frankfurt a. M. 2009, zugl.: Heidelberg, Univ., Diss., 2008 (zit.: *Beier*, Die gesetzlichen Rechte des überlebenden Ehegatten, S.) |
| *Beitzke, Günther* | Die 13. Haager Konferenz und der Abkommensentwurf zum ehelichen Güterrecht, in: RabelsZ 41 (1977), S. 457–478 |
| *Berent, Margarete* | Die Zugewinnstgemeinschaft der Ehegatten, Breslau 1915, zugl.: Erlangen, Univ., Diss., 1914 |

| | |
|---|---|
| *Bergmann, Alexander/*<br>*Ferid, Murad/*<br>*Henrich Dieter (Hrsg.)* | Internationales Ehe- und Kindschaftsrecht mit Staatsangehörigkeitsrecht, Loseblattsammlung, Frankfurt a.M., Berlin; Internationale Abkommen und Europäische Rechtsakte, Stand: 212. Erg.-Lfg., 7/2015; Länderteil Frankreich, Stand: 206. Erg.-Lfg., 5/2014; Länderteil USA, Stand: 165. Erg.-Lfg., 02/2006 (zit.: Bergmann/ Ferid/Henrich/*Bearbeiter*, Land, S.) |
| *Boele-Woelki, Katharina* | Property Relations of International Couples in Europe: The Interaction between Unifying and Harmonizing Instruments, in: Kronke, Herbert/Thorn, Karsten (Hrsg.), Grenzen überwinden – Prinzipien bewahren. Festschrift für Bernd von Hoffmann zum 70. Geburtstag, Bielefeld 2011, S. 63–72 (zit.: *Boele-Woelki*, in: FS v. Hoffmann (2011), S.) |
| *Boele-Woelki, Katharina* | Cross-border family relations in Europe: towards a common European matrimonial property law based upon cooperation between private international law and substantive law, in: Keirse, Anne L.M./Loos, Marco B.M. (Hrsg.), Alternative Ways to Ius Commune – The Europeanisation of Private Law, Cambridge 2012, S. 33–47 (zit.: *Boele-Woelki*, in: Keirse/Loos, Alternative Ways to Ius Commune, S.) |
| *Boele-Woelki, Katharina* | Ziel- und Wertvorstellungen der CEFL in ihren Prinzipien zum europäischen Familienrecht, in: Verbeke, Alain-Laurent/Scherpe, Jens M./u.a. (Hrsg.), Confronting the Frontiers of Family and Succession Law, Liber Amicorum Walter Pintens, Antwerpen 2012, S. 167–185 (zit.: *Boele-Woelki*, in: Liber Amicorum Pintens (2012), S.) |
| *Boele-Woelki, Katharina* | Why and How to Accommodate an Optional European Family Law, in: Witzleb, Normann/Ellger, Reinhard/ Mankowski, Peter/Merkt, Hanno/Remien, Oliver (Hrsg.), Festschrift für Dieter Martiny zum 70. Geburtstag, Tübingen 2014, S. 27–40 (zit.: *Boele-Woelki*, in: FS Martiny (2014), S.) |
| *Boele-Woelki, Katharina/*<br>*Ferrand, Frédérique/*<br>*González Beilfuss, Cristina/*<br>*u.a. (Hrsg.)* | Principles of European Family Law Regarding Property Relations Between Spouses, Antwerpen u.a. 2013 |
| *Boele-Woelki, Katharina/*<br>*Jänterä-Jareborg, Maarit* | Initial Results of the Work of the CEFL in the Field of Property Relations between Spouses, in: Boele-Woelki, Katharina/Miles, Joanna K./Scherpe, Jens M. (Hrsg.), The Future of Family Property in Europe, Cambridge u.a. 2011, S. 47–62 (zit.: *Boele-Woelki/Jänterä-Jareborg*, in: Boele-Woelki/Miles/Scherpe, The Future of Family Property in Europe, S.) |

| | |
|---|---|
| *Boele-Woelki, Katharina/ Martiny, Dieter* | Die CEFL und die Prinzipien zum europäischen Familienrecht betreffend vermögensrechtliche Beziehungen zwischen Ehegatten: Der Weg zu einem europäischen Ehegüterrecht, in: ZEuP 2014, S. 608–625 |
| *Boiché, Alexandre* | La prestation compensatoire en droit international privé, in: AJ Famille 2007, S. 117–119 |
| *Boiché, Alexandre* | Les obligations alimentaires dans le cadre de la séparation du couple en droit international privé, in: AJ Famille 2009, S. 72–76 |
| *Boiché, Alexandre* | Régime matrimonial et droit international privé, in: AJ Famille 2013, S. 114–117 |
| *Bonomi, Andrea* | Les régimes matrimoniaux en droit international privé comparé, in: Bonomi, Andrea/Steiner, Marco (Hrsg.), Les régimes matrimoniaux en droit comparé et en droit international privé. Actes du Colloque de Lausanne du 30 septembre 2005, Genf 2006, S. 59–75 (zit.: *Bonomi*, in: Bonomi/Steiner, Les régimes matrimoniaux en droit comparé et en droit international privé, S.) |
| *Bonomi, Andrea* | The Interaction among the Future EU Instruments on Matrimonial Property, Registered Partnerships and Successions, in: YPIL 2011, S. 217–231 |
| *Bonomi, Andrea* | The Proposal for a Regulation on Matrimonial Property. A critique of the Proposed Rule on the Immutability of the Applicable Law, in: Boele-Woelki, Katharina/ Dethloff, Nina/Gephart, Werner (Hrsg.), Family Law and Culture in Europe. Developments, Challenges and Opportunities, Antwerpen u.a. 2014, S. 231–247 (zit.: *Bonomi*, in: Boele-Woelki/Dethloff/Gephart, Family Law and Culture in Europe, S.) |
| *Bosch, Tobias* | Die Durchbrechungen des Gesamtstatuts im internationalen Ehegüterrecht unter besonderer Berücksichtigung deutsch-französischer Rechtsfälle, Frankfurt a. M. 2002, zugl.: Heidelberg, Univ., Diss., 2001 (zit.: *Bosch*, Durchbrechungen des Gesamtstatuts, S.) |
| *Boulanger, David* | Régimes matrimoniaux et effets patrimoniaux des partenariats enregistrés. Deux propositions de règlement de l'Union, in: JCP N., 8 avril 2011, n° 14–15, S. 6–8 |
| *Boulanger, David* | Mutabilité automatique de la loi applicable au régime matrimonial: gare aux couples migrants, Anm. zu Cass. 1re civ., 12 févr. 2014, n° 12-29.297, in: JCP N., 4 juillet 2014, n° 27, S. 45–48 |
| *Braeuer, Max* | Der neue deutsch-französische Wahlgüterstand, in: FF 2010, S. 113–115 |

| | |
|---|---|
| *Braeuer, Max* | Der Zugewinnausgleich: Eine Anleitung für Rechtsanwälte, Richter und Notare, Bielefeld 2011 (zit.: *Braeuer*, Zugewinnausgleich, Rn.) |
| *Braun, Stefan* | Die Wahl-Zugewinngemeinschaft: Ein neuer Güterstand im deutschen (und französischen) Recht, in: MittBayNot 2012, S. 89–94 |
| *Brudermüller, Gerd* | Der reformierte Zugewinnausgleich – Erste Praxisprobleme, in: NJW 2010, S. 401–407 |
| *Brudermüller, Gerd* | Schlussfolgerungen für Änderungen im Güterrecht, in: Brudermüller, Gerd/Dauner-Lieb, Barbara/Meder, Stephan (Hrsg.), Wer hat Angst vor der Errungenschaftsgemeinschaft? – Auf dem Weg zu einem partnerschaftlichen Güterrecht – Schlussfolgerungen aus dem 1. Gleichstellungsbericht, Göttingen 2013, S. 41–45 (zit.: *Brudermüller*, in: Brudermüller/Dauner-Lieb/Meder, Angst vor der Errungenschaftsgemeinschaft, S.) |
| *Bruns, Manfred/ Kemper, Rainer (Hrsg.)* | LPartG, Gesetz zur Beendigung der Diskriminierung gleichgeschlechtlicher Gemeinschaften: Lebenspartnerschaften, Handkommentar, Baden-Baden 2001 (zit.: Hk-LPartG/*Bearbeiter*, § Rn.) |
| *Bumiller, Ursula/ Harders, Dirk/ Schwamb, Werner* | FamFG, Freiwillige Gerichtsbarkeit, 11. Aufl., München 2015 (zit.: *Bumiller/Harders/Schwamb*, § Rn.) |
| *Bundesministerium für Familie, Senioren und Frauen und Jugend (Hrsg.)* | Partnerschaft und Ehe – Entscheidungen im Lebenslauf. Einstellungen, Motive, Kenntnisse des rechtlichen Rahmens, Berlin 2013 (abrufbar unter: http://www.bmfsfj. de/RedaktionBMFSFJ/Broschuerenstelle/Pdf-Anlagen/ Partnerschaft-und-Ehe,property=pdf,bereich=bmfsfj, sprache=de,rwb=true.pdf (Abruf: 22.10.2015) (zit.: BMFSJ, Partnerschaft und Ehe – Entscheidungen im Lebenslauf, S.) |
| *Bundesrechtsanwaltskammer (Hrsg.)* | Stellungnahme der Bundesrechtsanwaltskammer zum Abkommensentwurf eines Deutsch-Französischen Wahlgüterstandes, September 2008, abrufbar unter: http:// www.brak.de/zur-rechtspolitik/stellungnahmen-pdf/ stellungnahmen-deutschland/2008/september/stellungnahme-der-brak-2008-33.pdf (Abruf: 22.10.2015) (zit.: BRAK, Stellungnahme v. Sept. 2008, S.) |

| | |
|---|---|
| *Bundesrechtsanwaltskammer (Hrsg.)* | Stellungnahme der Bundesrechtsanwaltskammer zum Vorschlag für eine Verordnung des Rates über die Zuständigkeit, das anzuwendende Recht, die Anerkennung und Vollstreckung von Entscheidungen im Bereich des Ehegüterrechts und zum Vorschlag für eine Verordnung des Rates über die Zuständigkeit, das anzuwendende Recht, die Anerkennung und Vollstreckung von Entscheidungen im Bereich des Güterrechts für eingetragene Partnerschaften, Juli 2011, abrufbar unter: http://www.brak.de/zur-rechtspolitik/stellungnahmen-pdf/stellungnahmen-deutschland/2011/juli/stellungnahme-der-brak-2011-42.pdf (Abruf: 22.10.2015) (zit.: BRAK, Stellungnahme v. Juli 2011, S.) |
| *Burandt, Wolfgang/ Rojahn, Dieter (Hrsg.)* | Erbrecht, 2. Aufl., München 2014 (zit.: Burandt/Rojahn/ *Bearbeiter*, § Rn.) |
| *Burghaus, Julia* | Die Vereinheitlichung des Internationalen Ehegüterrechts in Europa, Frankfurt a. M. 2010, zugl.: Münster (Westf.), Univ., Diss., 2009 (zit.: *Burghaus*, Vereinheitlichung, S.) |
| *Buschbaum, Markus* | Kollisionsrecht der Partnerschaften außerhalb der traditionellen Ehe – Teil 1 –, in: RNotZ 2010, S. 73–94 |
| *Buschbaum, Markus* | Die künftige Erbrechtsverordnung. Wegbereiter für den aquis im europäischen Kollisionsrecht, in: Beckmann, Roland Michael/Mansel, Heinz-Peter/Matusche-Beckmann, Annemarie (Hrsg.), Weitsicht in Versicherung und Recht. Gedächtnisschrift für Ulrich Hübner, Heidelberg 2012, S. 589–605 (zit.: *Buschbaum*, in: GS Hübner (2012), S.) |
| *Buschbaum, Markus* | Vom Königsweg der Kollisionsrechtsharmonisierung als Leitlinie für das Mehrjahresprogramm für die EU-Ziviljustiz 2015–2020 – Zugleich: Plädoyer gegen die sog. Rechtslagen-Anerkennung, in: GPR 2014, S. 4–7 |
| *Buschbaum, Markus* | Rechtslagenanerkennung aufgrund öffentlicher Urkunden? Bestandsaufnahme und Ausblick nach dem Inkrafttreten der EU-Erbrechtsverordnung, in: Witzleb, Normann/Ellger, Reinhard/Mankowski, Peter/Merkt, Hanno/Remien, Oliver (Hrsg.), Festschrift für Dieter Martiny zum 70. Geburtstag, Tübingen 2014, S. 259–276 (zit.: *Buschbaum*, in: FS Martiny (2014), S.) |
| *Buschbaum, Markus/ Kohler, Marius* | Vereinheitlichung des Erbkollisionsrechts in Europa – Eine kritische Würdigung des Kommissionsvorschlags zur Erbrechtsverordnung, Erster Teil, in: GPR 2010, S. 106–113; Zweiter Teil, in: GPR 2010, S. 162–170 |

*Buschbaum, Markus/*
*Simon, Ulrich*

Die Vorschläge der EU-Kommission zur Harmonisierung des Güterkollisionsrechts für Ehen und eingetragene Partnerschaften – eine erste kritische Analyse, Erster Teil, in: GPR 2011, S. 262–267; Zweiter Teil, in: GPR 2011, S. 305–309 – französische Übersetzung: dies., Les propositions de la Commission européenne relatives à l'harmonisation des règles de conflit de lois sur les biens patrimoniaux des couples mariés et des partenariats enregistrés, in : Rev. crit. DIP 2012, S. 801–816 (zit.: *Buschbaum/Simon*, GPR 2011, S.)

*Buschbaum, Markus/*
*Simon, Ulrich*

EuErbVO: Das Europäische Nachlasszeugnis, in: ZEV 2012, S. 525–530

*Cabrillac, Rémy*

Droit des régimes matrimoniaux, 8. Aufl., Paris 2013

*Callé, Pierre*

Introduction en droit français d'une règle de conflit propre aux partenariats enregistrés, in: Defrénois, 30 septembre 2009, n° 16, S. 1162–1169

*Callé, Pierre*

Circulation des actes authentiques, in: Bosse-Platière, Hubert/Damas, Nicolas/Dereu, Yves (Hrsg.), L'avenir européen du droit des successions internationales, Paris 2011, S. 45–61 (zit.: *Callé*, in: Bosse-Platière/Damas/Dereu, L'avenir européen du droit des successions internationales, S.)

*Callé, Pierre*

Contrat de mariage, déclaration de la loi applicable, changement de régime matrimonial en droit international privé : entre vie familiale et vie professionnelle, in: LPA, 3 juin 2014, n° 110, S. 30–32

*Calliess, Christian/*
*Ruffert, Matthias (Hrsg.)*

EUV/AEUV, Das Verfassungsrecht der Europäischen Union mit Europäischer Grundrechtecharta, Kommentar, 4. Aufl., München 2011 (zit.: Calliess/Ruffert/*Bearbeiter*, EUV/AEUV, Art. Rn.)

*Campuzano Díaz, Beatriz*

The Coordination of the EU Regulations on Divorce and Legal Separation with the Proposal on Matrimonial Property Regimes, in: YPIL 2011, S. 233–253

*Carruthers, Janeen*

Party Autonomy in the Legal Regulation of Adult Relationships: What Place for Party Choice in Private International Law, in: ICLQ 2012, S. 881–913

*Chaussade-Klein, Bernadette*

Die Ermittlung des Güterrechtsstatuts nach französischem IPR, in: IPRax 1992, S. 406–408

*Clarkson, Chris/*
*Cooke, Elizabeth*

Matrimonial Property: Harmony in Europe?, in: Fam. Law 2007, 920–923

*Coester, Michael*

Art. 17b EGBGB unter dem Einfluss des Europäischen Kollisionsrechts, in: IPRax 2013, S. 114–122

| | |
|---|---|
| *Coester-Waltjen, Dagmar* | Die Eigentumsverhältnisse in der Ehe, in: JURA 2011, S. 341–344 |
| *Coester-Waltjen, Dagmar* | Neues aus dem Bereich des europäischen internationalen Ehegüterrechts, in: ZEuP 2012, S. 225–228 |
| *Coester-Waltjen, Dagmar* | Fernwirkungen der Europäischen Verordnungen auf die international-familienrechtlichen Regelungen des EGBGB, in: FamRZ 2013, S. 170–177 |
| *Coester-Waltjen, Dagmar/ Coester, Michael* | Rechtswahlmöglichkeiten im Europäischen Kollisionsrecht, in: Michaels, Ralf/Solomon, Dennis (Hrsg.), Liber Amicorum Klaus Schurig zum 70. Geburtstag, München 2012, S. 33–47 (zit.: *Coester-Waltjen/Coester*, in: Liber Amicorum Schurig (2012), S.) |
| *Coester-Waltjen, Dagmar/ Coester, Michael* | Ehe und eingetragene Lebenspartnerschaft – sachrechliche Visionen und kollisionsrechtliche Konsequenzen, in: Götz, Isabell/Schwenzer, Ingeborg/Seelmann, Kurt/ Taupitz, Jochen (Hrsg.), Familie – Recht – Ethik : Festschrift für Gerd Brudermüller zum 65. Geburtstag, München 2014, S. 75–81 (zit.: *Coester-Waltjen/Coester*, in: FS Brudermüller (2014), S.) |
| *Collard, Fabrice* | Formules contenant adoption du régime optionnel franco-allemand de participation aux acquêts, in: JCP N., 24 janvier 2014, n° 4, S. 35–38 |
| *Colomer, André* | Le nouveau régime matrimonial légal en France (Loi n° 65-570 du 13 juillet 1965), in: RIDC 1966, S. 61–78 |
| *Conseil des barreaux européens (Hrsg.)* | Position du CCBE sur les propositions de règlements du Conseil relatives à la compétence, la loi applicable, la reconnaissance et l'exécution des décisions en matière de régimes matrimoniaux (COM(2011) 126/2) et en matière d'effets patrimoniaux des partenariats enregistrés (COM(2011) 127/2), Brüssel, 7. September 2012, abrufbar unter: http://www.ccbe.eu/fileadmin/user_upload/ NTCdocument/FR_07092012_CCBE_pos2_1348122 082.pdf (Abruf: 22.10.2015) (zit.: CCBE, Stellungnahme, S.) |
| *Conseil des Notariats de l'Union Européenne (Hrsg.)* | Prise de position relative aux propositions de règlement sur les régimes matrimoniaux et sur les effets patrimoniaux des partenariats enregistrés, Brüssel, 21. September 2012, abrufbar unter: http://www.notaries-of-europe.eu/files/position-papers/2012/PP-CNUE-REG-MAT-final-21-9-12-FR.pdf (Abruf: 22.10.2015) (zit.: CNUE, Stellungnahme, S.) |

*Corneloup, Sabine*

Grundlagen der Rechtswahl im Familien- und Erbrecht, in: Roth, Andreas (Hrsg.), Die Wahl ausländischen Rechts im Familien- und Erbrecht, Baden-Baden 2013, S. 15–31 (zit.: *Corneloup*, in: Roth, Die Wahl ausländischen Rechts im Familien- und Erbrecht, S.)

*Corneloup, Sabine*

Anerkennung russischer Entscheidungen nach autonomem französischem Recht, Anm. zu Cass. 1re civ., 30 janv. 2013, n° 11-10588, in: IPRax 2014, S. 82–87

*Cornu, Gérard*

Les régimes matrimoniaux, 9. Aufl., Paris 1997

*Cornu, Gérard*

Linguistique juridique, 3. Aufl., Paris 2005

*Couchez, Gérard*

Essai de délimitation du domaine de la loi applicable au régime matrimonial, Paris 1972, zugl.: Paris, Univ., Thèse de doct., 1969 (zit.: *Couchez*, Essai de délimitation du domaine de la loi applicable au régime matrimonial, Rn.)

*Courbe, Patrick/ Gouttenoire, Adeline*

Droit de la famille, 6. Aufl., Paris 2013

*Crône, Richard*

La loi applicable au régime matrimonial. Hier, aujourd'hui, demain..., in: Bicheron, Frédéric/Gaudemet, Sophie/u.a. (Hrsg.), Mélanges en l'honneur du professeur Gérard Champenois. Liber amicorum, Paris 2012, S. 217–238 (zit.: *Crône*, in: Liber Amicorum Champenois (2012), S.)

*Curry-Sumner, Ian*

A Patchwork of Partnerships: Comparative Overview of Registration Schemes in Europe, in: Boele-Woelki, Katharina/Fuchs, Angelika (Hrsg.), Legal Recognition of Same-Sex Relationships in Europe – National, Cross-Border and European Perspectives, 2. Aufl., Cambridge u.a. 2012, S. 71–87 (zit.: *Curry-Sumner*, in: Boele-Woelki/Fuchs, Legal Recognition of Same-Sex Relationships in Europe, S. )

*Dauriac, Isabelle*

Les régimes matrimoniaux et le PACS, 3. Aufl., Paris 2012

*David, Stéphane/ Jault, Alexis*

Liquidation des régimes matrimoniaux, 2. Aufl., Paris 2013 (zit.: *David/Jault*, Liquidation des régimes matrimoniaux, Rn.)

*Davrados, Nikolaos*

Jurisdictional issues concerning matrimonial property regimes, in: RHDI 66 (2013), S. 259–272

*Delecraz, Yves*

Le nouveau régime des biens dans le pacs, in: AJ Famille 2007, S. 12–15

*Delerue, Karin Susanne*

Der neue deutsch-französische Wahlgüterstand – Für und Wider eines bilateralen Abkommens, in: FamRBint 2010, S. 70–75

| | |
|---|---|
| *Dengel, Katja* | Die europäische Vereinheitlichung des Internationalen Ehegüterrechts und des Internationalen Güterrechts für eingetragene Partnerschaften, Tübingen 2014, zugl.: Würzburg, Univ., Diss., 2014 (zit.: *Dengel*, Die europäische Vereinheitlichung des Internat. Ehegüterrechts, S.) |
| *Derichs, Verena* | Der neue deutsche Güterstand der Wahl-Zugewinngemeinschaft, in: ErbR 2013, S. 306–313 |
| *Derstadt, Eva-Maria* | Der Zugewinnausgleich nach § 1371 BGB bei Geltung des französischen Erbrechts, in: IPRax 2001, S. 84–91 |
| *Dethloff, Nina* | Güterrecht in Europa – Perspektiven für eine Angleichung auf kollisions- und materiellrechtlicher Ebene, in: Kronke, Herbert/Thorn, Karsten (Hrsg.), Grenzen überwinden – Prinzipien bewahren. Festschrift für Bernd von Hoffmann zum 70. Geburtstag, Bielefeld 2011, S. 73–88 (zit.: *Dethloff*, in: FS v. Hoffmann, S.) |
| *Dethloff, Nina* | Der deutsch-französische Wahlgüterstand. Wegbereiter für eine Angleichung des Familienrechts?, in: RabelsZ 76 (2012), S. 509–539 |
| *Dethloff, Nina* | Familienrecht, 30. Aufl., München 2012 (zit.: Dethloff, FamR, Rn.) |
| *Dethloff, Nina* | Denn sie wissen nicht, was sie tun. Parteiautonomie im Internationalen Familienrecht, in: Witzleb, Normann/ Ellger, Reinhard/Mankowski, Peter/Merkt, Hanno/ Remien, Oliver (Hrsg.), Festschrift für Dieter Martiny zum 70. Geburtstag, Tübingen 2014, S. 41–65 (zit.: *Dethloff*, in: FS Martiny (2014), S.) |
| *Dethloff, Nina/ Hauschild, Luise* | Familienrecht im Rahmen der justiziellen Zusammenarbeit in Zivilsachen – Das besondere Gesetzgebungsverfahren gem. Art. 81 III AEUV, in: FPR 2010, S. 489–493 |
| *Deutscher Notarverein (Hrsg.)* | Stellungnahme vom 10. Juni 2011, Vorschlag des Rates über die Zuständigkeit, das anzuwendende Recht und die Vollstreckung von Entscheidungen im Bereich des Ehegüterrechts (Kom (2011) 126 endg.) und im Bereich des Güterrechts eingetragener Lebenspartnerschaften (Kom (2011) 127 endg.), abrufbar unter: http://www.dnotv.de/ _files/Dokumente/Stellungnahmen/StellungnahmeGterrechts-VODNotV.pdf (Abruf: 22.10.2015) (zit.: DNotV, Stellungnahme, S.) |
| *Deutsches Notarinstitut* | Pauschale Erhöhung des Ehegattenerbteils um das güterrechtliche Viertel bei Geltung ausländischen Erbrechts, Anm. zu OLG Köln, Beschl. vom 5.8.2011 – 2 Wx 115/11 sowie OLG München, Beschl. vom 16.4.2012 – 31 Wx 45/12, in: DNotI-Report 2012, S. 107–108 (zit.: DNotI, Stellungnahme, DNotI-Report 2012, 107) |

*Deutsches Notarinstitut*    Erhöhung des gesetzlichen Erbteils des überlebenden Ehegatten wegen Beendigung der Zugewinngemeinschaft unter Geltung österreichischen Erbstatuts, Anm. zu OLG Schleswig, Beschl. vom 19.8.2013 – 3 Wx 60/13, in: DNotI-Report 2013, S. 175–176 (zit.: DNotI, Stellungnahme, DNotI-Report 2013, 175)

*Devers, Alain*    La loi applicable au régime patrimonial des partenariats enregistrés, in: Droit & patrimoine 2009, S. 77–83

*Devers, Alain*    L'efficacité des partenariats enregistrés à l'étranger, in: JCP N., 22 juin 2012, n° 25, S. 32–37

*Devisme, Marjorie*    La place de la volonté dans l'établissement des conventions matrimoniales, in: JCP N., 22 juin 2012, n° 25, S. 45–50

*Döbereiner, Christoph*    Ehe- und Erbverträge im deutsch-französischen Rechtsverkehr – Anordnungen und Vereinbarungen auf den Todesfall in Zusammenhang mit Eheverträgen, Köln 2001, zugl.: Regensburg, Univ., Diss., 1999 (zit.: *Döbereiner*, Ehe- und Erbverträge im dt.-frz. Rechtsverkehr, S.)

*Döbereiner, Christoph*    Der Kommissionsvorschlag für das internationale Ehegüterrecht, in: MittBayNot 2011, S. 463–467

*Döbereiner, Christoph*    Das internationale Erbrecht nach der EU-Erbrechtsverordnung (Teil I), in: MittBayNot 2013, S. 358–366

*Döbereiner, Christoph*    Das Gesetz zum Internationalen Erbrecht und zur Änderung von Vorschriften zum Erbschein, in: NJW 2015, S. 2449–2455

*Dörner, Heinrich*    Grundfragen der Anknüpfung gleichgeschlechtlicher Partnerschaften, in: Mansel, Heinz-Peter/Pfeiffer, Thomas/Kronke, Herbert/u.a (Hrsg.), Festschrift für Erik Jayme, München 2004, S. 143–152 (zit.: *Dörner*, in: FS Jayme (2004), S.)

*Dörner, Heinrich*    Anm. zu OLG Stuttgart, Beschl. vom 8.3.2005 – 8 W 96/04, in: ZEV 2005, S. 444–445

*Dörner, Heinrich*    Der Entwurf einer europäischen Verordnung zum Internationalen Erb- und Erbverfahrensrecht – Überblick und ausgewählte Probleme, in: ZEV 2010, S. 221–228

*Dörner, Heinrich*    EuErbVO: Die Verordnung zum Internationalen Erb- und Erbverfahrensrecht ist in Kraft!, in: ZEV 2012, S. 505–513

*Dörner, Heinrich*    Die Abgrenzung des Erbstatuts vom Güterstatut, in: Dutta, Anatol/Herrler, Sebastian (Hrsg.), Die Europäische Erbrechtsverordnung, München 2014, S. 73–83 (zit.: *Dörner*, in: Dutta/Herrler, Die Europäische ErbVO, S.)

| | |
|---|---|
| *Dörner, Heinrich* | Zur Qualifikation des § 1371 Abs. 1 BGB – eine verpasste Gelegenheit, Anm. zu BGH, Beschl. vom 12.9.2012 – IV ZB 12/12, in: IPRax 2014, S. 323–326 |
| *Dörner, Heinrich* | Der Anwendungsbereich des deutsch-französischen Abkommens über den Güterstand der Wahl-Zugewinngemeinschaft, in: Bezzenberger, Tilman/Gruber, Joachim, Rohlfing-Dijoux, Stephanie (Hrsg.), Die deutsch-französischen Rechtsbeziehungen, Europa und die Welt. Les relations juridiques franco-allemandes, l'Europe et le monde. Liber amicorum Otmar Seul, Baden-Baden 2014, S. 107–120 (zit.: *Dörner*, in: Liber Amicorum Seul (2015), S.) |
| *Dorenberg, Kristian* | Hinkende Rechtsverhältnisse im internationalen Familienrecht, Berlin 1968, zugl.: München, Univ., Diss., 1967 (zit.: *Dorenberg*, Hinkende Rechtsverhältnisse im internationalen Familienrecht, S.) |
| *Douchy-Oudot, Mélina* | L'exception de litispendance soulevée dans une instance de divorce, Anm. zu Cass. 1re civ., 1er déc. 2010, n° 09-79.132; Cass. 1re civ., 23 févr. 2011, n° 10-14.106, in: RTDeur. 2011, S. 479–480 |
| *Droz, Georges A. L.* | Les régimes matrimoniaux en droit international privé, in: Rec. cours La Haye 143 (1974-III), S. 1–138 |
| *Droz, Georges A. L.* | Les nouvelles règles de conflit françaises en matière de régimes matrimoniaux, in: Rev. crit. DIP 1992, S. 631–680 |
| *Dutta, Anatol* | Entwicklungen des Pflichtteilsrechts in Europa, in: FamRZ 2011, S. 1829–1840 |
| *Dutta, Anatol* | Das internationale Erbrecht der Europäischen Union – Eine erste Lektüre der Erbrechtsverordnung, in: FamRZ 2013, S. 4–15 |
| *Dutta, Anatol* | Die europäische Erbrechtsverordnung vor ihrem Anwendungsbeginn: Zehn ausgewählte Streitstandminiaturen, in: IPRax 2015, S. 32–39 |
| *Dutta, Anatol* | Anm. zu OLG Düsseldorf, Beschl. vom 10.3.2015 – 3 Wx 196/14, in: FamRZ 2015, S. 1238–1240 |
| *Dutta, Anatol/ Wedemann, Frauke* | Die Europäisierung des internationalen Zuständigkeitsrechts in Gütersachen, in: Geimer, Reinhold/Schütze, Rolf A. (Hrsg.), Recht ohne Grenzen, Festschrift für Athanassios Kaissis zum 65. Geburtstag, München 2012, S. 133–151 (zit.: *Dutta/Wedemann*, in: FS Kaissis (2012), S.) |
| *Eekelaar, John* | Perceptions of Equality: The Road to Same-Sex marriage in England and Wales, in: International Journal of Law, Policy and the Family 2014, S. 1–25 |

*Enneccerus, Ludwig/*
*Kipp, Theodor/*
*Wolff, Martin*

Lehrbuch des Bürgerlichen Rechts, 2. Band, 2. Abteilung, Das Familienrecht, 6. bis 8. Aufl., Marburg 1914 (zit.: *Enneccerus/Kipp/Wolff*, Lehrbuch des Bürgerlichen Rechts, § S.)

*Erger, Christian/*
*Kaesling, Katharina*

Immaterieller Schadensersatz im Zugewinnausgleich der deutsch-französischen Wahlzugewinngemeinschaft, in: NZFam 2014, S. 631–636

*Erman, Walter (Begr.)*

Bürgerliches Gesetzbuch; Band 2 (§§ 795–2385 BGB, ProdHaftG, ErbbauRG, VersAusglG, VBVG, LPartG, WEG, EGBGB), 14. Aufl., Münster 2014 (zit.: Erman/*Bearbeiter*, § Rn.)

*Eßer, Maximilian*

Der Erlass weitergehender Formvorschriften im Rahmen des Haager Unterhaltsprotokolls durch die Mitgliedstaaten der EU, in: IPRax 2013, S. 399–402

*European Union Agency*
*for Fundamental Rights*
*(FRA)*

Opinion of the European Union Agency for Fundamental Rights on the Proposal for a regulation on jurisdiction, applicable law and the recognition and enforcement of decisions regarding the property consequences of registered partnerships, Stellungnahme vom 31.05.2012, engl. Originalfassung abrufbar unter: http://fra.europa.eu/sites/default/files/fra-opinion-2012-property-regimes_en.pdf (Abruf: 22.10.2015) (zit.: European Union Agency for Fundamental Rights, Stellungnahme, S.)

*Farge, Michel*

Anm. zu Cass. 1re civ., 12 févr. 2014, n° 12-29.297, in: Droit de la famille, avril 2014, S. 35–36

*Farrugia, Ruth*

The future European Union regulation concerning matrimonial property regimes, in: Campuzano Díaz, Beatriz/Czepelak, Marcin/u.a. (Hrsg.), Latest Developments in EU Private International Law, Cambridge 2011, S. 63–82 (zit.: *Farrugia*, in: Campuzano Díaz/Czepelak/u.a., Latest Developments in EU Private International Law, S.)

*Favoreu, Louis/Gaïa, Patrick/*
*Ghevontian, Richard/*
*u.a.*

Droit constitutionnel, 16. Aufl., Paris 2014 (zit.: *Favoreu/Gaïa Ghevontian*, Droit constitutionnel, Rn.)

*Ferid, Murad/*
*Firsching, Karl (Begr.)*

Internationales Erbrecht, Quellensammlung mit systematischer Darstellung des materiellen Erbrechts sowie des Kollisionsrechts der wichtigsten Staaten, Loseblattsammlung, Band 2 (Dänemark, Deutschland), München, Stand: 61. Erg.-Lfg., 2005 (zit.: Ferid/Firsching/*Bearbeiter*, IntErbR, Land, Rn.)

*Ferid, Murad/*
*Sonnenberger, Hans Jürgen*

Das französische Zivilrecht, Band 2, Schuldrecht: Die einzelnen Schuldverhältnisse, Sachenrecht, 2. Aufl., Heidelberg 1986; Band 3, Familienrecht, Erbrecht, 2. Aufl., Heidelberg 1987 (zit.: *Ferid/Sonnenberger*, FrzZR II/III, Rn.)

*Ferrand, Frédérique/*
*Francoz-Terminal, Laurence*

Entwicklungen im französischen Familienrecht 2006–2007, in: FamRZ 2007, S. 1499–1504

*Ferrand, Frédérique/*
*Francoz-Terminal, Laurence*

Das französische Gesetz Nr. 2013–3404 v. 17.5.2013 zur Eheschließung zwischen gleichgeschlechtlichen Personen und seine Auswirkungen auf das Familienrecht, in: FamRZ 2013, S. 1448–1450

*Finger, Peter*

Dt.-frz. Wahlgüterstand der Zugewinngemeinschaft, in: FuR 2010, S. 481–488

*Finger, Peter*

Güterrechtliche Rechtsbeziehungen mit Auslandsbezug – geplante Neuregelung durch europ. VO für Lebenspartner bzw. Eheleute, in: FuR 2012, S. 10–18

*Fitchen, Jonathan*

Authentic Instruments and European Private International Law in Civil and Commercial Matters: Is Now the Time to Break New Ground?, in: JPIL 2011, S. 33–100

*Flour, Jacques/*
*Champenois, Gérard*

Les régimes matrimoniaux, 2. Aufl., Paris 2001

*Fötschl, Andreas*

The Common Optional Matrimonial Property Regime of Germany and France – Epoch-Making in the Unification of Law, in: YPIL 2009, S. 395–404 – wortgleich mit: ders., The COMPR of Germany and France: Epoch-Making in the Unification of Law, in: ERPL 2010, S. 881–889 (zit.: *Fötschl*, YPIL 2009, S.)

*Fongaro, Éric*

Le mariage homosexuel à l'épreuve du droit international privé. À propos de la réponse ministérielle du 26 juillet 2005, in: JDI 2006, S. 477–509

*Fongaro, Éric*

Le changement de régime matrimonial en droit international privé – entre présent et avenir, in: Droit & patrimoine 2012, S. 87–91

*Fongaro, Éric*

Vers un droit patrimonial européen de la famille?, in: JCP N., 12 avril 2013, n° 15, S. 27–31

*Fongaro, Éric (Hrsg.)*

Droit patrimonial européen de la famille, Paris 2013 (zit.: Fongaro/*Bearbeiter*, Droit patrimonial européen de la famille, Rn.)

*Foyer, Jacques*

Reconnaissance et exécution des jugements étrangers et des actes authentiques, in: Khairallah, Georges/ Revillard, Mariel (Hrsg.), Perspectives du droit des successions européennes et internationales, Études de la proposition de règlement du 14 octobre 2009, Paris 2010, S. 135–151 (zit.: *Foyer*, in: Khairallah/Revillard, Perspectives du droit des successions, S.)

| | |
|---|---|
| *Foyer, Jacques* | Le changement de régime matrimonial en droit international privé entre règles internes et règles internationales, in: Bicheron, Frédéric/Gaudemet, Sophie/u.a. (Hrsg.), Mélanges en l'honneur du professeur Gérard Champenois. Liber amicorum, Paris 2012, S. 273–285 (zit.: *Foyer*, in: Liber Amicorum Champenois (2012), S.) |
| *Frentzen, Heike* | Zugewinngemeinschaft und participation aux acquêts – Ein Vergleich –, Bonn 1993, zugl.: Bonn, Univ., Diss., 1993 (zit.: *Frentzen*, Zugewinngemeinschaft und participation aux acquêts, S.) |
| *Fricke, Martin* | Die Anerkennung ausländischer Urteile in Frankreich nach autonomem Recht, in: IPRax 1989, S. 202–207 |
| *Friedrich, Wolf* | Technik des Übersetzens. Englisch und Deutsch, 4. Aufl., Ismaning 1977 (zit.: *Friedrich*, Technik des Übersetzens, S.) |
| *Frucht, Caroline* | Der Pacte civil de solidarité im französischen und deutschen internationalen Privatrecht, München 2005, zugl.: München, Univ., Diss., 2004 (zit.: *Frucht*, Der PACS im frz. und dt. IPR, S.) |
| *Fulchiron, Hugues* | Mariage et partenariats homosexuels en droit international privé français, in: RIDC 2006, S. 409–438 |
| *Fulchiron, Hugues* | Le mariage entre personnes de même sexe en droit international privé au lendemain de la reconnaissance du « mariage pour tous », in: JDI 2013, S. 1055–1113 |
| *Gaudemet-Tallon, Hélène* | Incertaines familles, incertaines frontières: quel droit international privé?, in: Mélanges en l'honneur de Mariel Revillard: liber amicorum, Paris 2007, S. 147–168 (zit.: *Gaudemet-Tallon*, in: Liber Amicorum Revillard (2007), S.) |
| *Gebauer, Martin/ Staudinger, Ansgar* | Registrierte Lebenspartnerschaften und die Kappungsregel des Art. 17b Abs. 4 EGBGB, in: IPRax 2002, S. 275–282 |
| *Geimer, Reinhold* | »Annahme« ausländischer öffentlicher Urkunden in Erbsachen gemäß Art. 59 EuErbVO, in: Dutta, Anatol/ Herrler, Sebastian (Hrsg.), Die Europäische Erbrechtsverordnung, München 2014, S. 143–159 (zit.: *Geimer*, in: Dutta/Herrler, Die Europäische ErbVO, S.) |
| *Gernhuber, Joachim/ Coester-Waltjen, Dagmar* | Familienrecht, 6. Aufl., München 2010 (zit.: *Gernhuber/ Coester-Waltjen*, FamR, § Rn.) |
| *Gesing, Hannah Birthe* | Der Erbfall mit Auslandsberührung unter besonderer Berücksichtigung hinkender Rechtsverhältnisse, Frankfurt a. M. 2011, zugl.: Düsseldorf, Univ., Diss., 2011 (zit.: *Gesing*, Erbfall mit Auslandsberührung, S.) |

| | |
|---|---|
| *Glombik, Viola* | Perspektiven einer Europäisierung des Eherechts, Frankfurt a. M. 2010, zugl.: Kiel, Univ., Diss. 2009 (zit.: *Glombik*, Perspektiven einer Europäisierung, S.) |
| *Gössl, Susanne Lilian* | Die Vorfrage im Internationalen Privatrecht der EU, in: ZfRV 2011, 65–72 |
| *González Beilfuss, Cristina* | El Acuerdo franco-alemán instituyendo un régimen económico matrimonial común, in: AEDIPr 2010, S. 397–416 |
| *González Beilfuss, Cristina* | The Proposal for a Council Regulation on the Property Consequences of Registered Partnerships, in: YPIL 2011, S. 183–198 |
| *González Beilfuss, Cristina* | The Unification of Private International Law in Europe: A Success Story?, in: Boele-Woelki, Katharina/Miles, Joanna K./Scherpe, Jens M. (Hrsg.), The Future of Family Property in Europe, Cambridge u.a. 2011, S. 329–340 (zit.: *González Beilfuss*, in: Boele-Woelki/Miles/Scherpe, The Future of Family Property in Europe, S.) |
| *González Beilfuss, Cristina* | The Franco-German Treaty instituting a Common Matrimonial Regime of Participation in the Acquisitions: How could Catalonia Opt In?, in: Verbeke, Alain-Laurent/Scherpe, Jens M./u.a. (Hrsg.), Confronting the Frontiers of Family and Succession Law, Liber Amicorum Walter Pintens, Antwerpen 2012, S. 623–632 (zit.: *González Beilfuss*, in: Liber Amicorum Pintens (2012), S.) |
| *Goossens, Elise* | Different Regulatory Regimes for Registered Partnership and Marriage: Out-Dated or Indespensable?, A European Perspective on the Belgian Model, in: Verbeke, Alain-Laurent/Scherpe, Jens M./u.a. (Hrsg.), Confronting the Frontiers of Family and Succession Law, Liber Amicorum Walter Pintens, Antwerpen 2012, S. 633–650 (zit.: *Goossens*, in: Liber Amicorum Pintens (2012), S.) |
| *Gottwald, Peter* | Die versteckte Perle oder »Much Ado About Nothing«, Gedanken zum neuen Güterstand der Wahl-Zugewinngemeinschaft, in: Verbeke, Alain-Laurent/Scherpe, Jens M./u.a. (Hrsg.), Confronting the Frontiers of Family and Succession Law, Liber Amicorum Walter Pintens, Antwerpen 2012, S. 651–662 (zit.: *Gottwald*, in: Liber Amicorum Pintens (2012), S.) |
| *Grabitz, Eberhard/ Hilf, Meinhard/ Nettesheim, Martin (Hrsg.)* | Das Recht der Europäischen Union, Loseblattsammlung, München, Stand: 56. Erg.-Lfg., 2015 (zit.: Grabitz/Hilf/Nettesheim/*Bearbeiter*, Das Recht der EU, Art. Rn.) |
| *Granet-Lambrechts, Frédérique/ Hilt, Patrice* | JCl. Civil Code, Art. 515-1 à 515-7-1, fasc. unique, Stand: 1 Juli 2014 (zit.: *Granet-Lambrechts/Hilt*, JCl. Civil Code, Art. 515-1 à 515-7-1, fasc. unique, Rn.) |

*Gray, Jacqueline/* *Quinzá Redondo, Pablo* Stress-Testing the EU Proposal on Matrimonial Property Regimes: Co-operation between EU private international law instruments on family matters and succession, in: F&R, nov. 2013, abrufbar unter: http://www.familieen recht.nl/downloads/pdf/fenr/FENR-D-13-00008.pdf (Abruf: 22.10.2015) (zit.: *Gray/Quinzá Redondo*, F&R, nov. 2013, Rn.)

*Gresser, Edmond* Grundzüge des geänderten französischen Erbrechts (ab 1. Januar 2007), in: ZErb 2006, 407–412

*Greubel, Peter* Das »régime matrimonial primaire« und seine Stellung im deutsch-französischen Verhältnis, München 1971, zugl.: Münster, Univ., Diss., 1970 (zit.: *Greubel*, Das »régime matrimonial primaire«, S.)

*Grimaldi, Michel (Hrsg.)* Droit patrimonial de la famille, Dalloz action, 2011/ 2012, 4. Aufl., Paris 2011 (zit.: Grimaldi/*Bearbeiter*, Droit patrimonial de la famille, Rn.)

*Grötsch, Michael* Die europäischen Verordnungen im Familienrecht (EU-UntVO, Rom III-VO) und ihre Auswirkungen auf die Gestaltung von Eheverträgen, in: Hager, Johannes (Hrsg.), Update Familienrecht, Tagungsband, Baden-Baden 2013, S. 55–83 (zit.: *Grötsch*, in: Hager, Update Familienrecht, S.)

*Gruber, Urs Peter* Scheidung auf Europäisch – die Rom III-Verordnung, in: IPRax 2012, S. 381–392

*Gruber, Urs Peter* Le mariage homosexuel et le droit international privé allemand, in: Rev. crit. DIP 2013, S. 65–73

*Gsell, Beate/* *Krüger, Wolfgang/* *Lorenz, Stephan/* *Mayer, Jörg (Hrsg.)* beck-online.GROSSKOMMENTAR, BeckOGK, im Aufbau, München, Stand: 01.02.2015 (zit.: BeckOGK/ *Bearbeiter*, § Rn.)

*Guillaud-Bataille, Sylvain* Droit international privé : mariage et divorce, les enjeux internationaux, in: JCP N., 2 mai 2014, n° 18, S. 75–86

*Hahne, Meo-Micaela/* *Munzig, Jörg (Hrsg.)* Beck'scher Online-Kommentar, FamFG, München, Stand: 01.07.2015, Edition: 16 (zit.: BeckOK-FamFG/ *Bearbeiter*, § Rn.)

*Hammje, Petra* Réflexions sur l'article 515-7-1 du Code civil. Loi n° 2009-526 du 12 mai 2009, article 1er, in: Rev. crit. DIP 2009, S. 483–491

*Hammje, Petra* « Mariage pour tous » et droit international privé. Dits et non-dits de la loi du 17 mai 2013 ouvrant le mariage aux couples de personnes de même sexe, in: Rev. crit. DIP 2013, S. 773–806

| | |
|---|---|
| *Harding, Maebh* | The Harmonisation of Private International Law in Europe: Taking the Character Out of Family Law?, in: JPIL 2011, S. 203–229 |
| *Hau, Wolfgang* | Grundlagen der internationalen Notzuständigkeit im Europäischen Zivilverfahrensrecht, in: Geimer, Reinhold/Schütze, Rolf A. (Hrsg.), Recht ohne Grenzen, Festschrift für Athanassios Kaissis zum 65. Geburtstag, München 2012, S. 355–366 (zit.: *Hau*, in: FS Kaissis (2012), S.) |
| *Hau, Wolfgang* | Zur internationalen Entscheidungszuständigkeit im künftigen Europäischen Güterrecht, in: Geimer, Reinhold/Schütze, Rolf A./Garber, Thomas (Hrsg.), Europäische und internationale Dimension des Rechts. Festschrift für Daphne-Ariane Simotta, Wien 2012, S. 215–226 (zit.: *Hau*, in: FS Simotta (2012), S.) |
| *Hau, Wolfgang* | Zur Durchführung der Rom III-Verordnung in Deutschland, in: FamRZ 2013, S. 249–255 |
| *Hausmann, Rainer* | Der Unterhaltsbegriff in Staatsverträgen des internationalen Privat- und Verfahrensrechts, Anm. zu OLG Karlsruhe, Beschl. vom 18.01.1989 – 2 WF 158/88, in: IPRax 1990, S. 382–389 |
| *Hausmann, Rainer* | Überlegungen zum Kollisionsrecht registrierter Partnerschaften, in: Gottwald, Peter/Jayme, Erik/Schwab, Dieter (Hrsg.), Festschrift für Dieter Henrich zum 70. Geburtstag, Bielefeld 2000, S. 241–265 (zit.: *Hausmann*, in: FS Henrich (2000), S.) |
| *Hausmann, Rainer* | Internationales und Europäisches Ehescheidungsrecht, München 2013 (zit.: *Hausmann*, Int. ScheidungsR, Kap. Rn.) |
| *Hausmann, Rainer/ Hohloch, Gerhard (Hrsg.)* | Das Recht der nichtehelichen Lebensgemeinschaft, Handbuch, 2. Aufl., Berlin 2004 (zit.: Hausmann/Hohloch/*Bearbeiter*, Recht der nichtehel. LG, Kap. Rn.) |
| *Haußleiter, Martin (Hrsg.)* | FamFG, Gesetz über das Verfahren in Familiensachen und Angelegenheiten der freiwilligen Gerichtsbarkeit, Kommentar, München 2011 (zit.: Haußleiter/*Bearbeiter*, § Rn.) |
| *Heenan, Anna/ Bateman, Julia* | Pondering Property Rights: The European Commission Proposals on Property Regimes for International Couples, in: IFL 2011, September, S. 211–214 |
| *Heinemann, Jörn* | Die Wahl-Zugewinngemeinschaft als neuer Güterstand, in: FamRB 2012, S. 129–135 |
| *Heinig, Jens* | Anm. zu OLG Schleswig, Beschl. vom 19.8.2013 – 3 Wx 60/13, in: DNotZ 2014, S. 251–258 |

*Heiß, Beate/*
*Born, Winfried (Hrsg.)*

Unterhaltsrecht, Ein Handbuch für die Praxis, Loseblatt-sammlung, München, Stand: 47. Erg.-Lfg., 2015 (zit.: Heiß/Born/*Bearbeiter*, Unterhaltsrecht, Kap. Rn.)

*Helms, Tobias*

Neues europäisches Familienkollisionsrecht, in: Verbeke, Alain-Laurent/Scherpe, Jens M./u.a. (Hrsg.), Confronting the Frontiers of Family and Succession Law, Liber Amicorum Walter Pintens, Antwerpen 2012, S. 681–770 (zit.: *Helms*, in: Liber Amicorum Pintens (2012), S.)

*Henrich, Dieter*

Internationales Familienrecht, 2. Aufl., Frankfurt a. M. u.a. 2000 (zit.: *Henrich*, IntFamR, § S.)

*Henrich, Dieter*

Abschied vom Staatsangehörigkeitsprinzip?, in: Hohloch, Gerhard/Frank, Rainer/Schlechtriem, Peter (Hrsg.), Festschrift für Hans Stoll zum 75. Geburtstag, Tübingen 2001, S. 437–449 (zit.: *Henrich*, in: FS Stoll (2001), S.)

*Henrich, Dieter*

Kollisionsrechtliche Fragen der eingetragenen Lebenspartnerschaft, in: FamRZ 2002, S. 137–144

*Henrich, Dieter*

Vorfragen im Familien- und Erbrecht: eine unendliche Geschichte, in: Michaels, Ralf/Solomon, Dennis (Hrsg.), Liber Amicorum Klaus Schurig zum 70. Geburtstag, München 2012, S. 63–72 (zit.: *Henrich*, in: Liber Amicorum Schurig (2012), S.)

*Henrich, Dieter*

Zur Parteiautonomie im europäisierten internationalen Familienrecht, in: Verbeke, Alain-Laurent/Scherpe, Jens M./u.a. (Hrsg.), Confronting the Frontiers of Family and Succession Law, Liber Amicorum Walter Pintens, Antwerpen 2012, S. 701–713 (zit.: *Henrich*, in: Liber Amicorum Pintens (2012), S.)

*Henrich, Dieter*

Rechtswahl im Unterhaltsrecht nach dem Haager Protokoll, in: Roth, Andreas (Hrsg.), Die Wahl ausländischen Rechts im Familien- und Erbrecht, Baden-Baden 2013, S. 53–66 (zit.: *Henrich*, in: Roth, Die Wahl ausländischen Rechts im Familien- und Erbrecht, S.)

*Henrich, Dieter*

Auf dem Weg zu einem europäischen internationalen Ehegüterrecht, in: Götz, Isabell/Schwenzer, Ingeborg/Seelmann, Kurt/Taupitz, Jochen (Hrsg.), Familie – Recht – Ethik: Festschrift für Gerd Brudermüller zum 65. Geburtstag, München 2014, S. 311–321 (zit.: *Henrich*, in: FS Brudermüller (2014), S.)

*Herberger, Maximilian/*
*Martinek, Michael u.a.*
*(Hrsg.)*

Juris-PraxisKommentar BGB, Band 6, Internationales Privatrecht, 7. Aufl., Saarbrücken 2014 (zit.: jurisPK-BGB/*Bearbeiter*, Art. Rn.)

*Herdegen, Matthias*

Völkerrecht, 14. Aufl., München 2015 (zit.: *Herdegen*, VölkerR, § Rn.)

*Herr, Thomas*

Das Schmerzensgeld im Zugewinnausgleich, in: NJW 2008, S. 262–266

*Hertel, Christian*

Anm. zu OLG Schleswig, Beschl. vom 19.8.2013 – 3 Wx 60/13, in: ZEV 2014, S. 96–97

*Hess, Burkhard/*
*Jayme, Erik/*
*Pfeiffer, Thomas*

Stellungnahme zum Vorschlag für eine Europäische Erbrechtsverordnung Version 2009/157 (COD) vom 16.1.2012, Institut für ausländisches und internationales Privat- und Wirtschaftsrecht an der Ruprecht-Karls-Universität Heidelberg, Februar 2012, abrufbar unter: http://www.europarl.europa.eu/committees/en/studiesdo wnload.html?languageDocument=DE&file=67453 (Abruf: 22.10.2015) (zit.: *Hess/Jayme/Pfeiffer*, Stellungnahme zum ErbVO-E, S.)

*Hilbig-Lugani, Katharina*

Divergenz und Transparenz: Der Begriff des gewöhnlichen Aufenthalts der privat handelnden natürlichen Person im jüngeren EuIPR und EuZVR, in: GPR 2014, S. 8–16

*Hoffmann, Bernd von/*
*Thorn, Karsten*

Internationales Privatrecht einschließlich der Grundzüge des Internationalen Zivilverfahrensrecht, 9. Aufl., München 2007 (zit.: *v. Hoffmann/Thorn*, IPR, § Rn.)

*Hohloch, Gerhard*

Internationale Vollstreckung familienrechtlicher Titel, in: FPR 2012, S. 495–502)

*Hoischen, Nicola*

Der deutsch-französische Wahlgüterstand in der notariellen Praxis, in: RNotZ 2015, 317–342

*Holleaux, Dominique/*
*Foyer, Jacques/*
*Geouffre de La Pradelle,*
*Géraud de*

Droit international privé, Paris u.a. 1987 (zit.: *Holleaux/Foyer/Geouffre de La Pradelle*, DIP, Rn.)

*Horn, Claus-Henrik*

Das deutsche Zugewinnausgleichsviertel im internationalen Erbrecht, in: ZEV 2008, S. 417–421

*Jacoby, Edmond*

Die Rechte des überlebenden Ehegatten an unbeweglichem Vermögen und die notarielle Praxis bei deutsch-französischen Verhältnissen: Herausforderungen und Perspektiven, in: GPR 2008, S. 91–98 – wortgleich mit: ders., Die Rechte des überlebenden Ehegatten an unbeweglichem Vermögen und die notarielle Praxis bei deutsch-französischen Verhältnissen: Herausforderungen und Perspektiven, in: Baldus, Christian/Müller-Graff, Peter-Christian (Hrsg.), Europäisches Privatrecht in Vielfalt geeint, München 2011, S. 151–169 (zit.: *Jacoby*, GPR 2008, S.)

*Jacoby, Edmond*  Erfahrungen mit der Errungenschaftsgemeinschaft in Frankreich, in: Brudermüller, Gerd/Dauner-Lieb, Barbara/Meder, Stephan (Hrsg.), Wer hat Angst vor der Errungenschaftsgemeinschaft? – Auf dem Weg zu einem partnerschaftlichen Güterrecht – Schlussfolgerungen aus dem 1. Gleichstellungsbericht, Göttingen 2013, S. 67–76 (zit.: *Jacoby*, in: Brudermüller/Dauner-Lieb/Meder, Angst vor der Errungenschaftsgemeinschaft, S.)

*Jäger, Torsten*  Der neue deutsch-französische Güterstand der Wahl-Zugewinngemeinschaft – Inhalt und seine ersten Folgen für die Gesetzgebung und Beratungspraxis, in: DNotZ 2010, S. 804–826

*Jakob, Dominique*  Die eingetragene Lebenspartnerschaft im internationalen Privatrecht, Köln 2002, zugl.: München, Univ., Diss., 2001 (zit.: *Jakob*, Die eingetragene LP im IPR, S.)

*Jault-Seseke, Fabienne*  Mariages et partenariats enregistrés: Critique de la diversité des méthodes de droit international privé, in: Foyer, Jacques/Meunier, Jacques/Jault-Seseke, Fabienne/u.a., Le droit entre tradition et modernité. Mélanges à la mémoire de Patrick Courbe, Paris 2012, S. 311–325 (zit.: *Jault-Seseke*, in: Mél. P. Courbe, S. Rn.)

*Jault-Seseke, Fabienne*  Vingt ans d'application de la Convention de La Haye sur la loi applicable aux régimes matrimoniaux, in: RLDC 2012, n° 99, S. 43–47

*Jault-Seseke, Fabienne*  Droit international privé, février 2012 – février 2013, Anm. zu Cass. 1re civ., 30 janv. 2013, n° 11-10588, in: D. 2013, S. 1503–1514

*Jayme, Erik*  Wandel des Unterhaltsbegriffs und Staatsverträge im Internationalen Privatrecht, in: Stoffel, Walter A./Volken, Paul (Hrsg.), Conflits et harmonisation, Mélanges en l'honneur d'Alfred E. von Overbeck à l'occasion de son 65ème anniversaire, Fribourg 1990, S. 529–544 (zit.: *Jayme*, in: Mél. A. E. v.Overbeck, S.)

*Jayme, Erik*  Zur Reichweite des Erbstatuts, in: Reichelt, Gerte/Rechberger, Walter H. (Hrsg.), Europäisches Erbrecht – Zum Verordnungsvorschlag der Europäischen Kommission zum Erb- und Testamentsrecht, Wien 2011, S. 27–40 (zit.: *Jayme*, in: Reichelt/Rechberger, Europäisches Erbrecht, S.)

*Jeremias, Christoph/* *Schäper, Eva*  Zugewinnausgleich nach § 1371 BGB bei Geltung ausländischen Erbrechts, in: IPRax 2005, S. 521–526

*Johannsen, Kurt H./* *Henrich, Dieter*  Familienrecht, Scheidung, Unterhalt, Verfahren, Kommentar, 6. Aufl., München 2015 (zit.: Johannsen/Henrich/*Bearbeiter*, § Rn.)

*Joubert, Natalie/*
*Bosse-Platière, Hubert, in:*
*Bosse-Platière, Hubert/*
*Damas, Nicolas/*
*Dereu, Yves (Hrsg.)*

L'avenir européen du droit des successions internationales, Paris 2011, S. 63–84 (zit.: *Joubert/Bosse-Platière*, in: Bosse-Platière/Damas/Dereu, L'avenir européen du droit des successions internationales, S.)

*Joubert, Natalie/*
*Morel, Benoît*

Les partenariats enregistrés en droit international privé depuis la loi du 12 mai 2009, in: JCP N., 9 octobre 2009, n° 41, S. 24–29

*Jünemann, Matthias*

Der neue Güterstand der Wahl-Zugewinngemeinschaft: Familienrechtliche Grundlagen und erbrechtliche Wirkungen, in: ZEV 2013, S. 353–361

*Junggeburth, Peter*

Das Unterhaltsrecht in Frankreich, in: FPR 2013, S. 75–83

*Karaquillo, Jean-Pierre*

Étude de quelques manifestations des lois d'application immédiate dans la jurisprudence française de droit international privé, Paris 1977, zugl.: Limoges, Univ. Thèse de doct. 1973 (zit.: *Karaquillo*, Étude de quelques manifestations des lois d'application immédiate, S.)

*Kartzke, Ulrich*

Renvoi und Sinn der Verweisung, in: IPRax 1988, S. 8–13

*Kegel, Gerhard*

Internationales Privatrecht, 4. Aufl., München 1977 (zit.: Kegel, IPR, S.)

*Keidel, Theodor*
*(Begr.)*

FamFG, Gesetz über das Verfahren in Familiensachen und in Angelegenheiten der freiwilligen Gerichtsbarkeit, Kommentar, 18. Aufl., München 2014 (zit.: Keidel/ *Bearbeiter*, § Rn.)

*Keller, Christoph/*
*Schrenck, Albert von*

Der vierte Güterstand, in: JA 2014, S. 87–94

*Kemper, Rainer*

Die deutsch-französische Wahl-Zugewinngemeinschaft – Anmerkungen aus deutscher Perspektive, in: Bezzenberger, Tilman/Gruber, Joachim, Rohlfing-Dijoux, Stephanie (Hrsg.), Die deutsch-französischen Rechtsbeziehungen, Europa und die Welt. Les relations juridiques franco-allemandes, l'Europe et le monde. Liber amicorum Otmar Seul, Baden-Baden 2014, S. 225–247 (zit.: *Kemper*, in: Liber Amicorum Seul (2015), S.)

*Khairallah, Georges*

La volonté dans le droit international privé commun des régimes matrimoniaux, in: Mélanges en l'honneur de Mariel Revillard: Liber amicorum, Paris 2007, S. 197–208 (zit.: *Khairallah*, in: Liber amicorum Revillard (2007), S.)

*Klein, Michael (Hrsg.)*

Handbuch Familienvermögensrecht. Vorsorgende Gestaltung und Auseinandersetzung, 2. Aufl., Köln 2015 (zit.: Klein/*Bearbeiter*, Hdb. FamilienvermögensR, Rn.)

| | |
|---|---|
| *Kleiner, Caroline* | Anm. zu Cass. 1re civ.,12 avr. 2012, n° 10-27.016, in: Rev. crit. DIP 2012, S. 867–878 |
| *Kleinschmidt, Jens* | Optionales Erbrecht: Das Europäische Nachlasszeugnis als Herausforderung an das Kollisionsrecht, RabelsZ 77 (2013), S. 723–785 |
| *Klippstein, Thomas* | Der deutsch-französische Wahlgüterstand der Wahl-Zugewinngemeinschaft, in: FPR 2010, S. 510–515 |
| *Kogel, Walter* | Strategien beim Zugewinnausgleich, 4. Aufl., München 2013 (zit.: *Kogel*, Strategien beim Zugewinnausgleich, Rn.) |
| *Kohler, Christian* | L'autonomie de la volonté en droit international privé: un principe universel entre libéralisme et étatisme, in: Rec. cours La Haye 359 (2012), S. 285–478 |
| *Kohler, Christian/ Pintens, Walter* | Entwicklungen im europäischen Personen- und Familienrecht 2010–2011, in: FamRZ 2011, S. 1433–1440 |
| *Kohler, Christian/ Pintens, Walter* | Entwicklungen im europäischen Familien- und Erbrecht 2011–2012, in: FamRZ 2012, S. 1425–1432 |
| *Kohler, Christian/ Pintens, Walter* | Entwicklungen im europäischen Personen- und Familienrecht 2012–2013, in: FamRZ 2013, S. 1437–1442 |
| *Kohler, Christian/ Pintens, Walter* | Entwicklungen im europäischen Personen- und Familienrecht 2013–2014, in: FamRZ 2014, S. 1498–1504 |
| *Kohler, Marius* | Entwicklungen im Recht der Europäischen Union – Teil 2, in: NotBZ 2012, S. 1–12 |
| *Kohler, Marius/ Buschbaum, Markus* | Die »Anerkennung« öffentlicher Urkunden? – Kritische Gedanken über einen zweifelhaften Ansatz in der EU-Kollisionsrechtsvereinheitlichung –, in: IPRax 2010, S. 313–316 |
| *Kowalczyk, Barbara* | Spannungsverhältnis zwischen Güterrechtsstatut und Erbrechtsstatut nach den Kommissionsvorschlägen für das Internationale Ehegüter- und Erbrecht (Teil I), in: GPR 2012, S. 212–218 |
| *Kowalczyk, Barbara* | Die Zukunftsperspektive der Anwendung des § 1371 I BGB unter der Geltung des europäischen Kollisionsrechts, in: ZfRV 2013, S. 126–129 |
| *Kowalczyk, Barbara* | Die gesetzlichen Rechte des überlebenden Ehegatten im deutsch-polnischen Rechtsverkehr unter Berücksichtigung des europäischen Rechts, Hamburg 2013 (zit.: *Kowalczyk*, Die gesetzlichen Rechte des überlebenden Ehegatten, S.) |
| *Krause, Lambert* | Die Wahl-Zugewinngemeinschaft als neuer Güterstand, in: ZFE 2010, S. 247–252 |
| *Krause, Lambert* | Schmerzensgeld im Güterrecht, in: FamRB 2014, S. 64–65 |

*Krauß, Hans-Frieder*        Immobilienkaufvertrag – Aktuelle Entwicklungen von September 2010 bis August 2011, in: notar 2011, S. 326–332

*Kroll-Ludwigs, Kathrin*     Die Rolle der Parteiautonomie im europäischen Kollisionsrecht, Tübingen 2013, zugl.: Bonn, Univ., Habil., 2011 (zit.: *Kroll-Ludwigs*, Die Rolle der Parteiautonomie, S.)

*Kropholler, Jan*            Vom Staatsangehörigkeits- zum Aufenthaltsprinzip, in: JZ 1972, S. 16–17

*Kropholler, Jan*            Internationales Einheitsrecht: allgemeine Lehren, Tübingen 1975, zugl.: München, Univ., Habil., 1974 (zit.: *Kropholler*, Int. Einheitsrecht, S.)

*Kropholler, Jan*            Der Einfluss der Haager Übereinkommen auf die deutsche IPR-Kodifikation, in: RabelsZ 57 (1993), S. 207–222

*Kropholler, Jan*            Internationales Privatrecht, 6. Aufl., Tübingen 2006 (zit.: *Kropholler*, IPR, § )

*Kruger, Thalia*             Rome III and parties' choice, Vortrag anlässlich der ERA Jahrestagung zum europäischen Familienrecht 2012, Trier, 24.–25. September 2012, veröffentlicht auf SSSRN.com, 16. Oktober 2012, abrufbar unter: http://papers.ssrn.com/sol3/papers.cfm?abstract_id=%2021733 34 (Abruf: 22.10.2015) (zit.: *Kruger*, Rome III and parties' choice, S.)

*Kühne, Gunther*             Die außerschuldvertragliche Parteiautonomie im neuen Internationalen Privatrecht, in: IPRax 1987, S. 69–74

*Kunz, Lena*                 Die neue Europäische Erbrechtsverordnung – ein Überblick (Teil I), in: GPR 2012, S. 208–212; (Teil II), in: GPR 2012, S. 253–257

*Lagarde, Paul*              Le principe de proximité dans le droit international privé contemporain, in: Rec. cours La Haye 196 (1986-I), S. 13–237

*Lagarde, Paul*              Les principes de base du nouveau règlement européen sur les successions, in: Rev. crit. DIP 2012, S. 691–732

*Lagarde, Paul*              Instrument optionnel international et droit international privé – subordination ou indépendance, in: The Permanent Bureau of the Hague Conference on Private International Law (Hrsg.), A Commitment to Private International Law – Essays in honour of Hans van Loon/Un engagement au service du droit international privé – Mélanges en l'honneur de Hans van Loon, Antwerpen u.a. 2013, S. 287–298 (zit.: *Lagarde*, in: Mél. H. v.Loon, S.)

*Lange, Knut Werner*  Bedarf es einer Reform des gesetzlichen Erbrechts des Ehegatten und des eingetragenen Lebenspartners?, in: DNotZ 2010, S. 749–762

*Lange, Knut Werner*  Das Erbkollisionsrecht im neuen Entwurf einer EU-ErbVO, in: ZErb 2012, S. 160–165

*Lange, Knut Werner*  Das geplante Europäische Nachlasszeugnis, in: DNotZ 2012, S. 168–179

*Lange, Knut Werner*  Das Europäische Nachlasszeugnis, in: Dutta, Anatol/ Herrler, Sebastian (Hrsg.), Die Europäische Erbrechtsverordnung, München 2014, S. 161–178 (zit.: *Lange*, in: Dutta/Herrler, Die Europäische ErbVO, S.)

*Langenfeld, Gerrit/*  Handbuch der Eheverträge und Scheidungsvereinbarun-
*Milzer, Lutz (Hrsg.)*  gen, 7. Aufl., München 2015 (zit.: Langenfeld/Milzer/ *Bearbeiter*, Eheverträge, § Rn.)

*Lardeux, Gwendoline*  Rome III est mort. Vive Rome III!, in: D. 2012, S. 1835–1841

*Lehmann, Daniel*  Der Referentenentwurf für ein Begleitgesetz zur EuErb-VO, in: ZEV 2014, S. 232–236

*Lemouland, Jean-Jacques/*  Droit des couples – Mariage – Concubinage – Pacte civil
*Vigneau, Daniel*  de solidarité, février 2006 – mars 2007, in: D. 2007, S. 1561–1571

*Lequette, Yves*  Le droit international de la famille à l'épreuve des conventions internationales, in: Rec. cours La Haye 246 (1994-II), S. 9–234

*Lequette, Yves/*  L'ouverture du mariage aux personnes de même sexe,
*Mazeaud, Denis (Hrsg.)*  Paris 2014

*Lerch, Klaus/*  Die Wahlzugewinngemeinschaft im deutsch-französi-
*Lerch, Verena/*  schen Rechtsvergleich, in: FuR 2012, S. 639–643
*Junkov, Alexander*

*Letellier, Hugues*  Un nouveau régime matrimonial à la disposition de tous les couples : le régime commun franco-allemand, in: GdP, 30/31 juill. 2010, n° 212, recueil juillet-août 2010, S. 2063–2070

*Letellier, Hugues*  Droit patrimonial de la famille: les régimes matrimoniaux, in: Baldus, Christian/Müller-Graff, Peter-Christian (Hrsg.), Europäisches Privatrecht in Vielfalt geeint, München 2011, S. 141–149 (zit.: *Letellier*, in: Baldus/ Müller-Graff, Europäisches Privatrecht, S.)

*Leuck, André*  La convention de La Haye de 1978 sur la loi applicable aux régimes matrimoniaux, in: JCP N. 1992, I, Doctrine, S. 275–280

*Lichtenberger, Peter*

Zum Gesetz zur Neuregelung des Internationalen Privatrechts, in: DNotZ 1986, S. 644–687

*Lignier, Chloé/*
*Geier, Anton*

Die Verstärkte Zusammenarbeit in der Europäischen Union – Politischer Hintergrund, Bestandsaufnahme und Zukunftsperspektiven, in: RabelsZ 79 (2015), S. 546–588

*Limmer, Peter/*
*Hertel, Christian/*
*Frenz, Norbert/*
*Meyer, Jörg (Hrsg.)*

Würzburger Notarhandbuch, 4. Aufl., Münster 2015 (zit.: Würzburger Notarhandbuch/*Bearbeiter*, Teil Kap. Rn.)

*Lincke, Dieter*

Entwicklungslinien im französischen gesetzlichen Güterrecht, dargestellt unter Berücksichtigung von Grundgedanken der deutschen Güterrechtsreform, Bielefeld 1961, zugl.: Bonn, Univ., Diss., 1961 (zit.: *Lincke*, Entwicklungslinien im frz. gesetzlichen Güterrecht, S.)

*Looschelders, Dirk*

Internationales Privatrecht – Art. 3–46 EGBGB, Berlin u.a. 2004 (zit.: *Looschelders*, IPR, Art. Rn.)

*Looschelders, Dirk*

Die Anpassung im internationalen Privatrecht, Heidelberg 1995, zugl.: Mannheim, Univ., Diss. 1995 (zit.: *Looschelders*, Anpassung, S.)

*Looschelders, Dirk*

Anpassung und ordre public im Internationalen Erbrecht, in: Kronke, Herbert/Thorn, Karsten (Hrsg.), Grenzen überwinden – Prinzipien bewahren. Festschrift für Bernd von Hoffmann zum 70. Geburtstag, Bielefeld 2011, S. 266–282 (zit.: *Looschelders*, in: FS v. Hoffmann (2011), S.)

*Lorenz, Stephan*

Das intertemporale Ehegüterrecht nach Art. 220 III EGBGB und die Folgen eines Statutenwechsels, München 1991, zugl.: München, Univ., Diss. 1990/91 (zit.: *S. Lorenz*, Das intertemporale Ehegüterrecht, S.)

*Loussouarn, Yvon/*
*Bourel, Pierre/*
*Vareilles-Sommières,*
*Pascal de*

Droit international privé, 10. Aufl., Paris 2013 (zit.: *Loussouarn/Bourel/Vareilles-Sommières*, DIP, Rn.)

*Ludwig, Ingo*

Zur Anwendbarkeit des Art. 3 Abs. 3 EGBGB im Internationalen Ehegüterrecht bei der Berechnung des Zugewinnausgleichs nach deutschem Recht, in: DNotZ 2000, S. 663–681

*Lübcke, Daniel*

Das neue europäische Internationale Nachlassverfahrensrecht. Darstellung auf Grundlage des Verordnungsentwurfs vom 14. Oktober 2009 unter Berücksichtigung der Endfassung, Baden-Baden 2013, zugl.: Münster, Univ., Diss. 2011 (zit.: *Lübcke*, Das neue europäische Internationale Nachlassverfahrensrecht, S.)

| | |
|---|---|
| *Malaurie, Philippe/*<br>*Aynès, Laurent* | Les régimes matrimoniaux, 4. Aufl., Paris 2013 |
| *Mankowski, Peter* | Ehegüterrechtliche Regelung ausländischer Ehegatten über ein einzelnes Grundstück, Anm. zu LG Mainz, Beschl. vom 14.12.1992 – 8 T 143/92, in: FamRZ 1994, S. 1457–1459 |
| *Mankowski, Peter* | Das erbrechtliche Viertel nach § 1371 Abs. 1 BGB im deutschen und europäischen Internationalen Privatrecht, in: ZEV 2014, S. 121–129 |
| *Mankowski, Peter* | Anm. zu BGH, Beschl. vom 13.5.2015 – IV ZB 30/14, in: FamRZ 2015, S. 1183–1184 |
| *Mankowski, Peter/*<br>*Höffmann, Friederike* | Scheidung ausländischer gleichgeschlechtlicher Ehen in Deutschland?, in: IPRax 2011, S. 247–254 |
| *Mansel, Heinz-Peter* | Beschlüsse der Sitzung der Ersten Kommission des Deutschen Rates für Internationales Privatrecht zur Reform des Ehe- und Lebenspartnerschaftsrechts am 9./10.11.2012 in Würzburg, in: IPRax 2013, S. 200–201 |
| *Mansel, Heinz-Peter/*<br>*Thorn, Karsten/*<br>*Wagner, Rolf* | Europäisches Kollisionsrecht 2011: Gegenläufige Entwicklungen, in: IPRax 2012, S. 1–31 |
| *Mansel, Heinz-Peter/*<br>*Thorn, Karsten/*<br>*Wagner, Rolf* | Europäisches Kollisionsrecht 2012: Voranschreiten des Kodifikationsprozesses – Flickenteppich des Einheitsrechts, in: IPRax 2013, S. 1–36 |
| *Marinai, Simone* | Matrimonial Matters and the Harmonization of Conflict of Laws: A Way to Reduce the Role of Public Policy as a Ground for Non-Recognition of Judgments, in: YPIL 2011, S. 255–272 |
| *Martiny, Dieter* | Die Entwicklung des Europäischen Internationalen Familienrechts – ein juristischer Hürdenlauf, in: FPR 2008, S. 187–192 |
| *Martiny, Dieter* | Auf dem Weg zu einem europäischen Internationalen Ehegüterrecht, in: Baetge, Dietmar/Hein, Jan von/ Hinden, Michael von (Hrsg.), Die richtige Ordnung, Festschrift für Jan Kropholler zum 70. Geburtstag, Tübingen 2008, S. 373–398 (zit.: *Martiny*, in: FS Kropholler (2008), S.) |
| *Martiny, Dieter* | Das Grünbuch zum Internationalen Ehegüterrecht – Erste Regelungsvorschläge, in: FPR 2008, S. 206–212 |
| *Martiny, Dieter* | Europäisches Güterrecht? Die Arbeit der CEFL, in: Lipp, Volker/Schumann, Eva/Veit, Barbara (Hrsg.), Die Zugewinngemeinschaft – ein europäisches Modell? Göttingen 2009, S. 39–55 (zit.: *Martiny*, in: Lipp/Schumann/ Veit, Zugewinngemeinschaft, S.) |

*Martiny, Dieter*

Die Kommissionsvorschläge für das internationale Ehegüterrecht sowie für das internationale Güterrecht eingetragener Partnerschaften, IPRax 2011, S. 437–458

*Martiny, Dieter*

Der neue deutsch-französische Wahlgüterstand – Ein Beispiel optionaler bilateraler Familienrechtsvereinheitlichung, in: ZEuP 2011, S. 577–600

*Martiny, Dieter*

Lex rei sitae as a connecting factor in EU Private International Law, in: IPRax 2012, S. 119–133

*Martiny, Dieter*

Private International Law Aspects of Same-Sex Couples under German Law, in: Boele-Woelki, Katharina/Fuchs, Angelika (Hrsg.), Legal Recognition of Same-Sex Relationships in Europe – National, Cross-Border and European Perspectives, 2. Aufl., Cambridge u.a. 2012, S. 189–223 (zit.: *Martiny*, PIL Aspects, in: Boele-Woelki/Fuchs, Legal Recognition of Same-Sex Relationships in Europe, S. )

*Martiny, Dieter*

Workshop: Cross-Border Recognition (and Refusal of Recognition) of Registered Partnerships and Marriages with a Focus on their Financial Aspects and the Consequences for Divorce, Maintenance and Succession, in: Boele-Woelki, Katharina/Fuchs, Angelika (Hrsg.), Legal Recognition of Same-Sex Relationships in Europe – National, Cross-Border and European Perspectives, 2. Aufl., Cambridge u.a. 2012, S. 225–252 (zit.: *Martiny*, Workshop: Cross-Border Recognition, in: Boele-Woelki/ Fuchs, Legal Recognition of Same-Sex Relationships in Europe, S. )

*Martiny, Dieter*

Aspects de droit international privé du régime matrimonial optionnel franco-allemand, in: Rev. crit. DIP 2013, S. 843–859

*Max-Planck-Institut für ausländisches und internationales Privatrecht*

Kodifikation des deutschen Internationalen Privatrechts, Stellungnahme des Max-Planck-Instituts für ausländisches und internationales Privatrecht zum Regierungsentwurf von 1983, in: RabelsZ 47 (1983), S. 595–690 (zit.: MPI, Stellungnahme zum Regierungsentwurf von 1983, RabelsZ 47 (1983), S.)

*Max-Planck-Institut für ausländisches und internationales Privatrecht*

Comments on the European Commission's Proposal for a Regulation of the European Parliament and of the Council on jurisdiction, applicable law, recognition and enforcement of decisions and authentic instruments in matters of succession and the creation of a European Certificate of Succession, in: RabelsZ 74 (2010), S. 522–720 (zit.: MPI, Stellungnahme zum ErbVO-E, RabelsZ 74 (2010), S., Rn.)

*Mayer, Pierre/*
*Heuzé, Vincent*

Droit international privé, 11. Aufl., Paris 2014 (zit.: *Mayer/Heuzé*, DIP, Rn.)

*Mecke, Christoph-Eric*

Güterrechtliche Grundsatzfragen – Zur Legitimation und Dogmatik güterrechtlicher Teilhabe im Zeichen gesellschaftlichen Wandels und europäischer Harmonisierungsbestrebungen, in: AcP 211 (2011), S. 886–929

*Meder, Stephan*

Grundprobleme und Geschichte der Zugewinngemeinschaft. Wandel der Rollenbilder und fortschreitende Individualisierung im Güterrecht, Halle an der Saale 2010 (zit.: *Meder*, Grundprobleme und Geschichte der Zugewinngemeinschaft, S.)

*Meder Stephan*

Gesetzliches Güterrecht und sozialer Wandel. Grundgedanken der Zugewinngemeinschaft, ihr Verhältnis zum vertraglichen Güterrecht und ihre Zukunft in Europa, Baden-Baden 2011 (zit.: *Meder*, Gesetzliches Güterrecht und sozialer Wandel, S.)

*Meder Stephan*

Das geltende Ehegüterrecht – ein kritischer Aufriss, in: Brudermüller, Gerd/Dauner-Lieb, Barbara/Meder, Stephan (Hrsg.), Wer hat Angst vor der Errungenschaftsgemeinschaft? – Auf dem Weg zu einem partnerschaftlichen Güterrecht – Schlussfolgerungen aus dem 1. Gleichstellungsbericht, Göttingen 2013, S. 13–22 (zit.: *Meder*, in: Brudermüller/Dauner-Lieb/Meder, Angst vor der Errungenschaftsgemeinschaft, S.)

*Meier-Bourdeau, Alice*

Accord du 4 février 2010 entre la France et l'Allemagne portant création d'un régime matrimonial commun, in: JCP N., 12 mars 2010, n° 10, S. 3–5

*Meier-Bourdeau, Alice*

Le nouveau régime matrimonial franco-allemand. À propos de la loi du 28 janvier 2013, in: JCP G., 7 février 2013, n° 7, S. 294–296

*Meier-Bourdeau, Alice*

Publication de l'accord franco-allemand instituant un régime optionnel de la participation aux acquêts, in: JCP G., 24 juin 2013, n° 26, S. 1302

*Meier-Bourdeau, Alice/*
*Mikalef-Toudic, Véronique*

L'accord franco-allemand instituant un régime matrimonial commun de la participation aux acquêts : présentation et comparaison avec le régime français et allemand, in: Conseil Supérieur du Notariat/Université de Paris Dauphine (Hrsg.), Journées notariales du patrimoine, 20 et 21 septembre 2010, Paris 2010, S. 1–10 (zit.: *Meier-Bourdeau/Mikalef-Toudic*, in: CSN/Univ.Dauphine, Journées notariales du patrimoine 2010, S.)

*Melcher, Martina*

(Mutual) Recognition of Registered Relationships via EU Private International Law, in: JPIL 2013, S. 149–170

| | |
|---|---|
| *Meyer, Thomas* | Der neue deutsch-französische Wahlgüterstand, in: FamRZ 2010, S. 612–617 |
| *Mezger, Ernst* | Erfahrungen in Frankreich mit dem deutschen Zugewinnausgleich nach § 1371 BGB, in: RabelsZ 37 (1973), S. 114–118 |
| *Möller, Horst/ Hildebrand, Klaus (Hrsg.)* | Die Bundesrepublik Deutschland und Frankreich: Dokumente 1949–1963, Band 1, Außenpolitik und Diplomatie, München 1997 (zit.: *Möller/Hildebrand*, Die Bundesrepublik Deutschland und Frankreich: Dokumente 1949–1963, Dok. Nr., S.) |
| *Morin, Georges/ Morin, Michel* | La réforme des régimes matrimoniaux, Étude de la loi n° 65-570 du 13 juillet 1965, tome 2, Régimes conventionnels et hypothèque légale des époux, Paris 1967 (zit.: *Morin/Morin*, La réforme des régimes matrimoniaux, Rn.) |
| *Müller-Lukoscheck, Jutta* | Die neue EU-Erbrechtsverordnung. Einführung in die neue Rechtslage, Bonn 2013 (zit.: *Müller-Lukoscheck*, Die neue EU-Erbrechtsverordnung, § Rn.) |
| *Münch, Christof (Hrsg.)* | Familienrecht in der Notar- und Gestaltungspraxis, München 2013 (zit.: München/*Bearbeiter*, § Rn.) |
| *Münch, Christof* | Ehebezogene Rechtsgeschäfte. Handbuch der Vertragsgestaltung, 4. Aufl., Köln 2015 (zit.: *Münch*, Ehebezogene Rechtsgeschäfte, Rn.) |
| *Münchener Kommentar zum Bürgerlichen Gesetzbuch* | Band 7, Familienrecht I (§§ 1297–1588 BGB), 6. Aufl., München 2013; Band 10 (Internationales Privatrecht I, Europäisches Kollisionsrecht; Einführungsgesetz zum Bürgerlichen Gesetzbuch, Art. 1–24), 6. Aufl., München 2015; Band 11 (Internationales Privatrecht II, Internationales Wirtschaftsrecht, Einführungsgesetz zum Bürgerlichen Gesetzbuch, Art. 25–248), 6. Aufl., München 2015 (zit.: MüKo-BGB/*Bearbeiter*, § Rn.) |
| *Münchener Kommentar zum FamFG* | Gesetz über das Verfahren in Familiensachen und in den Angelegenheiten der freiwilligen Gerichtsbarkeit (FamFG) mit Internationalem und Europäischen Zivilverfahrensrecht in Familiensachen (IZVR, EuZVR), 2. Aufl., München 2013 (zit.: MüKo-FamFG/*Bearbeiter*, § Rn.) |
| *Münchener Kommentar zur Zivilprozessordnung* | mit Gerichtsverfassungsgesetz und Nebengesetzen. Band 1 (§§ 1–354), 4. Aufl., München 2013 (zit.: MüKo-ZPO/*Bearbeiter*, § Rn.) |
| *Murat, Pierre (Hrsg.)* | Droit de la famille, Dalloz action, 2014/2015, 6. Aufl., Paris 2013 (zit.: Murat/*Bearbeiter*, Droit de la famille, Rn.) |

| | |
|---|---|
| *Musielak, Hans-Joachim* | Zivilprozessordnung mit Gerichtsverfassungsgesetz, 11. Aufl., München 2014 (zit.: Musielak/*Bearbeiter*, ZPO, § Rn.) |
| *Musielak, Hans-Joachim/ Borth, Helmut u.a.* | Familiengerichtliches Verfahren, 1. und 2. Buch FamFG, 5. Aufl., München 2015 (zit.: Musielak/Borth/*Bearbeiter*, § Rn.) |
| *Naudin, Estelle* | Le régime matrimonial optionnel franco-allemand : vers une harmonisation du droit des régimes matrimoniaux?, in: Putman, Emmanuel/Agresti, Jean-Philippe/Siffrein-Blanc, Caroline (Hrsg.), Le droit patrimonial – Miroir des mutations familiales, Aix-en Provence 2012, S. 57–70 (zit.: *Naudin*, in: Putman/Agresti/Siffrein-Blanc, Le droit patrimonial, S.) |
| *Naudin, Estelle* | Les instruments optionnels destinés à régler les difficultés de la famille européenne, in: LPA, 29 juin 2012, n° 130, S. 47–49 |
| *Naudin, Estelle* | Un nouveau modèle de régime matrimonial: le régime franco-allemand de la participation aux acquêts, in: RLDC 2013, n° 100, S. 45–50 |
| *Niboyet, Marie-Laure/ Geouffre de La Pradelle, Géraud de* | Droit international privé, 4. Aufl., Paris 2013 (zit.: *Niboyet/Geouffre de La Pradelle*, DIP, Rn.) |
| *Niethammer-Jürgens, Kerstin* | Ehescheidung und Folgesachen mit Auslandsbezug, in: FPR 2011, S. 440–444 |
| *Niewöhner, Franz* | Zur Problematik des gespaltenen Ehegüterrechts im internationalen Privatrecht, in: MittRhNotK 1981, S. 219–234 |
| *N.N.* | Au cœur de l'élaboration du régime matrimonial franco-allemand. Entretien avec Béatrice Weiss-Gout, in: GdP, 4 mars 2010, n° 63, S. 7–9 (zit.: Entretien avec Béatrice Weiss-Gout, GdP, 4 mars 2010, S.) |
| *NomosKommentar, BGB, Heidel, Thomas/ Hüßtege, Rainer/ Mansel, Heinz-Peter/ Noack, Ulrich (Hrsg.)* | Band 1 (Allgemeiner Teil, EGBGB), 2. Aufl., Baden-Baden 2012; Kaiser, Dagmar/Schnitzler, Klaus/Friederici, Peter (Hrsg.), Band 4 (Familienrecht, §§ 1297–1921), 3. Aufl., Baden-Baden 2014; Mansel, Heinz-Peter/ Hüßtege, Rainer (Hrsg.), Band 6 (Rom-Verordnungen zum Internationalen Privatrecht) Baden-Baden 2014 (zit.: NK-BGB/*Bearbeiter*, § Rn.) |
| *Nourissat, Cyril/ Callé, Pierre/ Pasqualis, Paolo/ Wautelet, Patrick* | Pour la reconnaissance des actes authentiques au sein de l'espace de liberté de sécurité et de justice, in: LPA, 4 avril 2012, n° 68, S. 6–14 |
| *Odersky, Felix* | Die Europäische Erbrechtsverordnung in der Gestaltungspraxis, in: notar 2013, S. 3–9 |

*Overbeck, Alfred E. von*  Rapport explicatif de la Convention de La Haye sur la loi applicable aux régimes matrimoniaux, in: Bureau permanent de la Conférence (Hrsg.) Actes et documents de la treizième session (1976), Band 2, Régimes matrimoniaux, La Haye 1976, S. 328–377 (zit.: *v. Overbeck*, Rapport explicatif, Rn.)

*Paffhausen, Patricia*  EuErbVO und GüterrechtsVO in Konflikt, in: BLJ 2014, S. 10–15

*Palandt, Otto (Begr.)*  Bürgerliches Gesetzbuch, 74. Aufl., München 2015 (zit.: Palandt/*Bearbeiter*, § Rn.)

*Pasche, Julia*  Auf Scheidungsfolgesachen anwendbares Recht bei Auslandsbezug, in: NJW-Spezial 2013, S. 324–325

*Péroz, Hélène*  La loi applicable aux partenariats enregistrés, in: JDI 2010, S. 399–410

*Péroz, Hélène*  Changement automatique de loi applicable au régime matrimonial, Anm. zu Cass. 1re civ., 12 avr. 2012, n° 10-27.016, in: L'ESSENTIEL Droit de la famille et des personnes, 15 mai 2012, n° 5, S. 7

*Péroz, Hélène*  Vers une réglementation européenne des régimes matrimoniaux et des effets patrimoniaux des partenariats enregistrés, in: Douchy-Oudot, Mélina/Guinchard, Emmanuel (Hrsg.), La justice européenne en marche, Paris 2012, S. 265–277 (zit.: *Péroz*, in: Douchy-Oudot/Guinchard, La justice européenne en marche, S.)

*Péroz, Hélène/ Fongaro, Éric*  Droit international privé patrimonial de la famille, Paris 2010 (zit.: *Péroz/Fongaro*, DIP patrimonial de la famille, Rn.)

*Perrotin, Frédérique*  La famille à l'heure européenne, in: LPA, 16 avril 2010, n° 76, S. 4–6

*Pfeiffer, Alexander*  Nachlassplanung deutsch-schweizerischer Ehepaare – Internationalprivatrechtliche, ehegüterrechtliche, erbrechtliche, rechtsgeschäftliche und gesellschaftsrechtliche Möglichkeiten, Regensburg 2011, zugl.: Leipzig, Univ., Diss., 2011 (zit.: *A. Pfeiffer*, Nachlassplanung deutsch-schweizerischer Ehepaare, S.)

*Pfeiffer, Alexander*  Änderungen des Ehegüterstatuts durch die geplante EuGüterVO, in: FamRBint 2012, S. 45–48

*Piedelièvre, Stéphane*  Participation aux acquêts, in: JCl. Civil Code, Art. 1569 à 1581, fasc. unique, Stand: 15. Januar 2014 (zit.: *Piedeièvre*, JCl. Civil Code, Art. 1569 à 1581, fasc. unique, Rn.)

*Pillebout, Jean-François*  La participation aux acquêts, Le contrat de mariage du chef d'entreprise, 3. Aufl., Paris 2014 (zit.: *Pillebout*, La participation aux acquêts, Rn.)

| | |
|---|---|
| *Pintens, Walter* | Ehegüterstände in Europa, in: Lipp, Volker/Schumann, Eva/Veit, Barbara (Hrsg.), Die Zugewinngemeinschaft – ein europäisches Modell? Göttingen 2009, S. 23–37 (zit.: *Pintens*, in: Lipp/Schumann/Veit, Zugewinngemeinschaft, S.) |
| *Pintens, Walter* | Matrimonial Property Law in Europe, in: Boele-Woelki, Katharina/Miles, Joanna K./Scherpe, Jens M. (Hrsg.), The Future of Family Law in Europe, Cambridge u.a. 2011, S. 19–46 (zit.: *Pintens*, in: Boele-Woelki/Miles/Scherpe, The Future of Family Law in Europe, S.) |
| *Pintens, Walter* | Formerfordernisse in dem Vorschlag für eine EU-Verordnung im Bereich des Ehegüterrechts, in: Schwab, Dieter/Dose, Hans-Joachim (Hrsg.), Familienrecht in Praxis und Theorie, Festschrift für Meo-Micaela Hahne zum 65. Geburtstag, Bielefeld 2012, S. 99–110 (zit.: *Pintens*, in: FS Hahne (2012), S.) |
| *Prinz, Nicole* | Das neue Internationale Unterhaltsrecht unter europäischem Einfluss, Baden-Baden 2013, zugl.: Münster, Univ., Diss., 2011 (zit.: *Prinz*, Das neue Internationale Unterhaltsrecht, S.) |
| *Raape, Leo* | Internationales Privatrecht, 5. Aufl., Frankfurt a. M. 1961 (zit.: *Raape*, IPR S.) |
| *Raupach, Claudia* | Ehescheidung mit Auslandsbezug in der Europäischen Union, Tübingen 2014, zugl.: Marburg, Univ., Diss., 2014 (zit.: *Raupach*, Ehescheidung mit Auslandsbezug in der EU, S.) |
| *Rauscher, Thomas* | Sachnormverweisungen aus dem Sinn der Verweisung, in: NJW 1988, S. 2151–2154 |
| *Rauscher, Thomas* | Heimatlos in Europa? – Gedanken gegen eine Aufgabe des Staatsangehörigkeitsprinzips im IPR, in: Mansel, Heinz-Peter/Pfeiffer, Thomas/Kronke, Herbert/u.a (Hrsg.), Festschrift für Erik Jayme, München 2004, S. 719–745 (zit.: *Rauscher*, in: FS Jayme (2004), S.) |
| *Rauscher, Thomas (Hrsg.)* | Europäisches Zivilprozess- und Kollisionsrecht (EuZPR/EuIPR), Kommentar, Band 1 (Brüssel I-VO, LugÜbk 2007), Bearbeitung 2011, Band 4 (Brüssel IIa-VO, EG-UntVO, HUntVerfÜbk 2007, EU-Ehe-GüterVO-E, EU-LP-GüterVO-E, EU-SchutzMVO, 4 Aufl. 2015 (zit.: Rauscher/*Bearbeiter*, EuZPR/EuIPR I/IV, Art. Rn.) |
| *Rauscher, Thomas* | Anpassung des IPR an die Rom III-VO, in: FPR 2013, S. 257–261 |
| *Rauscher, Thomas* | Internationales Privatrecht, 4. Aufl., Heidelberg u.a. 2013 (zit.: *Rauscher*, IPR, Rn.) |

*Reimann, Wolfgang*
Anm. zu BGH, Beschl. vom 13.5.2015 – IV ZB 30/14, in: ZEV 2015, S. 413

*Remde, Julia*
Die Europäische Erbrechtsverordnung nach dem Vorschlag der Kommission vom 14. Oktober 2009, in: RNotZ 2012, S. 65–85

*Répertoire de droit civil Dalloz*
Encyclopédie juridique, Loseblattsammlung, Paris, V° participation aux acquêts (2014) (zit.: Rép. civ./*Bearbeiter*, V° Stichwort, Rn.)

*Répertoire de droit international Dalloz*
Encyclopédie juridique, Loseblattsammlung, Paris, V° régimes matrimoniaux (2013), V° divorce et séparation de corps (2014), V° partenariat enregistré (2012) (zit.: Rép. internat./*Bearbeiter*, V° Stichwort, Rn.)

*Revel, Janine*
Les régimes matrimoniaux, 6. Aufl., Paris 2012 (zit.: Revel, Les régimes matrimoniaux, Rn.)

*Revillard, Mariel*
La liquidation d'une succession internationale: Difficultés rencontrées dans la pratique notariale, in: Rev. crit DIP 1978, S. 251–304

*Revillard, Mariel*
Droit international privé et communautaire: pratique notariale, 7. Aufl., Paris 2010 (zit.: *Revillard*, DIP, Rn.)

*Revillard, Mariel*
Partenariats enregistrés, in: JCl. Dr. int., fasc. 546-70, Stand: 16. März 2011 (zit.: *Revillard*, JCl. Dr. int., fasc. 546–70, Rn.)

*Revillard, Mariel*
Propositions de règlements communautaires sur les régimes matrimoniaux et les effets patrimoniaux des partenariats, in: LPA, 6 juill. 2011, n° 133, S. 3–9

*Revillard, Mariel*
Les unions entre personnes de même sexe, in: JCP N., 22 juin 2012, n° 25, S. 37–44

*Revillard, Mariel*
Liquidation du régime matrimonial d'époux mariés sans contrat après le 1er septembre 1992, Anm. zu Cass. 1re civ., 12 avr. 2012, n° 10-27.016, in: Defrénois, 15–30 juill. 2012, n° 13–14, S. 696–699

*Revillard, Mariel*
L'autonomie de la volonté dans les relations de famille internationales : regards sur les récents instruments internationaux, in: The Permanent Bureau of the Hague Conference on Private International Law (Hrsg.), A Commitment to Private International Law – Essays in honour of Hans van Loon/Un engagement au service du droit international privé – Mélanges en l'honneur de Hans van Loon, Cambridge u.a. 2013, S. 487–502 (zit.: *Revillard*, in: Mél. H. v.Loon, S.)

*Rieck, Jürgen (Hrsg.)*    Ausländisches Familienrecht, Loseblattsammlung, München; Länderteil England und Wales, Stand: 9. Erg.-Lfg., Mai 2012; Länderteil Frankreich, Stand: 8. Erg.-Lfg., September 2011; Länderteil Irland, Stand: 11. Erg.-Lfg., Februar 2014 (zit.: Rieck/*Bearbeiter*, AuslFamR, Land, Rn.)

*Rieger, Gregor*    Das Vermögensrecht der eingetragenen Lebenspartnerschaft, in: FamRZ 2001, S. 1497–1508

*Riering, Wolfgang*    Régime légal allemand et succession régie par la loi française, in: Mélanges en l'honneur de Mariel Revillard : Liber amicorum, Paris 2007, S. 253–264 (zit.: *Riering*, in Liber Amicorum Revillard (2007), S.)

*Rochfeld, Judith*    Réforme du PACS. Loi n° 2006-728 du 23 juin 2006 portant réforme des successions et des libéralités (JO 24 juin 2006, p. 9513), in: RTDciv. 2006, S. 624–632

*Röthel, Anne*    Gleichgeschlechtliche Ehe und ordre public, in: IPRax 2002, S. 496–500

*Röthel, Anne*    Die Zugewinngemeinschaft als europäisches Modell?, in: Lipp, Volker/Schumann, Eva/Veit, Barbara (Hrsg.), Die Zugewinngemeinschaft – ein europäisches Modell? Göttingen 2009, S. 57–71 (zit.: *Röthel*, in: Lipp/Schumann/Veit, Zugewinngemeinschaft, S.)

*Röthel, Anne*    Plädoyer für eine echte Zugewinngemeinschaft, in: FPR 2009, S. 273–276

*Rolland, Walter*    Anmerkungen zum deutsch-französischen Güterstand der Wahl-Zugewinngemeinschaft vor dem Hintergrund der Entwicklung des internationalen Güterrechts, in: Götz, Isabell/Schwenzer, Ingeborg/Seelmann, Kurt/ Taupitz, Jochen (Hrsg.), Familie – Recht – Ethik : Festschrift für Gerd Brudermüller zum 65. Geburtstag, München 2014, S. 571–579 (zit.: *Rolland*, in: FS Brudermüller (2014), S.)

*Rosenzweig, Göntje*    Eingetragene Lebenspartnerschaft und Pacte civil de solidarité. Die gesetzlichen Grundlagen unter besonderer Berücksichtigung der vermögensrechtlichen Wirkungen, Frankfurt a. M. 2010, zugl.: Potsdam, Univ., Diss., 2009 (zit.: *Rosenzweig*, Eingetr. LP und PACS, S.)

*Rüberg, Sinja*    Auf dem Weg zu einem europäischen Scheidungskollisionsrecht, Frankfurt a. M. 2006, zugl.: Konstanz, Univ., Diss., 2005

*Saenger, Ingo (Hrsg.)*    Zivilprozessordnung, FamFG, Europäisches Verfahrensrecht, Handkommentar, 5. Aufl., Baden-Baden 2013 (zit.: Hk-ZPO/*Bearbeiter*, § Rn.)

| | |
|---|---|
| *Salord, Marie* | L'Europe divorce! L'adoption d'une coopération renforcée portant sur la loi applicable au divorce, in: AJ Famille 2011, S. 97–99 |
| *Sauvage, François* | Le régime des biens des partenaires d'un pacte civil de solidarité au lendemain de la loi du 23 juin 2006, in: RLDC 2007, n° 34, S. 36–40 |
| *Sauvage, François* | La dualité du régime matrimonial de participation aux acquêts a-t-elle un avenir?, in: RJPF, avril 2014, S. 6–12 |
| *Schaal, Daniel* | Der neue Güterstand der Wahl-Zugewinngemeinschaft – ein Überblick, in: ZNotP 2010, S. 162–172 |
| *Schack, Heimo* | Hundert Jahre Haager Konferenz für IPR, in: RabelsZ 57 (1993), S. 224–226 |
| *Schack, Heimo* | Was bleibt vom renvoi?, in: IPRax 2013, S. 315–320 |
| *Scherer, Stephan (Hrsg.)* | Münchener Anwaltshandbuch Erbrecht, 4. Aufl., München 2014 (zit.: MAH Erbrecht/*Bearbeiter*, § Rn.) |
| *Scherpe, Jens M.* | Land ohne Güterstand? Gegenwart und Zukunft des Scheidungsfolgensrechts in England & Wales, in: Götz, Isabell/Schwenzer, Ingeborg/Seelmann, Kurt/Taupitz, Jochen (Hrsg.), Familie – Recht – Ethik : Festschrift für Gerd Brudermüller zum 65. Geburtstag, München 2014, S. 643–652 (zit.: *Scherpe*, in: FS Brudermüller (2014), S.) |
| *Schmidt-König, Christine* | Die Problematik der Übersetzung juristischer Terminologie, Münster 2005, zugl.: Trier, Univ., Diss. 2005 (zit.: *Schmidt-König*, Die Problematik der Übersetzung juristischer Terminologie, S.) |
| *Schmitt, Marc* | L'incidence en France des lois belge et néerlandaise introduisant le mariage homosexuel: JCP N., 9 janv. 2004, n° 1–2, S. 15–19 |
| *Schöner, Hartmut/ Stöber, Kurt* | Grundbuchrecht, 15. Aufl., München 2012 (zit.: *Schöner/Stöber*, Grundbuchrecht, Rn.) |
| *Schotten, Günther* | Anm. zu LG Bonn, Beschl. vom 19.12.1984 – 5 T 195/84, in: MittRhNotK 1987, S. 18–21 |
| *Schotten, Günther* | Anm. zu LG Mainz, Beschl. vom 14.12.1992 – 8 T 143/92, in: DNotZ 1994, S. 566–570 |
| *Schotten, Günther/ Schmellenkamp, Cornelia* | Das Internationale Privatrecht in der notariellen Praxis, 2. Aufl., München 2007 (zit.: *Schotten/Schmellenkamp*, IPR, Rn./S.) |
| *Schregle, Johannes* | Sprachliche Überlegungen zur Arbeitsrechtsvergleichung, in: RdA 1989, S. 255–258 |
| *Schröder, Rudolf* | Der Zugewinnausgleich auf dem Prüfstand, in: FamRZ 1997, S. 1–8 |

| | |
|---|---|
| *Schulze, Reiner/* <br> *u.a.* | Bürgerliches Gesetzbuch, Handkommentar, 8. Aufl., Baden-Baden 2014 (zit.: Hk-BGB/*Bearbeiter*, § Rn.) |
| *Schurig, Klaus* | Das internationale Erbrecht wird europäisch – Bemerkungen zur kommenden Europäischen Verordnung, in: Bernreuther, Jörn/Freitag, Robert/Leible, Stefan/u.a. (Hrsg.), Festschrift für Ulrich Spellenberg zum 70. Geburtstag, München 2010, S. 343–353 (zit.: *Schurig*, in: FS Spellenberg (2010), S.) |
| *Schwab, Dieter* | Familienrecht, 21. Aufl., München 2013 (zit.: *Schwab*, FamR, Rn.) |
| *Scoles, Eugene F./* <br> *Hay, Peter/* <br> *Borchers, Patrick J./* <br> *Symeonides, Symeon C.* | Conflict of laws, 3. Aufl., St. Paul, Minn. 2000 (zit.: *Scoles/Hay/Borchers/Symeonides*, Conflict of laws, §) |
| *Seibl, Maximilian* | Objektive und subjektive Anknüpfungen im Internationalen Erbrecht: ein Vergleich der bisherigen Rechtslage und der ErbVO, in: Spickhoff, Andreas (Hrsg.), Symposium Parteiautonomie im Europäischen Internationalen Privatrecht, Bonn 2014, S. 123–143 (zit.: *Seibl*, in: Spickhoff, Symposium Parteiautonomie im Europäischen IPR, S.) |
| *Sengl, Klaus* | Die Auswirkungen des deutsch-französischen Güterstandes der Wahl-Zugewinngemeinschaft auf das deutsche Grundbuchverfahren, in: Rpfleger 2011, S. 125–128 |
| *Seyfarth, Stefan Georg* | Wandel der internationalen Zuständigkeit im Erbrecht, Konstanz 2012, zugl.: Konstanz, Univ., Diss., 2012 (zit.: *Seyfarth*, Wandel der internationalen Zuständigkeit im Erbrecht, S.) |
| *Sicot, Gaëlle/* <br> *Letellier, Hugues* | Les couples internationaux et le législateur de l'Union européenne: publication de deux nouvelles propositions de règlement, in: GdP, 6 août 2011, n° 218, S. 23–37 |
| *Simler, Philippe* | Le nouveau régime matrimonial optionnel franco-allemand de participation aux acquêts, in: JCP N., 21 mai 2010, n° 20, S. 9–13 – wortgleich mit: ders., Droit de la famille, mai 2010, n° 5, S. 9–19 (zit.: *Simler*, JCP N., 21 mai 2010, n° 20, S.) |
| *Simler, Philippe* | Le nouveau régime matrimonial optionnel franco-allemand de participation aux acquêts, in: JCP N., 4 janvier 2014, n° 4, S. 25–33 |
| *Simler, Philippe/* <br> *Hilt, Patrice* | Le nouveau visage du Pacs: un quasi mariage, in: JCP G., 26 juillet 2006, n° 30, S. 1495–1500 |
| *Simon, Ulrich/* <br> *Buschbaum, Markus* | Die neue EU-Erbrechtsverordnung, in: NJW 2012, S. 2393–2398 |

| | |
|---|---|
| *Sinay-Cytermann, Anne* | État des lieux sur les articles 14 et 15 du Code civil en droit international privé, in: Mélanges en l'honneur du professeur Jean-Michel Jacquet, Paris 2013, S. 433–456 (zit.: *Sinay-Cytermann*, in: Mél. J.-M. Jacquet, S.) |
| *Soergel, Hans Theodor (Begr.)* | Bürgerliches Gesetzbuch mit Einführungsgesetz und Nebengesetzen, Band 10, Einführungsgesetz, 12. Aufl., Stuttgart u.a. 1996; Band 17/1, Familienrecht 1/1, §§ 1297–1588, 13. Aufl., Stuttgart u.a. 2013 (zit.: Soergel/*Bearbeiter*, Art./§ Rn.) |
| *Sonnenberger, Hans Jürgen* | Die Reform des französischen Ehegüterrechts, in: FamRZ 1965, S. 357–364 |
| *Sonnenberger, Hans Jürgen* | Grenzen der Verweisung durch europäisches internationales Privatrecht, in: IPRax 2011, S. 325–335 |
| *Sonnenberger, Hans Jürgen/ Classen, Claus Dieter (Hrsg.)* | Einführung in das französische Recht, 4. Auflage, Frankfurt a. M. 2012 (zit.: Sonnenberger/Classen/*Bearbeiter*, Einführung in das frz. Recht, Nr., S.) |
| *Sper, Walter* | Der neue gesetzliche Güterstand in Frankreich, Heidelberg 1972 |
| *Spernat, Thomas* | Die gleichgeschlechtliche Ehe im Internationalen Privatrecht. Unter besonderer Berücksichtigung des Einflusses des EG-Vertrages, Frankfurt a. M. 2011, zugl.: Bonn, Univ., Diss., 2010 (zit.: *Spernat*, Die gleichgeschlechtliche Ehe im IPR, S.) |
| *Stade, Stefan* | Der deutsch-französische Erbfall: Das Ferienhaus und sonstiges Vermögen in Frankreich, in: ErbR 2012, S. 262–270 |
| *Statistisches Bundesamt (Hrsg.)* | Fachserie 1 Reihe 1.1, Bevölkerung und Erwerbstätigkeit, Natürliche Bevölkerungsbewegung, 2010, Wiesbaden 2012 |
| *Statistisches Bundesamt (Hrsg.)* | Fachserie 1 Reihe 1.1, Bevölkerung und Erwerbstätigkeit, Natürliche Bevölkerungsbewegung, 2011, Wiesbaden 2013 |
| *Staudinger, Julius von (Begr.)* | Kommentar zum Bürgerlichen Gesetzbuch mit Einführungsgesetz und Nebengesetzen, §§ 1363–1563 BGB, Neubearbeitung, Berlin 2007; Einleitung zum IPR, Neubearbeitung, Berlin 2012; Art. 3–6 EGBGB, Neubearbeitung, Berlin 2013; Art. 13–17b EGBGB, Neubearbeitung, Berlin 2011; Art. 18 EGBGB, Neubearbeitung, Berlin 2003; Art. 219–245 EGBGB, Neubearbeitung, Berlin 2003 (zit.: Staudinger/*Bearbeiter*, Art. Rn.) |
| *Steer, Christian* | Die neue deutsch-französische Wahl-Zugewinngemeinschaft – eine interessante Option auch für Inlandssachverhalte?, in: notar 2010, S. 119–124 |
| *Stein, Torsten/ Buttlar, Christian von* | Völkerrecht, 13. Aufl., München 2012 (zit.: *Stein/ Buttlar*, VölkerR, Rn.) |

| | |
|---|---|
| *Steinmetz, Alexander/ Löber, Burckhardt/ García Alcázar, Rocio* | EU-Erbrechtsverordnung: Voraussichtliche Rechtsänderungen für den Erbfall von in Spanien ansässigen deutschen Staatsangehörigen, in: ZEV 2010, 234–238 |
| *Strauß, Walter* | Der Entwurf eines Familienrechtsgesetzes, in: JZ 1952, S. 449–461 |
| *Strauß, Walter* | Der Gesetzesentwurf der Bundesregierung über die Gleichberechtigung von Mann und Frau auf dem Gebiete des bürgerlichen Rechts, in: JZ 1954, S. 177–182 |
| *Stürner, Michael* | Der deutsch-französische Wahlgüterstand als Modell für die europäische Rechtsvereinheitlichung, in: JZ 2011, S. 545–555 |
| *Sturm, Fritz* | Das französische Familienrechtsänderungsgesetz vom 13. Juli 1965, in: FamRZ 1966, S. 161–169 |
| *Süß, Rembert* | Der deutsch-französische Güterstand der Wahl-Zugewinngemeinschaft als erbrechtliches Gestaltungsmittel, in: ZErb 2010, S. 281–286 |
| *Süß, Rembert* | Europäisierung des Familienrechts – Handlungsempfehlungen für den Notar zum status quo, in: ZNotP 2011, S. 282–291 |
| *Süß, Rembert* | Das Europäische Nachlasszeugnis, in: ZEuP 2013, S. 725–750 |
| *Süß, Rembert/ Ring, Gerhard (Hrsg.)* | Eherecht in Europa, 2. Aufl., Bonn 2012 (zit.: Süß/ Ring/*Bearbeiter*, S. Rn.) |
| *Terré, François/ Fenouillet, Dominique* | Droit civil. La famille, 8. Aufl., Paris 2011 (zit.: *Terré/ Fenouillet*, La famille, Rn.) |
| *Terré, François/ Simler, Philippe* | Droit civil. Les régimes matrimoniaux, 6. Aufl., Paris 2011 (zit.: *Terré/Simler*, Les régimes matrimoniaux, Rn.) |
| *Thorn, Karsten* | Entwicklungen des Internationalen Privatrechts 2000 – 2001, in: IPRax 2002, S. 349–364 |
| *Thorpe, Mathew* | Financial Consequences of Divorce: England versus the Rest of Europe, in: Boele-Woelki, Katharina/Miles, Joanna K./Scherpe, Jens M. (Hrsg.), The Future of Family Property in Europe, Cambridge u.a. 2011, S. 3–16 (zit.: *Thorpe*, in: Boele-Woelki/Miles/Scherpe, The Future of Family Property in Europe, S.) |
| *Tisserand-Martin, Alice* | Un nouvel instrument optionnel: Le régime matrimonial franco-allemand de la participation aux acquêts, in: Bosse-Platière, Hubert/Damas, Nicolas/Dereu, Yves (Hrsg.), L'avenir européen du droit des successions internationales, Paris 2011, S. 141–155 (zit.: *Tisserand-Martin*, in: Bosse-Platière/Damas/Dereu, L'avenir européen du droit des successions internationales, S.) |

*Tsouca, Chryssa* — Le droit applicable aux régimes matrimoniaux à défaut de choix des époux, in: RHDI 66 (2013), S. 249–258

*Viarengo, Ilaria* — The EU Proposal on Matrimonial Property Regimes – Some General Remarks, in: YPIL 2011, S. 199–215

*Vignal, Thierry* — Droit international privé, 2. Aufl., Paris 2011 (zit.: Vignal, DIP, Rn.)

*Vitzthum, Wolfgang Graf/ Proelß, Alexander (Hrsg.)* — Völkerrecht, 6. Aufl., Berlin 2013 (zit.: *Bearbeiter*, in: Vitzthum/Proelß, Völkerrecht, Abschnitt, Rn.)

*Vollmer, Peter W.* — Die neue europäische Erbrechtsverordnung – ein Überblick, in: ZErb 2012, S. 227–234

*Wachter, Thomas* — Europäische Erbrechtsverordnung in der Gestaltungspraxis, in: ZNotP 2014, S. 2–23

*Wagner, Rolf* — Das neue Internationale Privat- und Verfahrensrecht zur eingetragenen Lebenspartnerschaft, in: IPRax 2001, S. 281–293

*Wagner, Rolf* — EG-Kompetenz für das Internationale Privatrecht in Ehesachen?, in: RabelsZ 204 (2004) S. 119–153

*Wagner, Rolf* — Zur Kompetenz der EU in der justiziellen Zusammenarbeit in Zivilsachen, in: IPRax 2007, S. 290–293

*Wagner, Rolf* — Konturen eines Gemeinschaftsinstruments zum internationalen Güterrecht unter besonderer Berücksichtigung des Grünbuchs der Europäischen Kommission, in: FamRZ 2009, S. 269–281

*Wagner, Rolf* — Ausländische Entscheidungen, Rechtsgeschäfte und Rechtslagen im Familienrecht aus der Sicht des autonomen deutschen Rechts – Eine Neubearbeitung – in: FamRZ 2013, S. 1620–1630

*Wagner, Rolf* — Familienrechtliche Entwicklungen im autonomen deutschen Internationalen Privatrecht – Rückblick, Gegenwartsbetrachtung und Blick in die Zukunft –, in: Götz, Isabell/Schwenzer, Ingeborg/Seelmann, Kurt/Taupitz, Jochen (Hrsg.), Familie – Recht – Ethik : Festschrift für Gerd Brudermüller zum 65. Geburtstag, München 2014, S. 877–887 (zit.: *Wagner*, in: FS Brudermüller (2014), S.)

*Wagner, Rolf* — Fünfzehn Jahre justizielle Zusammenarbeit in Zivilsachen, in: IPRax 2014, S. 217–225

*Wagner, Rolf* — Aktuelle Entwicklungen in der justiziellen Zusammenarbeit in Zivilsachen, in: NJW 2014, S. 1862–1868

*Wagner, Rolf* — EU-Kompetenz in der justiziellen Zusammenarbeit in Zivilsachen – Résumé und Ausblick nach mehr als fünfzehn Jahren, in: RabelsZ 79 (2015), S. 521–545

*Wagner, Rolf/*
*Scholz, Philip*

Der Referentenentwurf eines Gesetzes zur Durchführung der EU-Erbrechtsverordnung, in: FamRZ 2014, S. 714–722

*Walther, Bianca*

Der Gleichlaufgrundsatz – Abkehr oder Rückkehr. Eine kritische Auseinandersetzung mit der Bestimmung der internationalen Zuständigkeit im Erbscheinsverfahren aus deutscher und europäischer Sicht, Frankfurt a. M. 2013, zugl.: Düsseldorf, Univ., Diss., 2013 (zit.: *Walther*, Der Gleichlaufgrundsatz, S.)

*Walther, Bianca*

Die Qualifikation des § 1371 Abs. 1 BGB im Rahmen der europäischen Erb- und Güterrechtsverordnungen, in: GPR 2014, S. 325–329

*Wandt, Sandra*

Rechtswahlregelungen im Europäischen Kollisionsrecht. Eine Untersuchung der Hauptkodifikationen auf Kohärenz, Vollständigkeit und rechtstechnische Effizienz, Frankfurt a. M. 2014, zugl.: München, Univ., Diss., 2014 (zit.: *Wandt*, Rechtswahlregelungen im Europäischen Kollisionsrecht, S.)

*Wasmuth, Johannes*

Eheschließung unter Gleichgeschlechtlichen in den Niederlanden und deutscher ordre public, in: Krüger, Hilmar (Hrsg.), Liber Amicorum Gerhard Kegel, München 2002, S. 237–259 (zit.: *Wasmuth*, in: Liber Amicorum Kegel (2002), S.)

*Weber, Marianne*

Ehefrau und Mutter in der Rechtsentwicklung, 2. Neudruck der Ausgabe Tübingen 1907, Aalen 1989

*Weber, Martin*

Die Grundlage der Unterhaltspflicht nach dem Haager Unterhaltsprotokoll, in: ZfRV 2012, S. 170–173

*Wegmann, Bernd*

Rechtswahlmöglichkeiten im internationalen Familienrecht, in: NJW 1987, S. 1740–1745

*Weinreich, Gerd*

Der deutsch-französische Wahlgüterstand; ein erster Schritt zu einem einheitlichen europäischen Güterrecht?, in: Cascante, José Christian/Spahlinger, Andreas/Wilske, Stephan (Hrsg.), Global Wisdom on Business Transactions, International Law and Disoute Resolution. Festschrift für Gerhard Wegen zum 65. Geburtstag, München 2015, S. 557–566 (zit.: *Weinreich*, in: FS Wegen (2015), S.)

*Weisflog, Walter E.*

Rechtsvergleichung und juristische Übersetzung: Eine interdisziplinäre Studie, Zürich 1996 (zit.: *Weisflog*, Rechtsvergleichung und juristische Übersetzung, S.)

*Weller, Marc-Philippe*

Das Privatrecht in Frankreich und Deutschland: Einflüsse und Resistenzen nach 50 Jahren Elysée-Vertrag, in: JZ 2013, S. 1021–1030

*Wendl, Philipp/*
*Dose, Hans-Joachim (Hrsg.)*

Das Unterhaltsrecht in der familienrechtlichen Praxis, 9. Aufl., München 2015 (zit.: Wendl/Dose/*Bearbeiter*, Unterhaltsrecht, § Rn.)

*Winkler von Mohrenfels,*
*Peter*

Die gleichgeschlechtliche Ehe im deutschen IPR und im europäischen Verfahrensrecht, in: Arkan, Sabih/ Yongalik, Aynur, (Hrsg.), Liber Amicorum/Festschrift für Tuğrul Ansay zum 75. Geburtstag, Alphen aan den Rijn (Niederlande) 2006, S. 527–539 (zit.: *Winkler von Mohrenfels*, in: FS Ansay (2006), S.)

*Winkler von Mohrenfels,*
*Peter*

Die Rom III-VO. Teilvereinheitlichung des europäischen internationalen Scheidungsrechts, in: ZEuP 2013, S. 699 724

*Wippermann, Carsten*

Partnerschaft und Ehe im Lebensverlauf – Die Rechtsfolgen von Heirat und Scheidung in der empirischen Sozialforschung, in: Brudermüller, Gerd/Dauner-Lieb, Barbara/Meder, Stephan (Hrsg.), Wer hat Angst vor der Errungenschaftsgemeinschaft? – Auf dem Weg zu einem partnerschaftlichen Güterrecht – Schlussfolgerungen aus dem 1. Gleichstellungsbericht, Göttingen 2013, S. 23–40 (zit.: *Wippermann*, in: Brudermüller/Dauner-Lieb/Meder, Angst vor der Errungenschaftsgemeinschaft, S.)

*Zajtay, Imre*

Die Reform des ehelichen Güterrechts in Frankreich – Das Gesetz Nr. 65-570 vom 13. Juli 1965 – in: AcP 166 (1966), S. 481–494

*Zajtay, Imre*

Rechtsvergleichende Bemerkungen zur Entwicklung des ehelichen Güterrechts in Frankreich, in: Ferid, Murad (Hrsg.), Festschrift für Hans G. Ficker zum 70. Geburtstag am 20. Juli 1967, Frankfurt u.a. 1967, S. 473–497 (zit.: *Zajtay*, in: FS Ficker (1967), S.)

*Zensus, Janina*

Güterrechtliche Vereinbarungen zur individuellen Gestaltung der ehelichen Vermögensverhältnisse, in: NZFam 2014, S. 529–537

*Zweigert, Konrad/*
*Kötz, Hein*

Einführung in die Rechtsvergleichung: auf dem Gebiete des Privatrechts, 3. Aufl., Tübingen 1996 (zit.: *Zweigert/ Kötz*, Rechtsvergleichung, §)

# Sachregister

# Schriftenreihe der
# Deutschen Notarrechtlichen Vereinigung

Nähere Informationen zu den Bänden 1–22 finden Sie auf der Internetseite des
Instituts für Notarrecht »http://www.notarinstitut.de«.

Band 29

Europäisches Erbkollisionsrecht – Einheit trotz Vielfalt?
Von Dr. Miriam Denkinger
2009. VIII, 450 Seiten. Broschur                    ISBN 978-3-452-27195-2

Band 30

Grundbuchbereinigung durch Aufgebot
Von Dr. Julia Heisel LL.M.
2009. XXII, 276 Seiten. Broschur                   ISBN 978-3-452-27196-9

Band 31

Erbrechtliche Verwirkungsklauseln
Von Dr. Claudia Baumann
2009. XII, 210 Seiten. Broschur                     ISBN 978-3-452-27227-0

Band 32

Mängelrechte beim Wohnungseigentumserwerb vom Bauträger
Von Dr. Ron Baer
2010. XVI, 268 Seiten. Broschur                     ISBN 978-3-452-27439-7

Band 33

Die Testamentsvollstreckung bei überschuldeten,
von Todes wegen Bedachten
Von Dr. Boris Wolfgramm
2011. XVI, 276 Seiten. Broschur                     ISBN 978-3-452-27543-1

Band 34

Gläubigeranfechtung und Beurkundungsverfahren
Die notarielle Pflicht zur Beurkundung und Belehrung im Hinblick
auf Insolvenz- und Einzelgläubigeranfechtung
Von Dr. Franziska Armbruster
2011. XVII, 187 Seiten. Broschur                    ISBN 978-3-452-27619-3

Band 35

Der Pflichtteilsverzicht
Von Dr. Martin Fach
2011. XVII, 258 Seiten. Broschur                    ISBN 978-3-452-27667-4

Band 43

Die Geltung deutscher Rechtsgrundsätze im Anwendungsbereich
der Europäischen Erbrechtsverordnung
Von Dr. Martin Soutier
2015. XVI, 350 Seiten. Broschur                    ISBN 978-3-452-28445-7

Band 44

Organspende durch Patientenverfügung
Verhältnis von Patientenverfügung und Organspende,
Konflikte und deren Bewältigung
Von Dr. Anne Schlums
2015. XVI, 348 Seiten. Broschur                    ISBN 978-3-452-28321-4

Band 45

Die Beendigung ehelicher Güterstände mit Auslandsbezug
in Deutschland und Frankreich
Eine rechtsvergleichende Betrachtung des deutschen und
französischen Rechts unter besonderer Berücksichtigung der
Kommissionsvorschläge zur EhegüterVO und PartgüterVO
sowie der Regelungen zur Wahl-Zugewinngemeinschaft
Von Dr. Maximilian Eßer
2015. XVII, 272 Seiten. Broschur                   ISBN 978-3-452-28694-9